W0260469

Informatik – Fachberichte

Band 19: GI–9. Jahrestagung. Herausgegeben von K. H. Böhling und P. P. Spies. (vergriffen)

Band 20: Angewandte Szenenanalyse. DAGM Symposium, Karlsruhe 1979. Herausgegeben von J. P. Foith. XIII, 362 Seiten. 1979

Band 21: Formale Modelle für Informationssysteme. Fachtagung der GI, Tutzing 1979. Herausgegeben von H. C. Mayr und B. E. Meyer. VI, 265 Seiten. 1979.

Band 22: Kommunikation in verteilten Systemen. Workshop der Gesellschaft für Informatik e.V. Herausgegeben von S. Schindler und J. C. W. Schröder. VIII, 338 Seiten. 1979.

Band 23: K.-H. Hauer, Portable Methodenmonitoren. Dialogsysteme zur Steuerung von Methodenbanken: Softwaretechnischer Aufbau und Effizienzanalyse XI, 209 Seiten. 1980.

Band 24: N. Ryska, S. Herda, Kryptographische Verfahren in der Datenverarbeitung. V, 401 Seiten. 1980.

Band 25: Programmiersprachen und Programmierentwicklung. 6. Fachtagung, Darmstadt, 1980. Herausgegeben von H.-J. Hoffmann. VI, 236 Seiten. 1980.

Band 26: F. Gaffal, Datenverarbeitung im Hochschulbereich der USA. Stand und Entwicklungstendenzen. IX, 199 Seiten. 1980.

Band 27: GI-NTG-Fachtagung, Struktur und Betrieb von Rechensystemen. Kiel, März 1980. Herausgegeben von G. Zimmermann. IX, 286 Seiten. 1980.

Band 28: Online-Systeme im Finanz- und Rechnungswesen. Anwendergespräch, Berlin, April 1980. Herausgegeben von P. Stahlknecht. X, 547 Seiten. 1980.

Band 29: Erzeugung und Analyse von Bildern und Strukturen. DGaO–DAGM-Tagung, Essen, Mai 1980. Herausgegeben von S. J. Pöppl und H. Platzer. VII, 215 Seiten. 1980.

Band 30: Textverarbeitung und Informatik. Fachtagung der GI, Bayreuth, Mai 1980. Herausgegeben von P. R. Wossidlo. VIII, 362 Seiten. 1980.

Band 31: Firmware Engineering. Seminar veranstaltet von der gemeinsamen Fachgruppe „Mikroprogrammierung" des GI-Fachausschusses 3/4 und des NTG-Fachausschusses 6 vom 12.–14. März 1980 in Berlin. Herausgegeben von W. K. Giloi. VII, 289 Seiten 1980.

Band 32: M. Kühn, CAD Arbeitssituation. Untersuchungen zu den Auswirkungen von CAD sowie zur menschengerechten Gestaltung von CAD-Systemen. VII, 215 Seiten. 1980.

Band 33: GI–10. Jahrestagung. Herausgegeben von R. Wilhelm. XV, 563 Seiten. 1980.

Band 34: CAD-Fachgespräch. GI–10. Jahrestagung. Herausgegeben von R. Wilhelm. VI, 184 Seiten. 1980.

Band 35: B. Buchberger, F. Lichtenberger Mathematik für Informatiker I. Die Methode der Mathematik. XI. 315 Seiten. 1980

Band 36: The Use of Formal Specification of Software. Berlin, Juni 1979. Edited by H. K. Berg and W. K. Giloi. V, 388 pages. 1980.

Band 37: Entwicklungstendenzen wissenschaftlicher Rechenzentren. Kolloquium, Göttingen, Juni 1980. Herausgegeben von D. Wall. VII, 163 Seiten. 1980.

Band 38: Datenverarbeitung im Marketing. Herausgegeben von R. Thome. VIII. 377 pages. 1981.

Band 39: Fachtagung Prozeßrechner 1981. München, März 1981. Herausgegeben von R. Baumann. XVI, 476 Seiten. 1981.

Band 40: Kommunikation in verteilten Systemen. Herausgegeben von S. Schindler und J. C. W. Schröder. IX, 459 Seiten. 1981.

Band 41: Messung, Modellierung und Bewertung von Rechensystemen. GI-NTG-Fachtagung. Jülich, Februar 1981. Herausgegeben von B. Mertens. VIII, 368 Seiten. 1981.

Band 42: W. Kilian, Personalinformationssysteme in deutschen Großunternehmen. XV, 352 Seiten. 1981.

Band 43: G. Goos, Werkzeuge der Programmiertechnik. GI-Arbeitstagung. Proceedings, Karlsruhe, März 1981. VI, 262 Seiten. 1981.

Band 44: Organisation informationstechnik-geschützter öffentlicher Verwaltungen. Fachtagung, Speyer, Oktober 1980. Herausgegeben von H. Reinermann, H. Fiedler, K. Grimmer und K. Lenk. 1981.

Band 45: R. Marty, PISA–A Programming System for Interactive Production of Application Software. VII, 297 Seiten. 1981.

Band 46: F. Wolf, Organisation und Betrieb von Rechenzentren. Fachgespräch der GI, Erlangen, März 1981, VII, 244 Seiten. 1981.

Band 47: GWAI-81 German Workshop on Artifical Intelligence. Bad Honnef, January 1981. Herausgegeben von J. H. Siekmann. XII, 317 Seiten. 1981.

Band 48: W. Wahlster, Natürlichsprachliche Argumentation in Dialogsystem. KI-Verfahren zur Rekonstruktion und Erklärung approximativer Inferenzprozesse. XI, 194 Seiten. 1981.

Band 49: Modelle und Strukturen. DAG 11 Symposium, Hamburg, Oktober 1981. Herausgegeben von B. Radig. XII, 404 Seiten. 1981.

Band 50: GI–11. Jahrestagung. Herausgegeben von W. Brauer. XIV, 617 Seiten. 1981.

Band 51: G. Pfeiffer, Erzeugung interaktiver Bildverarbeitungssysteme im Dialog. X, 154 Seiten. 1982.

Band 52: Application and Theory of Petri Nets. Proceedings, Strasbourg 1980, Bad Honnef 1981. Edited by C. Girault and W. Reisig. X, 337 pages. 1982.

Band 53: Programmiersprachen und Programmentwicklung. Fachtagung der GI, München, März 1982. Herausgegeben von H. Wössner. VIII, 237 Seiten. 1982.

Band 54: Fehlertolerierende Rechnersysteme. GI-Fachtagung, München, März 1982. Herausgegeben von E. Nett und H. Schwärtzel. VII, 322 Seiten. 1982.

Band 55: W. Kowalk, Verkehrsanalyse in endlichen Zeiträumen. VI, 181 Seiten. 1982.

Band 56: Simulationstechnik. Proceedings, 1982. Herausgegeben von M. Goller. VIII, 544 Seiten. 1982.

Band 57: GI–12. Jahrestagung. Proceedings, 1982. Herausgegeben von J. Nehmer. IX, 732 Seiten. 1982.

Band 58: GWAI-82. 6th German Workshop on Artifical Intelligence. Bad Honnef, September 1982. Edited by W. Wahlster. VI, pages. 1982.

Band 59: Künstliche Intelligenz. Frühjahrsschule Teisendorf, März 1982. Herausgegeben von W. Bibel und J. H. Siekmann. XII, 383 Seiten. 1982.

Band 60: Kommunikation in Verteilten Systemen. Anwendungen und Betrieb. Proceedings, 1983. Herausgegeben von Sigram Schindler und Otto Spaniol. IX, 738 Seiten. 1983.

Band 61: Messung, Modellierung und Bewertung von Rechensystemen. 2. GI/NTG-Fachtagung, Stuttgart, Februar 1983. Herausgegeben von P. J. Kühn und K. M. Schulz. VII, 421 Seiten. 1983.

Informatik Fachberichte 105

Herausgegeben von W. Brauer
Im Auftrag der Gesellschaft für Informatik (GI)

Georg E. Maier

Exceptionbehandlung und Synchronisation

Entwurf und Methode

Springer-Verlag
Berlin Heidelberg New York Tokyo

Autor

Georg E. Maier
Eidgenössische Technische Hochschule ETH
Institut für Automatik und Industrielle Elektronik
CH-8092 Zürich

ISBN-13: 978-3-540-15672-7 e-ISBN-13: 978-3-642-45597-1
DOI: 10.1007/978-3-642-45597-1

2145/3140–543210

Inhaltsverzeichnis

Anhang

Zusammenfassung

Eine Exception ist das Auftreten einer Bedingung, die es verunmöglicht, mit der Ausführung eines Programmes normal weiterzufahren. Es ist die Aufgabe eines Betriebssystems oder des Laufzeitsystems einer Programmiersprache, einen Mechanismus zur Verfügung zu stellen, welcher die Behandlung von Exceptions unterstützt.

Bekannte Konzepte schlagen vor, ein Programm in einzelne Bereiche zu gliedern, um Exceptions lokal behandeln zu können. Angepasst an eine blockstrukturierte Programmiersprache können diese Exceptionbehandlungsbereiche sequentiell oder verschachtelt angeordnet werden.

Dieser Ansatz wird auf parallele Programme übertragen: Dynamisch geschaffene Prozesse werden im selben Bereich ausgeführt, innerhalb welchem sie gestartet wurden. Sie können ihrerseits eigene Bereiche eröffnen, um Exceptions selbst zu behandeln, damit andere Prozesse nicht gestört werden. Beim Auftreten einer Exception wird die Ausführung des aktuellen Bereichs abgebrochen, und alle in diesem Bereich gestarteten Prozesse werden gestoppt.

Die Exceptionbehandlung muss in einem Echtzeitsystem zusammen mit der Synchronisation betrachtet werden, z.B. um Verklemmungen zu verhindern, weil Prozesse, die infolge von Exceptions abgebrochen werden, ihre Betriebsmittel nicht wieder freigeben. Es wird eine Verwaltung dynamischer Objekte vorgeschlagen, welche Prozesse, Synchronisationsdeskriptoren (z.B. Semaphoren) und Zugriffsrechte (z.B. Zugriff auf ein Betriebsmittel) unterscheidet. Ein Objekt wird am Ende des Bereichs, innerhalb welchem es geschaffen oder zugeteilt wurde, automatisch gelöscht resp. freigegeben.

Die Methode wurde im praktisch vollständig in Modula-2 codierten Modula-2 Echtzeitbetriebssystem MODEB V2 implementiert. Als Basis diente das Echtzeitbetriebssystemmodell des "Technical Committee No. 8 on Real Time Operating Systems" des "European Workshop on Industrial Computer Systems (EWICS)". Dieses Modell wurde um eine interne Schnittstelle erweitert, die als Basis zur Realisierung beliebiger Synchronisationskonzepte dient.

Nach der Spezifikation der Anwenderschnittstelle wurde der Entwurf in drei Schritten durchgeführt: Die allgemeine, implementationsunabhängige Einzelprozessorversion dient als Grundlage für die konkrete Realisierung auf einem PDP-11 Rechner und für die Uebertragung auf eng gekoppelte Multiprozessoren. Es wurde grosses Gewicht auf schrittweise Verfeinerung (top-down) und auf eine detaillierte Beschreibung des Vorgehens und der Lösung gelegt.

Einige Beispiele erläutern den Einsatz der vorgeschlagenen Methode in Anwendungs- und Systemprogrammen, und bestätigen die Bedeutung der Koppelung der Objektverwaltung an die Exceptionbehandlung.

Zeitmessungen auf einem PDP-11/45 Rechner zeigen, dass MODEB V2 für Datenerfassungen und Regelungen mit Abtastzeiten ab einigen Millisekunden eingesetzt werden kann.

Abstract

An exception is the occurence of a condition which prevents the flow of program execution to go on normally. It is the task of an operating system or of the run time system of a programming language to provide a mechanism supporting the handling of exceptions.

It has been proposed in other papers to subdivide a program to get the possibility to handle exceptions locally. According to block structered programming languages, these exception handling frames may follow each other or may be nested.

This model is generalized to parallel programs: Dynamically created processes are executed in the same frame within which they have been started. They may open their own frames to handle their exceptions themselves to not disturb other processes. Any exception aborts the execution of the current frame and all processes started within this frame are stopped.

In a real time system exception handling and synchronization must not be kept apart, e.g. to prevent deadlocks caused by processes not freeing their resources after they have been aborted by an exception. Therefore an object management is proposed which distinguishes between processes, synchronization descriptors (e.g. semaphors) and access rights (e.g. to resources). Objects are automatically deleted or returned at the end of the frame within which they have been created or granted.

The method has been implemented in the real time operating system MODEB V2 which is almost fully coded in Modula-2. The model of the "Technical Committee No. 8 on Real Time Operating Systems" of the "European Workshop on Industrial Computer Systems (EWICS)" has been used as a base and has been extended by an internal interface to support the realization of any synchronization concepts.

The specification of the application interface is followed by a three-fold design: A general implementation independant single processor version is developped which serves as a base for the real implementation on a PDP-11 computer and for the transfer to tightly coupled multi processors. Great importance has been attached to stepwise refinement (top-down) and to a detailed description of progress and solutions.

Some examples illustrate the use of the proposed method in application and system programs confirming the importance of object management coupled to exception handling.

Some time measurements on a PDP-11/45 computer show that MODEB V2 is applicable to data processing and control problems with sampling periods down to a few milliseconds.

Vorwort

Bedingt durch die Entwicklung der Mikroelektronik werden bei der Automatisierung industrieller Anlagen immer mehr Rechner eingesetzt. Die sich dort stellenden Aufgaben unterscheiden sich wesentlich von den traditionellen Aufgaben der elektronischen Datenverarbeitung, wo aus einem Satz Eingabedaten mit Hilfe eines sequentiellen Programmes bestimmte Ausgabedaten berechnet werden müssen. Die Rechenzeit spielt dabei nur eine untergeordnete Rolle. Sie beeinflusst zwar die Kosten, hat aber keinen Einfluss auf die Lösbarkeit des Problems. Bei einer Echtzeitaufgabe liegen andere Verhältnisse vor: Meist müssen eine Vielzahl von asynchron eintreffenden Ereignissen gleichzeitig verarbeitet werden. Die zu steuernde Anlage bestimmt dabei die maximale Zeit, innerhalb welcher der Rechner auf ein bestimmtes Ereignis reagiert haben muss. In einem Echtzeitsystem kann die Rechenzeit deshalb darüber entscheiden, ob eine Anwendung mit einem vorgegebenen Rechner überhaupt lösbar ist.

In dieser Arbeit wird unter einem Echtzeitsystem ein Computersystem verstanden, dessen Programme in parallel laufende, mehr oder weniger eng zusammenarbeitende Prozesse aufgeteilt sind und das mehrere Peripheriegeräte als Verbindung zu seiner Umwelt besitzt, wie z.B. eine Echtzeituhr, analog-digital Wandler, digital-analog Wandler etc., welche bis zu mehreren hundert Malen pro Sekunde bedient werden müssen.

Die in einem Echtzeitsystem immer wiederkehrenden Aufgaben wie Prozessverwaltung und Synchronisation werden normalerweise in einem Echtzeitbetriebssystem gelöst, welches dann für ganze Klassen von Echtzeitanwendungen als Grundlage dienen kann. Bei der Realisierung eines Echtzeitbetriebssystems liegt das Hauptproblem in der Tatsache, dass einerseits die heutigen Rechner streng sequentiell arbeiten und andererseits in einem Echtzeitsystem mehrere Prozesse gleichzeitig ausgeführt werden müssen.

An die Sicherheit und Verfügbarkeit von Echtzeitsystemen werden oft extrem hohe Anforderungen gestellt: Z.B. in Energiesystemen dürfen Hardware- oder Softwarefehler unter keinen Umständen die Sicherheit des Systems gefährden, und ein Systemausfall ist normalerweise mit extrem hohen Kosten verbunden. Es erstaunt deshalb nicht, dass auf dem Gebiet der fehlertoleranten Systeme vielerorts Forschung betrieben wird. In der Programmiertechnik wird versucht, die Behandlung von Exceptions (Ausnahmesituationen während der Programmausführung) klar vom normalen Ablauf zu trennen. Ein Exceptionbehandlungsmechanismus soll dem Programmierer spezielle Ablaufstrukturen anbieten, welche eine möglichst einfache Verarbeitung von Ausnahmesituationen unterstützen.

Im letzten Jahrzehnt wurden Echtzeitsysteme vor allem in Assembler (Maschinensprache) programmiert. Häufig wurden dabei die eigentliche Anwendung nicht von den Aufgaben eines Echtzeitbetriebssystems getrennt, sodass die meist schon hohe, anwendungsbedingte Komplexität noch zusätzlich durch das Problem der Implementation eines Teils eines Echtzeitbetriebssystems erhöht wurde.

Während der letzten Jahre wurden mehrere Wege beschritten, um die Schwierigkeiten bei der Realisierung von Echtzeitsystemen zu meistern. Einerseits wurden Echtzeitbetriebssysteme (TC8 Report 1982) entwickelt, andererseits wurde versucht, die Vorteile der höheren, strukturierten Programmiersprachen auch in diesem Gebiet nutzbar zu machen: Auf verschiedenen Mikrorechnern wurden PASCAL-Dialekte implementiert, die in Verbindung mit einem in Assembler geschriebenen Laufzeitsystem parallele Programmierung ermöglichen. Gleichzeitig wurden eine ganze Reihe von Echtzeitsprachen, wie z.B. PORTAL (Nägeli 1981), CHILL (Sammer 1982) und Ada (1983), mit zugehörigem Laufzeitsystem entwickelt, deren Compiler aber noch kaum verfügbar sind (Ada) oder noch keine grosse Verbreitung erlangt haben. Ein dritter Weg führte zur vorliegenden Arbeit: Modula-2 (Wirth 1980, 1982), eine Weiterentwicklung von PASCAL, welche vor allem für die Programmierung ganzer Systeme entworfen wurde, kann nicht als eigentliche Echtzeitsprache bezeichnet werden. Ihr Laufzeitsystem hat nicht die Fähigkeiten eines Echtzeitbetriebssystems, sondern bietet nur eine minimale, aber hinreichende Grundlage zur Programmierung paralleler Prozesse an. Darauf aufbauend ist es möglich, ein vollständig in Modula-2 codiertes Echtzeitbetriebssystem zu realisieren. Gerade für eine Forschungsarbeit auf diesem Gebiet hat sich dieses Konzept sehr gut bewährt, da sowohl das Echtzeitbetriebssystem wie auch die Anwendungen in derselben höheren Programmiersprache implementiert werden konnten.

Bereits in einem Vorläufer dieser Arbeit (Maier 1982) wurde das TC8 Echtzeitbetriebssystemmodell (TC8 Report 1982) in Modula-2 implementiert. Dieses Modula-2 Echtzeitbetriebssystem MODEB V1 wurde in einigen Studienarbeiten zur Realisierung von Steuerungen und Regelungen eingesetzt. Dabei zeigten sich einige Bedürfnisse, welche durch das TC8 Echtzeitbetriebssystemmodell nicht abgedeckt werden. Das Fehlen einer Unterstützung bei der Behandlung von Ausnahmesituationen gab den Anstoss, eine Methode zur Behandlung von Exceptions in Echtzeitprogrammen zu entwerfen und im Rahmen einer völlig überarbeiteten Version von MODEB zu realisieren.

In der Einleitung werden einige Begriffe definiert, sowie das Umfeld, die Zielsetzungen und die Randbedingungen der vorliegenden Arbeit erläutert.

Ausgehend von bekannten Konzepten werden im 2. Kapitel die Anwenderschnittstellen der Prozessverwaltung, der Exceptionbehandlung und einiger Synchronisationskonzepte eines Echtzeitbetriebssystems definiert, und es wird eine Systemschnittstelle als Basis zur

Realisierung beliebiger Synchronisationsoperationen erarbeitet.

Der Entwurf des Modula-2 Echtzeitbetriebssystems MODEB V2 wird in drei Schritten durchgeführt: Im 3. Kapitel wird eine allgemeine, implementationsunabhängige Version auf einem Einzelprozessorsystem entwickelt, die im 4. Kapitel für einen PDP-11 Rechner konkretisiert und im 5. Kapitel auf einen eng gekoppelten Multiprozessor übertragen wird.

Im 6. Kapitel werden einige Anwendungsmöglichkeiten der vorgeschlagenen Exceptionbehandlung diskutiert.

Die Schlussbemerkungen im 7. Kapitel fassen die mit dieser Arbeit gemachten Erfahrungen zusammen.

Die Kapitel 4, 5 und 6 basieren auf der allgemeinen Einzelprozessorversion (Kapitel 3) und sind weitgehend voneinander unabhängig.

Herrn Prof.Dr. W. Schaufelberger danke ich herzlich für die gute Betreuung. Seine entgegenkommende Unterstützung und stete Diskussionsbereitschaft haben diese Arbeit möglich gemacht. Mein Dank gilt auch Herrn Prof.Dr. A. Kündig für die Uebernahme des Korreferates und für seine wertvollen Hinweise zur Beseitigung von Unklarheiten.

Den Mitarbeitern des Hybrid-Rechenzentrums AIE, insbesondere Herrn P. Wegmann, Herrn F. Kuster und Herrn P. Sprecher, bin ich für die fruchtbare Zusammenarbeit dankbar.

Weiter möchte ich an dieser Stelle meinen Eltern dafür danken, dass sie mir mein Studium ermöglicht haben.

1. Kapitel

Einleitung

1.1 Abstraktes Modell eines Computersystems

Als Basis für die Beschreibung eines Echtzeitbetriebssystems wird ein abstraktes Modell eines allgemeinen, hierarchisch aufgebauten Computersystems eingeführt. Es basiert im wesentlichen auf dem "Up to Date Report" des "Technical Committees No. 8 on Real Time Operating Systems" des "European Workshop on Industrial Computer Systems (EWICS)" (TC8 Report 1982, Maier 1981). Die Motivation für die folgenden Definitionen ergab sich aus dem Bedürfnis nach einem konsistenten Begriffssystem zur implementationsunabhängigen Beschreibung eines hierarchisch aufgebauten, verteilten Betriebssystems.

- Ein _Prozess_ ist die Ausführung einer Folge von Operationen, die nacheinander ausgeführt werden müssen.

- Ein Prozess ist _aktiv_ wenn eine seiner Operationen ausgeführt wird.

- Mit _Synchronisation_ werden Massnahmen bezeichnet, die anwendungsbedingte, zeitliche Einschränkungen im Ablauf paralleler Prozesse gewährleisten.

- Spezielle Operationen zur Synchronisation paralleler Prozesse heissen _Synchronisationsoperationen_. Die Ausführung einer Synchronisationsoperation dauert so lange, bis die Synchronisationsbedingung der Operation erfüllt ist. Ein Prozess bleibt aktiv, während er in einer Synchronisationsoperation verzögert wird.

- Um ein Computersystem implementationsunabhängig beschreiben zu können, wird der Begriff "Prozessor" durch den allgemeineren Begriff Maschine ("abstract machine") ersetzt. Eine _Maschine_ wird durch die Menge aller Operationen definiert, die sie ausführen kann. Es spielt dabei keine Rolle, ob ihre Fähigkeiten durch Hardware, durch ein Mikroprogramm oder durch einen Satz von Prozeduren realisiert werden. Ein Prozess ist an eine Maschine gebunden, auf welcher er ausgeführt werden kann. Die Maschine muss fähig sein, alle Operationen des Prozesses auszuführen.

- Eine _sequentielle_ Maschine kann zu einem bestimmten Zeitpunkt nur eine einzige Operation ausführen, während eine parallele Maschine gleichzeitig mehrere Operationen ausführen kann.

- Ein hierarchisch aufgebautes Computersystem gliedert sich in Levels (Stufen). Jeder Level des Systems wird durch die Menge der dort verfügbaren, charakteristischen Operationen beschrieben (Leveloperationen). Eine Maschine realisiert einen bestimmten Level genau dann, wenn die Menge der Leveloperationen eine Untermenge des Instruktionssatzes der Maschine ist.

- Ein hierarchisch aufgebautes Computersystem wird realisiert, indem Maschinen verschiedener Levels aufeinander abgebildet werden. Ausgehend von den Fähigkeiten einer Maschine des tieferen Levels i-1 wird eine neue Maschine des nächst höheren Levels i aufgebaut. Eine Operation der Maschine des höheren Levels wird dabei ausgeführt, indem eine oder mehrere Operationen auf der Maschine des tieferen Levels ausführt werden.

- Eine Maschine heisst i-Maschine, wenn sie den Level i realisiert, und ein Prozess heisst i-Prozess, wenn er auf einer i-Maschine ausgeführt wird.

- Eine eindeutige Abbildung ordnet jedem i-Prozess den entsprechenden (i-1)-Prozess zu, der mit je einer oder mehreren Operationen des tieferen Levels die Operationen des i-Prozesses realisiert. Eine parallele i-Maschine kann mit Hilfe einer sequentiellen (i-1)-Maschine realisiert werden, indem der einzige (i-1)-Prozess abwechslungsweise an der Ausführung der Operationen mehrerer i-Prozesse arbeitet. Ebenso ist es denkbar, dass ein (i-1)-Prozess bei der Ausführung einer Operation eines i-Prozesses gewisse Teilaufgaben an andere (i-1)-Prozesse delegiert.

- Zwei Maschinen, welche denselben Level realisieren, heissen gekoppelt, wenn sie mit den Leveloperationen auf gemeinsame Operanden zugreifen können. Zwei i-Prozesse, welche auf verschiedenen i-Maschinen ausgeführt werden, können mit Hilfe der Operationen des Levels i zusammenarbeiten, wenn die Maschinen gekoppelt sind.

- Der Kontext eines Prozesses ist derjenige Teil seiner Daten, welcher "a priori" nur ihm selbst gehört. Er wird durch den Instruktionssatz der betreffenden Maschine definiert. Es gibt keine Operationen, mit welchen ein Prozess direkt auf den Kontext eines anderen Prozesses desselben Levels zugreifen kann. Der Kontext beschreibt den aktuellen Zustand des Prozesses. Er umfasst mindestens den Programmzähler, welcher die als nächste auszuführende Operation bezeichnet. Oft enthält er gewisse Statusinformationen ("condition codes") und ist bei vielen Implementationen an bestimmte Speicherzellen (Register) gebunden.

- Eine Exception oder Ausnahmesituation ist das Auftreten

einer Bedingung während der Ausführung eines Prozesses, die es verunmöglicht, mit der Ausführung dieses Prozesses normal weiterzufahren. Eine synchrone Exception wird in einem Prozess ausgelöst, wenn im entsprechenden Prozess des nächsttieferen Levels eine Bedingung detektiert wird, die es verunmöglicht, die Ausführung einer Operation des höheren Levels normal abzuschliessen. Das Auslösen einer asynchronen Exception in einem bestimmten Prozess erfolgt auf Grund einer Bedingung in einem anderen, gleichzeitig ausgeführten Prozess.

1.2 TC8 Echtzeitbetriebssystemmodell

Im TC8 Report (1982) wird das eingeführte Begriffssystem verwendet, um die Prozessverwaltung, die Synchronisation und die Ein- und Ausgabe eines Echtzeitbetriebssystemkerns implementationsunabhängig zu beschreiben. Als Systemarchitektur wird ein allgemeines Netzwerk lose gekoppelter Knoten angenommen. Jeder Knoten kann seinerseits aus mehreren Prozessoren bestehen, die über einen gemeinsamen Speicher eng miteinander gekoppelt sind. Das TC8 Modell gliedert sich hierarchisch in drei Levels (siehe Figur 1.1):

- Die unterste Stufe, der Z(zero)-Level, wird durch die Basisoperationen beschrieben, welche nötig sind, ein Echtzeitbetriebssystem aufzubauen. Der Z-Level umfasst Listenverwaltungsoperationen ('Insert', 'Remove', 'Withdraw') und einfache Synchronisationsoperationen für gegenseitigen Ausschluss ('Lock/Unlock') mit beschäftigtem Warten ("busy-wait") und für gegenseitiges Anstossen ('Notify').

- Mit dem Schritt zur nächst höheren Stufe wird aus einer oder mehreren sequentiellen Z-Maschinen eine neue virtuelle Maschine aufgebaut, welche parallele Prozesse unterstützt. Der K(kernel)-Level stellt Operationen zum Starten, Aktivieren, Deaktivieren und Löschen von Prozessen, sowie die beiden Synchronisationsoperationen INC und DEC zur Verfügung. Diese Operationen greifen auf sogenannte Synchronisationselemente zu. 'INC' legt eine Meldung in ein Synchronisationselement hinein; 'DEC' holt eine Meldung ab. Während man in 'INC' nie verzögert wird, muss ein Prozess in der Operation 'DEC' solange warten, bis eine Meldung verfügbar wird. Das Synchronisationskonzept 'INC/DEC' entstand aus dem Semaphorkonzept (Dijkstra 1968a/b), indem die Semaphoroperationen 'P(sema)' und 'V(sema)' mit der Uebertragung einer Meldung zu 'INC(syel,info)' und 'DEC(syel,info)' erweitert wurden.

- Die dritte Stufe, der C(communication)-Level, erweitert den

Zugriffsbereich vom Knoten auf das Netzwerk. Die Operationen des C-Levels haben dieselbe Bedeutung wie die K-Operationen, aber auf dem C-Level kann direkt auf Objekte in beliebigen Knoten des Netzwerkes zugegriffen werden.

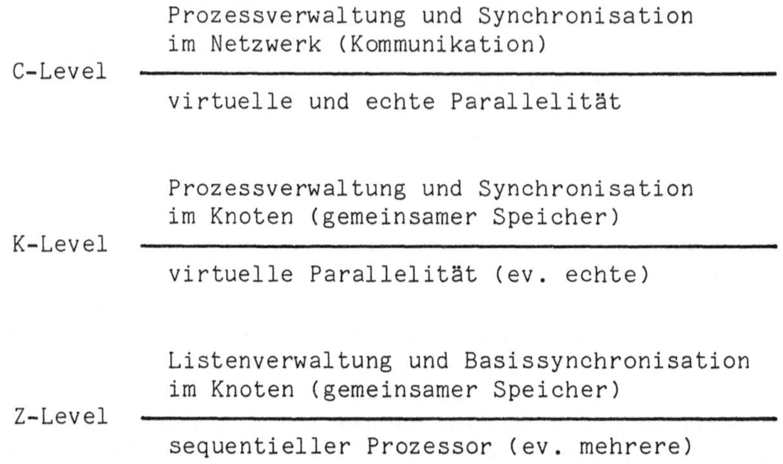

Fig. 1.1: Funktionale Hierarchie des TC8 Echtzeitbetriebssystemmodells

Beim Einsatz von MODEB V1 (Maier 1982), einer Implementation des TC8 Modells, zeigten sich einige nicht abgedeckte Bedürfnisse:

- Es fehlt ein Konzept zur Behandlung von Ausnahmesituationen (Exceptions) und Fehlern. Die Sicherheit einer Anlage kann durch alle Teile eines Programmes gefährdet werden, da kein Mechanismus vorhanden ist, mit welchem verhindert werden könnte, dass ein banaler Fehler in einem unwichtigen Abschnitt zu einem Programmabbruch führt. Aus diesem Grund konnte MODEB V1 nur bedingt zur Steuerung eines Modells eines Energienetzes eingesetzt werden, da einerseits gewisse Sicherheitsanforderungen erfüllt werden müssen und andererseits die Möglichkeit bestehen sollte, mit dem System im Rahmen von Studienarbeiten zu experimentieren. Dies wäre nur denkbar, wenn der ausgetestete, zuverlässige Programmteil zur Gewährleistung der Sicherheit vor Fehlern in noch nicht getesteten Programmteilen geschützt werden könnte.

- Ein weiterer, nicht völlig befriedigende Punkt ist das Synchronisationskonzept INC/DEC. Es ist zwar - wie Mühlemann (1978, 1980) zeigte - eine hinreichende Grundlage zur Lösung aller klassischen Synchronisationsprobleme, aber es unterstützt die strukturierte Programmierung nur wenig. Der Anwender ist weitgehend sich selbst überlassen, wenn er sich von der Korrektheit eines Programmes überzeugen will. Weiter muss beachtet werden, dass die indirekte Realisierung von anwendungsorientierten Synchronisationskonzepten mit Hilfe von INC/DEC zu einem beträchtlichen Overhead führen kann, der sich vermeiden liesse, indem die Synchronisationsoperationen direkt implementiert würden. Im TC8 Modell ist die Realisierung von INC/DEC jedoch sehr eng mit der Prozessverwaltung verknüpft, und es werden keine Hinweise gegeben, wie man weitere Synchronisationskonzepte in den Kern integrieren könnte.

- Bei der Implementation von INC/DEC ergeben sich Probleme mit der Speicherverwaltung. Im TC8 Report fehlt ein Hinweis, wie die Informationsliste eines Synchronisationselementes realisiert werden soll. Grundsätzlich muss sie in ihrer Länge beschränkt werden, da nur endlich viel Speicher vorhanden sein kann. Die Bedeutung von INC muss diesbezüglich irgendwie eingeschränkt werden. Die günstigste Art der Beschränkung richtet sich nach der jeweiligen Anwendung. In gewissen Fällen kann gezeigt werden, dass die Länge der Informationsliste einen bestimmten Wert nie überschreitet (z.B. bei der Verwaltung einer Anzahl Puffer). In anderen Fällen wäre es sinnvoll die ältesten Informationen einfach zu vergessen.

- Bei der Anwendung von MODEB V1 tauchte die Frage nach Sinn und Zweck der Prozessverwaltungsfunktionen 'Activate' und 'Deactivate' auf. Diese Funktionen erwiesen sich entweder als überflüssig, oder ihre Anwendung führte zu kaum überwindbaren Konsistenzproblemen.

1.3 Zielsetzungen

Für die vorliegende Arbeit wurde das Ziel gesetzt, aufbauend auf dem TC8 Modell einen Echtzeitbetriebssystemkern mit folgenden Eigenschaften zu entwerfen und zu realisieren:

- Neben Operationen zur Prozessverwaltung und zur Synchronisation soll auch ein Exceptionbehandlungsmechanismus zur Verfügung gestellt werden, welcher einer höheren, strukturierten Programmiersprache angepasst ist und parallele Prozesse unterstützt.

- Die drei Aufgabenbereiche Prozessverwaltung, Exceptionbehandlung und Synchronisation sollen soweit voneinander getrennt werden, dass dem Anwender ermöglicht wird, den Echtzeitbetriebssystemkern mit anwendungsspezifischen Synchronisationskonzepten zu erweitern, ohne dass die Prozessverwaltung oder die Exceptionbehandlung angepasst werden muss.

- Beim Entwurf sollen möglichst einfache und klare Lösungen gesucht werden. Ganz besonders gilt dies für die Exceptionbehandlung, wo noch nicht auf Erfahrungen zurückgegriffen werden kann.

- Das System soll auf einem PDP-11/45 Rechner für Datenerfassungen und Regelungen mit Abtastzeiten ab einigen Millisekunden eingesetzt werden können.
- Die Codierung soll soweit wie möglich in Modula-2 durchgeführt werden.

Das Hauptziel dieser Arbeit liegt in der Realisierung eines praktisch verwendbaren Werkzeuges für die Echtzeitprogrammierung. Bedingt durch die Verwendung von Modula-2 werden sich einige Konzepte nur mit Einschränkungen implementieren lassen, aber es ist nicht Gegenstand dieser Arbeit, eine optimale Syntax zur Darstellung der diskutierten und realisierten Konzepte zu finden.

Im Gegensatz zum TC8 Modell, das von einer allgemeinen Multiprozessorarchitektur ausgeht, soll die Implementation der Version 2 des Modula-2 Echtzeitbetriebssystems MODEB V2 zuerst auf einem allgemeinen Einzelprozessorsystem durchgeführt werden. Basierend auf dieser allgemeinen Version folgen dann eine konkrete Realisierung auf einem PDP-11 Rechner und die Verallgemeinerung auf ein eng gekoppeltes Multiprozessorsystem.

Grosses Gewicht wird auf die Beschreibung des Vorgehens bei der Problemanalyse und beim Entwurf gelegt. Die Anforderungen sollen jeweils sorgfältig erarbeitet und konsequent als Grundlage für die darauffolgenden Phasen des Problemlösungsprozesses verwendet werden.

1.4 Bemerkungen zur Notation

Die Darstellung von Abläufen und Datenstrukturen erfolgt meistens in der Syntax von Modula-2 (Wirth 1980, 1982).

In Anlehnung an die Schlüsselwörter von Modula-2 werden die Programme in Englisch geschrieben.

Im Text erscheinende Bezeichner werden mit einfachen Anführungszeichen (') markiert. Beginnt ein Bezeichner mit einem Kleinbuchstaben, so handelt es sich um eine Konstante, eine Variable oder ein Feld eines Records. Mit einem Grossbuchstaben beginnende Bezeichner beziehen sich mit wenigen Ausnahmen auf Module, Typen und Prozeduren.

Parameter von Prozeduren werden im Text als Eingabe-, Ein/Ausgabe- oder Ausgabeparameter bezeichnet, je nach dem ob ein Wert an die Prozedur übergeben, eine Variable in der Prozedur gelesen und verändert, oder einer Variablen einen Wert zugewiesen wird.

In den Programmen werden ab und zu Bedingungen ("assertions") und Invarianten angeführt, um die Verständlichkeit zu verbessern und ein Ueberprüfen der Korrektheit zu erleichtern. Da die Klammern "{" und "}" in Modula-2 zur Darstellung von 'SET'-Konstanten verwendet werden, erscheinen die Bedingungen nicht in der allgemein üblichen Form, sondern als spezieller Kommentar:

```
(* -- x, y, ... *)
```

Die durch Kommas von einander getrennten, logischen Ausdrücke 'x', 'y' etc. müssen alle den Wert 'TRUE' besitzen, damit die ganze Bedingung wahr ist. Erscheint ein solcher Kommentar vor oder nach einer Anweisung, so handelt es sich um eine Vorbedingung ("precondition"), resp. um eine Folgebedingung ("post-condition") nach der von Floyd (1967) und Hoare (1969) eingeführten Beweistechnik. In einer Typ- oder Variablendeklaration haben die Ausdrücke die Bedeutung von Invarianten, welche nie oder nur kurzfristig (z.B. während eines exklusiven Zugriffs) verletzt werden dürfen. Neben den Elementen der Modula-2 Syntax wird bei der Formulierung von Bedingungen die Folgerung ("implication") verwendet:

```
x --> y
```

Dieser Ausdruck ist gültig, wenn 'y' mindestens dann wahr ist, wenn 'x' wahr ist.

Der Einfachheit halber wird der Begriff Echtzeitbetriebssystem verwendet, obwohl meistens der Kern eines Echtzeitbetriebssystems gemeint ist.

2. Kapitel

Anforderungen und Konzepte

2.1 Grobstruktur

In diesem Kapitel wird die Anwenderschnittstelle eines Echtzeitbetriebssystems erarbeitet, welche sich funktionell in die drei Hauptaufgaben Prozessverwaltung, Exceptionbehandlung und Synchronisation gliedert. Zwischen dem Z-Level und dem K-Level des TC8 Modells wird eine weitere Stufe, der S(system)-Level, eingeführt: Die S-Level Prozeduren werden einerseits zur Realisierung der K-Level Prozessverwaltungs- und Exceptionbehandlungsoperationen verwendet, andererseits sollen sie die Grundlage zur Implementation beliebiger Synchronisationskonzepte bilden.

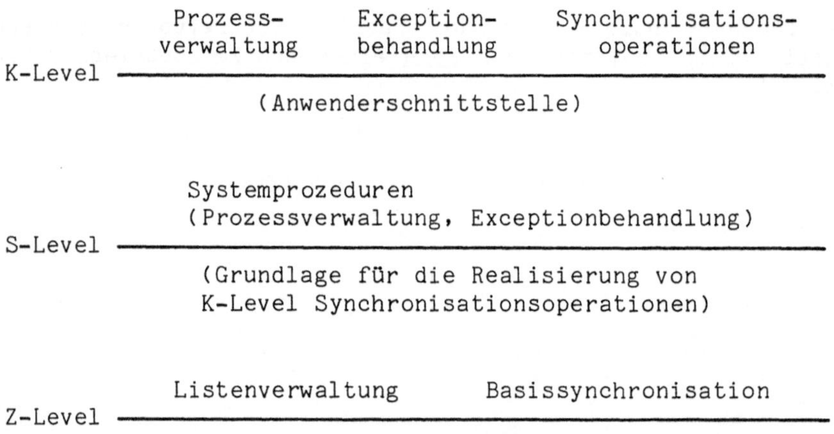

```
                 Prozess-      Exception-     Synchronisations-
                 verwaltung    behandlung        operationen
K-Level ---------------------------------------------------------
                       (Anwenderschnittstelle)


                  Systemprozeduren
                  (Prozessverwaltung, Exceptionbehandlung)
S-Level ---------------------------------------------------------
                   (Grundlage für die Realisierung von
                   K-Level Synchronisationsoperationen)


                 Listenverwaltung       Basissynchronisation
Z-Level ---------------------------------------------------------
```

Fig. 2.1: Hierarchische und funktionelle Grobstruktur

Ausgehend von den Anforderungen an die Prozessverwaltung auf dem K-Level wird im Unterkapitel 2.2 die Anwenderschnittstelle der Prozessverwaltung definiert.

Die Anforderungen an die Exceptionbehandlung sind schwieriger zu formulieren, da noch nicht auf praktische Erfahrungen zurückgegriffen werden kann. Im Unterkapitel 2.3 werden deshalb zuerst Grundlagen und bekannte Konzepte diskutiert, bevor die Anforderungen an einen Mechanismus zur Behandlung von Exceptions in einem Echtzeitsystem formuliert und ein Konzept ausgearbeitet wird. Nach der Beschreibung der Anwenderschnittstelle wird auf weitere Probleme (Objektverwaltung, Speicherverwaltung) eingegangen, die sich im Zusammenhang der Exceptionbehandlung stellen und aus welchen sich Anforderungen an den S-Level ergeben.

Das Unterkapitel 2.4 stellt ein allgemeines Modell der Synchronisation auf dem K-Level vor und diskutiert die Anwenderschnittstellen einiger Synchronisationskonzepte. An einem Beispiel wird die Realisierung von Synchronisationsoperationen analysiert, um die Anforderungen an den S-Level zu vervollständigen.

2.2 Prozessverwaltung

Die Anforderungen an die Prozessverwaltung eines Echtzeitbetriebssystems sind offensichtlich: Ein Programm muss aus mehreren, parallel ablaufenden Prozessen aufgebaut werden können.

In einem System mit _statischer_ Prozessverwaltung existieren alle Prozesse bereits beim Start eines Programmes; in einem System mit _dynamischer_ Verwaltung werden neue Prozesse zur Laufzeit geschaffen.

Da in Modula-2 Variablen nicht statisch initialisiert werden können, beschränken sich die folgenden Ausführungen auf eine dynamische Prozessverwaltung, mit welcher jederzeit neue Prozesse, sogenannte _Sohnprozesse_, geschaffen werden können.

Ein neuer Prozess muss durch den _Code_, den er ausführen soll, und durch den _Speicherbereich für seinen Stack_ charakterisiert werden. Zusätzlich ist in einem Echtzeitsystem normalerweise eine _Priorität_ nötig. In Modula-2 drängt sich für das Schaffen und Starten eines Prozesses folgende Schnittstelle auf:

```
CONST
  maxPrio = 5;

TYPE
  Priority = [1..maxPrio];
  Process; (* hidden *)

PROCEDURE StartProcess(code: PROC; wspSize: CARDINAL;
                       prio: Priority; VAR pId: Process);
```

Der Parameter 'code' vom Standardtyp 'PROC', einer Prozedur ohne Parameterliste, bezeichnet den Code des neuen Prozesses. Da Modula-2 Prozeduren "re-entrant" sind, können mehrere Prozesse mit demselben Code gestartet werden; man spricht dann von mehreren _Inkarnationen_ eines Prozesses. Die Uebergabe von Parametern an Sohnprozesse wäre zwar möglich, aber die Modula-2 Syntax verlangt, dass für jede formale Parameterliste, d.h. für jeden Prozedurvariablentyp, eine eigene Version von 'StartProcess' implementiert würde. Dieser Aufwand lohnt sich jedoch kaum, denn mit Hilfe globaler Variablen können Parameter leicht an neue Prozesse übergeben werden.

Die Grösse des Speicherbereichs für den Deskriptor und den Stack des neuen Prozesses, des sogenannten "Workspaces", wird mit dem Parameter 'wspSize' angegeben. Es wird hier angenommen, dass dieser Speicherbereich in der Prozedur 'StartProcess' von der Speicherverwaltung angefordert werden kann, sodass der Benützer nur die Grösse des Speicherbereichs angeben muss (siehe Speicherverwaltung 2.3.4.3).

Die Prozesspriorität wird im Parameter 'prio' angegeben. Prioritäten können zwar die Gesamtleistung eines Rechners nicht steigern, aber sie sind ein Hilfsmittel, um die vorhandene Leistung den anfallenden Aufgaben nach ihrer Dringlichkeit zu zuteilen. Auf einem Einzelprozessorsystem ist es unerlässlich mit Prioritäten zu arbeiten, wenn die maximal zulässige Anwortzeit für ein bestimmtes Ereignis kürzer ist, als die Zeit zur Verarbeitung eines anderen, weniger wichtigen Ereignisses. Im allgemeinen sind in einem Echtzeitsystem einige wenige Prioritäten ausreichend, z.B. entsprechend den drei Klassierungen "sehr wichtig", "wichtig" und "nichtzeitkritisch".

Im Ausgabeparameter 'pId' erhält man die Identifikation des neuen Prozesses, mit welcher später wieder Bezug auf diesen Prozess genommen werden kann.

Je nach Komplexität einer Anwendung muss die Priorität eines Prozesses während seiner Lebensdauer verändert werden können. Dies kann mit Hilfe der folgenden Prozedur ermöglicht werden:

```
PROCEDURE ChangePrio(pId: Process; newPrio: Priority);
```

Unter bestimmten Umständen - z.B. nach einem Feh~ler - muss ein Prozess gestoppt und gelöscht werden. Dies ist sehr eng mit der Behandlung von Exceptions verknüpft und wird deshalb erst im nächsten Unterkapitel diskutiert.

2.3 Exceptionbehandlung

2.3.1 Modell der Exceptionbehandlung

Aus der Definition einer Exception (siehe 1.1) lassen sich einige Begriffe ableiten, mit welchen verschiedene Mechanismen zur Exceptionbehandlung beschrieben und verglichen werden können.

Das Auslösen einer Exception erfolgt, wenn eine Bedingung detektiert wird, welche es verunmöglicht, mit dem normalen Programmfluss fortzufahren. Stattdessen wird ein bestimmter Programmteil, der Exception-Handler, ausgeführt.

Im Exception-Handler kann versucht werden, die Ursache der Exception zu beheben, die Exception zu "vertuschen" oder die nicht gelöste Aufgabe mit einer anderen Methode (z.B. Einsetzen eines Standardresultats) zu lösen. Wenn die Ausnahmesituation bereinigt werden kann, wird vom Handler wieder in den normalen Programmfluss zurückgekehrt ("recovery"). Wenn die Fehlerbehebung nicht gelingt und eine normale Weiterführung des Programmflusses immer noch nicht möglich ist, wird der Handler verlassen, indem die Exception weitergegeben wird und der Exception-Handler des nächst höheren Levels ausgeführt wird ("exception propagation").

Eine Exception kann natürlich nicht beliebig oft weitergegeben werden. Irgendeinmal ist kein Handler mehr da, und es muss eine drastischere Massnahme ergriffen werden (z.B. Programmabbruch, Neustart des Rechners).

Figur 2.2 illustriert den Ablauf einer Exceptionbehandlung: Eine Operation des Levels i+1 wird ausgeführt, indem mehrere i Operationen ausgeführt werden und gewisse Aufgaben an den Level i-1 delegiert werden. Im Beispiel wird angenommen, dass bei (1) eine Exception ausgelöst wird, die in einem ersten Handler nicht bereinigt werden kann. Sie wird deshalb bei (2) weitergegeben. Im nächsten Handler gelingt es, den Fehler zu beheben, sodass bei (3) in den normalen Programmfluss zurückgekehrt werden kann.

Dieses Modell bildet einen allgemeinen Rahmen, in welchen verschiedene Mechanismen zur Exceptionbehandlung eingebettet werden können. Ein bestimmter Mechanismus kann nach folgenden Punkten charakterisiert werden:

- Was für Arten von Exceptions gibt es? Wie werden sie detektiert und ausgelöst? Hat der Anwender die Möglichkeit, eigene Exceptions zu definieren und Exceptions auszulösen, oder gibt es nur die vordefinierten Exceptions, die durch die Hardware (z.B. illegale Adresse, Division durch 0) und mit Laufzeittests (z.B. illegaler Index, Stacküberlauf) detektiert und ausgelöst werden?

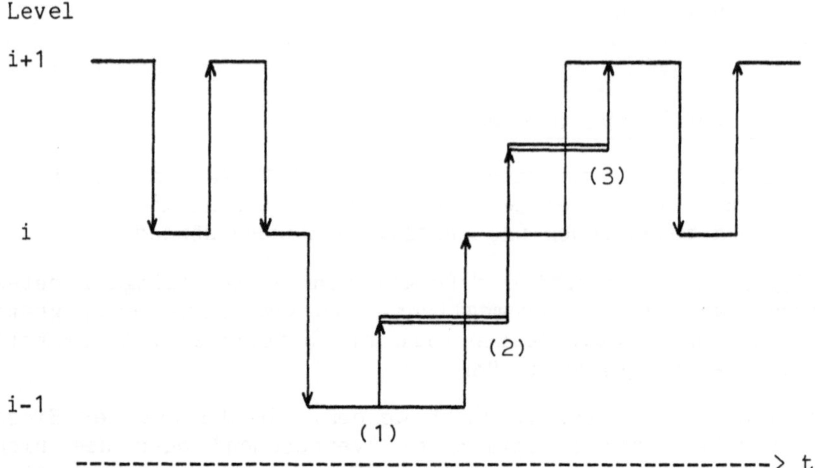

— normaler Programmfluss
═ Ausführung eines Exception-Handlers

(1) Auslösung einer Exception
(2) Weitergabe einer Exception ("propagation")
(3) Wiederaufnahme des normalen Programmflusses ("recovery")

Fig. 2.2: Ablauf einer Exceptionbehandlung

- Wie wird der Exception-Handler ausgewählt? Welchen Sprachkonstruktionen kann ein Handler zugeordnet werden?
- Was für Daten stehen im Handler ausser der Art der Exception zur Verfügung? Können Parameter an den Handler übergeben werden? Gehört der Handler zum oberen Level (Auftraggeber) oder zum unteren Level, wo die Ausnahmesituation festgestellt wurde?
- Kann eine Exception in einem Handler an einen übergeordneten Handler weitergegeben werden?
- Auf welche Art und Weise kann wieder in den normalen Programmfluss zurückgekehrt werden? Stehen verschiedene Möglichkeiten zur Verfügung?

Obenstehende Ueberlegungen gelten für sequentielle Programme. Ihre Uebertragung auf sequentielle Programmteile, d.h. auf Prozesse, bietet keine Schwierigkeiten, aber es stellt sich die Frage, was passieren soll, wenn in einem Prozess eine Exception nicht behandelt oder nicht weitergegeben werden kann, weil kein Handler (mehr) vorhanden ist. In dieser Situation besteht zudem die Gefahr von Verklemmungen: Es muss gewährleistet werden, dass Betriebsmittel von Prozessen, die infolge einer Exception abgebrochen werden, wieder freigegeben werden.

Bevor näher auf die Anforderungen an einen Mechanismus zur Exceptionbehandlung in Echtzeitprogrammen eingegangen wird, werden nun einige bekannte Konzepte beschrieben und diskutiert.

2.3.2 Bekannte Konzepte

Die meisten heutigen Betriebssysteme und Sprachen stellen nur rudimentäre Exceptionbehandlungsmechanismen zur Verfügung. Der einzige Exception-Handler ist meist ein Teil des Betriebssystems oder des Laufzeitsystems. Im Falle einer Exception wird ein Programm einfach abgebrochen, und der Anwender erhält eine Fehlermeldung. Man versucht deshalb, Exceptions mit Hilfe von Fehlerparametern oder Sprunganweisungen ('GOTO') zu vermeiden. Beide Konzepte befriedigen jedoch nicht. Beim Einsatz von Fehlerparametern wird der normale Programmfluss rasch durch viele 'IF'-Anweisungen versteckt, und die Anweisung 'GOTO' widerspricht den allgemein anerkannten Grundsätzen der strukturierten Programmierung.

Goodenough (1975) diskutiert die Exceptionbehandlung in einer sequentiellen, blockstrukturierten Sprache sehr detailliert und umfassend. Exceptions können sowohl durch die Hardware und das Laufzeitsystem (vordefinierte Standardexceptions) als auch durch den Anwender ausgelöst werden, der zusätzliche Exceptions definieren kann. Bei Bedarf kann eine syntaktische Einheit (Ausdruck, Zuweisung, Prozeduraufruf, strukturierte Anweisung oder Prozedurrumpf) um eine Gruppe von Handlern für je eine bestimmte Exception erweitert werden. In jedem Prozedurkopf muss die Liste der Exceptions angegeben werden, welche durch diese Prozedur ausgelöst werden könnten, damit der Handler statisch ausgewählt werden und bereits der Compiler überprüfen kann, ob für alle Exceptions ein Handler vorhanden ist. Nach der Art und Weise, wie aus einem Handler wieder in den normalen Programmfluss zurückgekehrt werden kann, werden Exceptions in drei Klassen eingeteilt. '<u>ESCAPE</u>'-Exceptions führen zu einem Abbruch. Der Handler - und damit auch die entsprechende syntaktische Einheit - muss mit der Anweisung 'EXIT' verlassen werden. '<u>NOTIFY</u>'-Exceptions verlangen, dass anschliessend an die Ausführung des Handlers mit der Anweisung 'RESUME' die Operation, welche die Exception ausgelöst hat, wieder aufgenommen wird. Der Handler einer '<u>SIGNAL</u>'-Exception, einer Synthese der ersten zwei Klassen, kann mit 'EXIT' oder 'RESUME' verlassen werden.

Liskov und Snyder (1979) basieren auf Goodenough und vereinfachen dessen Konzept wesentlich. Exception-Handler können nur Anweisungen, nicht aber Ausdrücken, zugeordnet werden, und man beschränkt sich auf 'ESCAPE'-Exceptions. Die Auswahl des Handlers erfolgt statisch. Exceptions, für die kein Handler vorhanden ist, werden automatisch in die Standardexception 'failure' umgewandelt, die von jeder Prozedur ausgelöst werden kann, ohne dass sie im Prozedurkopf aufgeführt sein muss. Bei der Auslösung einer Exception kann eine Liste von Parametern an den Handler übergeben werden.

Cocco und Dulli (1982) ordnen eine Gruppe von Handlern nur einem Block (Prozedur, Subroutine, Package) zu. Zusätzlich zu den Exceptionklassen von Goodenough führen sie 'RETRY'-Exceptions ein, welche dem Handler erlauben, die betroffene Operation neu zu starten. Die Wahlmöglichkeiten nach einer 'SIGNAL'-Exception werden analog erweitert.

Young (1982) diskutiert den Entwurf und die Entwicklung von Echtzeitprogrammiersprachen und geht dabei auch auf die Behandlung von Exceptions ein. Jedem Block soll ein Exception-Handler zugeordnet werden können, und es soll möglich sein, Exceptions gemäss der dynamischen Verschachtelung (Prozeduraufrufe) an den übergeordneten Block weiterzugeben. Zur Unterstützung paralleler Prozesse werden eine Anweisung 'fail P' und eine Standardexception 'comm_err' vorgeschlagen. 'fail P' bricht den Prozess 'P' ab. Dabei erhält 'P' Gelegenheit, seine Aufgabe abzuschliessen und seine Umgebung aufzuräumen. Mit 'comm_err' können Partnerprozesse über Ausnahmesituationen informiert werden. Diese Exception soll z.B. in allen Prozessen ausgelöst werden, die einen Monitor betreten, nachdem eine Prozedur dieses Monitors infolge einer Exception abgebrochen wurde.

2.3.2.1 Modula-2 (RT-11 Implementation)

Die Sprache Modula-2 stellt keinen Exceptionbehandlungsmechanismus zur Verfügung, aber sie kann als Werkzeug verwendet werden, um einen zu realisieren.

Das Standardmodul 'Exceptions' der Modula-2 Implementation unter RT-11 (Geissmann 1981) erlaubt dem Anwender die Behandlung von 'ESCAPE'-Exceptions. Nach einer Exception erhält man ein Ausführungsresultat, das die aufgetretene Exception beschreibt und das mit normalen Modula-2 Anweisungen weiterverarbeitet werden kann, d.h. es gibt für den Exception-Handler keine spezielle Sprachkonstruktion.

Die Anwenderschnittstelle besteht aus einem Typ, der eine Exception beschreibt, und aus zwei Prozeduren:

```
TYPE
  ErrorType = (CoroutineEnds, ProgramHalt, TrapTo4,
               StackOverflow, IndexOutOfRange, ...
               NormalReturn, UserSignal, propagate);

PROCEDURE Call(p: PROC; VAR result: ErrorType);
PROCEDURE Raise(eCode: ErrorType);
```

Mit 'Call' kann eine Prozedur ohne Parameterliste (Standardtyp 'PROC') indirekt aufgerufen werden. Eine Ausnahmesituation während der Ausführung von 'p' oder einer über 'p' aufgerufenen Prozedur führt zum Abbruch von 'p' und im Ausgabeparameter 'result' erhält man die Art der Exception. 'NormalReturn' bezeichnet keine Exception, sondern die erfolgreiche Ausführung von 'p'.

Die Prozedur 'Call' kann rekursiv verwendet werden, um Exceptions in irgendeinem Programmteil lokal zu behandeln. Im Falle einer Exception bestimmt die dynamische Verschachtelung, welche Prozeduren abgebrochen werden (dynamische Wahl des Handlers).

Das Auslösen von Exceptions erfolgt durch die Hardware (z.B. 'TrapTo4'), durch das Laufzeitsystem (z.B. 'StackOverflow', 'IndexOutOfRange') oder in einem Modula-2 Programm mit der Standardprozedur 'HALT' oder mit der Prozedur 'Raise'.

Der Aufzählungstyp 'ErrorType' wird im Definitionsmodul 'SystemTypes' deklariert. Da dieses Modul von vielen Standardmodulen einschliesslich Compiler und Linker importiert wird, kann dieser Typ durch den Anwender nicht ohne weiteres ergänzt werden. Entweder müsste das ganze Modula-2 System neu übersetzt werden, oder es müsste auf Sprachelemente zur Systemprogrammierung (Typtransferfunktion) zurückgegriffen werden. Es ist somit für den Anwender praktisch nicht möglich, eigene Exceptions zu definieren. Das Problem kann jedoch umgangen werden, indem in Anwenderprogrammen immer die Exception 'UserSignal' verwendet wird und die Ausnahmesituationen mit Hilfe globaler Variablen unterschieden werden.

Die unmittelbar auf 'Call' folgenden Anweisungen bilden die Exception-Handler, die im Normalfall übersprungen werden:

```
PROCEDURE P;
BEGIN
  ...
  IF ... THEN Raise(UserSignal); END(*IF*);
  ...
END P;

VAR
  result: ErrorType;

  ...
  Call(P,result);
  IF result<>NormalReturn THEN
    CASE result OF (* groupe of exception handlers *)
       ... :      ... ;
      |UserSignal: ... ; (* handle 'UserSignal' *)
      | ... :     ... ;
      ELSE
       Raise(propagate); (* propagate other exceptions *)
    END(*CASE*);
  END(*IF*);
  ...
```

'propagate' ist keine Exception, sondern dient zur Weitergabe einer eben ausgelösten Exception, die nicht behandelt werden kann. Zur Laufzeit eines Programmes ist eine Weitergabe und eine erneute Auslösung derselben Exception äquivalent. Einen Unterschied ergibt sich erst nach einem Programmabbruch bei der Analyse der Situation zum Zeitpunkt der Auslösung der letzten Exception mit Hilfe des

Modula-2 Debuggers. Mit 'Raise(propagate)' wird keine neue Exception ausgelöst, sondern nur eine alte weitergegeben; 'Raise(result)' löst wieder eine neue Exception aus, wobei die Information über die vorherige Ausnahmesituation überschrieben wird.

Dieser Mechanismus ist für sequentielle Programme ausgelegt und kann ohne Anpassung in einem Echtzeitsystem nicht verwendet werden.

2.3.2.2 Ada

Die Echtzeitsprache Ada (1983) enthält als integralen Bestandteil einen Mechanismus zur Exceptionbehandlung. Neben Standardexceptions, die durch das Laufzeitsystem ausgelöst werden, kann der Anwender eigene Exceptions deklarieren und mit der Standardprozedur 'raise' auslösen. Jedem Block (Prozedur, Funktion, Package, Task, BEGIN ... END etc.) kann eine Gruppe von Exception-Handlern zugeordnet werden. Der Mechanismus beschränkt sich auf 'ESCAPE'-Exceptions. Nach der Ausführung eines Handlers wird der Block verlassen, und im übergeordneten Block lässt sich nicht mehr feststellen, ob eine Exception aufgetreten ist oder nicht.

```
declare
  OVERFLOW: exception;
  procedure P is
  begin
    ...
    if ... then raise(OVERFLOW); end if;
    ...
  end P;
begin
  ...
  begin
    P; -- may raise some exceptions
  exception
    when OVERFLOW => ... ; -- handle OVERFLOW
    when ... => ... ;
    when others => ... ; -- handle other exceptions
  end;
  ...
end;
```

Die Wahl eines Exception-Handlers erfolgt dynamisch. Ausgehend vom aktuellen Block wird anhand der dynamischen Verschachtelung ein Handler für die ausgelöste Exception oder ein Handler mit dem Schlüsselwort 'others' gesucht.

Wenn es in einem Handler nicht gelingt die Ausnahmesituation zu bereinigen, kann dieselbe Exception mit 'raise' (ohne Parameter) weitergegeben werden.

Der Exceptionbehandlungsmechanismus steht in enger Beziehung zur Prozessverwaltung ("tasking") und zur Synchronisation ("rendezvous").

Die Lebensdauer eines Prozesses ist an die Existenz desjenigen Blockes gebunden, in welchem er gestartet wurde. Beim Verlassen eines Blockes wird gewartet, bis alle von ihm abhängigen Prozesse gelöscht sind oder bereit sind, gelöscht zu werden. Dadurch kann z.B. die Weitergabe einer Exception an einem übergeordneten Block um eine unbestimmte Zeit verzögert werden.

Ein Prozess heisst "beendet" ("completed"), wenn alle seine Anweisungen ausgeführt worden sind oder wenn eine Exception nicht behandelt werden kann, weil kein Handler mehr vorhanden ist. Die Weitergabe einer Exception an einen übergeordneten Prozess ist nicht möglich.

Mit der Anweisung 'abort' kann ein beliebiger Prozess in den Zustand "abnormal" gebracht werden. Der Prozess kann noch gewisse bereits begonnene Aufgaben beenden, bevor er gestoppt wird.

Eine Exception, welche zum Abbruch eines Rendezvous führt, wird sowohl im aufgerufenen Prozess ("called task") wie im aufrufenden Prozess ("calling task") ausgelöst. Weiter wird in einem aufrufenden Prozess die Exception 'TASKING_ERROR' ausgelöst, wenn sich der aufgerufene Prozess im Zustand "beendet" oder "abnormal" befindet. Umgekehrt wird das Rendezvous normal zu Ende geführt, wenn der aufrufende Prozess währenddessen in den Zustand "abnormal" gebracht wird, und der aufgerufene Prozess wird nicht betroffen.

2.3.2.3 CHILL

Die Programmiersprache CHILL (Sammer 1982, Smedema 1983) stellt ebenfalls einen Mechanismus zur Behandlung von Ausnahmesituationen zur Verfügung. Neben den Standardexceptions, die durch das Laufzeitsystem ausgelöst werden, kann der Anwender eigene Exceptions definieren und mit der Standardprozedur 'CAUSE' auslösen. Es werden nur 'ESCAPE'-Exceptions unterstützt. Ein Exception-Handler kann einer Anweisung, einer Prozedur, einem Prozess, einem Modul oder der Initialisierung einer Variablen zugeordnet werden. Im Falle einer Exception wird die normale Ausführung des entsprechenden Programmteiles abgebrochen und der Handler gelangt zur Ausführung. Anschliessend daran wird unmittelbar hinter diesem Programmteil mit dem normalen Programmfluss weitergefahren.

Die Auswahl des Handlers erfolgt statisch, sodass bereits der Compiler prüfen kann, ob allen Ausnahmesituationen ein Exception-Handler zugeordnet werden kann. Die Exception, die eine Prozedur auslösen könnte, müssen in ihrem Prozedurkopf angegeben werden.

Ein Prozess gilt als beendet, wenn er das Ende seines normalen Codes oder seines Exception-Handlers erreicht hat. Die Weitergabe einer Exception an einen anderen Prozess ist nicht möglich. Die

Standardexception 'EXTINCT' wird ausgelöst, wenn versucht wird, einem bereits beendeten Prozess ein Signal zu senden.

```
P: PROC() EXCEPTIONS(overflow);
     ...
     IF ... THEN CAUSE(overflow); FI;
     ...
   END P;

...
P() ON
     (overflow): ... ; /* handle 'overflow' */
     ( ... ):    ... ;
    ELSE ... ; /* handle other exceptions */
   END;
...
```

2.3.2.4 Diskussion

Obwohl sich die beschriebenen Konzepte in den Details stark unterscheiden, haben alle eine gemeinsame Basis, die Behandlung von 'ESCAPE'-Exceptions in Gruppen von Handlern, welche einer oder mehreren syntaktischen Einheiten der betreffenden Programmiersprache zugeordnet werden können und welche in ihrer Struktur einer 'CASE'-Anweisung entsprechen.

Solange praktische Erfahrungen fehlen, ist es schwierig abzuschätzen, wie wichtig die verschiedenen Exceptionklassen sind. Die 'ESCAPE'-Exceptions bilden offensichtlich die wichtigste Klasse, und auf die anderen scheint man verzichten zu können, denn 'NOTIFY'-Exceptions lassen sich in Modula-2 leicht mit Hilfe von Prozedurvariablen simulieren und 'RETRY'-Exceptions lassen sich auf 'ESCAPE'-Exceptions und Schleifen zurückführen. Die Implementation von 'NOTIFY'-Exceptions dürfte zudem Schwierigkeiten bereiten, da der Kontext und die lokalen Variablen des betroffenen Programmteiles auch nach dem Auslösen einer 'NOTIFY'-Exception erhalten bleiben müssten.

Gemäss der Definition des Begriffes "Exception" ist es kaum sinnvoll, dass sich die Detektion und Behandlung einer Exception in demselben Block befinden, weil es fraglich erscheint, ob eine Ausnahmesituation in derselben Umgebung bereinigt werden kann, in welcher sie eine Weiterführung des normalen Programmflusses verunmöglicht. Dieser Fall ist einzig eine strukturierte Alternative für die Anweisung 'GOTO'. Ein Handler befindet sich somit im Normalfall nicht in der Umgebung, in der die Exception detektiert wird, sondern in einem übergeordneten Block: Vom Laufzeitsystem ausgelöste Exceptions werden in Handlern bearbeitet, die einer Anweisung zugeordnet sind; andere Exceptions werden in Handlern bearbeitet, die einem Prozeduraufruf zugeordnet sind.

Die Auswahl des Exception-Handlers kann auf Grund der statischen oder der dynamischen Programmstruktur erfolgen:

Die statische Wahl (Goodenough 1975, Cocco und Dulli 1982, CHILL) hat den Vorteil, dass der Compiler prüfen kann, ob immer ein Handler vorhanden ist. Es ist aber unklar, was passiert, wenn die Hardware oder das Laufzeitsystem eine Standardexception auslöst. Muss jedem Block präventiv eine Handlergruppe für alle Standardexceptions zugeordnet werden? Oder wird - wie von Liskov und Snyder (1979) vorgeschlagen - in gewissen Fällen von der statischen Zuordnung abgewichen?

Die Auswahl eines Exception-Handlers nach der dynamischen Verschachtelung (Young 1982, Modula-2, Ada) gibt dem Anwender wesentlich mehr Flexibilität. Er kann Exceptions ganz ausser Acht lassen und in Kauf nehmen, dass sein Programm abgebrochen wird, wenn z.B. in einer Bibliotheksprozedur eine Exception ausgelöst wird; er kann an einigen wenigen Stellen alle Exceptions abfangen und den entsprechenden Programmteil wieder neu starten; oder er kann beweisen, dass in seinem Programm keine Exceptions (auch nicht in Bibliotheksprozeduren) auftreten können, und deshalb auf Exception-Handler verzichten.

Bei einer Wiederholung einer Operation im Falle einer Exception hat das Konzept von Modula-2 den Vorteil, dass bereits eine Variable vorhanden ist, deren Wert aussagt, ob die Ausführung der Aufgabe erfolgreich war oder nicht. In allen anderen Konzepten muss im Exception-Handler in einer Variablen oder in einem Parameter festgehalten werden, dass eine Exception aufgetreten ist.

In einem Echtzeitsystem muss die Exceptionbehandlung im Zusammenhang der Prozessverwaltung und Synchronisation betrachtet werden: Was geschieht, wenn eine Exception in einem Prozess nicht mehr weitergegeben werden kann, weil kein Handler mehr verfügbar ist? Was geschieht, wenn der Ablauf eines Prozesses, der mit anderen zusammenarbeitet, durch eine Exception gestört wird?

Ada ist in dieser Hinsicht am besten ausgereift. Abgesehen davon, das Ada noch kaum erhältlich ist, überzeugt das Konzept jedoch auch nicht vollständig, weil es zu wenig auf die Bedürfnisse des Anwenders eingeht. Es ist zwar sehr einfach, einen Prozess im Falle einer Exception zu beenden, wenn kein Handler mehr da ist, aber damit ist dem Anwender bei der Behebung der Ausnahmesituation nicht geholfen. Und die Verzögerungen, die sich bei der Auslösung einer Exception ergeben können, weil gewartet wird, bis allenfalls vorhandene Sohnprozesse beendet sind, können in einem Echtzeitsystem unerwünscht sein, denn normalerweise soll sofort auf Fehler oder Alarme reagiert werden.

2.3.3 Anforderungen

Bereits in der Einleitung wurde für diese Arbeit das Ziel gesetzt, einen einfachen, blockstrukturierten Mechanismus zur Behandlung von Exceptions in das Modula-2 Echtzeitbetriebssystem MODEB V2 zu integrieren, um fehlertolerante Echtzeitprogramme zu unterstützen.

Die Behandlung von Exceptions in sequentiellen Programmteilen soll sich an den Gemeinsamkeiten der diskutierten Konzepte (siehe 2.3.2.4) orientieren. Der Mechanismus soll sich auf 'ESCAPE'-Exceptions beschränken, und die Exception-Handler sollen nach der dynamischen Verschachtelung ausgewählt werden, damit es dem Anwender freisteht, einem bestimmten Programmteil einen Handler zuzuordnen oder allfällige Exceptions automatisch weiterzugeben.

Im Zusammenhang der Prozessverwaltung und Synchronisation soll der Anwender in folgenden Punkten unterstützt werden:

- Exceptions sollen in einzelnen Prozessen und in Gruppen von Prozessen lokal behandelt werden können, um z.B. bestimmte Prozesse oder Gruppen von Prozessen vor Ausnahmesituationen in anderen Prozessen zu schützen.

- Beim Abbruch eines Programmteiles durch eine Exception sollen alle darin gestarteten Sohnprozesse automatisch gestoppt werden. Der Anwender wird dadurch von der Verwaltung seiner Hilfsprozesse entlastet. Unabhängig davon, ob zum Zeitpunkt der Exception noch keine, erst ein Teil oder bereits alle Sohnprozesse gestartet worden waren, müssen bei einer Wiederholung des Programmteiles einfach alle erneut gestartet werden.

- Störungen der Zusammenarbeit paralleler Prozesse durch Ausnahmesituationen sind nicht vermeidbar, aber der Anwender soll einen Programmteil, der durch eine Exception abgebrochen wurde, einfach wieder neu starten können, ohne dass er sich um den speziellen Zustand kümmern muss, in dem der Abbruch erfolgte. Datenstrukturen zur Synchronisation (z.B. Synchronisationselemente) sollen bei der Wiederholung neu initialisiert werden können, um z.B. Probleme mit alten, nicht mehr relevanten Meldungen zu vermeiden. Zugriffsrechte zu Betriebsmittel, die bereits erworben und noch nicht wieder zurückgegeben worden waren, sollen automatisch freigegeben werden, um Verklemmungen durch blockierte Betriebsmittel zu verhindern.

- Exceptions sollen sofort verarbeitet werden; Verzögerungen bei ihrer Auslösung, wie sie in Ada auftreten können, sollen vermieden werden.

Der Mechanismus zur Exceptionbehandlung muss beliebige Synchronisationskonzepte unterstützen; er darf nicht von einem bestimmten Konzept abhängig sein.

2.3.4 Wahl eines Konzeptes

Als Basis für die Exceptionbehandlung in Echtzeitprogrammen wird das Konzept der Modula-2 Implementation unter RT-11 übernommen. Es erfüllt die Anforderungen zur Behandlung von Ausnahmesituationen in sequentiellen Programmteilen, und seine Anwenderschnittstelle, die den bekannten, speziellen Sprachkonstruktionen semantisch recht gut entspricht, kann nicht mehr verbessert werden, solange die Modula-2 Syntax beibehalten wird.

Der Begriff Exceptionbehandlungsbereich ("exception handling frame"), gekürzt Exceptionbereich oder Bereich, bezeichnet im folgenden einen Programmteil, innerhalb welchem Exceptions abgefangen werden. Ein Exceptionbehandlungsbereich wird eröffnet, indem eine Prozedur 'P' indirekt aufgerufen wird:

```
Call(P,result);
```

Im Falle einer Exception wird die Ausführung des aktuellen Exceptionbehandlungsbereichs abgebrochen, und man erhält im Ausgabeparameter 'result' das Ausführungsresultat, welches die aufgetretene Exception beschreibt. Exceptionbehandlungsbereiche können wie die Modula-2 Ablaufstrukturen aufeinander folgen und ineinander verschachtelt werden.

Ein Sohnprozesse bildet einen Teil des Exceptionbehandlungsbereichs, innerhalb welchem er gestartet wurde. Er kann eigene Bereiche eröffnen, um Exceptions lokal zu behandeln. Wenn eine Exception in einem Sohnprozess nicht lokal behandelt wird, so wird der Bereich abgebrochen, in welchem dieser Prozess gestartet wurde. Für den betroffenen Prozess findet dieser Abbruch nicht synchron zu irgendeiner Operation statt; es wird eine asynchrone Exception ausgelöst. Am Ende der Ausführung eines Exceptionbereichs werden alle darin gestarteten Sohnprozesse gestoppt.

Zwei Exceptionbehandlungsbereiche heissen unabhängig, wenn sie gleichzeitig bestehen und sie nicht ineinander verschachtelt sind. Unabhängige Exceptionbereiche müssen deshalb von verschiedenen Prozessen eröffnet werden.

Da Variablen in Modula-2 nicht statisch initialisiert werden können, müssen nicht nur die Prozesse sondern auch die Datenstrukturen zur Synchronisation (z.B. Synchronisationselemente) dynamisch verwaltet werden. Diese Objektverwaltung wird an die Exceptionbehandlung gekoppelt, um die Anforderungen an die Prozessverwaltung und Synchronisation zu erfüllen. Die Lebensdauer eines Objektes wird auf die Existenz desjenigen Exceptionbehandlungsbereichs beschränkt, innerhalb welchem es geschaffen wurde. Unabhängig davon, ob eine Exception aufgetreten ist oder nicht, werden in der Aufräumphase am Ende eines Bereichs alle lokal geschaffenen Objekte wieder gelöscht. Ein Exceptionbereich kann somit nach einer Exception einfach erneut gestartet werden, wobei alle lokalen Objekte wieder neu geschaffen werden müssen.

Die Objektverwaltung basiert auf Listen, in welche dynamische Objekte eingetragen werden, damit in der Aufräumphase bekannt ist, welche Objekte gelöscht werden müssen. Der Aufwand für die Verwaltung dieser Listen hängt wesentlich davon ab, ob ein Objekt nur implizit am Ende des entsprechenden Bereichs oder auch explizit zu einem beliebigen Zeitpunkt wieder gelöscht werden kann. Falls auf explizite Löschoperationen verzichtet wird, können die Objekte am Bereichsende in der umgekehrten Reihenfolge gelöscht werden, wie sie geschaffen wurden, d.h. es sind keine Suchoperationen nötig, und für ihre Verwaltung genügen einfach verkettete Listen. Sobald man jedoch ein Objekt explizit zurückgegeben will, muss es in einer einfach verketteten Liste gesucht werden, oder, falls Suchoperationen unerwünscht sind, muss eine doppelt verkettete Liste verwendet werden.

Das explizite Löschen von Objekten soll soweit wie möglich vermieden werden, um den Aufwand für die Objektverwaltung klein zu halten. Es werden deshalb folgende drei Klassen von Objekten unterschieden:

- Es ist nicht nötig, dass Prozesse bereits vor dem Ende des entsprechenden Bereichs gelöscht werden können, denn ein Prozess, der keine Aufgabe mehr hat, kann sich z.B. in einer Synchronisationsoperation blockieren (siehe 2.4) und belastet das System nicht mehr.

- Datenstrukturen zur Synchronisation (z.B. Synchronisationselemente), im folgenden Synchronisationsdeskriptoren genannt, müssen ebenfalls nicht explizit gelöscht werden können, denn es spielt keine Rolle, wenn ein Synchronisationsdeskriptor länger existiert, als nötig wäre.

- Einzig Zugriffsrechte, z.B. zu einem kritischen Abschnitt, müssen explizit zurückgegeben werden können, sobald sie nicht mehr gebraucht werden, damit andere Prozesse den kritischen Abschnitt ebenfalls betreten können. Es wäre nicht sinnvoll, die Rückgabe von Zugriffsrechten an das Ende eines Exceptionbehandlungsbereichs zu binden. Der Overhead wäre oft nicht tolerierbar, und die Reihenfolge der Rückgabe mehrerer Zugriffsrechte wäre nicht mehr frei wählbar.

Ein Zugriffsrecht ist kein selbständiges Objekt. Es wird über einen Synchronisationsdeskriptor verwaltet und wird gleichzeitig mit diesem gelöscht. Während seiner Lebensdauer kann es beliebig oft verschieden Prozessen zugeteilt und wieder zurückgegeben werden. Am Ende eines Exceptionbehandlungsbereichs werden alle Zugriffsrechte, die innerhalb dieses Bereichs zugeteilt aber noch nicht wieder zurückgegeben wurden, automatisch freigegeben.

Figur 2.3 veranschaulicht das Konzept am Beispiel von drei Exceptions in einem Programm mit Sohnprozessen in verschiedenen Exceptionbehandlungsbereichen. Es ist leicht einzusehen, dass sich bei der Realisierung dieses Konzeptes einige Probleme stellen werden. Durch die parallele Ausführung der Prozesse können alle drei Exceptions gleichzeitig oder in einer beliebigen Reihenfolge kurz

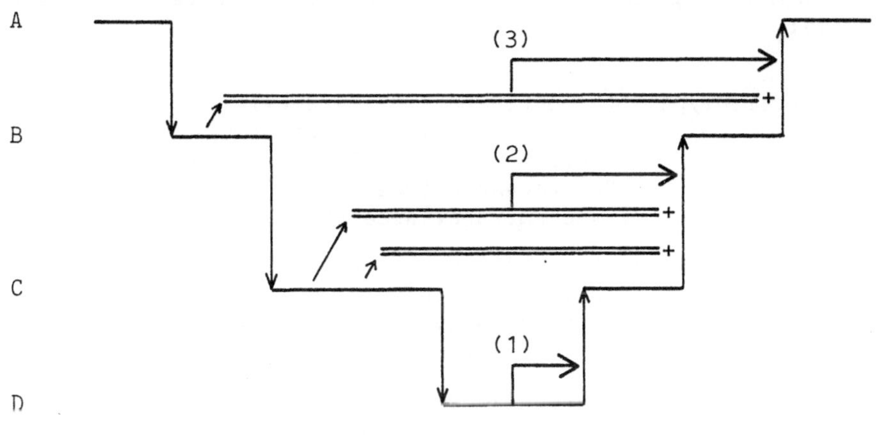

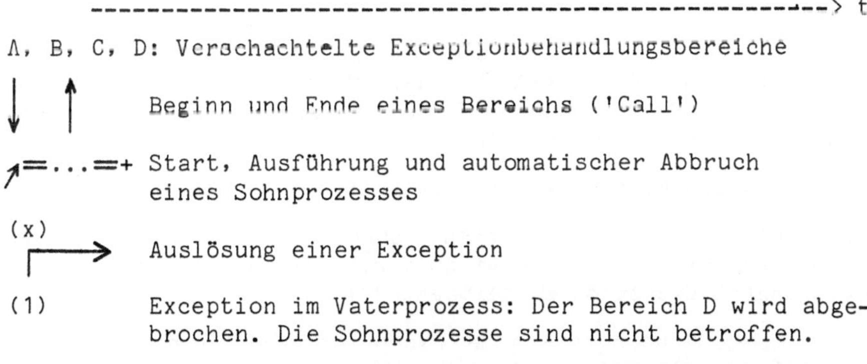

(1) Exception im Vaterprozess: Der Bereich D wird abgebrochen. Die Sohnprozesse sind nicht betroffen.

(2) Exception in einem Sohnprozess des Bereichs C: Im Vaterprozess wird eine asynchrone Exception ausgelöst, um den Bereich C abzubrechen. Die beiden Sohnprozesse dieses Bereichs werden gestoppt. Der Sohnprozess im Bereich B ist nicht betroffen.

(3) Exception im Sohnprozess des Bereichs B: Im Vaterprozess wird eine asynchrone Exception ausgelöst, um den Bereich B abzubrechen. Alle drei Sohnprozesse werden gestoppt. Man beachte, dass nicht nur der Bereich B aufgeräumt werden muss, sondern auch die Bereiche C und D.

Fig. 2.3: Exceptions in einem Programm mit Sohnprozessen in verschiedenen Exceptionbehandlungsbereichen

nacheinander ausgelöst werden. Dabei muss natürlich in jedem Fall das Endresultat der Variante (3) erreicht werden.

2.3.4.1 Anwenderschnittstelle (K-Level)

Bis auf geringfügige Erweiterungen entspricht die Anwenderschnittstelle dem Konzept der Modula-2 Implementation unter RT-11 (vgl. 2.3.2.1):

```
TYPE
  ExceptionType = (CoroutineEnds, ProgramHalt, TrapTo4,
                   StackOverflow, IndexOutOfRange, ...
                   NormalReturn, UserSignal, propagate,
                   SonProcessFailure, Aborted,
                   SynchFailure, AccessFailure, ... );

PROCEDURE Call(p: PROC; VAR result: ExceptionType);
PROCEDURE Raise(eCode: ExceptionType);
PROCEDURE GetExceptionCode(pId: Process;
                           VAR eCode: ExceptionType);
```

Der Aufzählungstyp zur Beschreibung einer Exception wird um einige Exceptions (z.B. 'SonProcessFailure' und 'Aborted', siehe unten) erweitert und in 'ExceptionType' umbenannt.

Mit 'Call' wird ein Exceptionbehandlungsbereich eröffnet. Im Ausgabeparameter 'result' erfährt man, ob die Ausführung von 'p' erfolgreich war ('result=NormalReturn') oder ob 'p' infolge einer Exception abgebrochen wurde ('result<>NormalReturn').

Das Auslösen einer Exception erfolgt mit der Prozedur 'Raise'.

'propagate' ist keine Exception, sondern dient zur Weitergabe einer Ausnahmesituation, die nicht bereinigt werden konnte, an den übergeordneten Exceptionbehandlungsbereich.

Wenn in einem Sohnprozess eine Exception nicht behandelt werden kann, weil er keinen Exceptionbehandlungsbereich mehr besitzt, so wird seine Ausführung gestoppt, und der Bereich, innerhalb welchem der Prozess gestartet wurde, wird mit der asynchronen Exception 'SonProcessFailure' abgebrochen.

Mit Hilfe der Prozedur 'GetExceptionCode' kann im Exception-Handler festgestellt werden, weshalb ein Sohnprozess beendet wurde. Den Code 'Aborted' erhält man für Sohnprozesse, deren Ausführung am Ende eines Bereichs gestoppt wurde. Die Exceptions 'SonProcessFailure' und 'Aborted' sind dem Betriebssystem vorbehalten und dürfen vom Anwender nicht ausgelöst werden.

Im Modula-2 Report (Wirth 1980) wird definiert, dass ein Programm abgebrochen wird, wenn die Standardprozedur HALT ausgeführt wird oder ein Prozess das Ende seines Codes erreicht. Wie in der Modula-2 Implementation unter RT-11 soll stattdessen die Exception 'ProgramHalt' resp. 'CoroutineEnds' ausgelöst werden, welche nur dann zum Programmabbruch führt, wenn kein Exceptionbehandlungsbereich mehr abgebrochen werden kann.

Das folgende Beispiel zeigt einen Exceptionbehandlungsbereich, in dem ein Sohnprozess geschaffen wird, und den zugehörigen Exception-Handler:

```
PROCEDURE P;
BEGIN
  StartProcess(Son, ... ,sonId);        PROCEDURE Son;
  ...                                   BEGIN
END P;                                    ...
                                        END Son;
VAR
  sonId: Process;
  result: ExceptionType;

  ...
  Call(P,result);
  IF result<>NormalReturn THEN
    CASE result OF
        ... (* handle own exceptions *)
     |SonProcessFailure:
        GetExceptionCode(sonId,result);
        CASE result OF
          ...
        END(*CASE*);
      ...
    END(*CASE*);
  END(*IF*);
  ...
```

Das vorgeschlagene Exceptionbehandlungskonzept wird durch die Modula-2 Syntax eingeschränkt:

- Da nur global deklarierte Prozeduren (nicht lokal zu einer anderen Prozedur) als Parameter erlaubt sind, können Exceptionbehandlungsbereiche nur dynamisch, nicht aber statisch verschachtelt werden.
- Ein Exceptionbehandlungsbereich wird durch eine Prozedur ohne Parameter repräsentiert (vgl. 'Startprocess' 2.2).
- Der Typ 'ExceptionType' kann durch den Anwender praktisch nicht erweitert werden (vgl. 2.3.2.1).

Diese Einschränkungen sind jedoch nicht sehr gravierend: Die statische Verschachtelung von Prozeduren hat im Vergleich zu PASCAL stark an Bedeutung verloren, weil Gruppen von Prozeduren mit Vorteil in einem Modul zusammengefasst werden, und mit Hilfe globaler Variablen können leicht Daten an einen Exceptionbereich übergeben, oder Exceptions genauer beschrieben werden.

2.3.4.2 Systemschnittstelle (S-Level)

In einer Systemschnittstelle werden Prozeduren zur Objektverwaltung zur Verfügung gestellt, welche eine Grundlage zur Realisierung von K-Level Synchronisationsoperationen bilden. Die Prozeduren gehören zum S-Level und sind für den Anwender (K-Level) nicht sichtbar.

Mit den folgenden Prozeduren werden Synchronisationsdeskriptoren und Zugriffsrechte in die Objektverwaltungslisten eingetragen, resp. aus ihnen entfernt:

```
PROCEDURE InsertSynchDesc( ... );

PROCEDURE InsertAccessRight( ... );
PROCEDURE RemoveAccessRight( ... );
```

Beim Einfügen eines Objektes muss der Objektverwaltung mitgeteilt werden, wie dieses Objekt am Ende des aktuellen Exceptionbehandlungsbereichs gelöscht werden kann. Dabei darf nicht von einer speziellen Objektstruktur ausgegangen werden, weil die Objektverwaltung beliebige Synchronisationskonzepte unterstützen muss. In Modula-2 lässt sich dies erreichen, indem der Objektverwaltung eine Prozedur als Parameter übergeben wird. Und mit einem Wert des Standardtyps 'SYSTEM.ADDRESS' (kompatibel zu allen Zeigertypen) kann ein Objekt unabhängig von seiner Struktur und eineindeutig identifiziert werden:

```
TYPE
  DeleteProcedure = PROCEDURE(SYSTEM.ADDRESS)

PROCEDURE InsertSynchDesc(obj: SYSTEM.ADDRESS;
                          p: DeleteProcedure);
```

Am Ende eines Exceptionbehandlungsbereichs wird ein Objekt gelöscht, indem in der Aufräumphase die Löschprozedur 'p' mit der Objektidentifikation 'obj' als Parameter aufgerufen wird ('p(obj);') und das Objekt aus der Liste entfernt wird.

Zugriffsrechte werden der Objektverwaltung während ihrer Lebensdauer normalerweise mehrmals übergeben und wieder zurückgenommen. Ihre Identifikation verändert sich dabei aber nicht, und es wäre nicht ökonomisch, jedesmal zwei Parameter zu übergeben. Stattdessen soll ein Objektdeskriptor verwendet werden, der einmal initialisiert beliebig oft der Objektverwaltung übergeben und wieder zurückgenommen werden kann. Die Parameterlisten von 'Insert/RemoveAccessRight' werden deshalb erst beim Entwurf festgelegt.

Beim Löschen von Synchronisationsdeskriptoren stellen sich einige Fragen: Ist es z.B. möglich, dass in einem Synchronisationselement noch ein Prozess auf eine Meldung wartet? Ist es möglich, dass ein Zugriffsrecht, das diesem Synchronisationsdeskriptor zugeordnet ist, noch einem Prozess zugeteilt ist? Und, falls diese Fälle eintreten können, was soll mit diesen Prozessen geschehen?

Ob diese Situationen auftreten können oder nicht, hängt davon ab, in welcher Reihenfolge die verschieden Objekte in der Aufräumphase gelöscht werden und ob ein Objekt auch ausserhalb des Exceptionbehandlungsbereichs verwendet werden darf, in welchem es geschaffen wurde.

Beim Aufräumen eines Exceptionbereichs sollen zuerst die Sohnprozesse, dann die Zugriffsrechte und zuletzt die Synchronisationsdeskriptoren gelöscht werden. Wenn nach einer asynchronen Exception mehrere Bereiche aufzuräumen sind, soll bei den lokalsten Bereichen begonnen werden, damit nie ein Bereich aufgeräumt wird, zu welchem noch lokale Bereiche bestehen. Dieses Vorgehen gewährleistet, dass beim Löschen eines Synchronisationsdeskriptors höchstens noch Prozesse warten, welche ausserhalb des Bereichs ausgeführt werden, und dass ausstehende Zugriffsrechte nur noch Prozessen ausserhalb des Bereichs zugeteilt sind.

Der Zugriff auf Objekte in anderen, unabhängigen Exceptionbereichen ist somit entscheidend. Eine strenge Hierarchie, welche diese Zugriffe verbiete würde, wäre sicher in den meisten Anwendungen keine Einschränkung, aber unter Umständen ist es wünschbar, dass zwei Prozessgruppen in unabhängigen Exceptionbereichen ohne Objekte in einem globaleren, gemeinsamen Bereich zusammenarbeiten können. Der Zugriff auf Objekte in unabhängigen Exceptionbehandlungsbereichen wird deshalb im Interesse einer grösseren Flexibilität zugelassen.

Der S-Level wird um zwei Prozeduren erweitert, mit welchen beim Löschen von Synchronisationsdeskriptoren in wartenden Prozessen und in Prozessen, die ein Zugriffsrecht noch nicht zurückgegeben haben, eine asynchrone Exception ('SynchFailure' resp. 'AccessFailure') ausgelöst werden kann. Die Parameterlisten der Prozeduren werden erst beim Entwurf festgelegt.

```
PROCEDURE AbortWaitingProcesses( ... );
PROCEDURE AbortOwnerProcess( ... );
```

Beim Zugriff auf ein Objekt in einem unabhängigen Exceptionbereich muss entschieden werden können, ob das Objekt noch gültig ist oder schon gelöscht wurde. Ein Objekt muss deshalb nach dem Löschen in irgendeiner Form weiter existieren, damit zur Laufzeit getestet werden kann, ob es noch gültig ist. Wenn nein, soll eine Exception ('SynchFailure') ausgelöst werden. Aus praktischen Gründen kann ein gelöschtes Objekt nicht beliebig lange weiter existieren; zu irgendeinem Zeitpunkt muss seine "Leiche" weggeschafft werden.

Der Zugriff auf Objekte in unabhängigen Bereichen muss deshalb eingeschränkt werden. Die Einschränkung lässt sich nicht allgemein formulieren, sondern richtet sich nach der konkreten Implementation. Als Minimum wird verlangt, dass der Zugriff auf Objekte in unabhängigen Exceptionbehandlungsbereichen gestattet ist, wenn diese Bereiche nach einem Abbruch jeweils wieder neu gestartet werden, d.h. wenn ein gelöschtes Objekt sofort wieder neu geschaffen wird, damit ein missglückter Zugriffsversuch etwas verzögert wiederholt werden kann.

2.3.4.3 Speicherverwaltung

Eine dynamische Speicherverwaltung gehört sicher nicht zu den Hauptaufgaben eines Echtzeitbetriebssystems, aber im Zusammenhang der Exceptionbehandlung muss gewährleistet werden, dass beim automatischen Löschen von dynamischen Objekten auch die entsprechenden Speicherbereiche wieder frei gegeben werden. Ausserdem ist es wünschbar, Variablen auch dynamisch allozieren zu können, z.B. für den Aufbau verketteter Datenstrukturen.

Eine dynamische Speicherverwaltung entlastet den Anwender: Beim Einsatz von MODEB V1 (Maier 1982) musste z.B. der Speicherplatz für den Workspace eines Sohnprozesses als Variable deklariert und an die Prozedur 'StartProcess' übergeben werden:

```
CONST
  wspSize = 200; (* bytes *)
VAR
  wsp: ARRAY [0..wspSize-1] OF CHAR;

StartProcess( ... ,SYSTEM.ADR(wsp),SYSTEM.SIZE(wsp), ... );
```

Falls innerhalb von 'StartProcess' der benötigte Speicherbereich von einer dynamischen Speicherverwaltung angefordert werden kann, muss das Modul 'SYSTEM' nicht mehr importiert werden, und es ergibt sich folgende Lösung:

```
CONST
  wspSize = 200; (* bytes *)

StartProcess( ... ,wspSize, ... );
```

Dem Anwender von MODEB V2 wird eine einfache, dynamische Speicherverwaltung zur Verfügung gestellt, welche die folgenden Anforderungen erfüllt:

- Die Speicherverwaltung soll allen Prozessen zur Verfügung stehen. Eine gegenseitige Beeinflussung mehrerer Prozesse über die Speicherverwaltung (z.B. "Aushungern" eines Prozesses durch einen anderen) ist zu vermeiden, damit ein Prozess von anderen Prozessen völlig entkoppelt werden kann.

- Der freie Speicherplatz darf auch bei längerer Laufzeit eines Programmes unter keinen Umständen in immer mehr und immer kleinere Stücke aufgeteilt werden (Speicherzerstückelung).

- Die Speicherverwaltung soll den Exceptionbehandlungsmechanismus sinnvoll unterstützen: Die Speicherbereiche für den Workspace eines Sohnprozesses oder für Synchronisationsdeskriptoren sollen dynamisch alloziert werden können und beim Löschen dieser Objekte automatisch freigegeben werden.

- Es kann vom Anwender verlangt werden, dass er abschätzt, wieviel Speicherplatz seine Prozesse dynamisch allozieren werden. Diese Forderung ist überall dort selbstverständlich, wo man nicht über praktisch beliebig viel Speicherplatz verfügt.

- Die Speicherverwaltung soll als Grundlage für den Aufbau komplexerer, auf spezielle Anwendungen zugeschnittene Speicherverwaltungsalgorithmen dienen können.

Jedem Prozess wird ein eigener Speicherbereich zugeteilt, in welchem Variablen dynamisch alloziert werden können. Zentrale Daten, auf welche nur mit gegenseitigem Ausschluss zugegriffen werden könnte, dürfen nicht verwendet werden, denn diese Synchronisation könnte zu einer gegenseitigen Beeinflussung führen.

Die Eigenschaft des Exceptionbehandlungsmechanismus, am Ende eines Bereichs alle neu geschaffenen Objekte wieder zu löschen, wird auf die Speicherverwaltung übertragen: Am Ende eines Exceptionbereichs werden automatisch alle in diesem Bereich dynamisch allozierten Speicherbereiche freigegeben. Wie bei den Prozessen und Synchronisationsdeskriptoren wird auf eine Möglichkeit verzichtet, einen dynamisch zugeteilten Speicherbereich explizit wieder zurückzugeben. Dank diesem Verzicht auf eine 'DISPOSE'-Operation kann der Aufwand klein gehalten werden, und eine Speicherzerstückelung ist ausgeschlossen, weil immer der zuletzt zugeteilte Speicherbereich als erster wieder freigegeben wird.

2.4 Synchronisation

2.4.1 Modell der Synchronisation

Eines der Hauptziele der vorliegenden Arbeit ist die Abtrennung der Synchronisation von der Prozessverwaltung und der Exceptionbehandlung, um dem Anwender zu ermöglichen, das Echtzeitbetriebssystem nach seinen eigenen, anwendungsspezifischen Bedürfnissen mit zusätzlichen Synchronisationsoperationen zu erweitern, ohne dass die Prozessverwaltung oder die Exceptionbehandlung angepasst werden müsste. Dieses Ziel kann nur mit Hilfe eines allgemeinen Modells der Synchronisation erreicht werden, welches zeigt, wie beliebige Synchronisationskonzepte realisiert werden können.

Die Definitionen zum Begriff Synchronisation (TC8 Report 1982) aus dem 1. Kapitel dienen als Grundlage:

- Mit Synchronisation werden Massnahmen bezeichnet, die anwendungsbedingte, zeitliche Einschränkungen im Ablauf paralleler Prozesse gewährleisten.

- Spezielle Operationen zur Synchronisation paralleler

Prozesse heissen <u>Synchronisationsoperationen</u>. Die Ausführung einer Synchronisationsoperation dauert so lange, bis die Synchronisationsbedingung der Operation erfüllt ist. Ein Prozess bleibt aktiv, während er in einer Synchronisationsoperation verzögert wird.

Auf dem K-Level erscheint ein Synchronisationskonzept als <u>abstrakter Datentyp</u>, auf welchen eine wohldefinierte Menge von Operationen ausgeführt werden können. Elemente eines solchen Datentyps werden durch Synchronisationsdeskriptoren repräsentiert, deren interne Struktur aber vom K-Level aus nicht oder nur teilweise sichtbar ist.

Die Verwaltung der Elemente eines abstrakten Datentyps zur Synchronisation erfolgt dynamisch. Zu jedem Synchronisationskonzept gehört eine Operation ('Create...'), mit welcher ein Element des entsprechenden Typs initialisiert werden muss, bevor parallele Prozesse mit den eigentlichen Synchronisationsoperationen darauf zugreifen dürfen.

Die Lebensdauer eines Elementes eines abstrakten Datentyps ist auf denjenigen Exceptionbereich beschränkt, innerhalb welchem es initialisiert wurde.

Zugriffsrechte werden mit Hilfe von Synchronisationsoperationen zugeteilt und zurückgegeben. Die Verwaltung eines Zugriffsrechts ist an ein bestimmtes Element eines abstrakten Datentyps gebunden. Alle Zugriffsrechte, welche über ein Element verwaltet werden sollen, werden normalerweise zusammen mit dem Synchronisationsdeskriptor geschaffen. Sie können während der ganzen Lebensdauer dieses Deskriptors beliebig oft an verschiedene Prozesse zugeteilt und von diesen wieder freigegeben werden. Am Ende des Exceptionbereichs, innerhalb welchem ein Zugriffsrecht von einem Prozess erworben wurde, wird dieses Zugriffsrecht automatisch freigegeben, falls es nicht schon früher zurückgegeben wurde. Damit wird verhindert, dass ein Prozess infolge einer Exception ein Zugriffsrecht auf unbestimmte Zeit blockieren kann.

In einer Synchronisationsoperation wird ein Prozess solange verzögert, bis die zugehörige Synchronisationsbedingung erfüllt ist. Bei der Ausführung einer K-Level Synchronisationsoperation wird diese Bedingung anhand des Zustandes des betroffenen Synchronisationsdeskriptors getestet: Wenn sie erfüllt ist, so kann die Operation sofort zu Ende geführt werden und der Prozess wird nicht verzögert. Wenn die Bedingung nicht erfüllt ist, wird der Prozess in den Wartezustand versetzt und in eine Warteliste eingetragen. Er wird solange verzögert, bis ein anderer Prozess in einer Synchronisationsoperation auf denselben Synchronisationsdeskriptor zugreift, den Zustand des Deskriptors verändert und feststellt, dass die Synchronisationsbedingung eines wartenden Prozesses wahr wird, d.h. dass dieser verzögerte Prozess wieder in den lauffähigen Zustand versetzt werden muss.

Obwohl ein K-Prozess, der in einer Synchronisationsoperation verzögert ist, aktiv bleibt, wird der Prozessor frei und kann nun die Ausführung eines anderen K-Prozess übernehmen. Dies ist die Grundlage für die Realisierung einer parallelen K-Maschine aus einer oder mehreren sequentiellen Z-Maschinen.

2.4.2 Beispiele von Synchronisationskonzepten

2.4.2.1 Semaphore

Ein einfaches und oft verwendete Synchronisationskonzept ist das Semaphorkonzept (Dijkstra 1968a/b). Zwei Operationen, 'P' und 'V', können auf Variablen des Typs 'Semaphor' ausgeführt werden:

```
TYPE
  Semaphor; (* hidden *)

PROCEDURE V(s: Semaphor);
PROCEDURE P(s: Semaphor);
```

Ein Semaphor kann als ein Element zur Verwaltung von Passierscheinen betrachtet werden: Mit 'V(s)' wird ein Passierschein in ein Semaphor hineingelegt, und mit 'P(s)' wird ein Passierschein abgeholt. Falls beim Aufruf von 'P(s)' kein Passierschein vorhanden ist, so wird der Prozess verzögert, bis einer eintrifft. Wenn mehrere Prozesse innerhalb 'P(s)' warten, so wird ein eintreffender Passierschein dem schon am längsten wartenden Prozess zugeteilt.

Ein Semaphor wird mit Hilfe der folgenden Prozedur initialisiert:

```
PROCEDURE CreateSemaphor(initVal: CARDINAL; VAR s: Semaphor);
```

Im Parameter 'initVal' wird angegeben, wieviele Passierscheine nach der Initialisierung in 's' vorhanden sein sollen. Auf den Parameter 'initVal' könnte man verzichten: Ein gewünschter Anfangszustand liesse sich leicht durch wiederholtes Aufrufen von 'V(s)' erreichen.

Die Lebensdauer einer Variable vom Typ 'Semaphor' wird durch den Exceptionbehandlungsbereich begrenzt, innerhalb welchem sie geschaffen wurde. Beim Löschen des Synchronisationsdeskriptors wird in allen noch in der Prozedur 'P(s)' verzögerten Prozessen die Exception 'SynchFailure' ausgelöst.

2.4.2.2 Meldungen

Die Erfahrung zeigt, dass viele Synchronisationsprobleme einfacher gelöst werden können, wenn nicht nur Semaphoroperationen sondern Operationen zur Uebergabe von Meldungen zur Verfügung stehen.

Im TC8 Report (1982) wird das Synchronisationskonzept 'INC/DEC' (siehe 1.2) vorgeschlagen. Im folgenden werden nicht mehr die Begriffe des TC8 Reports verwendet, sondern die aussagekräftigeren und bekannteren Bezeichner 'MailBox' (Briefkasten) sowie 'Send' und 'Receive':

```
TYPE
  MailBox; (* hidden *)

PROCEDURE Send(mb: MailBox; x: SYSTEM.WORD);
PROCEDURE Receive(mb: MailBox; VAR x: SYSTEM.WORD);
```

Variablen des Typs 'MailBox' bezeichnen im wesentlichen eine Informationsliste, in die mit 'Send' eine Meldung eingefügt und aus der mit 'Receive' eine Meldung abgeholt werden kann. Falls die Informationsliste leer ist, wird man in 'Receive' solange verzögert, bis eine Meldung eintrifft.

Das Funktionspaar 'Send' und 'Receive' kann für Meldungen verschiedener Typen eingesetzt werden. Wenn der Standardtyp 'SYSTEM.WORD' für formale Parameter verwendet wird, so sind alle aktuellen Parameter kompatibel, deren Typen im Speicher ein Wort belegen. Damit können sowohl Variablen der Typen 'CARDINAL' oder 'INTEGER' wie auch alle Zeiger ('POINTER TO ...') als Meldungen übergeben werden. Dieser Vorteil bringt natürlich auch einen Nachteil mit sich: Der Compiler kann nicht mehr prüfen, ob in entsprechenden 'Send/Receive' Paaren dieselben Typen verwendet werden.

Die Informationsliste bildet einen FIFO: Mit 'Receive' erhält man jeweils die älteste Meldung, resp. eine neu eintreffende Meldung wird demjenigen Prozess zugeteilt, der schon am längsten wartet. Die maximale Länge der Informationsliste muss beim Initialisieren angegeben werden, damit der notwendige Speicherplatz alloziert werden kann.

Bei einer konkreten Realisierung dieses Synchronisationskonzeptes stellt sich eine Frage, auf die der TC8 Report nicht eingeht: Wie soll auf einen Ueberlauf der Informationsliste reagiert werden? d.h. wie soll 'Send' beendet werden, wenn festgestellt wird, dass die Informationsliste bereits voll ist?

Je nach Anwendung dürfte eine der folgenden Reaktionen sinnvoll sein:

- Der sendende Prozess wird solange verzögert, bis in der Liste wieder ein Platz vorhanden ist und die Meldung abgelegt werden kann.

- Die älteste Meldung darf durch die neue Meldung überschrieben werden, wenn die Informationen veralten und immer nur die neusten Meldungen von Interesse sind.

- Die Informationsliste darf nicht überlaufen, d.h. es handelt sich um eine Ausnahmesituation, in welcher die Exception 'ListOverflow' ausgelöst werden muss.

Da es keine allgemeingültige Lösung gibt und von Fall zu Fall entschieden werden muss, wird dem Anwender die Möglichkeit gegeben, beim Initialisieren eines Briefkastens die Reaktion auf einen

Ueberlauf der Informationsliste selbst zu bestimmen:

```
TYPE
  MailBoxFullMode =
    (wait, overWriteOldest, raiseListOverflow);

PROCEDURE CreateMailBox(size: CARDINAL;
                        mode: MailBoxFullMode; VAR mb: MailBox);
```

Der Parameter 'size' bezeichnet die Anzahl Meldungen, die im neuen Briefkasten Platz haben müssen.

Die Lebensdauer einer Variable vom Typ 'MailBox' wird durch den Exceptionbehandlungsbereich begrenzt, innerhalb welchem sie geschaffen wurde. Beim Löschen des Synchronisationsdeskriptors wird in allen noch in der Prozedur 'Receive' verzögerten Prozessen die Exception 'SynchFailure' ausgelöst.

2.4.2.3 Kritische Abschnitte

Der gegenseitige Ausschluss paralleler Prozesse beim Zugriff auf gemeinsame Datenstrukturen oder Betriebsmittel ist ein häufig auftretendes Synchronisationsproblem. Ein Drucker kann z.B. von mehreren Prozessen verwendet werden, aber es muss gewährleistet werden können, dass ein langer, in sich geschlossener Text nicht mit Meldungen anderer Prozesse vermischt wird.

An sich kann dieses Problem mit Semaphoren oder Meldungen gelöst werden. Aber im Zusammenhang mit Exceptions befriedigen diese Lösungen nicht. Nach einer asynchronen Exception (z.B. 'SonProcessFailure') wäre es nur mit grossem Aufwand feststellbar, ob der Prozess ein Betriebsmittel noch gar nicht erhalten hat, ob er es besitzt oder ob er es bereits wieder zurückgegeben hat.

Es wird deshalb ein zusätzliches Synchronisationskonzept benötigt, welches den gegenseitigen Ausschluss in kritischen Abschnitten ("critical regions") sicherstellt und gewährleistet, dass kritische Abschnitte auch im Fall von Exceptions wieder freigegeben werden.

Mit Hilfe des Funktionspaars 'Enter' und 'Exit' kann das Zugriffsrecht zu einem kritischen Abschnitt angefordert und wieder zurückgegeben werden. Es befindet sich zu jeden Zeitpunkt höchstens ein Prozess in den kritischen Abschnitten, welche durch dieselbe Variable vom Typ 'Region' geschützt werden.

```
TYPE
  Region; (* hidden *)

PROCEDURE Enter(r: Region);
PROCEDURE Exit(r: Region);
```

Mit 'Enter(r)' wird das zu 'r' gehörende Zugriffsrecht angefordert. Der Prozess wird solange verzögert, bis ihm das Zugriffsrecht zugeteilt werden kann, d.h. bis das Zugriffsrecht frei wird und kein Prozess mehr existiert, der schon länger auf dasselbe

Zugriffsrecht wartet. Am Ende eines kritischen Abschnitts muss das Zugriffsrecht mit 'Exit(r)' wieder zurückgegeben werden, wobei es an einen allenfalls wartenden Prozess weitergegeben wird. Zugriffsrechte können nicht an andere Prozesse übertragen werden: 'Exit' muss durch denselben Prozess aufgerufen werden, der den Abschnitt mit 'Enter' betreten hat.

Bei der Anwendung dieses Synchronisationskonzeptes muss der Einfluss der Prozessprioritäten beachtet werden. Ein Prozess hoher Priorität könnte in 'Enter' verzögert werden, bis ein Prozess tiefer Priorität den Abschnitt wieder freigibt. Es ist deshalb empfehlenswert, nur Prozesse gleicher (oder ähnlicher) Priorität auf dieselben Variablen vom Typ 'Region' zugreifen zu lassen. (Bei Bedarf kann das Synchronisationskonzept modifiziert werden: In 'Enter' könnte die Prozesspriorität automatisch auf einen bestimmten Wert angehoben und in 'Exit' wieder auf den alten Wert zurückgesetzt werden.)

Beim Abbruch eines Exceptionbehandlungsbereichs, innerhalb welchem ein kritischer Abschnitt betreten wurde, wird das Zugriffsrecht von der Objektverwaltung wieder zurückgegeben und ev. einem anderen Prozess zugeteilt. Wenn also ein Prozess abgebrochen wird, werden die durch ihn belegten Betriebsmittel automatisch wieder freigegeben, vorausgesetzt, dass der Zugriff zu diesen Betriebsmitteln mit 'Enter' und 'Exit' geschützt wird.

Bei dieser automatischen Rückgabe können Konsistenzprobleme auftreten: Gemeinsame Daten werden sich vermutlich nicht in einem konsistenten Zustand befinden, wenn der kritische Abschnitt an irgendeiner Stelle verlassen wird. Das Problem kann auf verschiedene Arten gelöst werden: Es könnte verlangt werden, dass sich die Daten immer in einem konsistenten Zustand befinden, z.B. durch Verwenden von zwei Datensätzen, wobei immer mindestens einer gültig ist. Alternativ wäre es möglich, unmittelbar nach jedem 'Enter' die Konsistenz zu überprüfen und allenfalls wieder herzustellen. Beide Vorschläge würden auch im Normalfall, d.h. solange keine Exception auftritt, zu Overhead führen.

Eine optimalere Lösung testet die Konsistenz nur, nachdem ein Zugriffsrecht automatisch zurückgegeben wurde: Beim Initialisieren einer Variablen des Typs 'Region' wird eine Prozedur angegeben, welche die Konsistenz der zu schützenden Daten testet und nötigenfalls wieder herstellt. Die Prozedur 'checkConsistency' wird nach jeder automatischen Rückgabe des Zugriffsrechts ausgeführt, bevor der kritische Abschnitt wieder betreten wird.

```
PROCEDURE CreateRegion(checkConsistency: PROC; VAR r: Region);
```

Die Lebensdauer einer Variable vom Typ 'Region' wird durch den Exceptionbehandlungsbereich begrenzt, innerhalb welchem sie geschaffen wurde. Beim Löschen des Synchronisationsdeskriptors wird in allen noch in der Prozedur 'Enter' verzögerten Prozessen die Exception 'SynchFailure' ausgelöst und das zugehörige Zugriffsrecht wird entzogen, falls es noch einem Prozess zugeteilt ist. Im betroffenen Prozess wird die Exception 'AccessFailure' ausgelöst, und zwar in demjenigen Exceptionbehandlungsbereich, innerhalb welchem er das Zugriffsrecht erworben hatte.

2.4.3 Realisierung von Synchronisationsoperationen

In diesem Paragraphen soll die prinzipielle Realisierung von Synchronisationsoperationen analysiert werden, um die Anforderungen an den S- und den Z-Level zu vervollständigen. Das Ziel liegt nicht im vollständigen Entwurf der vorgeschlagenen Synchronisationskonzepte (siehe 3. Kapitel), sondern in einer ausreichenden Grundlage zur Realisierung beliebiger Synchronisationskonzepte.

Zur Illustration wird die Implementation der Semaphoroperationen diskutiert. Ein Semaphor wird durch einen Semaphordeskriptor dargestellt, der einen Zähler für die vorhandenen Passierscheine und eine Liste enthält, in die sich Prozesse eintragen können, um auf einen Passierschein zu warten:

```
TYPE
  SemaphorDescriptor =
    RECORD
      ...
      blockedList: List;
        (* list of waiting processes *)
      count: CARDINAL;
        (* number of permits to pass *)
    END;
  Semaphor = POINTER TO SemaphorDescriptor;
```

In der Prozedur 'V(s)' wird getestet, ob sich Prozesse in der Warteliste befinden. Wenn ja, wird der schon am längsten wartende Prozess aus der Liste entfernt und lauffähig gemacht; wenn nein, wird der Zähler um eins erhöht.

```
PROCEDURE V(s: Semaphor);
  (* lets a process pass or puts
     a permit into the semaphor *)
BEGIN
  WITH s^ DO
    IF NOT Empty(blockedList) THEN
      remove a waiting process
      from 'blockedList' and wake it up;
     ELSE
      INC(count);
    END(*IF*);
  END(*WITH*);
END V;
```

In der Prozedur 'P(s)' testet der laufende Prozess, ob ein Passierschein verfügbar ist. Wenn ja, entfernt er einen, indem er den Zähler um eins erniedrigt; wenn nein, blockiert sich der

Prozess und wartet, bis er von einem anderen Prozess wieder geweckt wird.

```
PROCEDURE P(s: Semaphor);
  (* takes a permit (if available) and passes
     or waits on a permit *)
BEGIN
  WITH s^ DO
    IF count>0 THEN
      DEC(count);
     ELSE
      block the running process
      and insert it into 'blockedList';
    END(*IF*);
  END(*WITH*);
END P;
```

Ein Semaphor wird mit Hilfe von 'CreateSemaphor' neu geschaffen: Ein Deskriptor wird alloziert, der Zähler und die Warteliste werden initialisiert, der Semaphor wird der Objektverwaltung übergeben und schliesslich als gültig markiert. In der Prozedur 'DeleteSemaphor', welche für den Anwender nicht sichtbar ist und nur von der Objektverwaltung zum Löschen des Deskriptors aufgerufen wird, muss der Semaphor als ungültig markiert werden. In allfällig wartenden Prozessen wird die Exception 'SynchFailure' ausgelöst.

```
PROCEDURE CreateSemaphor(initVal: CARDINAL; VAR s: Semaphor);
BEGIN
  NEW(s);
  WITH s^ DO
    count:=initVal;
    Init(blockedList);
    InsertSynchDesc(s,DeleteSemaphor);
    validate 's';
  END(*WITH*);
END CreateSemaphor;

PROCEDURE DeleteSemaphor(s: Semaphor);
BEGIN
  WITH s^ DO
    invalidate 's';
    AbortWaitingProcesses(blockedList,SynchFailure);
  END(*WITH*);
END DeleteSemaphor;
```

Wie aus dem Beispiel ersichtlich ist, ergeben sich für die Implementation von Synchronisationsoperationen folgende Bedürfnisse:

- Basissynchronisation: Es muss gewährleistet werden, dass nicht zwei Prozesse gleichzeitig auf denselben Synchronisationsdeskriptor zugreifen.
- Listenverwaltungsoperationen: Ein Prozess muss in eine Warteliste eingetragen und wieder aus ihr entfernt werden

können.

- Dispatcheroperationen: Ein Prozess muss blockiert und von einem anderen Prozess wieder in den lauffähigen Zustand zurückgesetzt werden können.

- Objektverwaltungsoperationen: Beim Initialisieren eines Synchronisationsdeskriptors oder beim Zuteilen resp. Zurückgeben eines Zugriffsrechts muss auf die entsprechenden Objektlisten zugegriffen werden.

2.4.3.1 Basissynchronisation

Auf einem Einzelprozessorsystem wird der exklusive Zugriff auf gemeinsame Datenstrukturen garantiert, indem das Unterbrechungssystem im kritischen Abschnitt ausgeschaltet wird, damit der Prozessor nicht unterbrochen werden kann und nicht zu einem anderen Prozess umschalten kann.

Die Syntax von Modula-2 stellt eine Konstruktion zur Verfügung, um das Unterbrechungssystem ganz oder teilweise auszuschalten. Im Kopf einer Moduldeklaration kann in Klammern ('[..]') die Unterbrechungspriorität angegeben werden, bis zu welcher Unterbrechungen während der Ausführung des Moduls ausgeschlossen werden sollen. Der Bereich der Unterbrechungsprioritäten hängt vom Typ des verwendeten Rechners ab. In dieser Arbeit werden Prozeduren, die unteilbar ausgeführt werden müssen, jeweils in einem Hilfsmodul mit der höchsten Unterbrechungspriorität deklariert:

```
MODULE NotInterruptible[7];
  (* '7': highest interrupt priority level (PDP-11) *)
  IMPORT ...;
  EXPORT P;
  PROCEDURE P;
    (* The execution of 'P' is not interruptible *)
  BEGIN
    ...
  END P;
END NotInterruptible;
```

Innerhalb eines Multiprozessorsystems lässt sich der gegenseitige Ausschluss nicht durch blosses Ausschalten des Unterbrechungssystems realisieren. Bei der Verallgemeinerung auf einen Multiprozessor (siehe 5. Kapitel) wird man deshalb auf die Basissynchronisationsoperationen 'Lock' und 'Unlock' (TC8 Report 1982) zurückgreifen.

2.4.3.2 Listenverwaltung

Eine Prozessliste ist eine Menge von Prozessen, die nach dem FIFO (first-in-first-out) Prinzip verwaltet wird.

Prozesslisten, in welchen Prozesse während ihrer Verzögerung in K-Level Synchronisationsoperationen eingetragen sind, heissen Wartelisten. Zu jedem Synchronisationsdeskriptor gehört normalerweise eine oder mehrere Wartelisten. Jeder Synchronisationsbedingung wird eine Warteliste zugeordnet, d.h. zwei Prozesse, die sich in verschiedenen Wartelisten befinden, werden auf Grund verschiedener Synchronisationsbedingungen verzögert.

Die Listenverwaltungsoperationen gehören wie im TC8 Report (1982) zum Z-Level. Es sind Operationen notwendig, um eine Prozessliste zu initialisieren, um einen Prozess in eine Prozessliste einzufügen, resp. aus ihr zu entfernen und um zu testen, ob eine Liste leer ist oder nicht:

```
TYPE
  List = ... ;

PROCEDURE Init(VAR l: List);
PROCEDURE Insert(p: Process; VAR l: List);
PROCEDURE Remove(VAR p: Process; VAR l: List);
PROCEDURE Empty(l: List): BOOLEAN;
```

Damit die Konsistenz der Prozesslisten nicht gefährdet wird, dürfen die Listenverwaltungsprozeduren nur verwendet werden, wenn gleichzeitige Zugriffe auf dieselbe Liste ausgeschlossen sind.

Im Zusammenhang mit asynchronen Exceptions - z.B. Abbrechen eines Prozesses am Ende eines Exceptionbereichs - wird eine weitere Operation benötigt: Beim Abbruch eines Prozesses, der in einer Synchronisationsoperation verzögert wird, muss dieser aus der entsprechenden Warteliste entfernt werden:

```
PROCEDURE Withdraw(pId: Process ... );
```

Es kann an dieser Stelle noch nicht entschieden werden, ob die Prozessidentifikation 'pId' ausreicht, um den Prozess aus einer beliebigen Warteliste zu entfernen, oder ob ein weiterer Parameter - z.B. die Identifikation der Liste - notwendig ist.

Bei der Realisierung von Synchronisationskonzepten muss beachtet werden, dass die Konsistenz von Synchronisationsdeskriptoren durch das Entfernen eines Prozesses aus einer Warteliste nicht verletzt werden darf: Würden z.B. die wartenden Prozesse bei der Realisierung der Semaphoroperationen gezählt, so müsste dieser Zähler beim Entfernen eines Prozesses infolge einer asynchronen Exception angepasst werden, d.h. die Exceptionbehandlung wäre dadurch von einem speziellen Synchronisationskonzept abhängig.

2.4.3.3 Dispatching

Die Prozeduren, welche die Zuteilung der zur Verfügung stehenden Z-Maschinen an die auszuführenden aktiven K-Prozesse steuern, heissen Dispatcheroperationen.

Bei der Realisierung von Synchronisationsoperationen wird der Prozesszustand "aktiv" in die Zustände "lauffähig" ('readyRunning') und "wartend" ('blocked') aufgeteilt. Auf dem K-Level ist diese Unterteilung nicht sichtbar.

Ein Prozess im Zustand 'readyRunning' kann ausgeführt werden, d.h. er muss bei der Zuteilung der Z-Maschinen berücksichtigt werden. Ein Prozess im Zustand 'blocked' wird in einer Synchronisationsoperation verzögert bis die entsprechende Synchronisationsbedingung wahr wird.

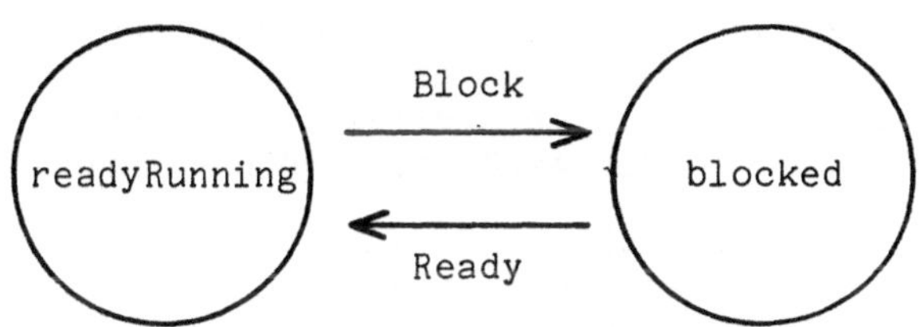

Fig. 2.4: Prozesszustände und Dispatcheroperationen

Zustandsänderungen werden mit den beiden Dispatcheroperationen 'Block' und 'Ready' durchgeführt:

- 'Block' versetzt den laufenden Prozess in den Zustand 'blocked' und gibt die Z-Maschine frei.
- 'Ready' versetzt einen Prozess im Zustand 'blocked' wieder in den Zustand 'readyRunning' zurück.

Weil ein Prozess, der sich blockiert, auch immer in eine Warteliste eingetragen werden muss, wird diese Aktion in die Prozedur 'Block' integriert:

```
PROCEDURE Block(VAR blockedList: Liste);
PROCEDURE Ready(p: Process);
```

Das Entfernen des Prozesses 'p' aus der Warteliste wird nicht in die Prozedur 'Ready' integriert, da zwischen 'Remove' und 'Ready' manchmal zusätzliche Aktionen nötig sind.

Die Dispatcheroperationen 'Block' und 'Ready' dürfen nur aufgerufen werden, wenn gleichzeitige Zugriffe zum gleichen Synchronisationsdeskriptor ausgeschlossen sind. Nach dem Einfügen des laufenden Prozesses in die angegebene Warteliste in der Prozedur 'Block' muss sich der betreffende Synchronisationsdeskriptor wieder in einem konsistenten Zustand befinden, denn anschliessend wird der Deskriptor freigegeben, und es wird zu einem anderen Prozess umgeschaltet. Je nach den Prioritäten der betroffenen Prozesse kann es in 'Ready' ebenfalls zu einer Prozessumschaltung kommen, d.h. der Synchronisationsdeskriptor muss sich auch beim Aufruf von 'Ready' in einem konsistenten Zustand befinden.

2.4.3.4 Objektverwaltung

Im Unterkapitel "Exceptionbehandlung" wurden die S-Level Operationen zur Objektverwaltung eingeführt. Die folgenden Abschnitte beschreiben kurz, wie sie bei der Realisierung von Synchronisationskonzepten eingesetzt werden.

Ein Synchronisationsdeskriptor wird der Objektverwaltung mit

```
InsertSynchDesc(obj,DeleteProc);
```

bekanntgemacht. Der Parameter 'DeleteProc' bezeichnet die Löschprozedur, welche am Ende des aktuellen Exceptionbereichs mit der Identifikation des neuen Deskriptors 'obj' automatisch aufgerufen wird, um ihn wieder zu löschen. Der Deskriptor muss bereits vor dem Aufruf von 'InsertSynchDesc' initialisiert werden, sodass er bereits unmittelbar danach wieder gelöscht werden könnte.

Die Verwaltung von Zugriffsrechten erfolgt mit den Prozeduren 'InsertAccessRight' (Zuteilung) und 'RemoveAccessRight' (Rückgabe). Auf Details kann erst beim Entwurf eingegangen werden.

Die beiden Prozeduren 'AbortWaitingProcesses' und 'AbortOwnerProcess' müssen in der Prozedur zum Löschen eines Synchronisationsdeskriptors aufgerufen werden: Mit 'AbortWaitingProcesses' wird in allen noch wartenden Prozessen eine Exception ausgelöst, und mit 'AbortOwnerProcess' wird ein Zugriffsrecht entzogen, das noch einem Prozess zugeteilt ist, wobei in diesem Prozess eine asynchrone Exception ausgelöst wird.

2.5 Zusammenfassung

2.5.1 K-Level

Die Anwenderschnittstelle (K-Level) wird nach ihrer funktionellen Gliederung in einzelne Module unterteilt. Die Syntax von Modula-2 unterstützt sowohl die Aufteilung in separat übersetzbare Module, wie auch die Trennung der von aussen sichtbaren Schnittstelle ('DEFINITION MODULE') von ihrer Realisierung ('IMPLEMENTATION MODULE').

Das Modul 'KLevel' bildet die Anwenderschnittstelle der Prozessverwaltung. Der Name 'KLevel' wurde gewählt, weil die Möglichkeit von parallelen Prozessen die wichtigste Eigenschaft des K-Levels ist.

```
DEFINITION MODULE KLevel;
  EXPORT QUALIFIED
    maxPrio, Priority, Process, StartProcess, ChangePrio;

  CONST
    maxPrio = 5;

  TYPE
    Priority = [1..maxPrio];
    Process; (* hidden *)

  PROCEDURE StartProcess(code: PROC; wspSize: CARDINAL;
                         prio: Priority; VAR pId: Process);

  PROCEDURE ChangePrio(pId: Process; newPrio: Priority);

END KLevel.
```

Die Prozeduren zur Exceptionbehandlung werden im Modul '<u>Exceptions</u>' zusammengefasst.

```
DEFINITION MODULE Exceptions;
  FROM KLevel IMPORT Process;
  EXPORT QUALIFIED
    ExceptionType, Call, Raise, GetExceptionCode;

  TYPE
    ExceptionType = (CoroutineEnds, ProgramHalt, TrapTo4,
                     StackOverflow, IndexOutOfRange, ...
                     NormalReturn, UserSignal, propagate,
                     SonProcessFailure, Aborted,
                     SynchFailure, AccessFailure, ... );

  PROCEDURE Call(p: PROC; result: ExceptionType);

  PROCEDURE Raise(eCode: ExceptionType);

  PROCEDURE GetExceptionCode(pId: Process;
                             VAR eCode: ExceptionType);
END Exceptions.
```

Die drei vorgeschlagenen Synchronisationskonzepte bilden die Module '<u>Semaphors</u>', '<u>Messages</u>' und '<u>Regions</u>'. Die Operationen wurden auf verschiedene Module verteilt, damit je nach Anwendung nur das gewünschte Synchronisationskonzept importiert werden kann.

```
DEFINITION MODULE Semaphors;
  EXPORT QUALIFIED
    Semaphor, CreateSemaphor, V, P;

  TYPE
    Semaphor; (* hidden *)

  PROCEDURE CreateSemaphor(initVal: CARDINAL; VAR s: Semaphor);

  PROCEDURE V(s: Semaphor);
  PROCEDURE P(s: Semaphor);

END Semaphors.


DEFINITION MODULE Messages;
  EXPORT QUALIFIED
    MailBoxFullMode, MailBox,
    CreateMailBox, Send, Receive;

  TYPE
    MailBoxFullMode =
          (wait, overWriteOldest, raiseListOverFlow);
    MailBox; (* hidden *)

  PROCEDURE CreateMailBox(size: CARDINAL;
            mode: MailBoxFullMode; VAR mb: MailBox);

  PROCEDURE Send(mb: MailBox; x: SYSTEM.WORD);
  PROCEDURE Receive(mb: MailBox; VAR x: SYSTEM.WORD);

END Messages.


DEFINITION MODULE Regions;
  EXPORT QUALIFIED
    Region, CreateRegion, Enter, Exit;

  TYPE
    Region; (* hidden *)

  PROCEDURE CreateRegion(checkConsistency: PROC;
                                     VAR r: Region);
  PROCEDURE Enter(r: Region);
  PROCEDURE Exit(r: Region);

END Regions.
```

2.5.2 S- und Z-Level

Auf dem S- und Z-Level, also innerhalb des Echtzeitbetriebssystemkerns, sind allzu viele, separat übersetzbare Module kaum sinnvoll, da die Uebersichtlichkeit rasch abnehmen würde. Die Listenverwaltungsoperationen und die Dispatcheroperationen werden meistens zusammen verwendet und werden deshalb im Modul '<u>Dispatching</u>' zusammengefasst:

```
DEFINITION MODULE Dispatching;
  ...
  (* list management operations (Z-Level) *)
  TYPE
    List = ... ;
  PROCEDURE Init(VAR l: List);
  PROCEDURE Insert(id: Process; VAR l: List);
  PROCEDURE Remove(VAR id: Process; VAR l: List);
  PROCEDURE Empty(l: List);

  PROCEDURE Withdraw(id: Process ... );

  (* dispatcher operations (S-Level) *)
  PROCEDURE Block(VAR l: List);
  PROCEDURE Ready(id: Process);
  ...
END Dispatching.
```

Das Definitionsmodul '<u>ObjectManagement</u>' bildet die Schnittstelle zur Objektverwaltung:

```
DEFINITION MODULE ObjectManagement;
  ...
  TYPE
    DeleteProcedure = PROCEDURE(SYSTEM.ADDRESS);

  PROCEDURE InsertSynchDesc(obj: SYSTEM.ADDRESS;
                            p: DeleteProcedure);

  PROCEDURE InsertAccessRight( ... );
  PROCEDURE RemoveAccessRight( ... );

  PROCEDURE AbortWaitingProcesses( ... );
  PROCEDURE AbortOwnerProcess( ... );

END ObjectManagement.
```

3. Kapitel

Allgemeiner Entwurf

3.1 Entwurfsgrundsätze

Die Forderung nach einem einfachen und leistungsfähigen Echtzeitbetriebssystem soll nicht nur durch eine exakte Problemanalyse und -formulierung, sondern besonders durch die Anwendung folgender Grundsätze verwirklicht werden:

- Die Datenstrukturen sollen effiziente Lösungen zulassen. Die Ausführungszeit einer Operation soll nicht oder nur unbedeutend vom aktuellen Systemzustand abhängen: Z.B. die Bearbeitungszeit einer Warteliste soll nicht von der Anzahl wartender Prozesse abhängig sein. Iterationen, z.B. beim Suchen eines bestimmten Elementes einer Liste, sollen soweit wie möglich vermieden werden.
- Die Unterbrechbarkeit soll nur dort eingeschränkt werden, wo es unumgänglich ist, um die Reaktionszeit des Systems auf äussere Ereignisse (Interrupts) möglichst klein zu halten.

Der Entwurf wird in zwei Schritten durchgeführt:

Im <u>Grobentwurf</u> werden einzelne, überblickbare Einheiten gebildet, die möglichst unabhängig von einander weiter analysiert werden können. Nachdem die Grundlagen zur Realisierung von Synchronisationsoperationen schon im 2. Kapitel in einzelne Gruppen von Prozeduren gegliedert wurden, muss noch die Prozessverwaltung und die Exceptionbehandlung in Teilprobleme aufgeteilt werden. Dabei wird sich zeigen, dass gewisse Aufgaben nicht nur an einer Stelle sondern an mehreren Stellen auftauchen: Z.B. erscheint die Listenverwaltung bei der Prozessverwaltung wie bei der Synchronisation.

Im <u>Detailentwurf</u> werden die Teilprobleme einzeln bearbeitet. Auf Grund der gestellten Anforderungen werden schrittweise die vollständigen Prozeduren und Datenstrukturen entwickelt.

Der Entwurf soll <u>allgemein</u>, d.h. unabhängig von einer konkreten Realisierung, durchgeführt und auf ein <u>Einzelprozessorsystem</u> ausgerichtet werden:

Die Algorithmen und Datenstrukturen werden nur soweit verfeinert, als dies in Modula-2 möglich ist, ohne sich auf eine bestimmte Implementation von Modula-2 zu beziehen: Es wird z.B. eine dynamische Speicherverwaltung (siehe 2.3.4.3) vorausgesetzt, aber deren Realisierung wird nicht betrachtet, da sie zu einem grossen Teil von der betreffenden Modula-2 Implementation abhängig sein wird. Ebenso wird angenommen, dass ein Unterbrechungssystem vorhanden ist, denn ein Echtzeitsystem muss definitionsgemäss auf externe Ereignisse reagieren können. Da die Eigenschaften eines Unterbrechungssystems stark vom verwendeten Rechner abhängen, wird in diesem Kapitel nur davon ausgegangen, dass Unterbrechungen zu beliebigen Prozessumschaltungen führen können. Die Ausführung paralleler Prozesse erfolgt deshalb in einer unbestimmten Reihenfolge und in Schritten unbestimmter Länge. Es wird vorausgesetzt, dass Zugriffe auf skalare Variablen als einzelne, unteilbare Speicherzugriffe ausgeführt werden. Das Unterbrechungssystem wird nur ausgeschaltet, wenn innerhalb des Betriebssystemkerns mehrere Operationen als unteilbare Sequenz ausgeführt werden müssen.

Bei den meisten heutigen Computersystemen handelt es sich um Einzelprozessorsysteme. Multiprozessoren mit gemeinsamem Arbeitsspeicher sind noch die Ausnahme. Das vorliegende Kapitel beschränkt sich auf den häufigeren, einfacheren Fall, in welchem der gleichzeitige Zugriff auf gemeinsame Datenstrukturen wie beschrieben durch Ausschalten des Unterbrechungssystems ausgeschlossen werden kann.

Durch das schrittweise Vorgehen beim Entwurf ergibt sich eine relativ starke Zerstückelung der einzelnen Prozeduren und Datenstrukturen. Die vollständigen Definitions- und Implementationsmodule der Einzelprozessorversion sind im Anhang B zu finden.

3.2 Grobentwurf

3.2.1 Prozessverwaltung

Die Prozessverwaltung ist hierarchisch aufgebaut. Auf allen drei Stufen - dem K-Level, dem S-Level und dem Z-Level - sind spezielle Prozessverwaltungsfunktionen vorhanden.

Auf dem K-Level kann mit '<u>StartProcess</u>' ein neuer Prozess geschaffen und gestartet werden. Der Prozess bleibt aktiv, bis der Exceptionbereich beendet wird, innerhalb welchem er gestartet wurde. Es können gleichzeitig beliebig viele Prozesse aktiv sein. Mit Hilfe der Prioritäten, welche mit '<u>ChangePrio</u>' verändert werden können, kann die Verteilung der verfügbaren Rechenleistung an K-Prozesse unterschiedlicher Dringlichkeit beeinflusst werden.

Die <u>Dispatcheroperationen</u> sind charakteristisch für die Prozessverwaltung auf dem S-Level. Der einzige vom K-Level aus sichtbare Prozesszustand "aktiv" wird in die Zustände 'readyRunning' und 'blocked' unterteilt. Zusätzlich gibt es die temporären Zustände 'undefined' und 'inactive'. Ein Prozess befindet sich beim Starten kurzzeitig im Zustand 'undefined', wenn er dem System bereits bekannt ist, aber noch nicht in den Zustand 'readyRunning' versetzt wurde. Ein Prozess ist 'inactive', wenn er bereits abgebrochen worden ist, aber dem System immer noch bekannt ist. Durch die Verwendung dieser temporären Zustände müssen die Unterbrechungen nur für die Zustandsänderungen abgeschaltet werden, und die eigentliche Initialisierung eines neuen Prozesses sowie das Aufräumen des Prozesses kann unterbrechbar erfolgen.

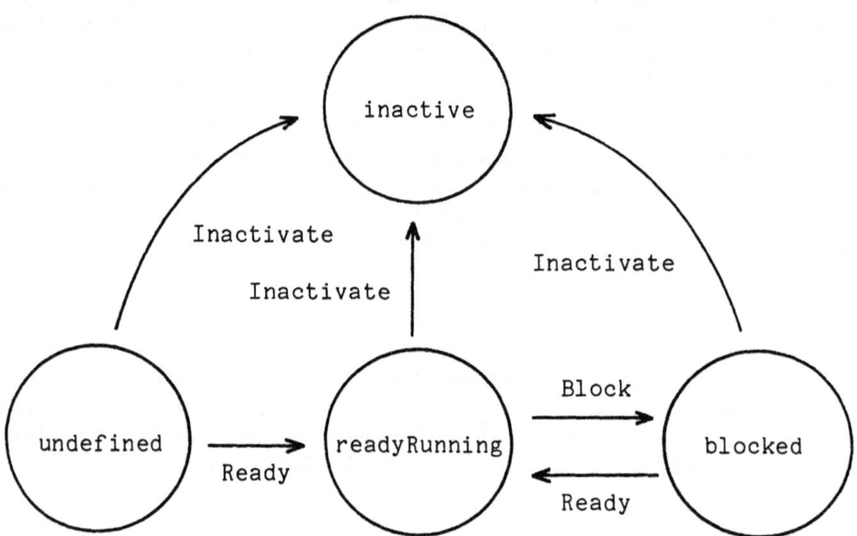

Fig. 3.1: Prozesszustände und Dispatcheroperationen (S-Level)

Zustandsänderungen werden mit den Dispatcheroperationen 'Ready', 'Block' und 'Inactivate' durchgeführt (siehe Fig. 3.1).

Auf der untersten Stufe, dem Z-Level, sind die einzelnen Prozessumschaltungen sichtbar. Von den Prozessen im Zustand 'readyRunning' wird genau einer ausgeführt, alle anderen befinden sich in der sogenannten Ready-Liste. Für die Verwaltung dieser Liste werden dieselben Listenoperationen wie für die Realisierung von Synchronisationsoperationen eingesetzt. Prozessumschaltungen werden mit Hilfe der Modula-2 Standardprozedur 'TRANSFER' durchgeführt und erfolgen, wenn der laufende Prozess den Prozessor durch einen Aufruf von 'Block' oder 'Inactivate' freigibt oder wenn mit 'Ready' ein Prozess lauffähig gemacht wird, der eine höhere Priorität hat als der laufende Prozess.

3.2.2 Exceptionbehandlung

Die Behandlung von Exceptions gliedert sich im Gegensatz zur Prozessverwaltung nicht hierarchisch sondern primär nach verschiedenen Funktionen:

- Die Exceptionbereichsbehandlung betrifft das Eröffnen und Abschliessen eines Exceptionbereichs.
- Unter dem Bearbeiten einer Exception wird die Auslösung einer Exception und ihre Zuordnung an einen bestimmten Exceptionbehandlungsbereich verstanden.
- Der Begriff Objektverwaltung bezeichnet die S-Level Prozeduren zur Verwaltung von Synchronisationsdeskriptoren und Zugriffsrechten.
- In der Aufräumphase werden am Ende eines Exceptionbereichs alle neu geschaffenen Objekte wieder gelöscht.

3.2.3 Datenstrukturen

Die funktionelle Grobeinteilung in die Prozessverwaltung und die Exceptionbehandlung gilt auch für die Datenstrukturen. Die Daten, die zu einem bestimmten Prozess gehören, werden in seinem Prozessdeskriptor zusammengefasst. Ein Exceptionbehandlungsbereich wird durch einen Exceptiondeskriptor beschrieben.

```
TYPE
  Process = POINTER TO ProcessDescriptor;
  ExceptionPointer = POINTER TO ExceptionDescriptor;

  Priority = [1..maxPrio];

  ProcessDescriptor =
    RECORD
      process: SYSTEM.PROCESS;
      prio: Priority;
      state:
          (undefined, readyRunning, blocked, inactive);
      frame: ExceptionPointer;
      ...
    END;

  ExceptionDescriptor =
    RECORD
      nextFrame: ExceptionPointer;
      ownerOfFrame: Process;
      ...
    END;
```

Das erste Feld ('process') des Prozessdeskriptors vom Modula-2 Standardtyp 'SYSTEM.PROCESS' identifiziert den Kontext des Prozesses, welcher beim Starten mit Hilfe der Prozedur 'SYSTEM.NEWPROCESS' initialisiert und bei einer Prozessumschaltung als Parameter der Prozedur 'SYSTEM.TRANSFER' benötigt wird. Die Priorität und der Zustand des Prozesses sind in den Feldern 'prio' und 'state' gespeichert. Der Zeiger 'frame' bezeichnet den Deskriptor des aktuellen Exceptionbehandlungsbereichs.

Sämtliche Exceptiondeskriptoren bilden einen Baum. Die Verkettung erfolgt über das Feld 'nextFrame' von den innersten, lokalen Bereichen zum äussersten Exceptionbereich, der die Wurzel des Baumes bildet. Dadurch können Exceptions sehr einfach von einem Bereich an den umgebenden Bereich weitergegeben werden. Der Zeiger 'ownerOfFrame' bezeichnet den Prozess, welcher den Bereich eröffnet hat, und ermöglicht einem Sohnprozess ohne eigenen Exceptionbereich festzustellen, an welchen Prozess er eine Exception weiterleiten muss.

Der Zustand des Prozessors (Z-Maschine) wird im wesentlichen durch die Menge der K-Prozesse beschrieben, die sich im Zustand 'readyRunning' befinden. Die Variable '<u>runningProcess</u>' bezeichnet den gerade laufenden Prozess, während sich alle Prozesse, welche ebenfalls ausgeführt werden könnten, in der <u>Ready-Liste</u> befinden:

```
VAR
  runningProcess: Process;
  readyList: ARRAY Priority OF List;
```

3.3 Entwurf der Prozessverwaltung und Exceptionbehandlung

3.3.1 Listenverwaltung

Die Listenverwaltung wird sowohl für die Verwaltung der Ready-Liste wie auch für die Wartelisten bei der Realisierung von Synchronisationsoperationen eingesetzt.

Eine Prozessliste soll in ihrer Länge nicht beschränkt sein, und der Aufwand zum Einfügen oder Entfernen eines Elementes soll mit zunehmender Listenlänge nicht grösser werden. Diese Forderungen werden durch eine mit Zeigern doppelt verkettete Liste erfüllt: Elemente können am einen Ende der Liste eingefügt und am anderen Ende entfernt werden, ohne dass die ganze Liste abgearbeitet werden muss.

Abhängig von seinem Zustand ist ein Prozess Element höchstens einer Prozessliste: Im Zustand 'readyRunning' befindet er sich in der Ready-Liste oder wird gerade ausgeführt, und im Zustand 'blocked' ist er Element einer Warteliste. Der Typ 'Process-Descriptor' wird um zwei Zeiger erweitert, damit eine Prozessliste direkt aus den betreffenden Prozessdeskriptoren gebildet werden kann und keine Verwaltung von Listenelementen nötig ist.

```
TYPE
  ListElement =
    RECORD
      next, back: Process;
    END;

  ProcessDescriptor =
    RECORD
      ...
      el: ListElement;
        (* -- (el.next=NIL) = "not an element of a list" *)
    END;
```

Die Realisierung der Listenoperationen 'Insert', 'Remove' und 'Withdraw' ist besonders einfach, wenn ein degenerierter Prozessdeskriptor als Listenkopf verwendet wird. Die Liste bildet dann einen doppelt verketteten Ring ohne Unstetigkeit. Dadurch ist beim Einfügen resp. Entfernen eines Elementes keine Fallunterscheidung nötig, ob es sich um das erste resp. letzte Element der Liste handelt, und ein Prozess kann in 'Withdraw' aus einer Liste entfernt werden, ohne dass man wissen muss, in welcher Liste er sich befindet. Da der Kopf einer Liste effektiv nur aus einem Listenelement besteht, wird bei der Initialisierung einer Liste das Modul 'SYSTEM' benötigt:

```
TYPE
  List = ListElement;

PROCEDURE Init(VAR head: List);
  VAR
    elOffset: SYSTEM.ADDRESS;
BEGIN
  elOffset:=SYSTEM.ADR(runningProcess^.el)-
                          SYSTEM.ADDRESS(runningProcess);
  WITH head DO
    next:=SYSTEM.ADR(head)-elOffset;
    back:=next;
  END(*WITH*);
END Init; (* -- Empty(head) *)
```

Bei der Realisierung von 'Empty' muss beachtet werden, dass die Bedingung 'head.next=head.back' auch erfüllt ist, wenn sich genau ein Element in der Liste befindet.

```
PROCEDURE Empty(head: List): BOOLEAN;
BEGIN
  RETURN head.next^.el.next=head.next;
END Empty;
```

Die Prozeduren 'Insert', 'Remove' und 'Withdraw' bestehen zur Hauptsache aus Zuweisungen an die beiden Felder des betroffenen Listenelementes und an je ein Feld der beiden Nachbarelemente:

```
PROCEDURE Insert(p: Process; VAR head: List);
BEGIN (* -- p^.el.next=NIL *)
  WITH p^ DO
    el.next:=head.next; el.back:=el.next^.el.back;
    head.next:=p;       el.next^.el.back:=p;
  END(*WITH*);
END Insert; (* -- p^.el.next<>NIL, NOT Empty(head) *)

PROCEDURE Remove(VAR p: Process; VAR head: List);
BEGIN (* -- NOT Empty(head) *)
  p:=head.back;
  WITH p^ DO
    el.back^.el.next:=el.next; head.back:=el.back;
    el.back:=NIL; el.next:=NIL;
  END(*WITH*);
END Remove; (* -- p^.el.next=NIL *)

PROCEDURE Withdraw(p: Process);
BEGIN
  WITH p^ DO
    IF el.next<>NIL THEN
      el.back^.el.next:=el.next; el.next^.el.back:=el.back;
      el.back:=NIL; el.next:=NIL;
    END(*IF*);
  END(*WITH*);
END Withdraw; (* -- p^.el.next=NIL *)
```

Um die Konsistenz der Listen zu garantieren, muss das Unterbrechungssystem während der Ausführung von Listenoperationen ausgeschaltet sein.

3.3.2 Dispatcheroperationen

Die Dispatcheroperationen 'Ready', 'Inactivate' und 'Block' werden in der Prozessverwaltung, bei der Exceptionbehandlung und der Realisierung von Synchronisationsoperationen verwendet, um Prozesszustandsänderungen durchzuführen.

Beim Starten eines Prozesses wird dessen Zustand mit Hilfe von 'Ready' von 'undefined' auf 'readyRunning' geändert.

Im Zusammenhang der Exceptionbehandlung ergeben sich in zwei Situationen Prozesszustandsänderungen: Am Ende eines Exceptionbereichs müssen alle in diesem Bereich neu geschaffenen Prozesse mit 'Inactivate' gestoppt werden, und ein Prozess, der in einer Synchronisationsoperation blockiert ist, muss mit 'Ready' wieder lauffähig gemacht werden, wenn er eine asynchrone Exception (z.B. 'SonProcessFailure') erhält.

In einer Synchronisationsoperation kann sich ein Prozess mit 'Block' in eine Warteliste eintragen, wenn die zugehörige Synchronisationsbedingung nicht erfüllt ist. Er bleibt solange blockiert, bis er von einem anderen Prozess wieder in den Zustand 'ready-Running' gebracht wird.

In den Dispatcheroperationen wird die Zuteilung des Prozessors der vorhanden Z-Maschinen an die auszuführenden Prozesse gesteuert. Die Prozessumschaltungen können mit Hilfe der Modula-2 Standardprozedur 'SYSTEM.TRANSFER' durchgeführt werden. In 'TRANSFER' muss sowohl der laufende wie auch der neue Prozess angegeben werden. Die Identifikation des laufenden Prozesses wird deshalb in eine lokale Variable kopiert, bevor der Variablen 'runningProcess' die Identifikation des neu ausgewählten Prozesses zugewiesen wird.

```
oldProcess:=runningProcess;
runningProcess:= ... ;
SYSTEM.TRANSFER(oldProcess^.process,
                          runningProcess^.process);
```

Innerhalb von 'TRANSFER' wird der Kontext (Register, Status etc.) des laufenden Prozesses in seinem Prozessdeskriptor gespeichert und der Kontext des neu ausgewählten Prozesses wird aus seinem Deskriptor geholt und neu in die Register geladen. Die Ausführung dieses Prozesses wird dort fortgesetzt, wo sie zu einem früheren Zeitpunkt unterbrochen worden war, d.h. unmittelbar hinter einem früher ausgeführten 'TRANSFER'.

Die Dispatcheroperationen sowie 'StartProcess' und 'ChangePrio' sind die einzigen Prozeduren, in welchen die Variable 'runningProcess', die Ready-Liste, die Prozesszustände und die Prozessprioritäten verändert werden. Für diese Datenstrukturen dürfen folgende Invarianten höchstens kurzzeitig verletzt werden:

- Der laufende Prozess befindet sich im Zustand 'readyRunning' und ist nicht Element einer Prozessliste:
```
  (* -- runningProcess^.state=readyRunning,
        runningProcess^.el.next=NIL *)
```

- Es gibt in der Ready-Liste keinen Prozess, der eine höhere Priorität hat als der laufende Prozess:
```
  (* -- (p>runningProcess^.prio) AND (p<=maxPrio)
                          --> Empty(readyList[p]) *)
```

In der Prozedur 'Ready' wird der Zustand des Prozesses auf 'ready-Running' gesetzt. Abhängig von seiner Priorität wird zu diesem Prozess umgeschaltet, oder er wird in die Ready-Liste eingefügt. Obwohl 'Ready' - wie auch die anderen Dispatcheroperationen - nur bei ausgeschaltetem Unterbrechungssystem aufgerufen werden darf, muss beachtet werden, dass die Ausführung von 'Ready' im Falle einer Prozessumschaltung während einer unbestimmten Zeit unterbrochen wird.

```
PROCEDURE Ready(p: Process);
  VAR
    oldProcess: Process;
BEGIN (* -- p<>runningProcess, p^.state<>inactive,
          p^.el.next=NIL *)
  WITH p^ DO
    state:=readyRunning;
    IF prio>runningProcess^.prio THEN
      oldProcess:=runningProcess;
      Insert(runningProcess,readyList[runningProcess^.prio]);
      runningProcess:=p;
      SYSTEM.TRANSFER(oldProcess^.process,
                      runningProcess^.process);
     ELSE
      Insert(p,readyList[prio]);
    END(*IF*);
  END(*WITH*);
END Ready;
```

Mit 'Inactivate' wird ein Prozess abgebrochen. Er wird aus der Liste entfernt, in der er sich ev. befindet. Falls es sich um den laufenden Prozess handelt, wird die Hilfsprozedur 'Assign' aufgerufen, um den Prozessor freizugeben.

```
PROCEDURE Inactivate(p: Process);
BEGIN (* -- p^.state<>inactive *)
  WITH p^ DO
    Withdraw(p);
    state:=inactive;
    IF p=runningProcess THEN
      Assign;
    END(*IF*);
  END(*WITH*);
END Inactivate; (* -- p^.state=inactive, p^.el.next=NIL *)
```

In der Prozedur 'Block' blockiert sich der laufende Prozess, indem er sich in die Warteliste einträgt und den Prozessor mit 'Assign' freigibt. Bei der Verwendung von 'Block' muss beachtet werden, dass der Prozess verzögert wird, bis er von einem anderen Prozess aus der Liste entfernt und wieder lauffähig gemacht wird.

```
PROCEDURE Block(VAR blockedList: List);
BEGIN (* -- runningProcess^.el.next=NIL *)
  runningProcess^.state:=blocked;
  Insert(runningProcess,blockedList);
  Assign;
END Block;
```

Die in 'Inactivate' und 'Block' verwendete Hilfsprozedur 'Assign' wird aufgerufen, um den Prozessor freizugeben, weil der laufende Prozess nicht mehr weiterlaufen kann. In 'Assign' wird in der Ready-Liste derjenige Prozess gesucht, welcher die höchste Priorität hat und schon am längsten wartet. Seine Identifikation wird der Variablen 'runningProcess' zugewiesen, und mit Hilfe von 'SYSTEM.TRANSFER' wird zu diesem Prozess umgeschaltet.

Es wird angenommen, dass sich beim Aufruf von 'Assign' immer mindestens ein Prozess in der Ready-Liste befindet. Auf einem Einzelprozessorsystem ohne Unterbrechungssystem muss diese Bedingung von vornherein erfüllt sein: Das System wäre tot, wenn kein Prozess mehr lauffähig wäre, weil niemand mehr da wäre, der einen Prozess wieder in den Zustand 'readyRunning' bringen könnte.

Bei einer konkreten Implementierung (siehe 4. Kapitel) mit einem Unterbrechungssystem kann das Problem gelöst werden mit einem immer lauffähigen Hilfsprozess auf tiefster Priorität oder mit einer Warteschleife in 'Assign', in welcher gewartet wird, bis wieder ein lauffähiger Prozess vorhanden ist.

```
PROCEDURE Assign;
   VAR
    oldProcess: Process;
    priority: Priority;
BEGIN (* -- NOT Empty(readyList),
        "'runningProcess' is not an element of 'readyList'" *)
  oldProcess:=runningProcess;
  LOOP
    FOR priority:=oldProcess^.prio TO 1 BY -1 DO
      IF NOT Empty(readyList[priority]) THEN
        Remove(runningProcess,readyList[priority]);
        EXIT;
      END(*IF*);
    END(*FOR*);
    (* -- FALSE *)
  END(*LOOP*);
  (* -- oldProcess<>runningProcess *)
  SYSTEM.TRANSFER(oldProcess^.process,
                           runningProcess^.process);
END Assign;
```

3.3.3 StartProcess und ChangePrio

Mit der Prozedur 'StartProcess' wird ein neuer Prozess initialisiert und gestartet. Der Parameter 'code' bezeichnet seinen Code, 'wspSize' die Grösse seines Workspaces und 'pr' seine Priorität. Im Ausgabeparameter 'pId' erhält man seine Identifikation.

'StartProcess' gliedert sich in zwei Teile: In der ersten Phase wird der neue Prozessdeskriptor und der Workspace alloziert und initialisiert. Der Kontext des neuen Prozesses wird mit der Modula-2 Standardprozedur 'SYSTEM.NEWPROCESS' initialisiert und dem Feld 'process' vom Typ 'SYSTEM.PROCESS' zugewiesen. Im zweiten Teil wird der Prozess über eine nicht-unterbrechbare Hilfsprozedur in den Zustand 'readyRunning' gebracht.

```
PROCEDURE StartProcess(code: PROC; wspSize: CARDINAL;
                             pr: Priority; VAR pId: Process);
  VAR
    adr: ADDRESS;
BEGIN
  NEW(pId); DEC(wspSize,SYSTEM.TSIZE(ProcessDescriptor);
  WITH pId^ DO
    ALLOCATE(adr,wspSize); (* workspace *)
    SYSTEM.NEWPROCESS(code,adr,wspSize,process);
    prio:=pr;
    state:=undefined;
    el.next:=NIL; el.back:=NIL;
    frame:=runningProcess^.frame;
    ...
  END(*WITH*);
  (* -- pId^.state=undefined, pId^.el.next=NIL *)
  CallReady(pId);
END StartProcess;

MODULE NotInterruptible[7];
  ...
PROCEDURE CallReady(p: Process);
BEGIN
  Ready(p);
END CallReady;

PROCEDURE ChangePrio(pId: Process; newPrio: Priority);
  VAR
    oldProcess: Process;
    oldPrio, priority: Priority;
BEGIN
  WITH pId^ DO
    IF prio<>newPrio THEN
      oldPrio:=prio; prio:=newPrio;
      IF pId=runningProcess THEN
        FOR priority:=oldPrio TO newPrio+1 BY -1 DO
          IF NOT Empty(readyList[priority]) THEN
            oldProcess:=pId;
            Insert(pId,readyList[newPrio]);
            Remove(runningProcess,readyList[priority]);
            SYSTEM.TRANSFER(oldProcess^.process,
                                     runningProcess^.process);
            RETURN;
          END(*IF*);
        END(*FOR*);
      ELSIF state=readyRunning THEN
        (* -- pId<>runningProcess *)
        Withdraw(pId); (* remove it from ready-list *)
        Ready(pId);
      END(*IF*);
    END(*IF*);
  END(*WITH*);
END ChangePrio;

END NotInterruptible;
```

Mit "..." wird angedeutet, dass die Realisierung von 'Start-Process' noch unvollständig ist. Beim Entwurf der Exceptionbehandlung wird es nötig sein, den Prozessdeskriptor um einige Felder zu erweitern.

Die Priorität eines Prozesses kann mit 'ChangePrio' verändert werden. Mit Fallunterscheidungen wird gewährleistet, dass der Prozess mit der höchsten Priorität weiterläuft:

- Befindet sich der Prozess nicht im Zustand 'readyRunning', so kann seine alte Priorität einfach überschrieben werden.

- Beim Verändern der Priorität des laufenden Prozesses muss zu einem anderen Prozess umgeschaltet werden, falls sich in der Ready-Liste ein Prozess befindet, dessen Priorität höher ist als 'newPrio'.

- Handelt es sich um einen lauffähigen Prozess (aber nicht um den laufenden), so wird er aus der Prozessliste der alten Priorität entfernt, und mit 'Ready' wieder lauffähig gemacht.

3.3.4 Exceptionbereichsbehandlung

Ein neuer Exceptionbehandlungsbereich wird mit der Anweisung

```
Call(procedure,result);
```

eröffnet. Die Prozedur 'procedure' wird indirekt über 'Call' aufgerufen und innerhalb des neuen Exceptionbereichs ausgeführt. Unabhängig davon, ob die Ausführung von 'procedure' durch eine Exception abgebrochen wird oder normal zu Ende geführt werden kann, werden am Bereichsende in der Aufräumphase alle neu geschaffenen Objekte wieder gelöscht. Der Ausgabeparameter 'result' beschreibt die Exception, welche zum Abbruch des Bereichs geführt hat. Den Wert 'NormalReturn' erhält man, wenn der Bereich ohne Auftreten einer Ausnahmesituation beendet wurde.

Die Prozedur 'Call' gliedert sich grob in drei Phasen: Initialisierung eines neuen Exceptiondeskriptors, Aufruf der als Parameter übergebenen Prozedur und Aufräumen der neu geschaffenen Objekte.

```
PROCEDURE Call(procedure: PROC; VAR result: ExceptionType);
  VAR
    newFrame: ExceptionPointer;
BEGIN
  NEW(newFrame);
  initialize the new exception descriptor;
  call 'procedure';
  clean up the newly created objects;
END Call;
```

Vor der weiteren Verfeinerung dieser Prozedur drängt sich die Diskussion zweier Fragen auf:

- Wo beginnt und endet der neue Exceptionbereich genau? Zu welchem Bereich gehört z.B. die Aufräumphase?

- Wie kann ein Exceptionbereich abgebrochen werden? Ist dies in einer höheren Programmiersprache wie Modula-2 überhaupt möglich?

Zur ersten Frage können folgende Aussagen gemacht werden:

- Der neue Exceptionbereich darf erst als gültig markiert werden, wenn der Exceptiondeskriptor vollständig initialisiert ist. Der Bereich muss vor dem Aufruf von 'procedure' beginnen: Eine Exception während dem Aufruf (z.B. 'StackOverflow') muss dem neuen Exceptionbereich zugeordnet werden.

- Der Bereich darf erst beendet werden, nachdem die Ausführung von 'procedure' normal abgeschlossen oder abgebrochen wurde. Auch wenn mehrere Ereignisse, welche zur Beendigung des Bereichs führen, praktisch gleichzeitig eintreffen (z.B. Erreichen des Endes von 'procedure' und Auslösen von 'SonProcessFailure' durch mehrere Sohnprozesse), muss garantiert werden, dass der Bereich nur einmal abgebrochen wird und dem Ausgabeparameter 'result' nur ein Wert zugewiesen wird.

- Die Aufräumphase am Ende von 'Call' gehört nicht mehr zum Bereich, welcher mit 'Call' eröffnet wurde, denn sie muss auch nach dem Abbruch dieses Bereichs, durchlaufen werden.

- Durch eine asynchrone Exception (z.B. 'SonProcessFailure') werden unter Umständen gleichzeitig mehrere, in einander verschachtelte Bereiche miteinander abgebrochen. In der anschliessenden Aufräumphase müssen nicht nur die Objekte eines Bereichs sondern sämtliche noch existierende Objekte aller lokalen Bereiche gelöscht werden. Aus diesem Grund darf der Exceptiondeskriptor eines Bereichs nicht gelöscht werden, wenn der Bereich abgebrochen wird. Er muss erhalten bleiben, bis der Bereich (mit allen lokalen Bereichen) vollständig aufgeräumt ist.

Der Abbruch eines Exceptionbereichs ist implementationsabhängig. In der höheren Programmiersprache Modula-2 gibt es keine Konstruktion, um aus irgendeiner, dynamisch beliebig tief verschachtelten Prozedur an eine bestimmte Stelle innerhalb 'Call' zu springen. Auch mit einer 'GOTO'-Anweisung, wie sie z.B. in PASCAL verfügbar ist, liesse sich dieses Problem nicht lösen. Ein Sprung zu einer Marke ('LABEL') bezieht sich immer auf eine statische Programmstruktur. Exceptionbereiche werden jedoch auch dynamisch ineinander verschachtelt.

Das Problem wird zusätzlich komplizierter durch die Forderung, einen Bereich auch dann abbrechen zu können und ohne einen Systemzusammenbruch fortzufahren, wenn der Kontext des Prozesses durch einen Fehler stark in Mitleidenschaft gezogen wurde. Beim Abbruch eines Bereichs soll deshalb der gesamte Kontext, d.h. alle Register und der Prozessorstatus, neu initialisiert werden. Um diese Forderung zu erfüllen, werden zwei implementationsabhängige Prozeduren postuliert:

```
TYPE
  ContextType = ... ; (* implementation dependant *)

PROCEDURE GetActualContext(VAR x: ContextType);
PROCEDURE SetActualContext(VAR x: ContextType);
```

Mit 'GetActualContext' kann der aktuelle Kontext in die Variable 'x' kopiert werden. Diese Kontextkopie kann verwendet werden, um mit 'SetActualContext' den Kontext des Prozesses neu zu setzen.

Mit diesen beiden Prozeduren ist das Problem des Abbrechens eines Bereichs noch nicht vollständig gelöst. Man möchte ja nicht zu einer Anweisung zurückspringen, wo man sich eine Kopie des Kontextes gemacht hat, sondern das Ziel wäre, zusätzlich eine Anzahl Anweisungen zu überspringen. Dies kann erreicht werden, indem die Kontextkopie gezielt verändert wird, bevor 'SetActualContext' aufgerufen wird. Für diesen Vorwärtssprung soll die Modula-2 Anweisung 'RETURN' ausgenützt werden, mit welcher eine Prozedur an einer beliebigen Stelle verlassen werden kann. Zwischen 'GetActualContext' und 'SetActualContext' wird entweder eine 'RETURN'-Anweisung simuliert oder der in der Kontextkopie vorhandene Programmzähler wird auf den Code einer 'RETURN'-Anweisung gesetzt, sodass unmittelbar anschliessend an 'SetActualContext' 'RETURN' ausgeführt wird.

Es ist eine Hilfsprozedur notwendig, da nach dem Abbrechen eines Bereichs in der Prozedur noch die Aufräumphase ausgeführt werden muss.

```
PROCEDURE GetContextAndCall(procedure: PROC);
BEGIN
  GetActualContext(returnContext);
  WITH returnContext DO
    (* simulate a 'RETURN' *)
  END(*WITH*);
  ...
  procedure;
  ...
END GetContextAndCall;
```

Im Falle einer Exception kann mit Hilfe von 'SetActualContext' das Ende der Prozedur 'GetContextAndCall' simuliert werden.

```
SetActualContext(returnContext);
  (* abort a frame by leaving 'GetContextAndCall' *)
(* -- FALSE (execution will never reach this point) *)
```

'GetContextAndCall' darf natürlich nur einmal verlassen werden: Entweder normal oder mit 'SetActualContext'.

Dieses Verfahren zum Abbruch eines Exceptionbehandlungsbereichs wurde in seinem Prinzip von der Modula-2 Standardimplementation unter RT-11 übernommen. Die Prozeduren 'GetActualContext' und 'SetActualContext' sind in MACRO-11 Assembler codiert. Sie werden als Prozedurvariablen vom Modul 'PDP11' exportiert und im Modul 'Exceptions' (vgl. 2.3.2.1) verwendet. Das Verfahren sollte sich ohne grosse Schwierigkeiten auch auf andere Modula-2 Implementationen anpassen lassen.

Auf Grund der obigen Ueberlegungen müssen der Prozessdeskriptor und der Exceptiondeskriptor um einige Felder erweitert werden:

- Der Prozessdeskriptor wird um das Feld '<u>frameList</u>' erweitert, weil der Deskriptor eines Exceptionbehandlungsbereichs auch nach dem Ende dieses Bereichs für die Aufräumphase erhalten bleiben muss. 'frameList' bezeichnet den lokalsten Exceptiondeskriptor, der dem Prozess bekannt ist. Normalerweise ist 'frameList' identisch mit 'frame' (siehe 3.2.3), nur während der Aufräumphase zeigt 'frameList' auf die Liste der Exceptiondeskriptoren, die noch nicht aufgeräumt sind.

- Bei der Auslösung einer Ausnahmesituation wird die Art der Exception im Prozessdeskriptor im Feld '<u>eCode</u>' vom Typ 'ExceptionCode' gespeichert. Falls der Prozess einen eigenen Exceptionbereich besitzt, so wird 'eCode' unteilbar mit dem Aufruf von 'SetActualContext' in ein zweites Feld, '<u>oldECode</u>', kopiert. Dabei erhält 'eCode' wieder den Wert 'NormalReturn', d.h. die normale Ausführung wird wieder aufgenommen. Die Art der Exception bleibt in 'oldECode' erhalten. Sie wird am Ende von 'Call' dem Ausgabeparameter 'result' zugewiesen und wird später benötigt, falls die Exception mit 'Raise(propagate)' weitergegeben wird. Die Unterscheidung 'eCode' und 'oldECode' ist notwendig, damit beim Auslösen einer asynchronen Exception entschieden werden kann, ob der Prozess normal ausgeführt wird, oder ob bereits eine andere asynchrone Exception ausgelöst, aber der Bereich noch nicht abgebrochen wurde.

- Der Exceptiondeskriptor wird um das Feld '<u>returnContext</u>' erweitert, in welchem vor der Eröffnung des Bereichs mit 'GetActualContext' eine Kopie des Kontextes gespeichert wird, damit der Bereich im Falle einer Exception mit 'SetActualContext' abgebrochen werden kann.

In Modula-2 formuliert lauten die Erweiterungen wie folgt:

```
TYPE
  ProcessDescriptor =
    RECORD
      ...
      frameList: ExceptionPointer;
      eCode, oldECode: ExceptionType;
    END;

  ExceptionDescriptor =
    RECORD
      ...
      returnContext: ContextType;
    END;
```

Die Felder im Prozessdeskriptor werden in 'StartProcess' initialisiert:

```
frameList:=frame;
eCode:=NormalReturn;
oldECode:=NormalReturn;
```

Die Prozedur 'Call' kann nun konkreter formuliert werden. Die Aufräumphase wird in der Hilfsprozedur 'CleanUp' durchgeführt.

```
PROCEDURE Call(procedure: PROC; VAR result: ExceptionType);
  VAR
    newFrame: ExceptionPointer;
BEGIN
  WITH runningProcess^ DO
    NEW(newFrame);
    WITH newframe^ DO
      nextFrame:=frame;
      ownerOfFrame:=runningProcess;
    END(*WITH*);
    frameList:=newFrame;
    GetContextAndCall(procedure);
    CleanUp; (* delete all locally created objects *)
    result:=oldECode; (* execution result *)
  END(*WITH*);
END Call;
```

Das eigentliche Eröffnen und Abschliessen eines neuen Bereichs erfolgt in der Hilfsprozedur 'GetContextAndCall'. Der Wechsel von einem Exceptionbereich zu einem anderen geschieht durch eine Zuweisung an das Feld 'frame' im Prozessdeskriptor. Weil es sich dabei um einen einzelnen Speicherzugriff handelt, ist die Konsistenz immer gewährleistet und das Unterbrechungssystem muss nicht ausgeschaltet werden, d.h. die Reaktionsfähigkeit des Systems wird durch 'Call' und 'GetContextAndCall' nicht beeinträchtigt.

```
PROCEDURE GetContextAndCall(procedure: PROC);
BEGIN
  WITH runningProcess^ DO
    GetActualContext(frameList^.returnContext);
    simulate a 'RETURN' on 'frameList^.returnContext';
    frame:=frameList; (* enable new exception frame *)
    procedure;
    frame:=frame^.nextFrame; (* re-enable previous frame *)
    oldECode:=NormalReturn; (* no exception *)
  END(*WITH*);
END GetContextAndCall;
```

Nach dem Abbruch eines Exceptionbehandlungsbereichs durch die Exception 'SonProcessFailure' kann mit 'GetExceptionCode' bestimmt werden, aus welchem Grund ein Sohnprozess gestoppt wurde. Im Ausgabeparameter 'result' erhält man den Wert des Feldes 'eCode' im Deskriptors dieses Prozesses.

```
PROCEDURE GetExceptionCode(pId: Process;
                                     VAR result: ExceptionType);
BEGIN
  result:=pId^.eCode;
END GetExceptionCode;
```

3.3.5 Bearbeiten einer Exception

Die Bearbeitung einer Exception wird in zwei Phasen aufgeteilt:

Die eigentliche Auslösung einer Exception erfolgt durch die Hardware ('TrapTo4'), durch das Laufzeitsystem ('StackOverflow', IndexOutOfRange') oder durch eine Anweisung innerhalb eines Modula-2 Programmes.

In der zweiten Phase, der Zuordnung einer Exception an einen Prozess, wird anhand des Deskriptors des aktuellen Exceptionbereichs bestimmt, ob die Exception durch den laufenden Prozess behandelt werden kann. Wenn nicht, wird der laufende Prozess gestoppt, und im Prozess, der den Bereich eröffnet hat, wird die Exception 'SonProcessFailure' ausgelöst.

Die Auslösephase hat die Aufgabe, eine einheitliche Bearbeitung einer Exception zu ermöglichen: Unabhängig von ihrer Auslösung soll die Art der Exception im Feld 'eCode' des Prozessdeskriptors gespeichert werden und die interne Prozedur 'ErrorRoutine' aufgerufen werden, innerhalb welcher die Zuordnung der Exception erfolgt.

3.3.5.1 Auslösephase

Die Auslösung einer Exception durch die Hardware und durch das Laufzeitsystem ist von der betreffenden Modula-2 Implementation abhängig und wird deshalb an dieser Stelle nicht näher untersucht.

Innerhalb eines Modula-2 Programmes kann eine Exception synchron (im laufenden Prozess) mit der Prozedur 'Raise' oder asynchron (in einem anderen Prozess) mit 'RaiseAsynchronous' ausgelöst werden.

Während 'Raise' sowohl innerhalb der K-Maschine als auch dem Anwender zur Verfügung steht, handelt es sich bei 'RaiseAsynchronous' um eine Prozedur des S-Levels, die auf dem K-Level nicht mehr sichtbar ist.

Der Einsatz von 'RaiseAsynchronous' beschränkt sich auf folgende drei Fälle: Besitzt ein Prozess in einer Ausnahmesituation keinen eigenen Exceptionbehandlungsbereich, so löst er im Besitzerprozess des aktuellen Bereichs die asynchrone Exception 'SonProcessFailure' aus. Weiter wird 'RaiseAsynchronous' in der Aufräumphase beim Abbrechen von Sohnprozessen und - wie es sich noch zeigen wird - beim Löschen von Synchronisationsdeskriptoren verwendet.

In der Prozedur 'Raise' muss unterschieden werden, ob es sich um die Weitergabe einer früher ausgelösten Exception ('Raise(propagate)') oder um ein normales Auslösen einer Exception handelt. Die Weitergabe einer Exception ist nur sinnvoll, nachdem ein Exceptionbereich abgebrochen und noch kein neuer Bereich eröffnet wurde.

```
MODULE NotInterruptible[7];
  ...
PROCEDURE Raise(code: ExceptionType);
BEGIN
  WITH runningProcess^ DO
    IF code=propagate THEN
      (* -- oldECode<>NormalReturn *)
      eCode:=oldECode;
     ELSE
      eCode:=code;
    END(*IF*);
  END(*WITH*);
  ErrorRoutine;
  (* -- FALSE *)
END Raise;

END NotInterruptible;
```

'Raise' wird nie normal beendet, denn in der Prozedur 'ErrorRoutine' wird der laufende Prozess entweder mit 'SetActualContext' an das Ende eines Exceptionbehandlungsbereichs gesetzt, oder er wird abgebrochen.

Eine asynchrone Exception richtet sich an einen bestimmten Exceptionbehandlungsbereich: Neben der Art der Exception 'e' und der Identifikation des Prozesses 'p' muss auch der Zeiger 'f' auf den Deskriptor des abzubrechenden Bereichs an 'RaiseAsynchronous' übergeben werden:

```
PROCEDURE RaiseAsynchronous(p: Process; f: ExceptionPointer;
                                           e: ExceptionType);
```

Der bezeichnete Bereich muss entweder von 'p' eröffnet worden sein, oder es sich um den Bereich handeln, innerhalb welchem 'p' gestartet wurde.

In 'RaiseAsynchronous' wird effektiv nur dann eine asynchrone Exception ausgelöst, wenn der Bereich noch gültig ist. Diese Entscheidung ist nicht leicht zu treffen: Ein Prozess könnte beliebig viele ineinander verschachtelte Bereiche eröffnen und in allen mindestens einen neuen Sohnprozess schaffen. In diesem Fall ist es theoretisch möglich, dass alle Bereiche paraktisch gleichzeitig durch die asynchrone Exception 'SonProcessFailure' abgebrochen werden müssen.

Die Frage nach der Gültigkeit eines bestimmten Bereichs ist identisch mit der Frage, ob dieser Bereich lokal zum aktuellen Exceptionbereich ist, oder nicht. Jeder Exceptiondeskriptor wird deshalb mit der aktuellen Schachtelungstiefe versehen:

```
TYPE
  ExceptionDescriptor =
    RECORD
      frameLevel: CARDINAL;
      ...
    END;
```

Das Feld 'frameLevel' wird in 'Call' initialisiert:

```
frameLevel:=frame^.frameLevel+1;
```

Eine asynchrone Exception ist somit zulässig, wenn das Feld 'frameLevel' im Deskriptor des aktuellen Bereichs einen höheren Wert besitzt als im abzubrechenden Bereich oder - bei gleicher Schachtelungstiefe - wenn der Prozess normal ausgeführt wird:

```
currentLevel:=p^.frame^.frameLevel;
levelToAbort:=f^.frameLevel;
IF (currentLevel>levelToAbort) OR
   (currentLevel=levelToAbort) AND (p^.eCode=NormalReturn)
 THEN
  (* raise asynchronous exception *)
 ELSE
  (* 'f' is already aborted or will be aborted immediately *)
END(*IF*);
```

Obiger Entscheid muss unteilbar mit der eigentlichen Auslösung der Exception erfolgen, und der betroffene Prozess darf währenddessen natürlich nicht ausgeführt werden.

Effektiv ausgelöst wird eine asynchrone Exception, indem die Identifikation 'f' des abzubrechenden Bereichs und die Art der Ausnahmesituation 'e' in den Prozessdeskriptor von 'p' kopiert werden. Weiter wird der Kontext von 'p' so verändert, dass er nicht normal weiterlaufen wird, sondern die Prozedur 'Error-Routine' als unteilbare Operation ausführen wird. Für diesen Eingriff in den Prozesskontext wird die interne Struktur des Typs 'SYSTEM.PROCESS' benötigt. Falls sich der Prozess in einer Warteliste befindet, muss er aus dieser entfernt und lauffähig gemacht werden.

```
MODULE NotInterruptible;
  ...
PROCEDURE RaiseAsynchronous(p: Process; f: ExceptionPointer;
                                          e: ExceptionType);
  VAR
    currentLevel, levelToAbort: CARDINAL;
BEGIN (* -- p<>runningProcess  *)
  WITH p^ DO
    currentLevel:=frame^.frameLevel;
    levelToAbort:=f^.frameLevel;
    IF (currentLevel>levelToAbort) OR
       (currentLevel=levelToAbort) AND (eCode=NormalReturn)
     THEN
      (* raise asynchronous exception *)
      frame:=f; (* frame to be aborted *)
      eCode:=e; (* exception code *)
      (* change the context of 'p' to force 'p' to switch off
      all interrupts and to execute the 'ErrorRoutine' (depends
      on the internal structure of 'SYSTEM.PROCESS') *)
      IF state=blocked THEN
        Withdraw(p); Ready(p);
      END(*IF*);
    END(*IF*);
  END(*WITH*);
END RaiseAsynchronous;

END NotInterruptible;
```

3.3.5.2 Zuordnungsphase

Die Zuordnung einer Exception an den Prozess, der den aktuellen Bereich eröffnet hat, erfolgt in der Prozedur 'ErrorRoutine'. Sie ist für den Anwender des Echtzeitbetriebssystems nicht sichtbar, sondern nur innerhalb der K-Maschine bekannt.

Der Vergleich der Identifikation des laufenden Prozesses mit derjenigen des Besitzers des aktuellen Exceptionbereichs zeigt, ob der laufende Prozess die Exception selbst behandeln kann. Wenn ja, kann der Bereich mit 'SetActualContext' abgebrochen werden. Wenn nein, muss im Besitzerprozess mit 'RaiseAsynchronous' die Exception 'SonProcessFailure' ausgelöst werden, und der laufende Prozess stoppt sich selbst.

```
PROCEDURE ErrorRoutine;
BEGIN (* -- eCode<>NormalReturn *)
  WITH runningProcess^ DO
    WITH frame^ DO
      IF ownerOfFrame=runningProcess THEN
        frame:=nextFrame;
        oldECode:=eCode;
        eCode:=NormalReturn;
        SetActualContext(returnContext);
        (* -- FALSE *)
      ELSE
        RaiseAsynchronous(ownerOfFrame,frame,
                                              SonProcessFailure);
        Inactivate(runningProcess);
        (* -- FALSE *)
      END(*IF*);
    END(*WITH*);
  END(*WITH*);
END ErrorRoutine;
```

Die 'ErrorRoutine' wird nie normal verlassen: Entweder "springt" der laufende Prozess mit 'SetActualContext' ans Ende eines eigenen Bereichs, oder er stoppt sich mit 'Inactivate' selbst.

3.3.6 Objektverwaltung

In diesem Paragraphen werden die im 2. Kapi~tel postulierten Objektverwaltungsprozeduren und die zugehörigen Datenstrukturen entworfen. Nach einigen allgemeinen Ueberlegungen über Objektlisten folgen Abschnitte zu den Themen: Prozesslisten, Synchronisationsdeskriptorlisten, Zugriffsrechtlisten und Löschen von Synchronisationsdeskriptoren.

Alle Prozeduren der Objektverwaltung sind ein Teil des S-Levels. Sie sind auf dem K-Level nicht mehr sichtbar, sondern dienen ausschliesslich als Basis zur Realisierung von Synchronisationsoperationen.

Damit dynamisch geschaffene Objekte vom Betriebssystem wieder gelöscht werden können, werden sie nach drei Kriterien verschiedenen Objektlisten zugeteilt: Nach der Art des Objektes (Prozess, Synchronisationsdeskriptor oder Zugriffsrecht), nach dem Exceptionbereich, innerhalb welchem das Objekt geschaffen wurde, und nach dem Prozess, der das Objekt initialisiert hat. Die ersten beiden Kriterien folgen direkt aus den Anforderungen an die Objektverwaltung, und mit dem letzten werden die Synchronisationsprobleme vermieden, welche entstehen würden, wenn ein Sohnprozess ohne eigenen Exceptionbereich seine neuen Objekte in die Listen seines Vaterprozesses eintragen müsste.

Für die Unterteilung nach Objektart wird ein Objektlistenkopf definiert:

```
TYPE
  ObjectListHead =
    RECORD
      processList: ... ;
      synchDescList: ... ;
      accessRightList: ... ;
    END;
```

Jedem Prozess und jedem Exceptionbehandlungsbereich wird ein Objektlistenkopf zugeordnet.

Neue Objekte sollen der Objektverwaltung einheitlich über den Listenkopf des laufenden Prozesses bekannt gemacht werden. Beim Eröffnen eines Exceptionbereichs wird deshalb der Listenkopf des laufenden Prozesses in den neuen Exceptiondeskriptor gerettet, und der Prozess erhält einen neuen Objektlistenkopf. Am Ende eines Bereichs müssen die Objekte in den Listen gelöscht werden, die dem laufenden Prozess zugeordnet sind, und der alte Objektlistenkopf im Exceptiondeskriptor wird wieder dem Prozess zugewiesen.

Um dieses Umordnen der Objektlistenköpfe zu erleichtern, werden die Prozess- und Exceptiondeskriptoren nur um einen Zeiger erweitert.

```
TYPE
  ObjectListPointer = POINTER TO ObjectListHead;
  ProcessDescriptor =
    RECORD
      ...
      objects: ObjectListPointer;
        (* -- (objects=NIL) =
                 "no own objects in the current frame" *)
    END;

   ExceptionDescriptor =
     RECORD
       ...
       oldObjects: ObjectListPointer;
     END;
```

Es wird angenommen, dass Prozesse und Exceptionbereiche relativ häufig keine eigenen, dynamischen Objekte besitzen. Das Feld 'objects' wird deshalb in 'StartProcess' mit 'NIL' initialisiert, und bevor ein Objekt in eine Objektliste eingetragen wird, muss 'CreateObjectListHead' aufgerufen werden, um allenfalls einen Objektlistenkopf zu allozieren und zu initialisieren.

```
PROCEDURE CreateObjectListHead;
  VAR
    newObj: ObjectListPointer;
BEGIN
  WITH runningProcess^ DO
    IF objects=NIL THEN
      NEW(newObj); (* new object list head *)
      WITH newObj^ DO
        processList:= ... ;
        synchDescList:= ... ;
        accessRightList:= ... ;
      END(*WITH*);
      objects:=newObj;
    END(*IF*);
  END(*WITH*); (* -- runningProcess^.objects<>NIL *)
END CreateObjectListHead;
```

Beim Eröffnen eines neuen Bereichs muss die Identifikation des aktuellen Objektlistenkopfes 'objects' in das Feld 'oldObjects' des Exceptiondeskriptors kopiert werden, und 'objects' muss mit 'NIL' initialisiert werden. In der Aufräumphase muss 'objects' wieder der alte Wert zugewiesen werden. Dieses Umordnen des Objektlistenkopfes ist ohne Ausschalten des Unterbrechungssystems möglich, falls folgende Punkte berücksichtigt werden:

- Solange 'frameList' den Deskriptor des neuen Exceptionbereichs bezeichnet, wird der Bereich im Falle einer asynchronen Exception auch wieder aufgeräumt. Das Feld 'oldObjects' muss deshalb initialisiert werden, bevor 'frameList' auf den neuen Bereichsdeskriptor zeigt. Analog muss 'oldObjects' in der Aufräumphase abgelesen werden, solange 'frameList' noch auf den entsprechenden Deskriptor zeigt.

- Das Feld 'objects' muss mit 'NIL' initialisiert werden, nachdem 'frameList' bereits auf den neuen Deskriptor zeigt, aber bevor der neue Bereich durch eine Zuweisung ans Feld 'frame' gültig gemacht wird. Würde 'objects' früher oder später frisch initialisiert, so bestünde bei einer asynchronen Exception die Gefahr, dass die Objekte des alten Bereichs nicht oder zu früh gelöscht würden.

- Während dem Eröffnen und dem Abschliessen gibt es je ein kurzes Zeitintervall, in welchem 'objects' und 'oldObjects' auf denselben Objektlistenkopf zeigen und 'frameList' den neuen Exceptiondeskriptor bezeichnet. Wird innerhalb eines dieser Intervalle eine asynchrone Exception ausgelöst, so entsteht in der Aufräumphase der Eindruck, es müssten zwei verschieden Objektlistenköpfe aufgeräumt werden, obwohl es in Wirklichkeit nur einer ist. Diese Situation darf zu keinem Konflikt führen: Ein Objektlistenkopf muss laufend auf dem neusten Stand gehalten werden, sodass er bereits leer ist, wenn man versucht, ihn ein zweites Mal aufzuräumen.

Für 'Call' ergeben sich aus obigen Ueberlegungen einige Ergänzungen:

```
NEW(newFrame);
WITH newFrame^ DO
  ...
  oldObjects:=objects; (* save old object list head *)
END(*WITH*);
frameList:=newFrame;
objects:=NIL; (* no object list head *)
```

Auf die Bemerkungen zur Aufräumphase wird man später zurückkommen.

3.3.6.1 Prozesslisten

Da Prozesse nicht explizit gelöscht werden können, kann die Reihenfolge, in welcher mehrere Sohnprozesse im selben Bereich gestartet wurden, beim Löschen dieser Prozesse umgekehrt werden.

Der Prozessdeskriptor wird deshalb um ein Feld erweitert, damit sie zu einer einfach verketteten Liste aneinander gehängt werden können:

```
TYPE
  ProcessDescriptor =
    RECORD
      ...
      brother: Process;
    END;

  ObjectListHead =
    RECORD
      processList: Process;
      ...
    END;
```

Der Listenkopf 'processList' wird in 'CreateObjectListHead' mit 'NIL' initialisiert.

In 'StartProcess' ergeben sich folgende Ergänzungen:

```
CreateObjectListHead;
...
WITH pId^ DO
  ...
  WITH runningProcess^.objects^ DO
    brother:=processList;
    processList:=pId;
  END(*WITH*);
END(*WITH*);
CallReady(pId);
...
```

Ein Sohnprozess wird in der Prozedur 'StartProcess' in die aktuelle Prozessliste seines Vaterprozesses eingetragen. Der neue Prozessdeskriptor muss vollständig initialisiert sein, bevor er in die Prozessliste eingefügt wird, damit der Prozess auch wieder gelöscht werden kann, wenn 'StartProcess' durch eine asynchrone Exception abgebrochen wird. Der Prozess darf erst lauffähig gemacht werden, wenn er sich in der Prozessliste der Objektverwaltung befindet.

3.3.6.2 Synchronisationsdeskriptorlisten

Wie bei den Prozesslisten sind für die Verwaltung von Synchronisationsdeskriptoren einfach verkettete Listen ausreichend, da die Synchronisationsdeskriptoren nicht explizit gelöscht werden können.

In 2.3.4.2 wurde für die Verwaltung der Synchronisationsdeskriptoren folgende Schnittstelle postuliert:

```
TYPE
  DeleteProcedure = PROCEDURE(SYSTEM.ADDRESS);

PROCEDURE InsertSynchDesc(obj: SYSTEM.ADDRESS;
                          p: DeleteProcedure);
```

Für die Synchronisationsdeskriptorliste wird ein Listenelement definiert:

```
TYPE
  SynchDescPointer = POINTER TO SynchDescElement;
  SynchDescElement =
    RECORD
      link: SynchDescPointer;
      object: SYSTEM.ADDRESS;
      deleteProc: DeleteProcedure;
    END;

  ObjectListHead =
    RECORD
      ...
      synchDescList: SynchDescPointer;
      ...
    END;
```

Der Listenkopf 'synchDescList' wird in 'CreateObjectListHead' mit 'NIL' initialisiert.

In der Prozedur 'InsertSynchDesc' wird ein Listenelement alloziert, initialisiert und in die aktuelle Objektliste eingefügt. Das Unterbrechungssystem muss nicht abgeschaltet werden, weil die Konsistenz dauernd gewährleistet ist. Ein Synchronisationsdeskriptor muss vollständig initialisiert sein, bevor 'InsertSynchDesc' aufgerufen wird, und darf erst nachher verwendet werden.

```
PROCEDURE InsertSynchDesc(obj: SYSTEM.ADDRESS;
                                    p: DeleteProcedure);
  VAR
    newEl: SynchDescPointer;
BEGIN
  CreateObjectListHead;
    (* ensures that an object list head exists *)
  NEW(newEl);
  WITH newEl^ DO
    object:=obj; deleteProc:=p;
    WITH runningProcess^.objects^ DO
      link:=synchDescList;
      synchDescList:=newEl;
    END(*WITH*);
  END(*WITH*);
END InsertSynchDesc;
```

3.3.6.3 Zugriffsrechtlisten

Im Gegensatz zu den Prozessen und Synchronisationsdeskriptoren können Zugriffsrechte auch explizit wieder zurückgegeben werden. Damit die Bearbeitungszeit der Zugriffsrechtlisten nicht von ihrer Länge abhängig ist, sollen - wie bei der Ready-Liste und den Prozesswartelisten - doppelt verkettete, stetige Ringe verwendet werden.

Ein Listenelemente soll neben den Zeigern alle weitere Informationen enthalten, die für seine Beschreibung notwendig sind. Neben der Objektidentifikation 'object' und der Löschprozedur 'deleteProc', die den gleichnamigen Feldern im Listenelement einer Synchronisationsdeskriptorliste entsprechen, enthält ein Listenelement je einen Zeiger zum Prozess, der das Zugriffsrecht besitzt, und zum Deskriptor des Bereichs, innerhalb welchem es erworben wurde. Diese beiden Zeiger werden beim Löschen eines Synchronisationsdeskriptors in der Prozedur 'AbortOwnerProcess'

```
TYPE
  AccessRightPointer = POINTER TO AccessRightElement;
  AccessRightListElement =
    RECORD
      next, back: AccessRightPointer;
    END;
  AccessRightElement =
    RECORD
      accEl: AccessRightElement;
      object: SYSTEM.ADDRESS;
      deleteProc: DeleteProcedure;
      ownerOfAccessRight: Process;
        (* -- (ownerOfAccessRight=NIL) =
                          "access right is free" *)
      correspondingFrame: ExceptionPointer;
    END;
```

benötigt, um das Zugriffsrecht zu entziehen und den Exceptionbereich abzubrechen. Die Identifikation des Bereichs würde nicht ausreichen, da dieser einem anderen Prozess gehören kann.

Für den Listenkopf wird ein degeneriertes Listenelement verwendet:

```
TYPE
  ObjectListHead =
    RECORD
      ...
      accessRightList: AccessRightListElement;
    END;
```

Mit der Annahme, dass ein Zeiger auf einen Record auch auf das erste Feld des Records zeigt, wird der Listenkopf mit Hilfe des Moduls 'SYSTEM' in 'CreateObjectListHead' wie folgt initialisiert:

```
accessRightList.next:=SYSTEM.ADR(accessRightList);
accessRightList.back:=SYSTEM.ADR(accessRightList);
```

Der Test, ob die Liste leer ist oder nicht lautet:

```
IF SYSTEM.ADR(accessRightList)<>accessRightList.next THEN
  (* -- NOT Empty(accessRightList) *)
  ...
END(*IF*);
```

Die Verwaltung von Zugriffsrechten geschieht grundsätzlich über einen Synchronisationsdeskriptor, während dessen Lebensdauer die Zugriffsrechte beliebig oft verschiedenen Prozessen zugeteilt und wieder zurückgenommen werden können. Der Speicherplatz für ein Zugriffsrechtelement wird sinnvollerweise beim Initialisieren dieses Synchronisationsdeskriptor alloziert. Es ist nicht möglich, die Elemente bei jeder Zuteilung eines Zugriffsrechts dynamisch zu allozieren, da die postulierte Speicherverwaltung (siehe 2.3.4.3) keine explizite Rückgabe zulässt.

In einer Synchronisationsoperation wird anhand des Feldes 'ownerOfAccessRight' bestimmt, ob das Zugriffsrecht frei ist ('NIL'), resp. welchem Prozess es zugeteilt ist. Ein Zugriffsrecht muss nach seiner Freigabe an einen wartenden Prozess weitergegeben werden können.

Auf Grund dieser Ueberlegungen muss das Unterbrechungssystem während der Zuteilung und Rückgabe von Zugriffsrechten ausgeschaltet sein: Eine doppelt verkettete Liste bleibt nur konsistent, wenn Zugriffe anderer Prozesse ausgeschlossen sind, während ein Element eingefügt oder entfernt wird. Die Zuweisungen zum Feld 'ownerOfAccessRight' müssen unteilbar mit dem Einfügen und Entfernen des Zugriffsrechts ausgeführt werden, damit irgend ein anderer Prozess anhand dieses Feldes entscheiden kann, ob das Zugriffsrecht frei ist oder nicht. Zusätzlich muss die Weitergabe eines Zugriffsrechts an einen wartenden Prozess unteilbar mit der Zustandsänderung dieses Prozesses erfolgen.

Bei der Ausführung von 'Insert-' oder 'RemoveAccessRight' bestimmt der Wert des Feldes 'ownerOfAccessRight', welchem Prozess das Zugriffsrecht zugeteilt oder entzogen wird. Es genügt deshalb, das Zugriffsrechtelement als Parameter zu übergeben:

```
PROCEDURE InsertAccessRight(VAR a: AccessRightElement);
PROCEDURE RemoveAccessRight(VAR a: AccessRightElement);
```

Die Identifikation des Prozesses, welchem das Zugriffsrecht zugeteilt wird, muss vor dem Aufruf von 'InsertAccessRight' ins Feld 'ownerOfAccessRight' kopiert werden. Die Felder 'object' und 'deleteProc' müssen zu diesem Zeitpunkt gültige Werte besitzen, damit die Objektverwaltung das Zugriffsrecht im Falle einer Exception zurückgeben kann. Bei der Freigabe eines Zugriffsrechts mit 'RemoveAccessRight' wird 'ownerOfAccessRight' auf 'NIL' gesetzt.

```
PROCEDURE InsertAccessRight(VAR a: AccessRightElement);
BEGIN (* -- a.ownerOfAccessRight<>NIL,
           a.ownerOfAccessRight^.objects<>NIL *)
  WITH a DO
    WITH ownerOfAccessRight^ DO
      correspondingFrame:=frame;
      WITH objects^ DO
        accEl.next:=accessRightList.next;
        accEl.back:=accessRightList.next^.accEl.back;
        accessRightList.next:=SYSTEM.ADR(a);
        accEl.next^.accEl.back:=SYSTEM.ADR(a);
      END(*WITH*);
    END(*WITH*);
  END(*WITH*);
END InsertAccessRight;

PROCEDURE RemoveAccessRight(VAR a: AccessRightElement);
BEGIN (* -- a.ownerOfAccessRight<>NIL *)
  WITH a DO
    accEl.back^.accEl.next:=accEl.next;
    accEl.next^.accEl.back:=accEl.back;
    ownerOfAccessRight:=NIL;
  END(*WITH*);
END RemoveAccessRight; (* -- a.ownerOfAccessRight=NIL *)
```

Zugriffsrechtelemente dürfen nicht verändert werden, während sie sich in einer Objektliste befinden.

3.3.6.4 Löschen von Synchronisationsdeskriptoren

Beim Löschen eines Synchronisationsdeskriptors muss sichergestellt werden, dass sich in den Wartelisten keine Prozesse mehr befinden und dass die zugeordneten Zugriffsrechte keinem Prozess mehr zugeteilt sind (vgl. 2.3.4.2).

Mit der Prozedur 'AbortWaitingProcesses' wird in allen Prozessen einer Warteliste eine Exception ausgelöst; mit 'AbortOwnerProcess' wird ein Zugriffsrecht entzogen, wobei im betroffenen Prozess eine asynchrone Exception ausgelöst wird.

```
PROCEDURE AbortWaitingProcesses(VAR blockedList: List;
                                e: ExceptionType);

PROCEDURE AbortOwnerProcess(VAR a: AccessRightElement;
                            e: ExceptionType);
```

Der Einfachheit halber werden beide Prozeduren so realisiert, dass sie für alle Wartelisten resp. Zugriffsrechte des zu löschenden Synchronisationsdeskriptors aufgerufen werden können, unabhängig davon, ob noch Prozesse warten oder noch Zugriffsrechte ausstehend sind.

Während der Ausführung beider Prozeduren muss das Unterbrechungssystem ausgeschaltet sein. In 'AbortWaitingProcesses' wird es mit Hilfe der Prozedur 'SYSTEM.LISTEN' kurz ein- und wieder ausgeschaltet, damit anstehende Unterbrechungssignale abgearbeitet werden können. Die Reaktionsfähigkeit des Systems wird dadurch in 'AbortWaitingProcesses' auch dann nicht wesentlich beeinträchtigt, wenn sich noch sehr viele Prozesse in der Warteliste befinden.

```
MODULE NotInterruptible[7];
  ...
PROCEDURE AbortWaitingProcesses(VAR blockedList: List;
                                e: ExceptionType);
  VAR
    p: Process;
BEGIN
  WHILE NOT Empty(blockedList) DO
    Remove(p,blockedList);
    RaiseAsynchronous(p,p^.frame,e);
    SYSTEM.LISTEN; (* allow interrupts *)
  END(*WHILE*);
END AbortWaitingProcesses; (* -- Empty(blockedList) *)

PROCEDURE AbortOwnerProcess(VAR a: AccessRightElement;
                            e: ExceptionType);
  VAR
    p: Process;
BEGIN
  p:=a.ownerOfAccessRight;
  IF p<>NIL THEN
    RemoveAccessRight(a);
    RaiseAsynchronous(p,a.correspondingFrame,e);
  END(*IF*);
END AbortOwnerProcess; (* -- a.ownerOfAccessright=NIL *)

END NotInterruptible;
```

In 'AbortWaitingProcesses' wird der aktuelle Bereich des betroffenen Prozesses abgebrochen, und in 'AbortOwnerProcess' derjenige Bereich, innerhalb welchem das Zugriffsrecht erworben wurde.

Ein Synchronisationsdeskriptor muss in der Löschprozedur vor dem Aufruf dieser Hilfsprozeduren als ungültig markiert werden, um andere Prozesse daran zu hindern, sich noch in eine Warteliste einzutragen oder noch ein Zugriffsrecht zu reservieren.

3.3.7 Aufräumphase

3.3.7.1 Anforderungen

In der Prozedur 'Call' wird nach dem Abschliessen eines Exceptionbehandlungsbereichs 'CleanUp' aufgerufen, um alle innerhalb des beendeten Bereichs neu geschaffenen Objekte und die zugehörigen Deskriptoren wieder zu löschen.

Im einfachsten Fall - wenn keine neuen Objekte geschaffen wurden - muss nur der alte Objektlistenkopf wieder aktiviert und der freiwerdende Exceptiondeskriptor entfernt werden.

Nach einer asynchronen Exception müssen unter Umständen mehrere, ineinander verschachtelte Bereiche aufgeräumt werden. In jedem dieser Bereiche können Sohnprozesse vorhanden sein, die ihrerseits wieder eigene Sohnprozesse und eigene Exceptionbereiche besitzen können. Die entsprechenden Objektlisten und Exceptiondeskriptoren bilden einen Baum unbestimmter Grösse und Struktur.

Beim Abarbeiten eines Objektlistenkopfes sollen zuerst die Sohnprozesse abgebrochen und dann die Zugriffsrechte entzogen werden. Die Synchronisationsdeskriptoren sollen erst gelöscht werden, wenn lokal keine Prozesse mehr aktiv und keine Zugriffsrechte mehr zugeteilt sind, um das Auslösen von sekundären Exceptions in 'AbortWaitingProcesses' und 'AbortOwnerProcess' soweit wie möglich zu vermeiden (siehe 2.3.4.2).

Baumförmig verkettete Datenstrukturen werden häufig mit Hilfe rekursiver Prozeduren bearbeitet. In der Aufräumphase ist Rekursion jedoch nicht erwünscht, weil der Stack bei grosser Schachtelungstiefe überlaufen könnte, sodass die Exception 'StackOverflow' ausgelöst würde. In 'CleanUp' soll deshalb auf Rekursion verzichtet werden. Dies ist sicher möglich, da der Baum in beiden Richtungen verkettet ist. Die Prozesslisten führen über die Prozessdeskriptoren zu den Blättern des Baumes, und die Exceptiondeskriptoren sind in der Richtung zur Wurzel des Baumes verkettet. Man kann sich somit im Baum bewegen, ohne dass der Rückweg abgespeichert werden muss.

Das Unterbrechungssystem darf nicht während der ganzen Aufräumphase ausgeschaltet werden, weil dadurch die Reaktionsfähigkeit des Systems zu stark verschlechtert würde, wenn einmal eine grosse Anzahl Objekte gelöscht werden müsste. Beim Entwurf von 'CleanUp' muss beachtet werden, dass bei jeder Unterbrechung eine asynchrone Exception ausgelöst werden könnte und 'CleanUp' am Ende eines globaleren Bereichs erneut gestartet werden können muss.

Beim Abschliessen eines Bereichs muss der Speicherplatz, welcher für die lokalen Deskriptoren alloziert wurde, wieder freigegeben werden. Dieses Problem wird vorläufig ausser Acht gelassen, da die Speicherverwaltung erst im Rahmen einer konkreten Realisierung besprochen wird.

3.3.7.2 Entwurf

Auf Grund der Forderung Rekursion zu vermeiden, soll ein Zeiger 'p' vom Typ 'Process' (deklariert als 'POINTER TO ProcessDescriptor') verwendet werden, um sich innerhalb des Baumes der zu löschenden Objekte zu bewegen. Der Typ 'Process' wurde gewählt, weil über die die Felder 'objects' und 'frameList' eines Prozessdeskriptors direkt auf die aktuelle Objektliste und auf den Exceptiondeskriptor zugegriffen werden kann.

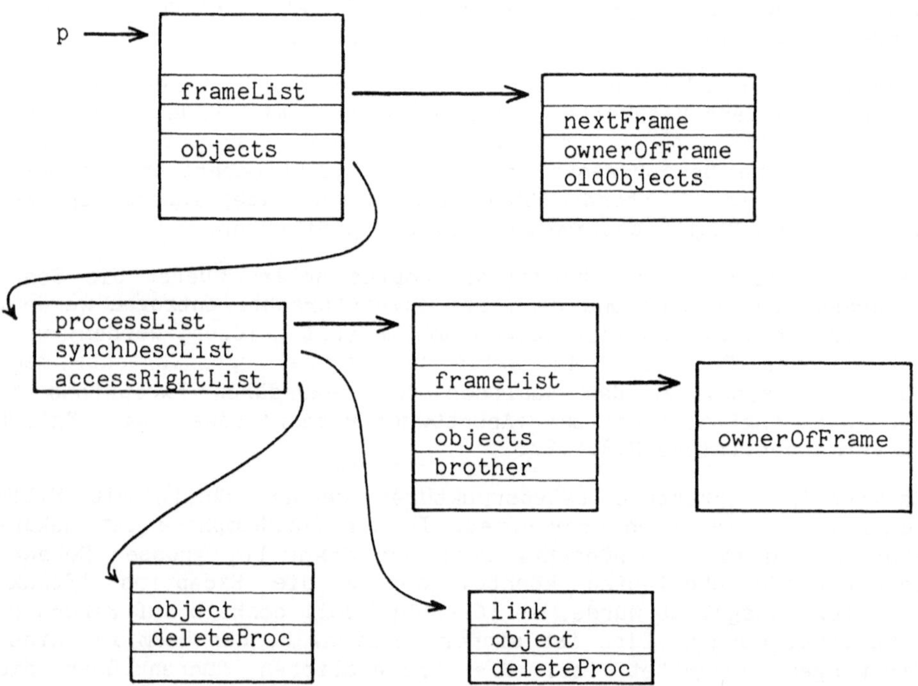

Fig. 3.2: Prozessdeskriptor, Exceptiondeskriptor und Objektlisten

Figur 3.2 zeigt die Umgebung des Prozessdeskriptors der durch 'p' bezeichnet wird, innerhalb eines allgemeinen Baumes von Objekten, die gelöscht werden müssen. Aus dieser Datenstruktur ergeben sich die elementaren Operationen, die während der Aufräumphase ausgeführt werden müssen:

a) Ausführung eines Sohnprozesses abbrechen

b) Entfernen eines Sohnprozesses aus der Objektliste

c) Entfernen eines Zugriffsrechts aus der Objektliste

d) Entfernen eines Synchronisationsdeskriptors aus der Objektliste

e) Entfernen eines Objektlistenkopfes

f) Entfernen eines Exceptiondeskriptors

g) Uebergang von 'p' zu einem Sohnprozess (Bewegung in Richtung Blätter des Baumes)

h) Uebergang von 'p' zum Besitzer des aktuellen Exceptionbereichs (Bewegung in Richtung Wurzel)

In den folgenden Abschnitten werden nun der Start und das Ende des Aufräumalgorithmus sowie die angeführten Operationen synthetisiert und durch ihre Vorbedingungen und Folgebedingungen spezifiziert. Anschliessend werden die Operationen zum vollständigen Algorithmus zusammengefügt, der dann als ganzes auf seine Richtigkeit überprüft wird. (Dieses Vorgehen entspricht der "bottom-up" Entwurfsmethode und nicht der "top-down" Methode, die in dieser Arbeit normalerweise verwendet wird. Beim vorliegenden Problem würde der "top-down" Ansatz voraussichtlich zu einer rekursiven Lösung führen.)

Die Startbedingung für den Aufräumalgorithmus ergibt sich daraus, dass 'CleanUp' nach dem Abschliessen eines Bereichs in 'Call' aufgerufen wird. Der laufende Prozess besitzt mindestens einen Exceptiondeskriptor, der aufgeräumt und entfernt werden muss. Nach der Aufräumphase müssen die beiden Felder 'frameList' und 'frame' wieder identisch sein.

```
(* -- runningProcess^.frameList<>runningProcess^.frame,
   runningProcess^.frameList^.ownerOfFrame=runningProcess *)
CleanUp;
(* -- runningProcess^.frameList=runningProcess^.frame *)
```

Zu Beginn von 'CleanUp' wird 'runningProcess' in die lokale Variable 'p' kopiert. Die Prozedur wird verlassen, sobald die Endbedingung des Algorithmus erreicht ist.

Die eingeführte Schleifeninvariante garantiert, dass exklusiv auf die Prozesslisten und die Synchronisationsdeskriptorlisten zugegriffen wird. Die Konsistenz ist dauernd gewährleistet, falls sie nur von einem einzelnen Prozess verändert werden. Dies wird erreicht, indem Sohnprozesse (resp. Enkelprozesse etc.) gestoppt werden, bevor auf ihre Objektlisten zugegriffen wird.

Im Interesse einer besseren Uebersichtlichkeit werden in den folgenden Analysen WITH-Anweisungen vorausgesetzt, sodass alle Ausdrücke um 'p^.' und 'p^.objects^.' reduziert werden können.

```
PROCEDURE CleanUp;
  VAR
    p: Process
BEGIN (* -- runningProcess^.frameList<>runningProcess^.frame,
         runningProcess^.frameList^.ownerOfFrame=runningProcess *)
  p:=runningProcess;
  LOOP
    (* -- (p=runningProcess) OR (p^.state=inactive) *)
    WITH p^ DO
      ...
        IF runningProcess^.frameList=runningProcess^.frame THEN
          EXIT;
        END(*IF*)
      ...
    END(*WITH*);
  END(*LOOP*);
  (* -- runningProcess^.frameList=runningProcess^.frame *)
END CleanUp;
```

a) <u>Abbruch eines Sohnprozesses</u>: Die Ausführung eines Sohnprozesses wird abgebrochen, indem mit 'RaiseAsynchronous' die Exception 'Aborted' im Bereich ausgelöst wird, innerhalb welchem der Prozess gestartet worden war.

```
(* -- objects<>NIL, processList<>NIL *)
RaiseAsynchronous(processList,frameList,Aborted);
(* -- objects<>NIL, processList<>NIL,
      processList^.state=inactive *)
```

Der Sohnprozess soll dabei nicht versuchen, die Exception an seinen Vaterprozess weiterzugeben. Zu diesem Zweck wird 'Raise-Asynchronous' erweitert. Beim Auslösen von 'Aborted' soll der betroffene Prozess mit 'Inactivate' endgültig gestoppt werden.

```
PROCEDURE RaiseAsynchronous(p: Process; ... e: ExceptionType);
  ...
BEGIN
  WITH p^ DO
    IF state<>inactive THEN
      IF e=Aborted THEN Inactivate(p); END(*IF*);
      ...
    END(*IF*);
  END(*WITH*);
  (* -- (e=Aborted) --> (p^.state=inactive) *)
END RaiseAsynchronous;
```

b) Entfernen eines Sohnprozesses: Wenn ein Sohnprozess nicht mehr aktiv ist, keinen eigenen Exceptionbehandlungsbereich und keinen Objektlistenkopf mehr besitzt, kann er aus der Objektliste entfernt werden.

```
(* -- objects<>NIL, processList<>NIL,
      processList^.state=inactive,
      processList^.frameList^.ownerOfFrame<>processList,
      processList^.objects=NIL *)
processList:=processList^.brother;
(* -- objects<>NIL *)
```

c) Entfernen von Zugriffsrechten: Die Löschprozedur für die Rückgabe eines Zugriffsrechts darf erst aufgerufen werden, wenn die Prozessliste im selben Objektlistenkopf leer ist. Sobald diese Bedingung erfüllt ist, können alle vorhandenen Zugriffsrechte entfernt werden. Es ist denkbar, dass ein Zugriffsrecht parallel zur Ausführung der Aufräumphase von einem anderen Prozess mit 'AbortOwnerProcess' entzogen wird. Um Konflikte zu vermeiden, muss deshalb der Test, ob die Zugriffsrechtliste leer ist oder nicht, unteilbar mit dem Aufruf der Löschprozedur erfolgen. Die Zugriffsrechtliste wird deshalb in der Hilfsprozedur 'ReturnAccessRights' abgearbeitet.

```
(* -- objects<>NIL, processList=NIL *)
ReturnAccessRights(accessRightList);
(* -- objects<>NIL, processList=NIL,
      SYSTEM.ADR(accessRightList)=accessRightList.next *)

MODULE NotInterruptible[7];
  ...
PROCEDURE ReturnAccessRights(VAR aRL: AccessRightListElement);
BEGIN
  WHILE SYSTEM.ADR(aRL)<>aRL.next DO
    (* -- NOT Empty(aRL) *)
    WITH aRL.next^ DO
      deleteProc(object);
    END(*WITH*);
    SYSTEM.LISTEN; (* allow interrupts *)
  END(*WHILE*);
END ReturnAccessRights; (* -- SYSTEM.ADR(aRL)=aRL.next *)

END NotInterruptible;
```

d) Entfernen von Synchronisationsdeskriptoren: Sobald die Prozessliste und die Zugriffsrechtliste des aktuellen Objektlistenkopfes leer sind, können die Synchronisationsdeskriptoren gelöscht und entfernt werden.

```
(* -- objects<>NIL, processList=NIL,
      SYSTEM.ADR(accessRightList)=accessRightList.next *)
WHILE synchDescList<>NIL DO
  (* -- NOT Empty(synchDescList) *)
  WITH synchDescList^ DO
    deleteProc(object);
    synchDescList:=link;
  END(*WITH*);
END(*WHILE*);
(* -- objects<>NIL, processList=NIL,
      SYSTEM.ADR(accessRightList)=accessRightList.next,
      synchDescList=NIL *)
```

e) Entfernen eines Objektlistenkopfes: Das Feld 'objects' im Prozessdeskriptor erhält den Wert 'NIL', wenn alle die Objektlisten des aktuellen Listenkopfes leer sind.

```
(* -- objects<>NIL, processList=NIL,
      SYSTEM.ADR(accessRightList)=accessRightList.next,
      synchDescList=NIL *)
objects:=NIL;
(* -- objects=NIL *)
```

f) Entfernen eines Exceptiondeskriptors: Wenn kein Objektlistenkopf vorhanden ist und der aktuelle Exceptiondeskriptor dem Prozess 'p' gehört, darf der Deskriptor entfernt werden. Vor dem Umhängen des Zeigers 'frameList' muss die Identifikation des alten Objektlistenkopfes 'oldObjects' ins Feld 'objects' kopiert werden.

```
(* -- objects=NIL, frameList^.ownerOfFrame=p *)
WITH frameList^ DO
  objects:=oldObjects;
  frameList:=nextFrame;
END(*WITH*);
```

g) Uebergang zu einem Sohnprozess: Der Zeiger 'p' wird vom aktuellen Prozess zu einem Sohnprozess weitergeschoben, falls dieser eigene Exceptionbereiche eröffnet hat oder einen Objektlistenkopf besitzt.

```
(* -- objects<>NIL, processList<>NIL,
      processList^.state=inactive,
      (processList^.frameList^.ownerOfFrame=processList)
      OR (processList^.objects<>NIL) *)
p:=processList;
(* -- p^.state=inactive *)
```

Diese Zuweisung entspricht einer Bewegung von der Wurzel zu den Blättern des Baumes der zu löschenden Objekte.

h) <u>Uebergang zum Besitzer des aktuellen Bereichs</u>: Der Zeiger 'p' wird vom aktuellen Prozess wieder in der Richtung zur Wurzel des Baumes zurückgeschoben, wenn kein Objektlistenkopf und kein eigener Exceptionbereich mehr vorhanden ist.

```
(* -- objects=NIL, frameList^.ownerOfFrame<>p *)
p:=frameList^.ownerOfFrame;
(* -- (p=runningProcess) OR (p^.state=inactive) *)
```

Die <u>Struktur von 'CleanUp'</u> basiert auf folgendem Schema:

```
LOOP
  IF    PreCondition(i) THEN Operation(i);
  ELSIF PreCondition(j) THEN Operation(j);
    ...
  ELSIF PreCondition(k) THEN Operation(k);
  END(*IF*);
  IF runningProcess^.frameList=runningProcess^.frame THEN
    EXIT;
  END(*IF*);
END(*LOOP*);
(* -- runningProcess^.frameList=runningProcess^.frame *)
```

Mit Hilfe der Vor- und Folgebedingungen der elementaren Aktionen ergeben sich noch einige Vereinfachungen:

- Die drei Operationen c), d) und e) lassen sich zu einer einzigen Operation cde) zusammenfassen, und können unmittelbar nacheinander ausgeführt werden, weil die Folgebedingungen von c) resp. d) mit den Vorbedingungen von d) resp. e) identisch sind.

- Der Test, ob die Aufräumphase fertig ist oder nicht, muss nur nach der Operation f) ausgeführt werden, denn das Feld 'frameList' wird einzig in dieser Operation verändert.

- Es lohnt sich nicht, die Vorbedingungen für jede Operation vollständig auszuwerten. Die mehrmals auftretenden Bedingungen 'objects=NIL', 'objects<>NIL' und 'processList<>NIL' müssen nur einmal getestet werden, und gewisse Vorbedingungen sind teilweise komplementär zueinander, sodass nur die eine ausgewertet werden muss.

```
PreCondition(f) OR PreCondition(h) = (objects=NIL)

PreCondition(b) OR PreCondition(g)
  = (objects<>NIL) AND (processList<>NIL)
    AND (processList^.state=inactive)
  = PostCondition(a)
```

Für die Prozedur 'CleanUp' ergibt sich nun folgende Struktur:

```
PROCEDURE CleanUp;
  VAR
    p: Process
BEGIN (* -- runningProcess^.frameList<>runningProcess^.frame,
      runningProcess^.frameList^.ownerOfFrame=runningProcess *)
  p:=runningProcess;
  LOOP
    (* -- (p=runningProcess) OR (p^.state=inactive) *)
    WITH p^ DO
      IF objects=NIL THEN
        f; (* remove an exception frame descriptor *)
        IF runningProcess^.frameList=runningProcess^.frame THEN
          EXIT;
        END(*IF*)
       ELSE
        h; (* move back to the owner of the frame *)
      END(*IF*);
     ELSE (* -- objects<>NIL *)
      WITH objects^ DO
        IF processList=NIL THEN
          c; (* remove access rights *)
          d; (* remove synchronization descriptors *)
          e; (* remove object list head *)
         ELSE (* -- processList<>NIL *)
          a; (* abort a son process *)
          (* -- processList^.state=inactive *)
          IF (processList^.objects=NIL) AND
             (processList^.frameList^.ownerOfFrame<>processList)
           THEN
            b; (* remove a son process *)
           ELSE
            g; (* move to a son process *)
          END(*IF*);
        END(*IF*);
      END(*WITH*);
    END(*WITH*);
  END(*LOOP*);
  (* -- runningProcess^.frameList=runningProcess^.frame *)
END CleanUp;
```

Die vollständige Version von 'CleanUp' befindet sich im Anhang B; auf Grund ihrer Länge wird darauf verzichtet, sie hier anzuführen.

Die <u>Korrektheit</u> von 'CleanUp' muss jetzt noch überprüft werden. Die Ablaufstruktur garantiert zwar die Vorbedingungen für die korrekte Ausführung der einzelnen Operationen, aber es fehlt noch ein Beweis, dass der Algorithmus nach endlich vielen Schritten abbricht.

(I) Bei jedem Durchlaufen der LOOP-Anweisung wird genau eine der Operationen f), cde), b) oder h), g) ausgeführt.

(II) Jede der Operationen f), cde) oder b) entfernt einen

Exceptiondeskriptor, einen Objektlistenkopf oder einen Prozessdeskriptor definitiv.

(III) Zu einem Prozess 'p', welcher mit der Operation h) verlassen wurde, wird man nicht mehr zurückkehren. Die Vorbedingung von h) fordert, dass 'p' keinen eigenen Exceptionbereich und keinen Objektlistenkopf mehr besitzt. Somit wird die Vorbedingung von g) nie mehr erfüllt sein.

(IV) Es wird angenommen, dass die Anzahl Objekte, die gelöscht werden müssen, beschränkt ist. Der Baum, der durch die Deskriptoren gebildet wird, besitzt folglich eine endliche Tiefe, und es kann eine obere Schranke angegeben werden, wie oft die Operation g) maximal hintereinander ausgeführt werden kann, bis die Blätter des Baumes erreicht werden und die Vorbedingung für g) nicht mehr erfüllt ist.

Aus (I)-(IV) folgt, dass der Algorithmus in endlich vielen Schritten beendet wird: Nach (I) wird bei jedem Schritt entweder ein Deskriptor definitiv entfernt (II), eine nicht wiederholbare Operation ausgeführt (III), oder 'p' in einer Richtung bewegt, in welcher man in endlicher Zeit auf eine Grenze stossen wird (IV).

Der Schwächste Punkt des Algorithmus liegt offensichtlich im Punkt (IV) und in den Operationen g) und h). Wenn in einem Exceptionbereich viele Generationen von Prozessen geschaffen werden, kann der Zeiger 'p' nicht direkt zum Vaterprozess zurückgeschoben werden, sondern er muss über den Exceptiondeskriptor zum Urahne und von dort über die Objektlisten verschoben werden. Ein zusätzliches Feld 'father' vom Typ 'Process' im Prozessdeskriptor würde Abhilfe schaffen. Es wird aber verzichtet, diese Optimierung durchzuführen, weil sich das Problem nicht gravierend auswirkt und leicht umgehen lässt, indem alle Prozesse durch denselben Vaterprozess gestartet werden.

3.3.7.3 Synchrone Exceptions

Nachdem nun schon oft auf die Möglichkeit asynchroner Exception hingewiesen wurde, soll die Frage diskutiert werden, was passiert, wenn während der Aufräumphase - z.B. in einer Löschprozedur - eine synchrone Exception ausgelöst wird: Der aktuelle Bereich wird abgebrochen, die Aufräumphase neu gestartet und mit hoher Wahrscheinlichkeit wird dieselbe Exception erneut ausgelöst, weil dieselben Operationen unter den praktisch gleichen Randbedingungen wiederholt werden. In einer Kettenreaktion werden sämtliche Exceptionbereiche abgebrochen, bis man schliesslich feststellt, dass kein weiterer Exceptiondeskriptor mehr vorhanden ist und dass es sich um einen fatalen Fehler handelt, der zu einem Systemzusammenbruch führt.

Es handelt sich hier um eine grundsätzliche Grenze bei der Realisierung eines Exceptionbehandlungsmechanismus. Die Prozeduren zur Auslösung von Exceptions und zur Behandlung von Exceptionbereichen müssen offensichtlich <u>fehlerfrei</u> sein, denn sie sind natürlich nur in der Lage, Ausnahmesituationen in Anwenderprogrammen zu behandeln. Fehler während ihrer eigenen Ausführung können selbstverständlich weder bearbeitet noch korrigiert werden.

Die Löschprozeduren für Zugriffsrechte und Synchronisationsdeskriptoren gehören zum Kern des Exceptionbehandlungsmechanismus, der als "a priori" fehlerfrei angenommen werden muss. An den Entwurf von Löschprozeduren stellen sich deshalb dieselben, strengen Anforderungen wie an den Entwurf des Exceptionbehandlungsmechanismus selbst.

3.3.8 Modulstruktur

3.3.8.1 Datenstrukturen

Die einzelnen Teile des ganzen Echtzeitbetriebssystemkerns sind über die Datenstrukturen eng miteinander gekoppelt. Figur 3.3 zeigt die Beziehungen (Zeiger) zwischen den verschiedenen Deskriptoren.

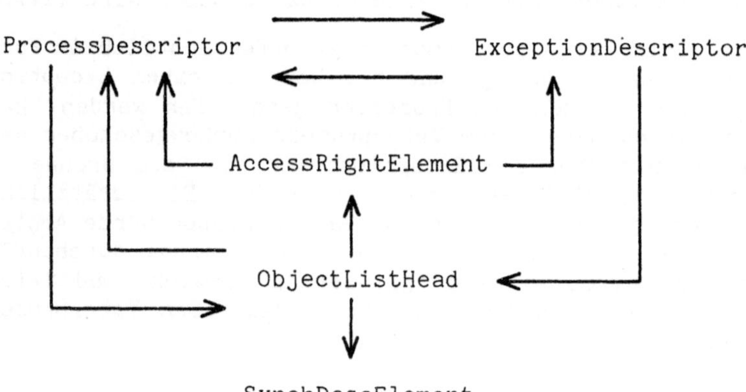

Fig. 3.3: Beziehungen zwischen den Datenstrukturen

Würden diese Datenstrukturen in verschiedenen Modulen definiert, so müssten sich mehrere Module gegenseitig importieren. Da dies vermieden werden sollte, drängt es sich auf, diese Typen im Definitionsmodul 'Dispatching' zu deklarieren und von diesem Modul zu exportieren.

Da die Typen 'Priority', 'Process' und 'ExceptionType' bereits in der Deklaration des Prozessdeskriptors verwendet werden, müssen die Schnittstellen 'KLevel' und 'Exceptions' angepasst werden. Die Konstante 'maxPrio' und die erwähnten Typen können in diesen Definitionsmodulen nicht neu deklariert werden, sondern müssen vom Modul 'Dispatching' importiert und weiter exportiert werden.

3.3.8.2 Prozeduren

Anhand der im Unterkapitel 2.5 definierten Schnittstellen lassen sich die entworfenen Prozeduren leicht den einzelnen Modulen zuordnen (siehe Fig. 3.4).

	MODULE KLevel	MODULE Exceptions	MODULE Semaphor
	StartProcess ChangePrio	Call, Raise GetExceptionCode	V, P CreateSemaphor
K-Level			
	CallReady	GetContextAndCall CleanUp ReturnAccessRights RaiseAsynchronous ErrorRoutine	DeleteSemaphor

	MODULE Dispatching	MODULE ObjectManagement / Laufzeitsystem
	Block, Ready Inactivate raiseAsynchronous	InsertSynchDesc InsertAccessRight RemoveAccessRight AbortWaitingProcesses AbortOwnerProcess CreateobjectListHead
S-Level		
	Assign	
		Laufzeitsystem
	Init, Empty Insert, Remove Withdraw	TRANSFER GetActualContext SetActualContext
Z-Level		

Fig. 3.4: Modulstruktur: Schnittstellen und Hilfsprozeduren

Die Prozedur 'RaiseAsynchronous' gehört funktionell zum Modul 'Exceptions' und wird aber nicht nur in diesem Modul, sondern auch in 'ObjectManagement' benötigt. Der Export von 'RaiseAsynchronous' im Definitionsmodul 'Exceptions' kommt nicht in Frage, weil dem Anwender keine Systemprozedur verfügbar gemacht werden darf. Auch die Lösung, die Prozedur ein zweites Mal aufzuführen, befriedigt nicht. Es bleibt die Möglichkeit, 'RaiseAsynchronous' im Definitionsmodul 'Dispatching' zu deklarieren und von dort zu importieren. Damit der Prozedurkörper im Modul 'Exceptions' belassen werden kann, wird die Schnittstelle nicht um einen Prozedurkopf, sondern nur um eine Prozedurvariable erweitert:

```
DEFINITION MODULE Dispatching;
EXPORT QUALIFIED
  ... , raiseAsynchronous;
...
VAR
  raiseAsynchronous: PROCEDURE(Process,ExceptionPointer,
                                         ExceptionType);
END Dispatching.
```

Die Prozedurvariable wird im Modul 'Exceptions' initialisiert:

```
BEGIN (* body *)
  Dispatching.raiseAsynchronous:=RaiseAsynchronous;
END Exceptions.
```

3.3.8.3 Importbeziehungen

Modulstrukturen können durch Diagramme der gegenseitigen Importbeziehungen dargestellt werden. In der Figur 3.5 beschreiben einfache Pfeile den Import in den Implementationsmodulen, Doppelpfeile den Import in den Definitionsmodulen.

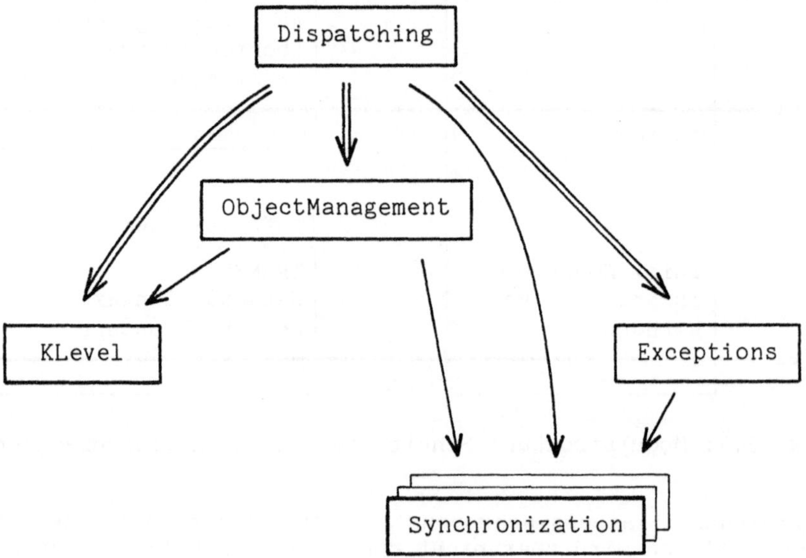

Fig. 3.5: Modulstruktur: Importbeziehungen

3.3.9 Initialisierung

In den bisherigen Ueberlegungen wurden alle Aspekte der Initialisierung ausser Acht gelassen. Man war einfach von einer unbestimmten Zahl von Prozessen und beliebig ineinander verschachtelten Exceptionbehandlungsbereichen ausgegangen. Insbesondere wurde vorausgesetzt, dass immer ein Bereich vorhanden sei, der im Falle einer Exception abgebrochen werden könnte.

Für den Start des Systems wird nun ein Urprozess, der Modula-2 Hauptprozess, angenommen. Solange er keinen Exceptionbehandlungsbereich eröffnet, ist eine Exception fatal und führt zum Systemzusammenbruch.

Im Modul 'Dispatching' werden die deklarierten Variablen initialisiert: Dem Urprozess wird ein Deskriptor zugeordnet, dessen Identifikation der Variablen 'runningProcess' zugewiesen wird. Die Ready-Liste ist noch leer.

```
IMPLEMENTATION MODULE Dispatching;
  ...
VAR
  pri: Priority;
  mainDescriptor: ProcessDescriptor;
BEGIN (* body *)
  (* descriptor of the Modula-2 main process *)
  WITH mainDescriptor DO
    prio:=1; state:=readyRunning;
    el.next:=NIL; el.back:=NIL;
    frame:= ... ; frameList:=frame;
    eCode:=NormalReturn; oldECode:=NormalReturn;
    objects:=NIL; brother:=NIL;
  END(*WITH*);

  (* processor descriptor *)
  runningProcess:=SYSTEM.ADR(mainDescriptor);
  FOR pri:=1 TO maxPrio DO
    Init(readyList[pri]);
  END(*FOR*);
END Dispatching.
```

Das Feld 'frame' wird nicht mit 'NIL' initialisiert, da dies den Nachteil hätte, dass an mehreren Stellen getestet werden müsste, ob überhaupt ein Exceptiondeskriptor vorhanden ist. Eine bessere Lösung, für die nur ein zusätzlicher Test nötig ist, ergibt sich, wenn schon dem Urprozess ein Exceptiondeskriptor zugewiesen wird, dessen Feld 'frameLevel' mit 0 initialisiert wird.

```
VAR
  ...
  rootFrame: ExceptionDescriptor;
BEGIN (* body *)
  WITH mainDescriptor DO
    ...
    frame:=SYSTEM.ADR(rootFrame);
    ...
  END(*WITH*);
  rootFrame.frameLevel:=0; (* the other fields are not valid *)
  ...
```

In der 'ErrorRoutine', welche bei jeder Exception durchlaufen wird, kann dann entschieden werden, ob der betroffene Bereich abgebrochen werden kann oder ob es sich um die Wurzel des Baumes der Exceptiondeskriptoren handelt ('frameLevel=0'). Die übrigen Felder eines Exceptiondeskriptors sind nur im Falle 'frameLevel>0' relevant.

```
PROCEDURE ErrorRoutine;
BEGIN
  WITH runningProcess^ DO
    WITH frame^ DO
      IF frameLevel=0 THEN
        (* no more exception frames to abort --> fatal error,
        appropriate action is implementation dependant *)
        (* -- FALSE *)
      ELSIF ownerProcess=runningProcess THEN
        ...
      END(*IF*);
    END(*WITH*);
  END(*WITH*);
END ErrorRoutine;
```

Die Bedingung 'frameLevel=0' ist identisch mit einem Systemzusammenbruch. Das System kann aber nicht mehr weiterlaufen, es muss neu gestartet werden.

3.4 Entwurf von Synchronisationsoperationen

3.4.1 Semaphore

Der prinzipielle Aufbau der Semaphoroperationen wurde schon in 2.4.3 als Beispiel der Realisierung von Synchronisationsoperationen besprochen. Dabei waren zwei Probleme, nämlich die Frage der Gültigkeit eines Semaphors sowie das Blockieren und "Aufwecken" eines Prozesses, offengelassen worden.

Ein Semaphor wird durch einen Semaphordeskriptor beschrieben. Er enthält einen Gültigkeitsvermerk, eine Liste für wartende Prozesse und einen Zähler für die vorhandenen "Passierscheine".

```
TYPE
  SemaphorDescriptor = RECORD
                         valid: BOOLEAN;
                         blockedList: List;
                           (* waiting processes *)
                         count: CARDINAL;
                           (* number of permits to pass *)
                       END;
  Semaphor = POINTER TO SemaphorDescriptor;
```

Mit 'CreateSemaphor' wird ein neuer Semaphor geschaffen. Ein Deskriptor wird alloziert, initialisiert, der Objektverwaltung übergeben und als gültig markiert.

```
PROCEDURE CreateSemaphor(initVal: CARDINAL; VAR s: Semaphor);
BEGIN
  NEW(s);
  WITH s^ DO
    (* init descriptor *)
    valid:=FALSE;
    Init(blockedList);
    count:=initVal;
    (* object management and validation *)
    InsertSynchDesc(s,DeleteProcedure(DeleteSemaphor));
    valid:=TRUE;
  END(*WITH*);
END CreateSemaphor;
```

Da die Löschprozedur 'DeleteSemaphor' vom Typ 'PROCEDURE(Semaphor)' und nicht vom Typ 'DeleteProcedure' (deklariert als 'PROCEDURE(SYSTEM.ADDRESS)') ist, wird beim Aufruf von 'InsertSynchDesc' die Typtransferfunktion 'DeleteProcedure(...)' angewendet.

In 'DeleteSemaphor' wird die Gültigkeit des Deskriptors aufgehoben, und in allenfalls wartenden Prozessen wird die Exception 'SynchFailure' ausgelöst.

```
PROCEDURE DeleteSemaphor(s: Semaphor);
BEGIN
  WITH s^ DO
    valid:=FALSE;
    AbortWaitingProcesses(blockedList,SynchFailure);
  END(*WITH*);
END DeleteSemaphor;
```

Es muss verhindert werden, dass mit 'P(s)' oder 'V(s)' auf einen bereits gelöschten Synchronisationsdeskriptor zugegriffen wird. Da ein Anwender nicht unterscheiden kann, ob er 'P(s)' oder 'V(s)' kurz vor oder kurz nach dem Löschen dieses Semaphors aufruft, wird die Bedeutung der Exception 'SynchFailure' verallgemeinert. Sie soll nicht nur ausgelöst werden, wenn ein Prozess beim Löschen eines Synchronisationsdeskriptors aus einer Warteliste entfernt wird, sondern ganz allgemein, wenn eine Synchronisationsoperation nicht ausgeführt oder nicht beendet werden kann, weil der betroffene Synchronisationsdeskriptor nicht mehr gültig ist. Die Operationen 'P' und 'V' müssen somit um einen entsprechenden Test erweitert werden.

Die Realisierung der Operationen 'V' und 'P' basiert auf den Listenoperationen 'Empty' und 'Remove' sowie auf den Dispatcheroperationen 'Ready' und 'Block'. In 'V' wird getestet, ob ein

```
MODULE NotInterruptible[7];
  ...
PROCEDURE V(s: Semaphor);
  VAR
    pId: Process;
BEGIN
  WITH s^ DO
    IF NOT valid THEN Raise(SynchFailure); END(*IF*);
    IF NOT Empty(blockedList) THEN
      Remove(pId,blockedList);
      Ready(pId);
     ELSE
      INC(count);
    END(*IF*);
  END(*WITH*);
END V;

PROCEDURE P(s: Semaphor);
BEGIN
  WITH s^ DO
    IF NOT valid THEN Raise(SynchFailure); END(*IF*);
    IF count>0 THEN
      DEC(count);
     ELSE
      Block(blockedList);
    END(*IF*);
  END(*WITH*);
END P;

END NotInterruptible;
```

Prozess wartet. Wenn ja, wird mit 'Remove' ein Prozess aus der Warteliste entfernt und mit Hilfe von 'Ready' in den lauffähigen Zustand gebracht. Wenn nein, wird der Zähler 'count' um eins erhöht. In der Prozedur 'P' testet der laufende Prozess, ob ein Passierschein verfügbar ist. Wenn ja, erniedrigt er den Zähler um eins; wenn nein, fügt er sich mit 'Block' in die Warteliste ein. Damit die Konsistenz des Semaphors und der Ready-Liste erhalten bleibt, muss das Unterbrechungssystem ausgeschaltet werden.

Das vollständige Implementationsmodul 'Semaphors' befindet sich im Anhang B.

3.4.2 Meldungen

Das Grundgerüst der Synchronisationsoperationen 'Send' und 'Receive' entspricht den Semaphoroperationen 'V' und 'P'. Anstelle des Zählers für die Passierscheine tritt eine Informationsliste, in welche mit 'Send' eine Meldung eingefügt und mit 'Receive' eine entfernt wird. Wenn ein Prozess in 'Receive' blockiert wird, so wird ihm die Meldung direkt übergeben. Da die Informationsliste "a priori" in ihrer Länge beschränkt ist, muss in 'Send' geprüft werden, ob sie schon voll ist. Beim Schaffen eines Briefkastens ('MailBox') wird bestimmt, ob in dieser Situation der sendende Prozess verzögert, die älteste Meldung überschrieben oder die Exception 'ListOverflow' ausgelöst werden soll.

Die maximale Länge der Informationsliste wird bei der Initialisierung eines Briefkastens festgesetzt. Die Grösse des benötigten Speicherbereichs ist nicht im voraus bekannt. Die Liste kann deshalb nicht als Feld des Mailboxdeskriptors deklariert werden. Um den Speicherplatz dynamisch allozieren und zur Zwischenspeicherung der Meldungen verwenden zu können, werden im Deskriptor vier Zeiger des Typs 'SYSTEM.ADDRESS' (vordefiniert als 'POINTER TO SYSTEM.WORD') deklariert. 'low' und 'high' bezeichnen die Grenzen des Bereichs, während 'in' und 'out' auf den Platz zum Einfügen resp. Herausnehmen der nächsten Meldung zeigen. Da die Bedingung 'in=out' sowohl für eine leere Informationsliste wie für eine volle gültig ist, wird die Zahl der vorhandenen Meldungen im Feld 'infoCount' laufend nachgeführt.

Eine Variable des Typs 'MailBox' bezeichnet einen Synchronisationsdeskriptor, welcher zusätzlich zu den bereits erwähnten Informationen einen Gültigkeitsvermerk, eine Liste für die in 'Receive' verzögerten Prozesse und einen Variant-Record enthält. Das Tag-Feld 'fullMode' bestimmt, wie auf einen drohenden Ueberlauf der Informationsliste reagiert werden soll. Im Falle 'fullMode=wait' wird eine weitere Prozesswarteliste benötigt.

Mit 'CreateMailBox' wird ein neuer Briefkasten geschaffen. Ein Deskriptor und der Speicherbereich für die Informationsliste werden alloziert. Wenn alle Felder initialisiert sind, wird der Deskriptor der Objektverwaltung übergeben und als gültig markiert.

```
TYPE
  MailBoxDescriptor = RECORD
                        valid: BOOLEAN;
                        receiverList: List;
                        infoCount: CARDINAL;
                        in, out, low, high: SYSTEM.ADDRESS;
                        CASE fullMode: MailBoxFullMode OF
                          wait: senderList: List;|
                          overWriteOldest, raiseListOverflow:
                        END;
                      END;
  MailBox = POINTER TO MailBoxDescriptor;

PROCEDURE CreateMailBox(size: CARDINAL;
                 mode: MailBoxFullMode; VAR mb: MailBox);
BEGIN (* -- size>0 *)
  IF mode=wait THEN
    NEW(mb,wait); Init(mb^.senderList);
   ELSE
    NEW(mb,overWriteOldest);
  END(*IF*);
  WITH mb^ DO
    (* init descriptor *)
    valid:=FALSE; (* descriptor not valid *)
    Init(receiverList); (* list for waiting receivers *)
    infoCount:=0; (* information list is empty *)
    fullMode:=mode; (* copy mailbox-full-mode *)
    (* create an information list of the specified size *)
    ALLOCATE(low,size*SYSTEM.TSIZE(SYSTEM.WORD));
    high:=low+size*SYSTEM.TSIZE(SYSTEM.WORD);
    in:=low; out:=low;
    (* object management and validation *)
    InsertSynchDesc(mb,DeleteProcedure(DeleteMailBox));
    valid:=TRUE; (* 'mb' is valid now *)
  END(*WITH*);
END CreateMailBox;
```

Die Löschprozedur 'DeleteMailBox' entspricht der Prozedur zum Löschen eines Semaphors. Der Deskriptor wird als ungültig markiert, und in allenfalls wartenden Prozessen wird die Exception 'SynchFailure' ausgelöst.

```
PROCEDURE DeleteMailBox(mb: MailBox);
BEGIN
  WITH mb^ DO
    valid:=FALSE; (* 'mb' is no more valid now *)
    AbortWaitingProcesses(receiverList,SynchFailure);
    IF fullMode=wait THEN
      AbortWaitingProcesses(senderList,SynchFailure);
    END(*IF*);
  END(*WITH*);
END DeleteMailBox;
```

Vor der Diskussion von 'Send' und 'Receive' müssen noch die Detailprobleme analysiert werden, die sich mit der Informationsliste und der Informationsübertragung an einen anderen Prozess stellen:

Mit Hilfe der Zeiger 'in' und 'out' werden Meldungen in die Informationsliste eingefügt, resp. aus ihr entfernt. Nach dem Zugriff muss der verwendete Zeiger auf das nächste Element weitergeschoben werden. Die Liste ist als Ringpuffer organisiert. Wenn ein Zeiger das Ende erreicht hat, wird er beim nächsten Zugriff nicht weitergeschoben, sondern auf den Anfang zurückgesetzt.

```
(* insert 'info' *)
(* -- (in<>out) OR (infoCount=0), "not full" *)
in^:=info;
INC(in,SYSTEM.TSIZE(SYSTEM.WORD));
IF in=high THEN in:=low; END(*IF*);
INC(infoCount);

(* remove 'info' *)
(* -- infoCount>0, "not empty" *)
info:=out^;
INC(out,SYSTEM.TSIZE(SYSTEM.WORD));
IF out=high THEN out:=low; END(*IF*);
DEC(infoCount);
```

Die Uebergabe einer Meldung an einen bereits wartenden Prozess muss direkt erfolgen. Denn wenn sie in die Inforamtionsliste eingefügt und der Prozess lauffähig gemacht würde, wäre es möglich, dass die Meldung von irgendeinem anderen Prozess abgeholt wird. Je nach Prozessprioritäten könnte es noch eine Weile dauern, bis der Prozess die für ihn bestimmte Meldung in Empfang nehmen würde.

Für eine direkte Uebergabe von Daten vom laufenden Prozess an einen wartenden Prozess benötigt man die Adresse, wohin die Information kopiert werden soll. Da vom wartenden Prozess nur die Identifikation, also der Zeiger auf seinen Prozessdeskriptor, bekannt ist, wird der Typ 'ProcessDescriptor' um ein Feld erweitert.

```
TYPE
  ProcessDescriptor =
    RECORD
      ...
      synchInfo: SYSTEM.ADDRESS;
        (* used for parameter passing
        in synchronization operations *)
    END;
```

Dieses Feld kann in beliebigen Synchronisationsoperationen verwendet werden, um Parameter zwischen dem laufenden Prozess und einem blockierten Prozess auszutauschen. Bevor sich ein Prozess mit 'Block' in eine Warteliste einfügt, kann er einen Zeiger ins

Feld 'synchInfo' kopieren, um anderen Prozessen zu ermöglichen, auf bestimmte Variablen zuzugreifen.

```
(* process A *)
   runningProcess^.synchInfo:=SYSTEM.ADR(...);
     (* set up a reference to the parameters *)
   Block(blockedList);

(* process B *)
   Remove(p,blockedList);
   ... p^.synchInfo^ ...
     (* access parameters *)
   Ready(p);
```

Der Mechanismus kann in mehreren Synchronisationskonzepten verwendet werden. Es entstehen keine Konflikte, da ein Prozess nicht gleichzeitig in mehreren Synchronisationsoperationen blockiert sein kann.

In der Prozedur 'Send' muss festgestellt werden, ob in der Informationsliste überhaupt noch Platz für eine weitere Meldung vorhanden ist. Falls die Liste voll ist, wird anhand des Feldes 'fullMode' entschieden, wie reagiert werden soll.

```
(* -- (in=out) AND (infoCount>0), "list full" *)
IF fullMode=wait THEN
  runningProcess^.synchInfo:=SYSTEM.ADR(info);
  Block(senderList);
ELSIF fullMode=overWriteOldest THEN
  in^:=info;
  INC(in,SYSTEM.TSIZE(SYSTEM.WORD));
  IF in=high THEN in:=low; END(*IF*);
  out:=in;
 ELSE (* -- fullMode=raiseListOverflow *)
  Raise(ListOverflow);
END(*IF*);
```

Bevor sich der sendende Prozess allenfalls blockiert, wird die Adresse seiner Meldung ins Feld 'synchInfo' kopiert. Sobald ein Platz in der Informationsliste frei wird, muss der sendende Prozess wieder aus der Warteliste entfernt, seine Information in die Informationsliste eingefügt und er muss mit 'Ready' lauffähig gemacht werden. Beim Ueberschreiben der ältesten Meldung werden die Zeiger 'in' und 'out' beide weitergeschoben, und die Zahl der Meldungen bleibt unverändert.

```
(* -- fullMode=wait, NOT Empty(senderList), (in=out) *)
info:=out^; (* get my info *)
Remove(p,senderList);
in^:=p^.synchInfo^;
INC(in,SYSTEM.TSIZE(SYSTEM.WORD));
IF in=high THEN in:=low; END(*IF*);
out:=in;
Ready(p);
```

Beim Entfernen einer Meldung in der Prozedur 'Receive' muss getestet werden, ob ein Senderprozess wartet. Wenn ja, wird seine Meldung in den freigewordenen Platz eingefügt, und der Prozess wird wieder in den lauffähigen Zustand gebracht.

Die Grobstruktur der Synchronisationsoperationen 'Send' und 'Receive' ergibt sich nun aus den obenstehenden Ueberlegungen. In 'Send' werden drei Fälle unterschieden. Die Meldung wird einem wartenden Empfängerprozess übergeben, die Informationsliste ist bereits voll oder die Meldung wird in die Informationsliste eingefügt.

```
IF NOT Empty(receiverList) THEN
  (* wake up a waiting receiver process *)
ELSIF (in=out) AND (infoCount>0) THEN
  (* information list full *)
 ELSE
  (* no waiting receiver, list not full *)
END(*IF*);
```

In der Operation 'Receive' wird unterschieden, ob keine Information verfügbar ist, ob wartende Senderprozesse vorhanden sind oder ob einfach eine Meldung entfernt werden kann.

```
IF infoCount=0 THEN
  (* go to wait *)
ELSIF (fullMode=wait) AND NOT Empty(senderList) THEN
  (* remove a message and wake up a sender *)
 ELSE
  (* remove a message *)
END(*IF*);
```

Für die Ausführung von 'Send' und 'Receive' muss das Unterbrechungssystem ausgeschaltet werden.

Auf Grund der Länge dieser Prozeduren wird darauf verzichtet, sie hier anzuführen. Das vollständige Implementationsmodul 'Messages' befindet sich im Anhang B.

3.4.3 Kritische Abschnitte

In ihrer Grundstruktur entsprechen die Operationen 'Enter' und 'Exit' den bereits besprochenen Synchronisationskonzepten 'P/V' und 'Send/Receive'.

Neu ist die Verwaltung von Zugriffsrechten. In 'Enter' wird ein Prozess solange verzögert, bis im das gewünschte Zugriffsrecht zugeteilt werden kann, und mit 'Exit' wird das Zugriffsrecht wieder zurückgegeben und an einen allenfalls wartenden Prozess weitergegeben.

Am Ende eines Exceptionbehandlungsbereichs werden alle Zugriffsrechte, die innerhalb dieses Bereichs zugeteilt aber noch nicht wieder zurückgegeben wurden, automatisch freigegeben. In diesem Fall muss die Prozedur 'checkConsistency' aufgerufen werden, um die Konsistenz der zu schützenden Daten zu überprüfen und wenn nötig wieder in Ordnung zu bringen, bevor der kritische Abschnitt erneut betreten wird.

'checkConsistency' könnte von der Löschprozedur ('ExceptionExit') aufgerufen werden, welche das Zugriffsrecht in der Aufräumphase zurückgibt. Dies hätte aber den Nachteil, dass eine synchrone Exception während der Ausführung von 'checkConsistency' zu einem Systemzusammenbruch führen würde (siehe 3.3.7.3), und man müsste vom Anwender eine fehlerfreie Prozedur verlangen. Diese Forderung kann nicht in Kauf genommen werden. Ein akzeptables Betriebssystem muss Exceptions in allen Teilen eines Anwenderprogrammes abfangen können.

Um das Problem zu lösen, wird eine Marke eingeführt, die in der Löschprozedur bei einer automatischen Rückgabe des Zugriffsrechts gesetzt wird, damit 'checkConsistency' in 'Enter' bedingt aufgerufen werden kann, wenn das Zugriffsrecht bereits zugeteilt, aber 'Enter' noch nicht beendet ist. Eine Exception führt dann höchstens zum Abbruch des Bereichs, in welchem der entsprechende Synchronisationsdeskriptor geschaffen wurde.

Eine Variable vom Typ 'Region' bezeichnet einen Synchronisationsdeskriptor, der neben einem Gültigkeitsvermerk und einer Prozesswarteliste zusätzlich ein Zugriffsrechtelement, eine Prozedurvariable und die Marke enthält, welche bestimmt, ob 'checkConsistency' während der nächsten Ausführung von 'Enter' aufgerufen werden muss oder nicht.

```
TYPE
  RegionDescriptor = RECORD
                       valid, consistent: BOOLEAN;
                       blockedList: List;
                       accRight: AccessRightElement;
                       checkConsistency: PROC;
                     END;
  Region = POINTER TO RegionDescriptor;
```

Mit 'CreateRegion' wird ein Deskriptor alloziert und in gewohnter Weise initialisiert. Es wird angenommen, dass sich die zu schützenden Daten bereits in einem konsistenten Zustand befinden. 'consistent' erhält den Wert 'TRUE'. Bevor der Deskriptor der Objektverwaltung bekannt gemacht und als gültig markiert wird, muss auch das Zugriffsrechtelement 'accRight' initialisiert werden. 'ownerOfAccessRight' erhält den Wert 'NIL', und mit 'object' und 'deleteProc' wird der Objektverwaltung mitgeteilt, wie das Zugriffsrecht in der Aufräumphase zurückgegeben werden kann.

```
PROCEDURE CreateRegion(checkProc: PROC; VAR r: Region);
BEGIN
  NEW(r);
  WITH r^ DO
    (* init descriptor *)
    valid:=FALSE; (* critical region not yet valid *)
    consistent:=TRUE;
    Init(blockedList); (* no waiting process *)
    checkConsistency:=checkProc;
    (* object management *)
    WITH accRight DO
      ownerOfAccessRight:=NIL; (* critical region is free *)
      object:=r;
      deleteProc:=DeleteProcedure(ExceptionExit);
    END(*WITH*);
    InsertSynchDesc(r,DeleteProcedure(DeleteRegion));
    valid:=TRUE; (* region is now valid *)
  END(*WITH*);
END CreateRegion;
```

In der Löschprozedur 'DeleteRegion' wird der Deskriptor als ungültig markiert. In allenfalls wartenden Prozessen wird die Exception 'SynchFailure' ausgelöst, und mit 'AbortOwnerProcess' wird gewährleistet, dass das Zugriffsrecht nicht mehr zugeteilt ist.

```
PROCEDURE DeleteRegion(r: Region);
BEGIN
  WITH r^ DO
    valid:=FALSE; (* 'r' is no more valid now *)
    AbortOwnerProcess(accRight,AccessFailure);
    AbortWaitingProcesses(blockedList,SynchFailure);
  END(*WITH*);
END DeleteRegion;
```

Bevor einem Prozess ein Zugriffsrecht zugeteilt werden kann, muss durch einen Aufruf von 'CreateObjectListHead' sichergestellt werden, dass der Prozess einen Objektlistenkopf (siehe 3.3.6) besitzt. Da während der Ausführung von 'CreateObjectListHead' und 'checkConsistency' Unterbrechungen toleriert werden können, erfolgt die eigentliche Zuteilung des Zugriffsrechts nicht in 'Enter' sondern in einer nicht-unterbrechbaren Hilfsprozedur.

```
PROCEDURE Enter(r: Region);
BEGIN
  CreateObjectListHead;
  GetAccessRight(r);
  WITH r^ DO
    IF NOT consistent THEN
      checkConsistency;
      consistent:=TRUE;
    END(*IF*);
  END(*WITH*);
END Enter;
```

```
MODULE NotInterruptible[7];
  ...
PROCEDURE GetAccessRight(r: Region);
BEGIN
  WITH r^ DO
    IF NOT valid THEN Raise(SynchFailure); END(*IF*);
    WITH accRight DO
      IF ownerOfAccessRight=NIL THEN
        (* critical region is free *)
        ownerOfAccessRight:=runningProcess;
        InsertAccessRight(accRight);
       ELSE
        (* critical region is occupied *)
        Block(blockedList);
      END(*IF*);
    END(*WITH*);
  END(*WITH*);
END GetAccessRight;

END NotInterruptible;
```

In der Prozedur 'Exit' wird beim Verlassen eines kritischen Abschnitts getestet, ob die Warteliste leer ist. Wenn nicht, muss ein Prozess aus der Liste entfernt, das Zugriffsrecht neu zugeteilt und der Prozess lauffähig gemacht werden.

```
MODULE NotInterruptible[7];
  ...
PROCEDURE Exit(r: Region);
BEGIN (* -- accRight.ownerOfAccessRight<>NIL *)
  WITH r^ DO
    IF NOT valid THEN Raise(SynchFailure); END(*IF*);
    RemoveAccessRight(accRight);
    IF NOT Empty(blockedList) THEN
      Remove(accRight.ownerOfAccessRight,blockedList);
      InsertAccessRight(accRight);
      Ready(accRight.ownerOfAccessRight);
    END(*IF*);
    (* -- (accRight.ownerOfAccessRight<>NIL)
          OR Empty(blockedList) *)
  END(*WITH*);
END Exit;

END NotInterruptible;
```

Die Löschprozedur 'ExceptionExit' zur automatischen Rückgabe eines Zugriffsrechts ist aufgebaut wie 'Exit'. Zusätzlich muss 'consistent' auf 'FALSE' gesetzt werden, und das Zugriffsrecht wird nur dann neu zugeteilt, wenn der Deskriptor noch gültig ist. 'ExceptionExit' muss nicht im Hilfsmodul 'NotInterruptible' deklariert werden, weil das Unterbrechungssystem bereits durch die Prozedur 'ReturnAccessRights' ausgeschaltet wird (siehe 3.3.7.2).

```
PROCEDURE ExceptionExit(r: Region);
BEGIN
  WITH r^ DO
    RemoveAccessRight(accRight);
    consistent:=FALSE;
    IF valid AND NOT Empty(blockedList) THEN
      Remove(accRight.ownerOfAccessRight,blockedList);
      InsertAccessRight(accRight);
      Ready(accRight.ownerOfAccessRight);
    END(*IF*);
    (* -- NOT valid OR (accRight.ownerOfAccessRight<>NIL)
          OR Empty(blockedList) *)
  END(*WITH*);
END ExceptionExit;
```

Das vollständige Implementationsmodul 'Regions' befindet sich im Anhang B.

3.4.4 Richtlinien zur Anwendung des S- und Z-Levels

Zusammen mit dem Modell der Synchronisation (siehe 2.4.1) sind die folgenden Ausführungen eine Hilfe beim Entwurf weiterer Synchronisationskonzepte.

Drei Beispiele von Synchronisationskonzepten wurden bereits beschrieben: Die Behandlung von Prozesswartelisten studiert man mit Vorteil anhand der Semaphoroperationen (3.4.1). Das Synchronisationskonzept 'Send/Receive' (3.4.2) zeigt zusätzlich den Mechanismus zur Uebergabe von Daten von einem Prozess an einen anderen, und die Manipulation von Zugriffsrechten ist aus dem Synchronisationskonzept 'Enter/Exit' (3.4.3) ersichtlich.

Durch Kombination dieser drei Elemente sollte es möglich sein, beliebige Synchronisationskonzepte zu implementieren. In einem Synchronisationsdeskriptor können z.B. mehrere Wartelisten für verschiedene Synchronisationsbedingungen (resp. Teilbedingungen) oder unterschiedliche Prioritäten verwendet werden. Weitere Freiheitsgrade sind die Anzahl Zugriffsrechte und die Informationen, die zwischen Prozessen ausgetauscht werden.

Es folgen nun konkrete Richtlinien, die bei der Initialisierung von Synchronisationsdeskriptoren und in Synchronisationsoperationen beachtet werden müssen.

3.4.4.1 Initialisieren von Synchronisationsdeskriptoren

Synchronisationsdeskriptoren werden als globale Variablen deklariert oder mit Hilfe von 'NEW' dynamisch alloziert. Sie müssen einen Gültigkeitsvermerk tragen und können - neben Informationen, die für das betreffende Synchronisationskonzept nötig sind - eine frei wählbare Anzahl Wartelisten (Typ 'List') sowie eine ebenfalls frei wählbare Anzahl Zugriffsrechte (Typ 'AccessRightElement') enthalten.

Bevor in Synchronisationsoperationen auf einen Synchronisationsdeskriptor zugegriffen werden darf, muss dieser vollständig initialisiert und mit 'InsertSynchDesc' der Objektverwaltung bekannt gemacht werden, indem seine Identifikation und die Löschprozedur übergeben werden.

Die Löschprozedur wird automatisch in der Aufräumphase am Ende des Bereichs ausgeführt, innerhalb welchem 'InsertSynchDesc' aufgerufen wurde. Sie hat die Aufgabe, den Synchronisationsdeskriptor als ungültig zu markieren und für alle Wartelisten und Zugriffsrechte die Prozedur 'AbortWaitingProcesses' resp. 'AbortOwnerProcess' aufzurufen. Es können der Löschprozedur weitere Aufgaben übertragen werden, aber ihre Ausführung darf unter keinen Umständen eine Ausnahmesituation auslösen, denn eine synchrone Exception während der Aufräumphase führt zu einem Systemzusammenbruch (siehe 3.3.7.3).

Weil jederzeit eine asynchrone Exception auftreten kann, muss die Löschprozedur bereits bei ihrer Uebergabe an die Objektverwaltung ausführbar sein. Alle Wartelisten müssen deshalb vorher mit 'Init' und die Felder 'ownerOfAccessRight' in allen Zugriffsrechten mit 'NIL' initialisiert werden.

Da auch die Löschprozedur durch eine asynchrone Exception abgebrochen werden könnte, muss sie mehrfach gestartet und ausgeführt werden können. Es darf z.B. nicht angenommen werden, dass der Synchronisationsdeskriptor beim Aufruf der Löschprozedur noch gültig ist. ('AbortWaitingProcesses' und 'AbortOwnerProcess' erfüllen diese Forderung und können beliebig oft ausgeführt werden.)

Unterbrechungen sind sowohl während der Initialisierung wie auch während dem Löschen eines Synchronisationsdeskriptors zulässig, d.h. das Unterbrechungssystem muss nicht abgeschaltet werden.

3.4.4.2 Synchronisationsoperationen

Ein Prozess kann sich in einer Synchronisationsoperation mit 'Block' in eine Warteliste eintragen, wenn die Operation nicht beendet werden kann, weil die zugehörige Synchronisationsbedingung nicht erfüllt ist. Der Prozess bleibt solange blockiert, bis er von einem anderen Prozess mit 'Remove' aus der Liste entfernt und mit 'Ready' wieder lauffähig gemacht wird.

Normalerweise ist dann die Ausführung der Synchronisationsoperation beendet, aber es ist denkbar, dass sich der Prozess innerhalb derselben Operation mehrmals blockiert, sei es immer in der gleichen Warteliste oder nacheinander in verschieden Listen. Ebenso muss ein Prozess nicht unbedingt lauffähig gemacht werden, nachdem er aus einer Warteliste entfernt wurde. Er könnte mit Hilfe von 'Insert' wieder in eine andere Warteliste desselben Deskriptors eingefügt werden.

Bei der Anwendung der Listen- und Dispatcheroperationen müssen folgende Bedingungen eingehalten werden:

- Es kann nur dann ein Prozess mit 'Remove' aus einer Liste entfernt werden, wenn die Funktionsprozedur 'Empty' den Wert 'FALSE' ergibt, d.h. wenn die Liste nicht leer ist.

- Beim Aufruf von 'Block' oder 'Ready' muss sich der Synchronisationsdeskriptor in einem konsistenten Zustand befinden, weil der laufende Prozess in diesen Prozeduren während einer unbestimmten Zeit verzögert wird. In 'Block' muss gewartet werden, bis die Synchronisationsbedingung wahr wird, und in 'Ready' wird je nach Prioritäten entweder der bezeichnete oder der laufende Prozess in die Ready-Liste eingefügt.

- In einem blockierten Prozess muss jederzeit eine asynchrone Exception ausgelöst werden können, wobei er mit 'Withdraw' aus der Warteliste entfernt wird. Die Konsistenz des Synchronisationsdeskriptors darf dadurch nicht verletzt werden. Es ist deshalb z.B. nicht zulässig, die wartenden Prozesse zu zählen.

Die Zuteilung und Freigabe von Zugriffsrechten erfolgt mit Hilfe von 'InsertAccessRight' und 'RemoveAccessRight'. Beide Prozeduren dienen sowohl dazu, dem laufenden Prozess ein Zugriffsrecht zuzuteilen resp. zu entziehen, wie auch einem anderen Prozess. Das Feld 'ownerOfAccessRight' bestimmt, welcher Prozess betroffen ist. Vor dem Aufruf von 'InsertAccessRight' muss die Identifikation des Prozesses, der das Zugriffsrecht erhalten soll, in dieses Feld kopiert werden. In 'RemoveAccessRight' erhält 'ownerOfAccessRight' den Wert 'NIL'.

Zu Beginn einer Synchronisationsoperation, innerhalb welcher dem laufenden Prozess ein Zugriffsrecht zugeteilt wird, muss mit 'CreateObjectListHead' sichergestellt werden, dass der Prozess einen Objektlistenkopf besitzt, damit das Zugriffsrecht in die Objektliste eingetragen werden kann. Die Prozedur 'CreateObjectListHead' muss durch den betroffenen Prozess selbst ausgeführt werden.

Normalerweise werden die Felder 'object' und 'deleteProc' eines Zugriffsrechtelementes beim Schaffen des Synchronisationsdeskriptors mit der Identifikation und der Löschprozedur des Zugriffsrechts initialisiert. Vor jedem Aufruf von 'InsertAccessRight' müssen sie gültige Werte besitzen, damit die Objektverwaltung das Zugriffsrecht im Falle einer Exception zurückgeben könnte.

Die Löschprozedur eines Zugriffsrechts hat die Aufgabe, das Zugriffsrecht mit 'RemoveAccessRight' zurückzugeben und die Konsistenz des Synchronisationsdeskriptors zu erhalten. Wenn z.B. bereits ein anderer Prozess auf das Zugriffsrecht wartet, muss es ihm zugeteilt werden.

Während der Ausführung von Synchronisationsoperationen muss das Unterbrechungssystem ausgeschaltet werden, um die Konsistenz der Synchronisationsdeskriptoren, Prozesslisten und Zugriffsrechte nicht zu gefährden. Die Ausführung von 'CreateObjectListHead' darf unterbrochen werden. Es ist deshalb ev. sinnvoll, eine Synchronisationsoperation in einen unterbrechbaren und einen unteilbaren Teil aufzutrennen. Löschprozeduren für Zugriffsrechte müssen nicht in einem Hilfsmodul deklariert sein, innerhalb welchem Unterbrechungen ausgeschlossen werden, da sie von einer unteilbaren Prozedur ('ReturnAccessRights') aufgerufen werden.

Ein Synchronisationsdeskriptors darf in einer Synchronisationsoperation nur verändert werden, wenn er noch gültig ist. Fällt der Gültigkeitstest negativ aus, soll die Exception 'SynchFailure' ausgelöst werden. Der Test muss wiederholt werden, wenn nach einer möglichen Unterbrechung (z.B. in 'Block' oder 'Ready') erneut auf den Deskriptor zugegriffen wird. Der Test ist auch in der Löschprozedur nach 'RemoveAccessRight' notwendig, wenn anschliessend weitere Operationen ausgeführt werden.

4. Kapitel

PDP-11 Version

4.1 Uebersicht

Das vorliegende Kapitel beschreibt den Weg von der allgemeinen, implementationsunabhängigen Einzelprozessorversion zu einer konkreten Realisierung des Echtzeitbetriebssystems MODEB V2 auf einem bestimmten Rechner. Es ist noch ein erheblicher Aufwand nötig, um die offengelassenen Probleme zu lösen und die Anforderungen zu erfüllen, die sich bei einem praktischen Einsatz stellen:

- Neben einigen Anpassungen an die verwendete Implementation von Modula-2 muss die Unterbrechungsbehandlung und die Speicherverwaltung entworfen werden.

- Der Anwender muss beim Testen von Programmen unterstützt werden: Es soll ein Anschluss an den Modula-2 Debugger geschaffen werden, und mit Laufzeittests sollen Fehler beim Aufruf der Betriebssystemprozeduren detektiert werden, bevor sie zu einem Systemzusammenbruch führen.

- Auf die Erweiterung des entwickelten Echtzeitbetriebssystemkerns zu einem vollen Betriebssystem mit Terminaldriver, Filesystem, Programmlader und Kommandointerpreter wird in dieser Arbeit nicht eingegangen (Maier 1984).

Die Realisierung erfolgt auf einem PDP-11 Rechner und basiert auf der Modula-2 Implementation unter dem Betriebssystem RT-11, welche im folgenden abgekürzt als "Modula-2/RT-11" bezeichnet wird.

Um die PDP-11 Version von der allgemeinen Einzelprozessorversion unterscheiden zu können, wird allen Modulnamen die Abkürzung "ME" (für Modula-2 Echtzeitbetriebssystem) vorangestellt:

```
'Exceptions' --> 'MEExceptions'
'KLevel'     --> 'MEKLevel'
   ...            ...
```

Die Zahl der Module einer konkreten Implementation soll klein gehalten werden: Aus den Anforderungen an die Speicherverwaltung (siehe 2.3.4.3) ergibt sich eine enge Beziehung zur Verwaltung von Exceptionbereichen. Die Speicherverwaltung soll deshalb ins Module 'MEExceptions' integriert werden. Die Unterbrechungsbehandlung steht am ehesten mit der Prozessverwaltung im Zusammenhang und wird dem Modul 'MEKLevel' angegliedert.

Die vollständigen Module der PDP-11 Version sind im Anhang C zu finden.

Da einige Aenderungen an Modula-2/RT-11 unumgänglich sein werden, wird im Unterkapitel 4.2 auf die Laufzeitorganisation der Modula-2 Implementation unter RT-11 eingegangen, bevor die PDP-11 Version im Detail diskutiert und das Kapitel mit einigen einfachen Optimierungen und den Resultaten einiger Zeitmessungen abgeschlossen wird.

4.2 Die Modula-2 Implementation unter RT-11

Dieses Unterkapitel beschreibt einige Eigenschaften der Laufzeitorganisation von Modula-2/RT-11, welche benötigt werden, um die Feinheiten der PDP-11 Version von MODEB darzustellen. Genauere Details sind in Geissmann (1981) und in der Source des Laufzeitsystems zu finden.

4.2.1 Speicherorganisation

Figur 4.1 zeigt die Aufteilung des Arbeitsspeichers, wenn ein Modula-2 Programm ausgeführt wird.

Modula-2/RT-11 stellt eine dynamische Speicherverwaltung zur Verfügung (Modul 'Storage'). Als Heap wird primär ein Array innerhalb dieses Moduls verwendet. Wenn dieser nicht mehr ausreicht, wird automatisch versucht, den gewünschten Speicherplatz oberhalb des obersten Overlays zu allozieren, wobei der Heap dem Stack des Modula-2 Hauptprozesses entgegenwächst. Dadurch können keine weiteren Overlayschichten mehr geladen werden.

4.2.2 Laufzeitsystem und Standardbasis

Das Laufzeitsystem ("run time system") ist in MACRO-11 Assembler geschrieben und hat folgende Hauptaufgaben:

- Fehlerbehandlung (Trap 4, Trap 10 etc.)
- Decodierung und Emulation der 'TRAP'-Instruktion, welche für 'CASE'-Anweisungen, Kopieren von Variablen mit einer Grösse von mehr als einem Wort, Kopieren von dynamischen Parametern, Arrayindextests, Stacktests etc. verwendet wird.
- Ausführung der Standardprozeduren 'SYSTEM.TRANSFER', 'SYSTEM.IOTRANSFER', und 'SYSTEM.NEWPROCESS'.

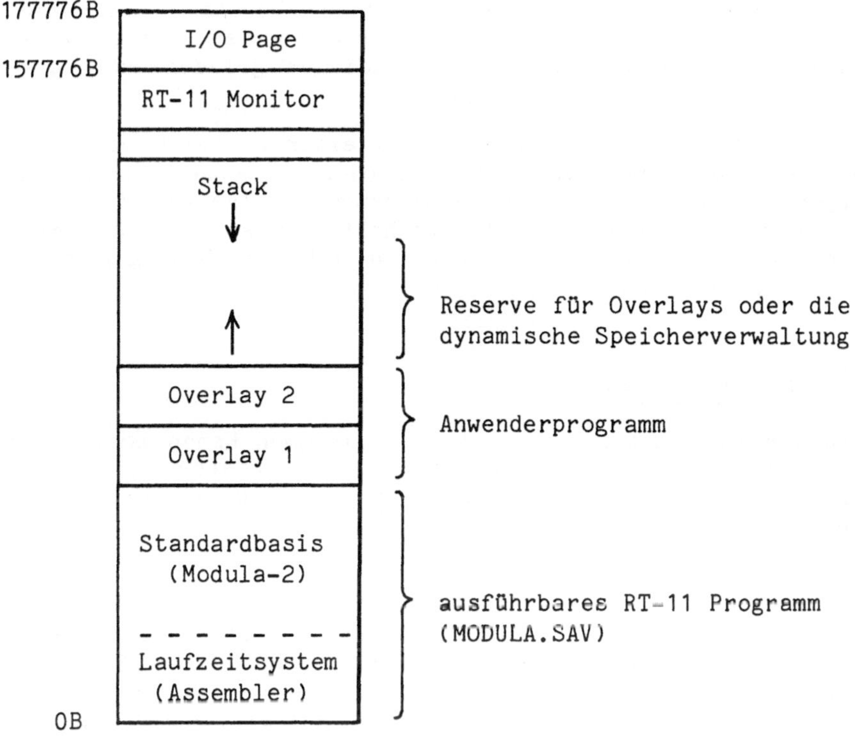

Fig. 4.1: Speicherorganisation

Die Module der Standardbasis von Modula-2/RT-11 bilden zusammen die grundlegende Betriebssystemschnittstelle für Anwenderprogramme:

- Das Modul 'SystemTypes' definiert einige Typen mit systemweiter Bedeutung. Es vermeidet den gegenseitigen Import von Modulen und verhindert, dass in Definitionsmodulen viele verschiedene Module importiert werden müssen.

- Das Modul 'PDP11' bildet die Schnittstelle zwischen Modulen, welche in Modula-2 codiert sind, und dem Laufzeitsystem. Die Schnittstelle besteht aus Datenstrukturen und Prozedurvariablen, die an festen Adressen deklariert sind. Es ist z.B. eine Prozedurvariable vorhanden, mit welcher Ausnahmesituationen, die im Laufzeitsystem detektiert werden, zur Bearbeitung an eine Prozedur übergeben werden, die in Modula-2 geschrieben ist.

- Das Modul 'Exceptions' realisiert den in 2.3.2.1 beschriebenen Exceptionbehandlungsmechanismus für sequentielle Programme.

- Die Module 'Files' und 'TTIO' sind Schnittstellen zum Filesystem und zum Terminaldriver von RT-11.

- Mit Hilfe des Modules 'Loader' können Modula-2 Programme oberhalb der Standardbasis oder oberhalb einer bereits vorhandenen Overlayschicht in den Speicher geladen und ausgeführt werden (siehe Fig. 4.1).

- Im Modul 'ResidentMonitor' wird in einer Schleife abwechslungsweise der Kommandointerpreter oder ein Anwenderprogramm aufgerufen. Nach einem Programmabbruch infolge einer Exception wird der gesamte Speicherinhalt ins sogenannte Dump-File kopiert, damit die Exception mit dem Debugger analysiert werden kann.

4.2.3 Prozessorregister

Während der Ausführung von Modula-2 Programmen haben zwei Prozessorregister eine spezielle Bedeutung: Das Register R4 zeigt zum aktuellen Prozessdeskriptor, und das Register R2 dient zur Adressierung der lokalen Daten der gerade ausgeführten Prozedur ("dynamic link", abgekürzt "DL").

In Modula-2/RT-11 besitzt jeder Prozess einen Deskriptor, zu welchem über R4 zugegriffen wird. Neben vier unbenützten Feldern enthält dieser Deskriptor die Grenze für den Stackpointer 'SPLimit' und einen Bereich von 9 Worten, welcher zur Adressierung von Variablen in statisch verschachtelten Prozeduren verwendet wird ("Dijkstra display's space"). Der Deskriptor eines Prozesses ist ein Teil seines Workspaces (siehe Fig. 4.2).

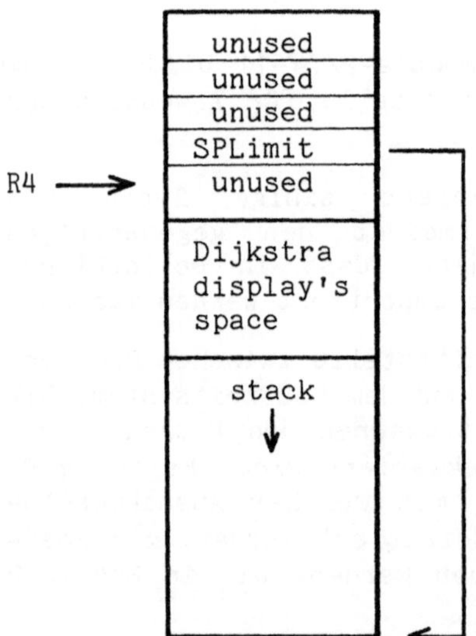

Fig. 4.2: Struktur des Workspaces eines Prozesses

Die Register R0, R1, R3 und R5 werden für 'WITH'-Anweisungen sowie bei der Berechnung von Adressen und Ausdrücken verwendet. Falls sie belegt sind, werden sie vor jedem Prozeduraufruf auf den Stack gerettet, sodass sie in jeder Prozedur frei verfügbar sind.

4.2.4 Prozeduraufruf

Bei einem Prozeduraufruf werden die Parameter, der alte Programmzähler und der DL auf den Stack kopiert. Figur 4.3 zeigt den Aufbau des Stackelementes einer Prozedur.

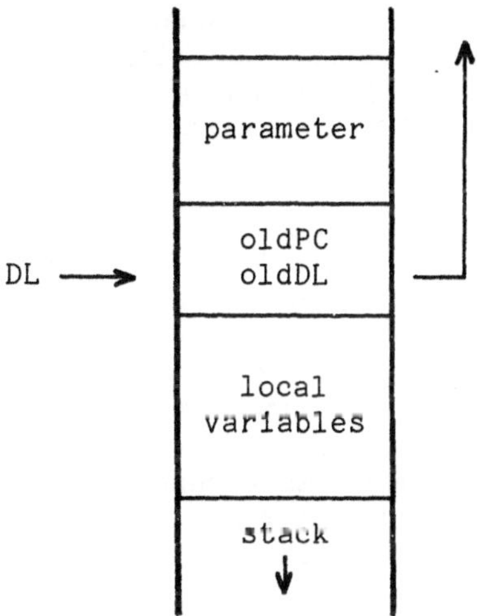

Fig. 4.3: Stackelement einer Prozedur

Am Ende einer Prozedur oder in einer 'RETURN'-Anweisung wird der dynamische Link in den Stackpointer und der alte dynamische Link ins Register R2 kopiert:

```
MOV     R2,SP
MOV     (SP)+,R2
RTS     PC
```

Wenn eine Prozedur innerhalb eines Moduls mit einer Prioritätsangabe im Modulkopf (vgl. 2.4.3.1) deklariert wird, so wird der Prozessorstatus zu Beginn dieser Prozedur auf den Stack gerettet, und die Modulpriorität wird ins Statusregister kopiert. Vor dem Ende der Prozedur wird der Status wieder auf den alten Wert zurückgesetzt.

4.2.5 Behandlung von Unterbrechungen

Der PDP-11 Interruptmechanismus zeichnet sich durch folgende Eigenschaften aus: Jedem Gerät, welches einen Interrupt auslösen kann, ist eine "bus-request" Priorität im Bereich von 4-7 zugeordnet. Die Zentraleinheit reagiert auf eine Interruptanforderung mit der Interruptsequenz, wenn ihre Priorität in den Bit 5-7 des Prozessorstatusworts kleiner ist, als die "bus-request" Priorität des Gerätes. Der Programmzähler und der Prozessorstatus wird auf den Stack gerettet und vom Vektor des Gerätes wieder neu geladen. Ein Vektor enthält die Adresse und Priorität der zugehörigen Interruptroutine. Die Priorität muss mindestens so hoch sein, wie die "bus-request" Priorität des Gerätes, um zu verhindern, dass ein zweiter Interrupt desselben Gerätes eine noch nicht beendete Interruptroutine unterbrechen kann. Eine Interruptroutine wird mit der Instruktion 'RTI' beendet, welche die auf den Stack geretteten Werte wieder dem Programmzähler und dem Statuswort zuweist.

Modula-2/RT-11 erlaubt die Behandlung von Interrupts mit Hilfe von Coroutinen, die - wie normale Coroutinen - mit 'SYSTEM.NEWPROCESS' geschaffen und mit 'SYSTEM.TRANSFER' gestartet werden können. Mit 'SYSTEM.IOTRANSFER' kann auf einen Interrupt gewartet werden. Als Parameter müssen zwei Variablen 'p1' und 'p2' vom Typ 'SYSTEM.PROCESS' sowie die Adresse des Interruptvektors angegeben werden. 'IOTRANSFER' entspricht 'TRANSFER(p1,p2)', wobei zusätzlich der Vektor vorbereitet wird, um mit dem nächsten Interrupt ein 'TRANSFER(p2,p1)' auszulösen. Im Modulkopf muss die Prozessorpriorität angegeben werden, unter welcher die Unterbrechungsroutine ausgeführt werden muss.

4.2.6 Prozessumschaltung

Bei einer Prozessumschaltung, ausgelöst durch 'TRANSFER', 'IOTRANSFER' oder einen Interrupt, werden das Prozessorstatuswort, der Programmzähler und alle anderen Register ausser dem Stackpointer auf den Stack gerettet. Der Wert des Stackpointers reicht dann aus, um den Kontext des Prozesses später wieder zu rekonstruieren, und wird einer Variablen des Typs 'PROCESS' zugewiesen. Die interne Struktur dieses Typs entspricht folgender Deklaration:

```
TYPE
  StructureOfPROCESS = POINTER TO
    RECORD
      R1, R0, R5, R3, R4, R2,
      PC, (* program counter *)
      PS: (* processor status *)
        SYSTEM.ADDRESS;
    END;
```

4.2.7 Debugger

Zur Sprachumgebung von Modula-2/RT-11 gehört ein "post-mortem-analyzer", genannt "Debugger". Dieses Hilfsprogramm zum Testen von Programmen erlaubt die Analyse eines Programmes, dessen Ausführung aus irgendeinem Grund abgebrochen wurde. In symbolischer Form, d.h. mit den in der Source verwendeten Bezeichnern, können die Ketten der noch nicht zu Ende geführten Prozeduren verschiedener Coroutinen sowie globale und lokale, skalare und strukturierte Variablen typgerecht dargestellt werden.

Die Grundlagen für diese Analyse sind einerseits die vom Compiler generierten "Referenz-Files" (symbolische Information) und das "Load-File" des zu testenden Programmes (Modulliste, Liste der Prozeduradressen), andererseits das "Dump-File": Beim Abbruch eines Programmes wird der gesamte Speicherinhalt auf dieses File kopiert. Bei der Auslösung einer Exception werden die Prozessorregister in spezielle Variablen kopiert, deren Adressen dem Debugger bekannt sind, damit die Kette der aktiven Prozeduren zum Zeitpunkt des Fehlers anhand des Programmzählers und des dynamischen Links rekonstruiert werden kann. Weitere Details sind in Geissmann (1981) und Maier (1983) zu finden.

4.3 Anpassungen an Modula-2/RT-11

Das Prinzip der oben beschriebenen Modula-2 Implementation unter RT-11 wird für die Realisierung des Echtzeitbetriebssystemkerns weitgehend übernommen. Die Programmentwicklung soll mit denselben Hilfsprogrammen erfolgen, und das Laufzeitsystem und die Module der Standardbasis sollen nur soweit nötig angepasst werden.

4.3.1 Hilfsmodule

Zusätzlich zu den bereits entworfenen Modulen werden zwei Hilfsmodule eingeführt. 'MESystemTypes' und 'MEPDP11' haben denselben Zweck, wie die Module 'SystemTypes' und 'PDP11' der Standardbasis.

4.3.1.1 MESystemTypes

Das Modul 'MESystemTypes' definiert Typen, die systemweit sowohl in Systemmodulen wie auch in Anwenderprogrammen verwendet werden. Der Aufzählungstyp 'ExceptionType' ist eine Erweiterung von 'SystemTypes.ErrorType'. Er enthält zusätzlich zu den bereits eingeführten Exception wie 'SonProcessFailure', 'Aborted' etc. weitere Arten von Ausnahmesituationen, die in einem Echtzeitsystem auftreten könnten. 'except1' ... 'except5' werden vom System nicht verwendet und stehen wie 'UserSignal' dem Anwender zur Verfügung. Sie wurden definiert, um die in 2.3.2.1 erwähnte Einschränkung, dass der Anwender keine eigenen Exceptions deklarieren kann, etwas zu mildern.

```
DEFINITION MODULE MESystemTypes;
  ...
TYPE
  ExceptionType=(CoroutineEnds, ProgramHalt, TrapTo4,
                 StackOverflow, IndexOutOfRange, ...
                 NormalReturn, UserSignal, propagate,

                 (* MODEB V2: *)
                 SonProcessFailure, Aborted,
                 SynchFailure, AccessFailure, TimeOut,
                 ListOverflow, ZLevelError, CtrlCError,
                 except1, except2, except3, except4, except5);
  ...
END MESystemTypes;
```

4.3.1.2 MEPDP11

Das Modul 'MEPDP11' definiert die Schnittstelle zum Laufzeitsystem.

Die folgenden Deklarationen wurden vom Modul 'PDP11' übernommen:

```
DEFINITION MODULE MEPDP11;
  ...
TYPE
  NewProcType = PROCEDURE(PROC,ADDRESS,CARDINAL,VAR PROCESS);
  Vector = RECORD
             PC: PROC;
             Priority: CARDINAL;
           END;
  ContextType = RECORD (* used in 'Get/SetActualContext' *)
                  R0, R1, R2, R3, R4, R5,
                  SP, PC, Priority, FPPStatus: ADDRESS
                END;

CONST
  pcOffset = 2;                  (* R2+pcOffset points to   *)
                                 (* returnaddress field of  *)
                                 (* current procedure mark  *)
  dlOffset = 0;                  (* R2+dlOffset points to   *)
                                 (* dynamic link field of   *)
                                 (* current procedure mark  *)
  spLimOffset = 2;               (* R4+spLimOffset points   *)
                                 (* to stack limit field of *)
                                 (* current process descr.  *)
```

```
VAR
  NewProcess  [420B]: NewProcType;(* is SYSTEM.NEWPROCESS *)
  MainSPLimitPtr: ADDRESS;        (* Pointer to limit field  *)
                                  (* for main process stack  *)
  GetActualContext[426B]: PROCEDURE(VAR ContextType);
  SetActualContext[430B]: PROCEDURE(VAR ContextType);
                                  (* initialized by assembly *)
                                  (* part (FPU optional)     *)
...
END MEPDP11.
```

In den folgenden Paragraphen und Unterkapiteln wird diese Schnittstelle - und damit auch das Laufzeitsystem - noch mehrfach erweitert werden müssen.

4.3.2 Prozessverwaltung

Die Prozessverwaltung der PDP-11 Version von MODEB V2 wird in zwei Punkten an Modula-2/RT-11 angepasst:

- Der Prozessdeskriptor des Echtzeitbetriebssystems und der Prozessdeskriptor des Laufzeitsystems von Modula-2/RT-11 werden zu einem einzigen Deskriptor zusammengefasst.
- Der Type 'Process' wird von der MODEB Anwenderschnittstelle als versteckter Typ exportiert, um zu verhindern, dass die Reference-Files von Anwendermodulen die gesamte Strukturbeschreibung dieses Typs, d.h. aller interner Datenstrukturen, enthalten.

Damit die beiden Prozessdeskriptoren übereinander gelegt werden können, muss im Typ 'ProcessDescriptor' an zweiter Stelle das Feld 'SPLimit' eingefügt werden (vgl. 4.2.3). Der Kontext des Prozesses wird als Variant-Record sowohl als 'SYSTEM.PROCESS' wie auch als 'StructureOfPROCESS' deklariert.

```
TYPE
  ProcessDescriptor =
    RECORD
      CASE CARDINAL OF
        1: process: SYSTEM.PROCESS;
       |2: context: MEPDP11.StructureOfPROCESS;
      END;
      SPLimit: SYSTEM.ADDRESS;
      ...
    END;
```

Das Register R4 zeigt nun wie die Variable 'runningProcess' auf den Deskriptor des laufenden Prozesses.

Der Typ 'StructureOfPROCESS' wird im Modul 'MEPDP11' deklariert. Das Register R4 wird alternativ vom Typ 'SYSTEM.ADDRESS' und als Zeiger auf den Typ 'SYSTEM.PROCESS' deklariert. (Die zweite

Variante wurde als Ersatz für den Typ 'Process' gewählt, weil dieser erst im Modul 'MEDipspatching' definiert wird.)

```
TYPE
  StructureOfPROCESS = POINTER TO
    RECORD
      R1, R0, R5, R3: SYSTEM.ADDRESS;
      CASE CARDINAL OF
        1: R4: SYSTEM.ADDRESS;
       |2: point: POINTER TO SYSTEM.PROCESS;
      END;
      R2, PC, PS: SYSTEM.ADDRESS;
    END;
```

Die Konstante 'MEPDP11.processDescSize' bezeichnet die Grösse eines Prozessdeskriptors. Sie wird im Laufzeitsystem verwendet, um bei der Initialisierung des Hauptprozesses und in 'SYSTEM.NEWPROCESS' den Speicherplatz für den erweiterten Prozessdeskriptor zu reservieren.

In der Prozedur 'StartProcess' ist eine Hilfsvariable 'newContext' nötig. In 'SYSTEM.NEWPROCESS' wird ihr der Kontext des neuen Prozesses (Typ 'SYSTEM.PROCESS') zugewiesen. Mit Hilfe der internen Struktur von 'newContext' kann 'pId' initialisiert werden, und der Kontext des neuen Prozesses kann dem Feld 'process' zugewiesen werden:

```
PROCEDURE StartProcess( ... ; VAR pId: Process);
VAR
  ...
  newContext: RECORD CASE CARDINAL OF
                 1: p: SYSTEM.PROCESS;
                |2: struc: MEPDP11.StructureOfPROCESS;
              END; END;
BEGIN
  ...
  SYSTEM.NEWPROCESS( ... ,newContext.p);
  pId:=newContext.struc^.R4;
  WITH id^ DO
    process:=newContext.p;
    ...
  END(*WITH*);
END StartProcess;
```

Der Typ 'Process' wird in den Anwenderschnittstellen 'MEExceptions' und 'MEKLevel' verwendet und sinnvollerweise von beiden Modulen exportiert. Er darf jedoch nicht zweimal als versteckter Typ deklariert werden, weil die beiden Typen dann nicht kompatibel wären. Um gegenseitigen Import zu vermeiden, wird 'Process' deshalb im Definitionsmodul 'MEExceptions' deklariert, und in 'MEKLevel' importiert, identisch definiert und wieder exportiert:

```
DEFINITION MODULE MEExceptions;
EXPORT QUALIFIED Process, ... ;

TYPE
  Process; (* hidden *)
 ...
END MEExceptions;

DEFINITION MODULE MEKLevel;
IMPORT MEExceptions;
EXPORT QUALIFIED Process, ... ;

TYPE
  Process = MEExceptions.Process;
 ...
END MEKLevel;
```

Durch obiges Vorgehen entsteht im Implementationsmodul 'MEKLevel' ein Problem: Der Typ 'Process' ist nicht mehr kompatibel mit 'MEDispatching.Process', da er von 'MEExceptions' als versteckter Typ exportiert wird. In den Prozeduren 'StartProcess' und 'ChangePrio' werden deshalb Hilfsvariablen vom Typ 'MEDispatching.Process' und die Typtransferfunktionen 'Process(...)' und 'MEDispatching.Process(...)' benötigt.

4.3.3 Exceptionbehandlung

Die beiden Hilfsprozeduren 'GetActualContext' und 'SetActualContext', deren Aufbau im allgemeinen Entwurf offengelassen wurde, können ohne Aenderung vom Modula-2/RT-11 Laufzeitsystem übernommen werden. Sie werden zusammen mit dem Typ 'ContextType' vom Modul 'MEPDP11' exportiert.

In der Prozedur 'GetContextAndCall' muss die Simulation der 'RETURN'-Anweisung (siehe 4.2.4) eingefügt werden:

```
PROCEDURE GetContextAndCall(procedure: PROC);
BEGIN
  WITH runningProcess^ DO
    GetActualContext(frameList^.returnContext);
    WITH frameList^.returnContext DO (* simulate 'RETURN' *)
      SP:=R2;                        (* MOV R2,SP       *)
      R2:=SYSTEM.ADDRESS(SP^); INC(SP,2); (* MOV (SP)+,R2 *)
      PC:=SYSTEM.ADDRESS(SP^); INC(SP,2); (* RTS PC       *)
    END(*WITH*);
    ...
  END(*WITH*);
END GetContextAndCall;
```

Beim Auslösen einer asynchronen Exception muss der Kontext des betroffenen Prozesses so verändert werden, dass er das Unterbrechungssystem abschalten und die 'ErrorRoutine' ausführen wird. In der Prozedur 'RaiseAsynchronous' kann über die Variante 'context' des Typs 'MEPDP11.StructureOfPROCESS' auf den Programmzähler und den Prozessorstatus des betroffenen Prozesses zugegriffen werden:

```
(* change the context of 'p' to force 'p' to switch off
all interrupts and to execute the 'ErrorRoutine' *)
WITH context^ DO
  PC:=SYSTEM.ADDRESS(ErrorRoutine);
    (* set 'PC' to the entry point of 'ErrorRoutine' *)
  PS:=340B; (* no interrupts allowed *)
END(*WITH*);
```

Der Compiler fügt am Anfang jeder Prozedur den Code für einen Stacktest ein. Mit der Compileranweisung '(* $S- *)' muss dieser Test in allen Prozeduren ausgeschaltet werden, die bei der Auslösung einer Exception ausgeführt werden ('Raise', 'ErrorRoutine', 'RaiseAsynchronous', 'Inactivate', 'Ready', 'Empty', 'Insert' und 'Withdraw'). Die Exception 'StackOverflow' würde andernfalls zu einem Systemzusammenbruch führen.

Weil das Auslösen einer Exception einen erheblichen Stackbereich benötigt, wird im Laufzeitsystem die Grenze erhöht, bei welcher die Exception 'StackOverflow' ausgelöst wird (Konstante 'minStackSize' im Modul 'MEPDP11').

Im Modula-2/RT-11 System wird eine im Laufzeitsystem detektierte Exception über eine Variable an einer fixen Adresse ('PDP11.errorCode') und eine Prozedurvariable des Typs 'PROC' an einen in Modula-2 geschriebenen Programmteil weitergeleitet. Diese Lösung würde beim praktisch gleichzeitigen Auftreten mehrerer Exceptions in verschieden Prozessen zu falschen Resultaten führen, da die "Reentrancy" nicht gewährleistet ist: Die Art der Exception könnte im Falle einer Unterbrechung durch einen anderen Prozess überschrieben werden, bevor sie im ersten Prozess abgelesen wird. Das Problem kann gelöst werden, indem das Unterbrechungssystem ausgeschaltet wird oder indem die Art der Exception auf dem Stack des laufenden Prozesses übergeben wird. Die zweite Möglichkeit wird gewählt: Sie erlaubt, den Aufwand im Laufzeitsystem minimal zu halten und die Auslösung einer Exception weitgehend in Modula-2 zu codieren.

Im Laufzeitsystem werden Exceptions über eine Prozedurvariable vom Typ 'PROCEDURE(ExceptionType)' ausgelöst, die im Modul 'MEPDP11' deklariert wird und im Laufzeitsystem mit einer Assemblerroutine zur Behandlung fataler Fehler initialisiert wird. Im Modul 'MEExceptions' wird dieser Anfangswert für den Fall eines fatalen Fehlers in die lokale Variable 'fatalRaise' gerettet, und die Prozedurvariable wird mit 'Raise' überschrieben:

```
'MEPDP11':
   TYPE
     RaiseProcType = PROCEDURE(ExceptionType);
   VAR
     raise: RaiseProcType;
```

```
'MEExceptions':
   VAR
     fatalRaise: RaiseProcType;
   BEGIN (* body *)
     fatalRaise:=MEPDP11.raise;
     MEPDP11.raise:=Raise;
     ...
   END MEExceptions.
```

Die Deklaration von 'RaiseProcType' ist unerlässlich, damit die beiden Prozedurvariablen zuweisungskompatibel sind.

In der Prozedur 'ErrorRoutine' wird 'fatalRaise' aufgerufen, wenn festgestellt wird, dass kein Exceptionbereich mehr vorhanden ist, welcher abgebrochen werden könnte:

```
WITH runningProcess^ DO
  WITH frame^ DO
    IF frameLevel=0 THEN
      fatalRaise(eCode);
      (* -- FALSE *)
      ...
    END(*IF*);
  END(*WITH*);
END(*WITH*);
```

Im Laufzeitsystem müssen die Macros zur Auslösung von Exceptions angepasst werden: Der Fehlercode 'eNo' und der Wert des Programmzählers 'ePC', bei welchem der Fehler auftrat, werden auf den Stack kopiert und der Programmzähler wird auf den Anfang von 'MEPDP11.raise' gesetzt:

```
.MACRO ERROR eNo,ePC ; do not use R0 for parameters
  MOV     ePC,R0     ; 'ePC' is saved in R0, because the
                     ;  next instruction could destroy 'ePC'
  MOVB    eNo,-(SP)  ; exception code
  MOV     R0,-(SP)   ; exception PC
  JMP     @RAISE     ; call 'MEPDP11.raise'
                     ;  (will never return)
.ENDM ERROR

.MACRO ERRRO eNo     ; 'ePC' is in R0
  MOVB    eNo,-(SP)  ; exception code
  MOV     R0,-(SP)   ; exception PC
  JMP     @RAISE     ; call 'MEPDP11.raise'
                     ;  (will never return)
.ENDM ERRRO
```

Beim Start des Laufzeitsystems enthält 'MEPDP11.raise' die Adresse einer Prozedur zur Behandlung fataler Exceptions:

```
FATAL:  ; standard Modula-2 procedure call mechanism assumed
        ; FATAL is of type PROCEDURE(ExceptionType)
        RESET                  ; disable all interrupts
        MOVB    2(SP),R0       ; exception code
        MOV     (SP),R1        ; exception PC
        HALT                   ; R0: exception code
                               ; R1: exception PC
                               ; R2: exception DL
        JMP     @#BOOTADR      ; re-boot
```

Der Programmzähler und der Exceptioncode werden in die Register R0 und R1 kopiert und der Prozessor wird angehalten, um dem Operator die Gelegenheit zu geben, die fatale Exception zu analysieren. Der Rechner kann neu gestartet werden, indem man ihn weiterlaufen lässt. Die 'HALT'-Instruktion könnte natürlich weggelassen werden, damit sich das System im Falle einer fatalen Exception wieder selbst starten würde.

4.4 Behandlung von Unterbrechungen

In Echtzeitsystemen sind oft spezielle Ein/Ausgabegeräte (z.B. A/D-Wandler) vorhanden, die mit Hilfe von Unterbrechungen gesteuert werden. Die Möglichkeit zur Behandlung von Interrupts soll deshalb nicht auf das Echtzeitbetriebssystem beschränkt werden, sondern auch Anwenderprogrammen offenstehen.

Beim Entwurf der Unterbrechungsbehandlung der PDP-11 Version von MODEB sollen folgende Randbedingungen beachtet werden:

- PDP-11 Interruptmechanismus: Die Möglichkeit, Interruptroutinen unterschiedlicher Priorität zu verschachteln, soll ausgenützt werden können.
- Das Konzept von Modula-2/RT-11 zur Behandlung von Interrupts soll als Grundlage verwendet werden.
- Die Unterbrechungsbehandlung muss an die vorhanden Konzepte der Prozessverwaltung, Exceptionbehandlung und Synchronisation angepasst werden.
- Der Overhead bei der Behandlung von Interrupts soll so klein gehalten werden, dass MODEB für Datenerfassungen und Regelungen mit Abtastzeiten ab einigen Millisekunden einsetzbar ist.

4.4.1 Konzept und Anwenderschnittstelle

Unterbrechungsroutinen sind spezielle Prozesse. Sie werden wie die normalen K-Level Prozesse dynamisch geschaffen. Ihre Ausführung wird nicht durch die Dispatcheroperationen gesteuert, sondern direkt vom Interruptmechanismus der Z-Maschine, d.h. des PDP-11 Rechners. Unterbrechungsroutinen werden deshalb zur Abgrenzung von normalen Prozessen, die auf dem K-Level ausgeführt werden, auch Z-Prozesse genannt.

Das Konzept der Exceptionbehandlung wird auf Unterbrechungsroutinen übertragen. Exceptions müssen in Z-Prozessen gleich wie in K-Prozessen ausgelöst werden können. Z-Prozesse sind dynamische Objekte, deren Lebensdauer durch den Exceptionbehandlungsbereich bestimmt wird, innerhalb welchem sie gestartet wurden. Beim Abbrechen einer Interruptroutine muss das betreffende Interrupt-Enable-Bit automatisch gelöscht werden, damit das Ein/Ausgabegerät keine weiteren Unterbrechungen auslösen kann.

Das Warten auf den nächsten Interrupt ist die einzige zulässige Art, einen Z-Prozess zu verzögern. Eigentliche Warteoperationen, wie z.B. 'Receive' oder 'Enter', sind nicht ausführbar. Trotzdem können Unterbrechungsroutinen mit K-Prozessen zusammenarbeiten:

"Cross-Stimulation" ist einerseits durch Setzen des Interrupt-Enable-Bits im K-Prozess möglich, andererseits mit Hilfe von "sendenden" K-Synchronisationsoperationen (z.B. 'V(sema)', 'Send(mailBox,info)') im Z-Prozess.

Der gegenseitige Ausschluss zwischen Z- und K-Prozessen wird mit Hilfe der Prozessorpriorität erreicht. Der Interruptmechanismus stellt automatisch sicher, dass ein Z-Prozess nicht durch einen K-Prozess unterbrochen werden kann. Umgekehrt muss ein K-Prozess die Prozessorpriorität auf den höchsten Wert erhöhen, um die Ausführung von Z-Prozessen auszuschliessen. Der selektive Ausschluss einer bestimmten Unterbrechungsroutine ist nicht möglich, weil irgendein Z-Prozess eine Umschaltung zu einem anderen K-Prozess auslösen kann, der wieder alle Interrupts zulässt.

Die angeführten Gemeinsamkeiten zwischen Z- und K-Prozessen sollen ausgenützt werden, um den Aufwand für die Behandlung von Unterbrechungsroutinen klein zu halten. Die allgemeine Prozessverwaltung und die Synchronisationsoperationen, die auch für Z-Prozesse zulässig sind, sollen wenn möglich ohne Aenderungen übernommen werden.

Statt die Objektverwaltung um eine 4. Klasse von Objekten zu erweitern, wird deshalb einem normalen Prozess die Möglichkeit gegeben, sich mit Hilfe von 'EnterInterruptState' in eine Unterbrechungsroutine umzuwandeln und anschliessend mit 'WaitInterrupt' auf einen Interrupt zu warten.

Die Erfahrung zeigt, dass eine bestimmte Unterbrechungsroutine nur eine Art von Interrupts behandelt. Der zugehörige Interruptvektor wird deshalb bereits in 'EnterInterruptState' initialisiert, um den Aufwand für eine Unterbrechung zu verringern.

Es ergibt sich somit folgende Schnittstelle (Definitionsmodul 'MEKLevel'):

```
CONST
  busPrio4 = 200B; busPrio5 = 240B;
  busPrio6 = 300B; busPrio7 = 340B;

PROCEDURE EnterInterruptState(vecAdr, busPrio, csAdr: ADDRESS;
                                          stopCmd: BITSET);
PROCEDURE WaitInterrupt;
```

In der Prozedur 'EnterInterruptState' wird der Interruptvektor mit der Adresse 'vecAdr' so initialisiert, dass der Prozess anschliessend mit 'WaitInterrupt' auf die Interrupts auf diesem Vektor warten kann. Die Konstanten 'busPrio4' ... 'busPrio7' sind die möglichen Werte für den Parameter 'busPrio', der mindestens der "busrequest" Priorität des Gerätes entsprechen muss, damit derselbe Interrupt während der Ausführung des Z-Prozesses nicht erneut ausgelöst werden kann. 'busPrio' wird in 'EnterInterruptState' ins Prozessorstatuswort kopiert. Eine Prioritätsangabe im Kopf des Moduls, in welchem sich der Code des Z-Prozesses befindet, ist deshalb nicht nötig. Ein Z-Prozess darf nur Prozeduren aufrufen aus Modulen ohne Prioritätsangabe oder mit einer Priorität im Modulkopf, die mindestens 'busPrio' entspricht.

Die beiden Parameter 'csAdr' und 'stopCmd' werden der Objektverwaltung übergeben, damit der Interrupt im Falle einer Exception mit folgender Anweisung abgestellt werden kann:

```
csAdr^:=stopCmd;
```

Nach dem Aufruf von 'EnterInterruptState' darf das Interrupt-Enable-Bit gesetzt und mit einem Aufruf von 'WaitInterrupt' auf den nächsten Interrupt gewartet werden.

Ein Z-Prozess kann nicht explizit wieder in einen K-Prozess zurückgewandelt werden. Die Rückwandlung erfolgt nur implizit und automatisch am Ende des Exceptionbehandlungsbereichs, innerhalb welchem 'EnterInterruptState' ausgeführt wurde.

Einem Z-Prozess dürfen nur einfache Aufgaben übertragen werden. Lange Unterbrechungsroutinen würden die Reaktionsfähigkeit des Systems verschlechtern.

4.4.2 Entwurf der Unterbrechungsbehandlung

4.4.2.1 Prozessumschaltungen

Neben den normalen Umschaltungen von einem K-Prozess zu einem anderen treten weitere Arten von Prozessumschaltungen auf. In 'WaitInterrupt' wird von einem Z-Prozess zum vorher unterbrochenen K- oder Z-Prozess zurückgeschaltet, und bei einem Interrupt muss vom gerade laufenden K- oder Z-Prozess zu einem bestimmten Z-Prozess umgeschaltet werden. Weiter muss ein Z-Prozess die Verdrängung des unterbrochenen K-Prozesses auslösen können, wenn er in einer Synchronisationsoperation einen blockierten K-Prozess höherer Priorität wieder lauffähig macht.

In einem System, das verschachtelte Interrupts zulässt, muss darauf geachtet werden, dass nur K-Prozesse aber keine Unterbrechungsroutinen verdrängt werden. Es muss jederzeit bekannt sein, wieviele Interruptroutinen gerade aktiv sind und welches der laufende (resp. unterbrochene) K-Prozess ist.

Diese Forderung kann nicht erfüllt werden, wenn man den RT-11 Monitor gleichzeitig mit dem Echtzeitbetriebssystem MODEB verwenden möchte. Da in beiden Systemen Prozessverdrängungen durchgeführt werden und sie nichts voneinander wissen, können Verdrängungen von Interruptroutinen des anderen Systems - und damit Systemzusammenbrüche - nicht ausgeschlossen werden. Da weitere Inkompatibilitäten zwischen beiden Systemen auftauchen könnten, wird das Echtzeitbetriebssystem MODEB V2 ohne den RT-11 Monitor als unabhängiges ("stand-alone") System betrieben.

Die Anwendung von 'SYSTEM.IOTRANSFER' zur Behandlung von Unterbrechungen in einem Echtzeitbetriebssystem ist nicht problemlos. Beim Aufruf dieser Prozedur ist es noch nicht bekannt, welchen K- oder Z-Prozess der nächste Interrupt unterbrechen wird. Es muss aber bereits eine Variable (Typ 'SYSTEM.PROCESS') angegeben werden, in die der Kontext des betroffenen Prozesses gerettet wird. Es ist nicht möglich, den Kontext des Prozesses mit 'IOTRANSFER' direkt in seinen Deskriptor zu retten.

Um zusätzlichen Aufwand zu vermeiden, sollen die Prozessumschaltungen im Laufzeitsystem den tatsächlichen Bedürfnissen angepasst werden. Anstelle der Parameter von 'TRANSFER' und 'IOTRANSFER' werden das Register R4, welches immer auf den aktuellen Prozessdeskriptor zeigt (siehe 4.3.2), und die Variable 'runningProcess' verwendet:

- Unabhängig von der Art der Prozessumschaltung wird der Kontext des Prozesses, der den Prozessor frei gibt, mit Hilfe des Registers R4 ins Feld 'process' seines Deskriptors gerettet.

- Bei einer Umschaltung von einem K-Prozess zu einem anderen bestimmt die Variable 'runningProcess', welcher Prozess als nächster ausgeführt wird.

- Bei einer Unterbrechung wird die Identifikation des unterbrochenen Prozesses in eine Liste eingetragen, damit beim folgenden Aufruf von 'WaitInterrupt' bekannt ist, zu welchem Prozess zurückgekehrt werden muss. Die maximale Länge dieser Liste ist identisch mit der Zahl unterschiedlicher "busrequest" Prioritäten ('busPrio4' ... 'busPrio7'). Weil der laufende K-Prozess immer als erster unterbrochen wird, soll die Liste 'interruptedProcessList' so deklariert werden, dass ihr erstes Element mit 'runningProcess' zusammenfällt. Diese Variable bezeichnet im folgenden immer den laufenden K-Prozess. Ein Z-Prozess kann diesen verdrängen, indem er der Variablen 'runningProcess' einen neuen Wert zuweist. Unabhängig von der aktuellen Interruptverschachtelungstiefe wird zum betreffenden K-Prozess umgeschaltet, sobald alle Unterbrechungen abgearbeitet sind.

Beim Uebergang von der allgemeinen Einzelprozessorversion zur PDP-11 Version muss beachtet werden, dass ein Z-Prozess nicht mit 'runningProcess' auf den aktuellen Prozessdeskriptor zugreifen kann, sondern nur mit dem Register R4 (siehe z.B. 4.4.2.4).

'runningProcess' und 'interruptedProcessList' müssen im Laufzeitsystem bekannt sein. Diese Variablen werden deshalb im Modul 'MEPDP11' deklariert. Ihre Adressen werden ebenfalls exportiert, damit es möglich ist, 'runningProcess' im Modul 'MEDispatching' ein zweites Mal als Zeiger auf einen Prozessdeskriptor (Typ 'Process') zu deklarieren.

```
CONST
  intProcessIdAdr   = 460B;
  runningProcessAdr = 462B;
VAR
  interruptedProcessIdent [intProcessIdAdr]: SYSTEM.ADDRESS;
  runningProcess [runningProcessAdr]: SYSTEM.ADDRESS;
  interruptedProcessList [runningProcessAdr]:
                                   ARRAY [4..7] OF SYSTEM.ADDRESS;
```

Der Zeiger 'interruptedProcessIdent' wird für den Zugriff auf die Liste der unterbrochenen Prozesse verwendet. Er zeigt normalerweise auf das erste Arrayelement. Nach dem Eintragen eines Elementes bei einer Unterbrechung wird der Zeiger auf das nächste Element geschoben, und vor dem Entfernen eines Elementes in 'WaitInterrupt' wird er zurückgesetzt.

Mit Hilfe obiger Variablen können Bedingungen formuliert werden, die genau dann gültig sind, wenn keine Unterbrechungen hängig sind:

```
(* -- (interruptedProcessIdent=runningProcessAdr)
    = (runningProcess=Process(REGISTER(4)))
    = "no interrupt routine running" *)
```

Die Parameter der Prozeduren 'TRANSFER' und 'IOTRANSFER' sind nun nicht mehr nötig, und der Aufruf dieser Operationen erfolgt über Prozedurvariablen, die im Modul 'MEPDP11' deklariert sind.

```
CONST
  transferAdr        = 474B;
  waitIntAdr         = 476B;
  intEntryAdr        = 500B;
VAR
  Transfer [transferAdr]: PROC;
  WaitInterrupt [waitIntAdr]: PROC;
  InterruptEntry [intEntryAdr]: PROC;
```

Dank den ebenfalls exportierten Adressen kann beim Aufruf von 'WaitInterrupt' Overhead vermieden werden, indem diese Prozedur im Definitionsmodul 'MEKLevel' als Prozedurvariable an der Adresse 'MEPDP11.waitIntAdr' deklariert wird.

Alle drei Prozeduren retten den Kontext des laufenden Prozesses in seinen Deskriptor und laden anschliessend den Kontext eines anderen Prozesses: 'Transfer' installiert den durch 'runningProcess' bezeichneten Prozess, 'WaitInterrupt' den zuvor unterbrochenen Prozess und 'InterruptEntry' den unterbrechenden Prozess.

Gegenüber dem Laufzeitsystem Modula-2/RT-11 ergeben sich folgende Aenderungen bei den eigentlichen Prozessumschaltungen (Retten und Neusetzen des Stackpointers):

```
Transfer:
  MOV    SP,(R4)        ; save context
  MOV    @RUNNING,SP    ; fetch 'MEPDP11.runningProcess'

WaitInterrupt:
  MOV    SP,(R4)        ; save context
  SUB    #2,INTERRU     ; shift 'MEPDP11.interrupted-
                        ;  ProcessIdent'
  MOV    @INTERRU,R4    ; get the identification of the
                        ;  interrupted process
  MOV    (R4),SP        ; and fetch it

InterruptEntry:
  MOV    SP,(R4)        ; save context
  MOV    R4,@INTERRU    ; store the process in the
                        ;  list of interrupted processes
  ADD    #2,INTERRU     ; shift list index
  MOV    ...,SP         ; fetch interrupting process
```

Die gleichzeitige Verwendung von MODEB V2 sowie 'TRANSFER' und 'IOTRANSFER' ist nicht sinnvoll, würde aber zu keinem Systemzusammenbruch führen. Die Parameter würden ignoriert, und es würde 'Transfer' resp. 'WaitInterrupt' ausgeführt.

4.4.2.2 Anpassung der Dispatcheroperationen

Für Unterbrechungsroutinen wird ein neuer Prozesszustand eingeführt:

```
TYPE
  ProcessState = (... , interruptRoutine, ...);
```

Die Zuteilung des Prozessors an einen Prozess in diesem Zustand wird nicht durch die Dispatcheroperationen, sondern direkt durch den Interruptmechanismus gesteuert.

Die Dispatcheroperationen werden durch die Prozedur 'ConvertToInterrupt' ergänzt, mit welcher sich ein K-Prozess in einen Z-Prozess umwandeln kann. Es wird eine Unterbrechung simuliert, und mit einem Aufruf von 'Assign' wird 'runningProcess' die Identifikation eines anderen, lauffähigen K-Prozesses zugewiesen.

```
PROCEDURE ConvertToInterrupt;
BEGIN (* -- interruptedProcessIdent=runningProcessAdr *)
  runningProcess^.state:=interruptRoutine;
  INC(interruptedProcessIdent,2);
  Assign;
END ConvertToInterrupt;
```

Bei der Ausführung von 'Assign' darf noch nicht zum neuen K-Prozess umgeschaltet werden, da der neue Z-Prozess noch bis zum ersten 'WaitInterrupt' weiter laufen soll. In den Dispatcheroperationen 'Assign' und 'Ready' wird deshalb die Anweisung

```
TRANSFER(oldProcess^.context,runningProcess^.context);
```

durch einen bedingten Aufruf von 'Transfer' ersetzt:

```
IF interruptedProcessIdent=runningProcessAdr THEN
  Transfer;
END(*IF*);
```

Die Bedingung ist genau dann erfüllt, wenn der Zeiger auf die Liste der unterbrochenen Prozess auf das erste Element zeigt, d.h. wenn keine Unterbrechungen hängig sind. Falls die Bedingung nicht erfüllt ist, wird die gewünschte Prozessumschaltung erst in einem unmittelbar folgenden Aufruf von 'WaitInterrupt' ausgeführt.

Mit dieser Anpassung kann ein Z-Prozess einen K-Prozess mit 'Ready' in die Ready-Liste einfügen oder eine Verdrängung auslösen. Ein Z-Prozess darf somit Synchronisationsfunktionen auszuführen, in welchen 'Ready' (aber nicht 'Block'!) verwendet wird.

Beim allgemeinen Entwurf von 'Assign' wurde vorausgesetzt, dass die Ready-Liste beim Aufruf dieser Prozedur nie leer ist. Um dies zu garantieren, wird ein Hilfsprozess geschaffen, der sich nie blockiert, der sich nicht in einen Z-Prozess umwandelt und der nie abgebrochen wird. Die Ready-Liste wird für diesen Hilfsprozess um die Priorität '0' erweitert, damit der Ablauf der Anwenderprozesse nicht gestört wird:

```
VAR
  readyList: ARRAY [0..maxPrio] OF List;
```

Die neue Arraygrenze muss bei der Initialisierung der Ready-Liste und in 'Assign' berücksichtigt werden.

Der Hilfsprozess könnte mit 'StartProcess' geschaffen werden, aber er würde dann unnötigerweise relativ viel Speicherplatz belegen. Sein Workspace mit seinem Deskriptor und sein Code werden deshalb auf das notwendige Minimum reduziert und im Laufzeitsystem definiert:

```
DMYIDENT:
        ; descriptor of the dummy process
        2$                 ; 'process'/'context'
1$:     BR       .         ; 'SPLimit': used as code
        .WORD    0         ; 'prio': 0
        .WORD    1         ; 'state': 'readyRunning'
        .WORD    NIL, NIL  ; 'el' (list element)
        ; the rest of the process descriptor is never used

2$:     ; context of the dummy process (does never change)
        .WORD    1         ; R1
        .WORD    0         ; R0
        .WORD    5         ; R5
        .WORD    3         ; R3
        .WORD    DMYIDENT  ; R4: points to the descriptor
        .WORD    0         ; R2: dynamic link
        .WORD    1$        ; PC: points to the code
        .WORD    0         ; PS
```

Der Hilfsprozess wird im Modul 'MEPDP11' deklariert

```
CONST
  dummyProcessAdr = 472B;
VAR
  dummyProcess [dummyProcessAdr]: SYSTEM.ADDRESS;
```

und im Initialisierungsteil des Moduls 'MEDispatching' in die Ready-Liste eingefügt:

```
Insert(Process(dummyProcess),readyList[0]);
```

4.4.2.3 Umwandlung in einen Z-Prozess

Bei der Umwandlung eines K-Prozesses in eine Unterbrechungsroutine wird dem Prozess ein Interruptdeskriptor zugeordnet, der die zusätzlich notwendigen, prozessspezifischen Daten enthält. Die ersten drei Felder dienen der Zuordnung des Z-Prozesses zum gewünschten Interruptvektor. In den anderen zwei Feldern wird die Information gespeichert, mit welcher das Interrupt-Enable-Bit gelöscht werden kann.

```
TYPE
  InterruptDescriptor =
    RECORD
      jsrR2: SYSTEM.ADDRESS;
      intEntry: PROC;
      pId: Process;
      csAdr: POINTER TO BITSET;
      stopCommand: BITSET;
    END;

  ProcessDescriptor =
    RECORD
      ...
      interruptId: POINTER TO InterruptDescriptor;
    END;
```

Die Prozedur 'EnterInterruptState' darf nicht unterbrochen werden. Das Prozessorstatuswort wird zu Beginn ihrer Ausführung durch den Prozeduraufrufmechanismus auf den Stack gerettet (siehe 4.2.4). Dieser Wert auf dem Stack wird mit dem Parameter 'busPrio' überschrieben, sodass beim Verlassen von 'EnterInterruptState' das Prozessorstatuswort den Wert 'busPrio' erhält.

```
MODULE NotInterruptible[7];
  ...
PROCEDURE EnterInterruptState(vecAdr, busPrio, csA: ADDRESS;
                                            stopCmd: BITSET);
  VAR
    psPoint: POINTER TO ADDRESS;
    vectorId: POINTER TO MEPDP11.Vector;
BEGIN
  psPoint:=ADDRESS(REGISTER(6));
  psPoint^:=busPrio;
  WITH runningProcess^ DO
    NEW(interruptId);
    WITH interruptId^ DO
      jsrR2:=004237B; (* JSR R2,@InterruptEntry *)
      intEntry:=MEPDP11.InterruptEntry;
      pId:=runningProcess;
      csAdr:=csA;
      stopCommand:=stopCmd;
      vectorId:=vecAdr;
      vectorId^.PC:=PROC(interruptId);
      vectorId^.PS:=340B;
    END(*WITH*);
  END(*WITH*);
  ConvertToInterrupt;
END EnterInterruptState;

END NotInterruptible;
```

Der Interruptvektor wird mit der Adresse des Interruptdeskriptors initialisiert. Die erste Instruktion nach der Interruptsequenz ("JSR R2,@InterruptEntry") rettet das Register R2 auf den Stack, kopiert den Programmzähler - zu diesem Zeitpunkt ein Zeiger auf das Feld 'pId' - ins Register R2 und setzt den Programmzähler an den Anfang von 'InterruptEntry'. In dieser Prozedur des Laufzeitsystems wird nach dem Retten des Kontextes des unterbrochenen Prozesses mit Hilfe des Wertes in R2 der unterbrechende Prozess installiert. Bei der Diskussion der Prozessumschaltungen in 4.4.2.1 hatte diese Instruktion noch nicht angegeben werden können:

```
MOV     @(R2)+,SP ; fetch the interrupting process
                  ;  (there is no double-indirect
                  ;  addressing mode without '+')
```

4.4.2.4 Rückwandlung eines Z-Prozesses

Bei der Auslösung einer Exception in einem Z-Prozess wird dieser wieder in einen K-Prozess zurückgewandelt.

Die Prozedur 'Raise' muss sowohl von einem K-Prozess wie auch von einem Z-Prozess aufrufbar sein. Der Zugriff auf den aktuellen Prozessdeskriptor erfolgt deshalb nicht über die Variable 'runningProcess' sondern über das Register R4 mit einer Hilfsvariablen ('myself') (vgl. 4.4.2.1).

Bei einem Aufruf von 'Raise' durch einen Z-Prozess wird das Interrupt-Enable-Bit gelöscht, und der Prozess setzt sich mit 'Ready' wieder in den Zustand 'readyRunning'. In 'WaitInterrupt' wird der Prozess verzögert, bis keine Unterbrechungsroutinen mehr hängig sind und der Prozess auf Grund seiner Priorität ausgeführt werden kann.

```
PROCEDURE Raise(code: ExceptionType);
  VAR
    myself: Process;
BEGIN
  myself:=Process(REGISTER(4));
  WITH myself^ DO
    ...
    IF state=interruptRoutine THEN
      WITH interruptId^ DO
        csAdr^:=stopCommand; (* disable interrupt *)
      END(*WITH*);
      Ready(myself);
      WaitInterrupt;
    END(*IF*);
    (* -- myself=runningProcess *)
  END(*WITH*);
  ErrorRoutine;
END Raise;
```

Die Prozedur 'RaiseAsynchronous' muss analog erweitert werden:

```
IF state=interruptRoutine THEN
  WITH interruptId^ DO
    csAdr^:=stopCommand; (* disable interrupt *)
  END(*WITH*);
  Ready(p);
END(*IF*);
```

Beim Abbrechen eines Z-Prozesses in 'Inactivate' muss nur das Interrupt-Enable-Bit gelöscht werden:

```
IF state=interruptRoutine THEN
  WITH interruptId^ DO
    csAdr^:=stopCommand; (* disable interrupt *)
  END(*WITH*);
END(*IF*);
```

4.4.3 Anwendungsbeispiel: MEClock

Dieser Paragraph zeigt die Anwendung der entworfenen Unterbrechungsbehandlung am Beispiel der Steuerung einer Uhr.

4.4.3.1 Anwenderschnittstelle

PDP-11 Rechner besitzen normalerweise eine sogenannte "Line-Clock", ein Interface, welches alle 20 ms einen Interrupt auslöst. Aufbauend auf dieser Uhr soll ein Modul 'MEClock' realisiert werden, welches die folgenden, grundlegenden Bedürfnisse einfacher Echtzeitanwendungen an die zeitliche Synchronisation befriedigt:

- Die aktuelle Zeit soll möglichst genau abgelesen und in die Einheit "Sekunden" umgerechnet werden können. Die Periode der Uhr soll mindestens einen Tag betragen können.
- Ein Prozess soll sich während einem gewünschten Zeitintervall oder bis zu einem bestimmten Zeitpunkt verzögern können.
- Die verfügbare Rechenzeit soll automatisch auf Prozesse gleicher Priorität verteilt werden können ("time-sharing").

Die Zeit wird in einem Doppelwort gespeichert, weil eine Wortlänge von 16 Bit bei 50Hz eine maximale Periode von nur etwas mehr als 20 Minuten ergibt:

```
TYPE
  TimeRecord =
    RECORD
      low, high: CARDINAL;
    END;
```

Die interne, bei jedem Interrupt der Uhr erhöhte Zeit kann mit der Prozedur 'Ticks' abgelesen werden. Eine Variable 'ticksPerSecond' dient zur Umrechnung in Sekunden. (Es wurde keine Konstante gewählt, damit das Definitionsmodul 'MEClock' nicht neu übersetzt werden muss, wenn eine andere Frequenz zur Verfügung steht.)

```
PROCEDURE Ticks(VAR t: TimeRecord);

VAR
  ticksPerSecond: CARDINAL; (* read-only, normally 50Hz *)
```

Als Basis für die zeitliche Synchronisation dient die Prozedur 'Wait', welche den aufrufenden Prozess bis zum angegebenen Zeitpunkt verzögert. Falls dieser schon vorbei ist, erfolgt keine Verzögerung. (Es wird ein Ein/Ausgabeparameter verlangt, weil die Uebergabe eines Records als Eingabeparameter zur Laufzeit erheblich aufwendiger wäre (vgl. 4.7.1).)

```
PROCEDURE Wait(VAR finalTime: TimeRecord);
```

Aufbauend auf 'Wait' kann sehr leicht eine Verzögerung um ein bestimmtes Zeitintervall realisiert werden. Erfahrungsgemäss tritt diese Aufgabe häufig auf, weshalb die Schnittstelle 'MEClock' um die Prozedur 'Delay' erweitert wurde:

```
PROCEDURE Delay(ticks: CARDINAL);
```

Das gleichmässige Verteilen der Rechenleistung auf Prozesse gleicher Priorität kann mit der Variablen 'timeShareIntervall' beeinflusst werden. Der Wert -1 verhindert, dass automatisch Prozessumschaltungen ausgelöst werden.

```
VAR
  timeShareIntervall: CARDINAL;
```

4.4.3.2 Realisierung

Im folgenden werden die Grundzüge der Realisierung des Moduls 'MEClock' beschrieben. Details sind im Anhang C zu finden.

a) Datenstrukturen: Eine Warteliste, die aktuelle Zeit und die Zeit seit der letzten Prozessumschaltung bilden die Grundlage für die Realisierung von 'MEClock'.

```
VAR
  clockList: List;
  lowTicks, highTicks: CARDINAL;
  ticksSinceLastProcessSwitch: CARDINAL;
```

Diese Variablen werden im Definitionsmodul 'MEDispatching' deklariert, damit 'ticksSinceLastProcessSwitch' bei jeder Prozessumschaltung ('Assign', 'Ready' und 'ChangePrio') auf '0' gesetzt werden kann und die aktuelle Zeit z.B. durch den Kommandointerpreter verändert werden könnte. Bei einer solchen Aenderung wäre es zudem notwendig, die Zeitmarke in allen Prozessen der Warteliste 'clockList' anzupassen.

Der Prozessdeskriptor wird um zwei Felder erweitert, in welche die Zeit eingetragen wird, bis zu der sich ein Prozess verzögern will.

```
TYPE
  ProcessDescriptor =
    RECORD
      ...
      low, high: CARDINAL;
    END;
```

b) <u>Prinzip der Prozedur 'Wait'</u>: Die Prozesse werden nach ihrer Zeitmarke geordnet in die Warteliste 'clockList' eingetragen. Die Suche nach dem richtigen Platz zwischen den bereits eingetragenen Prozessen wird am Ende der Liste gestartet, da der Erwartungswert der Wartezeit beim Einfügen eines Prozesses grösser ist, als der Erwartungswert der Restwartezeit der Prozesse, die sich bereits in der Liste befinden.

```
PROCEDURE ClockProcess;
  VAR
    p: Process;
    cs [clockStatusAdr]: BITSET;
BEGIN
  EnterInterruptState(clockVec,busPrio7,clockStatusAdr,{});
  cs:={6}; (* interrupt enable *)
  LOOP
    WaitInterrupt;
    INC(lowTicks);
    IF lowTicks=0 THEN INC(highTicks); END(*IF*);
    INC(ticksSinceLastProcessSwitch);

    (* any processes to be removed from the clock list? *)
    LOOP
      IF Empty(clockList) THEN
        EXIT;
      ELSIF final time of the first process reached THEN
        Remove(p);
        Ready(p);
       ELSE
        EXIT;
    END(*LOOP*);

    (* time-sharing *)
    IF ticksSinceLastProcessSwitch>timeShareIntervall THEN
      IF NOT Empty(readyList[runningProcess^.prio]) THEN
        Insert(runningProcess,readyList[runningProcess^.prio]);
        Remove(runningProcess,readyList[runningProcess^.prio]);
        ticksSinceLastProcessSwitch:=0;
      END(*IF*);
    END(*IF*);
  END(*LOOP*);
END ClockProcess;
```

Zum Einfügen eines Prozesses wird die normale Listenoperation 'Insert' verwendet. Dabei muss vorausgesetzt werden, dass es sich um einen homogenen, doppelt verketteten Ring handelt, d.h. dass die Typen 'List' und 'ListElement' identisch sind. Die Bearbeitung der Liste wird durch eine Variable 'listHead' vereinfacht, welche den virtuellen Prozessdeskriptor bezeichnet, dessen Listenelement mit 'clockList' identisch ist.

c) Unterbrechungsroutine: Sie hat die Aufgabe, bei jedem Interrupt die Zeit zu erhöhen und zu testen, ob wartende Prozesse lauffähig gemacht werden müssen und ob zu einem anderen Prozess gleicher Priorität umgeschaltet werden muss ("time-sharing").

Obwohl die Uhr normalerweise die Buspriorität 6 besitzt, wird die höchste Priorität 'busPrio7' verwendet, da die Listenoperationen und Dispatcheroperationen nicht unterbrochen werden dürfen.

Die Unterbrechungsroutine 'ClockProcess' wird bei der Initialisierung des Moduls 'MEClock' gestartet:

```
VAR
  clock: Process;
BEGIN (* body *)
  ...
  StartProcess(ClockProcess,210,2,clock);
END MEClock.
```

4.5 Speicherverwaltung

4.5.1 Konzept und Anwenderschnittstelle

Die Anforderungen an eine dynamische Speicherverwaltung sind bereits in 2.3.4.3 erarbeitet worden. Es soll nun eine einfache dynamische Speicherverwaltung entworfen und realisiert werden, die zusätzlich der verwendeten Modula-2 Implementation gerecht wird.

Von Modula-2/RT-11 sind zwei Konzepte bekannt (siehe 4.2.1). Einerseits kann ein Speicherbereich statisch alloziert und als Heap der dynamischen Speicherverwaltung zur Verfügung gestellt werden. Andererseits kann der Platz für dynamisch allozierte Daten im Workspace des Hauptprozesses reserviert werden, indem die Stackgrenze nach oben verschoben wird.

Da jeder Prozess einen Workspace besitzt, kann das zweite Konzept auch für parallele Prozesse verwendet werden. Es hat aber den Nachteil, dass das Laden von weiteren Overlays nicht mehr möglich ist, sobald der Modula-2 Hauptprozess in seinem Workspace dynamisch Daten alloziert hat. Das erste Konzept hat diesen Nachteil nicht, aber es ist etwas schwerfälliger einsetzbar, da jeder Prozess der Speicherverwaltung einen statisch deklarierter Speicherbereich übergeben muss, bevor er von ihr Gebrauch machen kann.

Weil keines der beiden Konzepte vollständig befriedigt, sollen dem Anwender beide zur Verfügung gestellt werden. Jeder Prozess soll mit der Prozedur 'NewHeap' ein statisch allozierter Speicherbereich - z.B. ein global deklarierter Array - der Speicherverwaltung als Heap übergeben können. Die dynamische Zuteilung eines Speicherbereichs soll primär auf diesem Heap erfolgen. Nur wenn dieser zu klein ist oder gar nicht existiert, sollen die Daten im Workspace des Prozesses alloziert werden.

Für die Parameterliste der postulierten Prozedur 'NewHeap' gibt es zwei Möglichkeiten:

```
PROCEDURE NewHeap(VAR x: ARRAY OF SYSTEM.WORD);
PROCEDURE NewHeap(adr: SYSTEM.ADDRESS; size: CARDINAL);
```

Global deklarierte Variablen können mit der ersten Variante sehr einfach übergeben werden. Die zweite Variante ist optimal, wenn der Bereich durch einen Zeiger auf seinen Anfang und durch seine Grösse beschrieben wird. Da 'NewHeap' primär benötigt wird, um dem Hauptprozess die Möglichkeit zu geben, die Speicherverwaltung zu verwenden, ohne weitere Overlays auszuschliessen, erscheint die erste Variante einfacher und wird weiterverfolgt.

Ein Prozess besitzt nur einen zusammenhängenden Heap. Die Prozedur 'NewHeap' darf zwar mehrmals aufgerufen werden, aber es ist immer nur der letzte Aufruf bekannt. Allfällige Reste von früher übergebenen Speicherbereichen geraten in Vergessenheit.

Die dynamische Zuteilung erfolgt mit der Prozedur 'ALLOCATE':

```
PROCEDURE ALLOCATE(VAR adr: SYSTEM.ADDRESS; size: CARDINAL);
```

Diese Prozedur kann entweder direkt oder über die Standardprozedur 'NEW' verwendet werden: Jeder Aufruf von 'NEW'

```
NEW(p); (* 'p' is declared as 'POINTER TO T' *)
```

wird vom Modula-2 Compiler automatisch in einem Aufruf von 'ALLOCATE' übersetzt:

```
ALLOCATE(p,SYSTEM.TSIZE(T));
```

Am Ende eines Exceptionbehandlungsbereichs muss der Speicherplatz automatisch freigegeben werden, der innerhalb dieses Bereichs dynamisch alloziert wurde. Der Zustand der Speicherverwaltung wird deshalb beim Eröffnen eines Bereichs gerettet und am Ende des Bereichs wieder hergestellt. Ein bestimmter Bereich kann folglich beliebig oft eröffnet und wieder abgeschlossen werden, ohne dass eine Speicherzerstückelung auftritt.

4.5.2 Entwurf

Der Zustand der Speicherverwaltung eines Prozesses wird in seinem Deskriptor im Feld 'SPLimit' und in zwei neuen Feldern festgehalten:

```
TYPE
  ProcessDescriptor =
    RECORD
      ...
      SPLimit: SYSTEM.ADDRESS;
      ...
      heapSize: CARDINAL;
      heapPointer: SYSTEM.ADDRESS;
      ...
    END;

PROCEDURE ALLOCATE(VAR adr: ADDRESS; size: CARDINAL);
  VAR
    myself: Process;
BEGIN (* -- size>0 *)
  IF ODD(size) THEN INC(size); END(*IF*);
  (* -- NOT ODD(size) *)
  myself:=Process(REGISTER(4));
  WITH myself^ DO
    (* -- NOT ODD(SPLimit),
          (heapSize>0) --> NOT ODD(heapPointer) *)
    IF heapSize>=size THEN
      adr:=heapPointer;
      INC(heapPointer,size);
      DEC(heapSize,size);
      (* -- (heapSize>0) --> NOT ODD(heapPointer) *)
    ELSIF (REGISTER(6)-SPLimit>=MEPDP11.minStackSize+size)
          AND (size<CARDINAL(-MEPDP11.minStackSize)) THEN
      adr:=SPLimit;
      INC(SPLimit,size); (* -- NOT ODD(SPLimit) *)
      IF (REGISTER(4)=CARDINAL(MainProcessR4))
         AND NOT ODD(InitialStart.StackLimit) THEN
        INC(InitialStart.StackLimit);
          (* inhibit further overlays:
          'MEPDP11.InitialStart.StackLimit' is used in
          'MELoader' instead of 'Loader.FirstFree' *)
      END(*IF*);
     ELSE
      Raise(StorageError);
    END(*IF*);
    (* -- NOT ODD(SPLimit),
          (heapSize>0) --> NOT ODD(heapPointer) *)
  END(*WITH*);
END ALLOCATE;
```

Die dynamische Speicherzuteilung erfolgt nur wortweise; alle drei Zeiger müssen immer gerade sein. 'heapSize' wird in der Prozedur 'StartProcess' mit 0 initialisiert.

Sowohl 'ALLOCATE' wie auch 'NewHeap' sollen auch von einem Z-Prozess aufgerufen werden können. Die Prozeduren greifen deshalb wie 'Raise' (siehe 4.4.2.4) nicht über die Variable 'runningProcess' sondern mit dem Register R4 und einer Hilfsvariablen auf den aktuellen Prozessdeskriptor zu.

Ein Speicherbereich wird primär im Heap des Prozesses reserviert. Nur wenn dessen Grösse nicht ausreicht, wird versucht die Stackgrenze 'SPLimit' zu verschieben. Der Stack des Prozesses darf jedoch eine minimale Grösse nicht unterschreiten, und es muss darauf geachtet werden, dass der Test nicht durch Overflows verfälscht werden kann. Der Stackpointer R6 ist sicher grösser als 'SPLimit', aber ein Overflow im Ausdruck 'minStackSize+size' muss mit einer zweiten Bedingung ausgeschlossen werden. Falls die Stackgrenze des Modula-2 Hauptprozesses verschoben wird, muss das Laden weiterer Overlayschichten verhindert werden.

Wenn es unmöglich ist, einen Bereich der gewünschten Grösse zu reservieren, wird die Exception 'StorageError' ausgelöst.

In der Prozedur 'NewHeap' werden die Felder 'heapSize' und 'heapPointer' neu gesetzt.

Beim Eröffnen eines Exceptionbehandlungsbereichs wird der Zustand der Speicherverwaltung gerettet. Vor der Rückkehr aus der Prozedur 'Call' wird der alte Zustand wieder hergestellt.

4.6 Testhilfen

Beim praktischen Einsatz einer Programmiersprache kommt der Verfügbarkeit von Testhilfen eine grosse Bedeutung zu. Wenn Testhilfen fehlen, kann das Testen von Programmen sehr mühsam sein, auch wenn eine sehr einfache, mächtige Programmiersprache wie Modula-2 eingesetzt wird.

Testhilfen können nach ihrer Anwendung vor, während oder nach der eigentlichen Ausführung eines Programmes in folgende Gruppen eingeteilt werden:

- Verifikatoren: Semantische Analyse der Programmsource (statisch).
- Simulatoren: Dynamische Analyse des Programmes durch simulierte Programmausführung.

```
PROCEDURE NewHeap(VAR x: ARRAY OF WORD);
  VAR
    myself: Process;
BEGIN
  myself:=Process(REGISTER(4));
  WITH myself^ DO
    heapPointer:=ADR(x);
    heapSize:=SIZE(x); (* -- heapSize>0 *)
    IF ODD(heapPointer) THEN
      INC(heapPointer);
      DEC(heapSize); (* -- heapSize>=0 *)
    END(*IF*);
    (* -- (heapSize>0) --> NOT ODD(heapPointer) *)
  END(*WITH*);
END NewHeap;

PROCEDURE Call(procedure: PROC; VAR result: ExceptionType);
  VAR
    ...
    oldHeapSize: CARDINAL;
    oldSPLimit, oldHeapPointer: ADDRESS;
BEGIN
  WITH runningProcess^ DO
    (* save old heap-data *)
    oldSPLimit:=SPLimit;
    oldHeapPointer:=heapPointer;
    oldHeapSize:=heapSize;
    ...
    (* restore old heap-data *)
    SPLimit:=oldSPLimit;
    heapPointer:=oldHeapPointer;
    heapSize:=oldHeapSize;
  END(*WITH*);
END Call;
```

- Laufzeittests: Detektion von Ausnahmesituationen während der Ausführung, um zu verhindern, dass das Programm ausser Kontrolle gerät oder Systemzusammenbrüche entstehen, deren Ursache nicht mehr rekonstruierbar sind (z.B. Indextest, Stackoverflowtest).

- Debugger: Analyse eines abgebrochenen Programmes (ev. mit der Möglichkeit das Programm wieder weiter laufen zu lassen).

Laufzeittests werden schon lange eingesetzt, um ein Programm im Falle eines Fehlers mit einer mehr oder weniger aussagekräftigen Fehlermeldung abzubrechen. Weitere Informationen über den Programmzustand im Zeitpunkt des Fehlers waren nur mit fundierten Systemkenntnissen in mühsamer Handarbeit aus oktalen oder hexadezimalen Dumps, Loadmaps und Assemblerlistings herauszulesen.

In letzter Zeit wurden für verschiedene Systeme (z.B. Modula-2, PORTAL) Debugger verfügbar, die eine Analyse in symbolischer Form ermöglichen. Je nach dem werden die Programme durch den Debugger mehr oder weniger beeinflusst: In gewissen Systemen muss beim Uebersetzen zusätzlicher Code eingeführt werden. Weiter ist es z.T. möglich, Breakpoints zu setzen, um das Programm an einer bestimmten Stellen anhalten zu lassen, zu analysieren und wieder weiter laufen zu lassen. In Echtzeitsystemen sind diese Beeinflussungen der Programmausführungen problematisch, weil die von der Anwendung vorgegebenen zeitlichen Schranken nicht mehr eingehalten werden können und das Programm sich ohne den zusätzlichen Code anders verhalten könnte. Das im Modula-2/RT-11 Debugger verwendete Konzept eines "post-mortem-analyzers" ist deshalb für Echtzeitanwendungen besonders geeignet.

Programmverifikatoren und -simulatoren für grössere Programme sind noch kaum verfügbar. Es ist aber anzunehmen, dass sie in den nächsten Jahren an Bedeutung gewinnen werden.

Für die PDP-11 Version von MODEB werden folgende Anforderungen gestellt:

- Das Echtzeitbetriebssystems soll mit Laufzeittests vor groben Fehlmanipulationen geschützt werden, um nichtrekonstruierbare Systemzusammenbrüche zu verhindern. Bei jedem Programmabbruch infolge einer Exception soll der gesamte Speicherinhalt ins Dump-File geschrieben werden, damit der Zustand des Programmes mit dem Modula-2/RT-11 Debugger analysiert werden kann.

- Die Effizienz soll durch die Laufzeittests nicht zu stark beeinträchtigt werden. Eine Verlangsamung der Betriebssystemoperationen um 10-15% erscheint vertretbar und dürfte normalerweise weniger als 1-2% der gesamten Rechenzeit beanspruchen.

- Bei der Auslösung einer Exception soll der Kontext des betroffenen Prozesses teilweise gerettet werden, damit es mit dem Debugger möglich ist, in allen Prozessen den Zustand zur Zeit der letzten Exception zu analysieren. Beim Starten des Debuggers soll automatisch derjenige Prozess angewählt werden, welcher den Programmabbruch verursacht hat.

- Das Interface zwischen MODEB und dem Modula-2/RT-11 Debugger soll so gewählt werden, dass am Debugger möglichst wenig Anpassungen vorgenommen werden müssen.

In den folgenden zwei Paragraphen wird nun auf die einzelnen Laufzeittests und den Anschluss an den Debugger eingegangen.

4.6.1 Laufzeittests

4.6.1.1 ZLevelError

Die Exception 'ZLevelError' wird ausgelöst, wenn ein K-Prozess versucht, mit 'WaitInterrupt' auf einen Interrupt zu warten oder wenn ein Z-Prozess eine Prozedur aufruft, welche K-Prozessen vorbehalten ist.

Da sich Unterbrechungsroutinen nicht blockieren können, wird der folgende Test in die Dispatcheroperation 'Block' eingefügt:

```
IF runningProcess<>Process(REGISTER(4)) THEN
  Raise(ZLevelError);
END(*IF*);
```

Derselbe Test wird auch zu Beginn der Prozeduren 'Call', 'CreateObjectListHead' und 'EnterInterruptState' durchgeführt: Ein Z-Prozess darf keinen eigenen Exceptionbehandlungsbereich eröffnen und keine dynamischen Objekte schaffen, um die Ausführungszeit von Z-Prozessen kurz zu halten. Eine Unterbrechungsroutine kann sich nicht ein zweites Mal in einen Z-Prozess umwandeln. Weiter wird dieser Laufzeittest auch in 'GetContextAndCall' durchgeführt, um Z-Prozesse daran zu hindern, Exceptionbereiche abzuschliessen, ohne sich wieder in K-Prozesse zurückzuwandeln.

Im Laufzeitsystem wird bei einem Aufruf von 'WaitInterrupt' die Exception 'ZLevelError' ausgelöst, wenn 'interruptedProcessIdent' auf den laufenden K-Prozess 'runningProcess' zeigt, d.h. wenn 'WaitInterrupt' nicht von einer Unterbrechungsroutine aufgerufen wird:

```
        CMP     INTERRU,#RUNNING     ; is it a K-process?
        BEQ     1$                   ; yes --> branch
        ...
1$:     .ERROR  #ZLEVERR,16(SP)      ; not a Z-process
```

4.6.1.2 IndexOutOfRange

Da Modula-2/RT-11 bei der Verwendung von Bereichstypen ("subrange types") keine Tests durchführt, müssen in einigen Prozeduren die Parameter explizit auf ihre Legalität überprüft werden. Bei Bereichsfehlern und illegalen Parameterwerten wird - wie bei Indexfehlern bei Arrayzugriffen oder in 'CASE'-Anweisungen - die Exception 'IndexOutOfRange' ausgelöst.

In 'StartProcess' wird die Exception 'IndexOutOfRange' ausgelöst, wenn eine illegale Priorität oder eine zu kleine Workspacegrösse angegeben wird, die zu einem Stacküberlauf führen würde.

In der Prozedur 'EnterInterruptState' werden die übergebenen Adressen überprüft. 'vecAdr' muss ein Vielfaches von 4 kleiner als 400B sein, 'csAdr' muss ein existierendes Commandstatusregister bezeichnen:

```
IF (BITSET(vecAdr)*{0,1}<>{}) OR (vecAdr>=400B) THEN
  Raise(IndexOutOfRange);
END(*IF*);
dummy:=csAdr^; (* raises 'TrapTo4', if 'csAdr' is illegal *)
```

In 'Raise' wird verhindert, dass 'NormalReturn' als Exception ausgelöst werden kann:

```
IF code=NormalReturn THEN Raise(indexOutOfRange);
ELSIF code=propagate THEN
  IF oldECode=NormalReturn THEN Raise(IndexOutOfRange) END;
  ...
 ELSE (* -- code<>NormalReturn, code<>propagate *)
  ...
END(*IF*);
```

Zu Beginn der Prozedur 'Call' erhält 'oldECode' den Wert 'NormalReturn', um nach der Neueröffnung eines Exceptionbereichs die Weitergabe einer Exception mit 'Raise(propagate)' zu verhindern.

Im Modul 'MEMessages' wird in 'CreateMailBox' eine Exception ausgelöst, wenn eine Informationsliste der Länge 0 gewünscht wird:

```
PROCEDURE CreateMailBox(size: CARDINAL; ... );
BEGIN
  IF size=0 THEN Raise(IndexOutOfRange); END(*IF*);
  (* -- size>0 *)
  ...
END CreateMailBox;
```

Da dies die einzige Anpassung des Moduls 'MEMessages' ist ausser den systematischen Aenderungen, die in 4.6.1.3 am Beispiel des Moduls 'MERegions' beschrieben werden, wird darauf verzichtet, 'MEMessages' im Anhang D aufzuführen.

4.6.1.3 Gültigkeit von Synchronisationsdeskriptoren

In der allgemeinen Version wird die Gültigkeit von Synchronisationsdeskriptoren in Variablen vom Typ 'BOOLEAN' festgehalten. Dies bietet beim Zugriff auf Objekte in unabhängigen Exceptionbereichen nur einen bedingten Schutz. Wenn ein Objekt gelöscht und an seiner Stelle ein neues Objekt eines anderen Typs geschaffen würde, könnte ein Zugriff auf das alte Objekt fälschlicherweise erfolgreich sein.

Der Schutz gegen Zugriffe auf Objekte eines falschen Typs soll nun mit einer einfachen Schlüsselverwaltung im Modul 'MEObjectManagement' verbessert werden:

```
VAR
  lastUsedKey: CARDINAL;

PROCEDURE GetKey(VAR k: CARDINAL);
  (* returns a key (<>0) to mark the validity of the
  synchronization descriptors of a specific type *)
BEGIN
  INC(lastUsedKey,2); k:=lastUsedKey;
END GetKey;

BEGIN (* body *)
  lastUsedKey:=MEPDP11.firstDescriptorKey;
END MEObjectManagement.
```

Es werden ungerade Schlüssel verwendet, die - als Adresse interpretiert - irgendwo in die PDP-11 I/O-Page zeigen, um die Wahrscheinlichkeit zu minimieren, dass ein zufälliger, irgendwo gespeicherter Wert mit einem Schlüssel identisch ist. Der erste Schlüssel ('firstDescriptorKey') wird vom Modul 'MEPDP11' exportiert und ist für das Filesystem der PDP-11 Version von MODEB (Maier 1984) reserviert.

Bei der Initialisierung des Moduls 'MERegions' wird mit 'GetKey' ein Schlüssel angefordert, der dann als Gültigkeitsvermerk für die Deskriptoren von kritischen Abschnitten verwendet wird:

```
TYPE
  RegionDescriptor =
    RECORD
      key: CARDINAL;
      ...
    END;

VAR
  regionKey: CARDINAL;

BEGIN (* body *)
  GetKey(regionKey);
END MERegions.
```

Im Vergleich zur allgemeinen Version ergeben sich Aenderungen in den Prozeduren 'CreateRegion', 'GetAccessRight', 'Exit' und 'DeleteRegion'.

```
PROCEDURE CreateRegion(...; VAR r: Region);
BEGIN
  NEW(r);
  WITH r^ DO
    key:=0; (* region is not yet valid *)
    ...
    key:=regionKey; (* region is valid now *)
  END(*WITH*);
END CreateRegion;
```

```
PROCEDURE GetAccessRight/Exit(VAR r: Region);
BEGIN
  WITH r^ DO
    IF key<>regionKey THEN Raise(SynchFailure); END(*IF*);
  ...

PROCEDURE DeleteRegion(VAR r: Region);
BEGIN
  WITH r^ DO
    key:=0; (* region is no more valid now *)
    ...
  END(*WITH*);
END DeleteRegion;
```

Andere Synchronisationskonzepte (Semaphoren, Meldungen) werden analog an die Schlüsselverwaltung angepasst.

4.6.1.4 Einschränkungen beim Aufruf von Enter/Exit

In der Prozedur 'Enter' wird mit einem Test verhindert, dass eine Verklemmung entsteht, wenn ein Prozess versucht, einen kritischen Abschnitt ein zweites Mal zu betreten:

```
IF r^.accRight.ownerOfAccessRight=Process(REGISTER(4)) THEN
  HALT;
END(*IF*);
```

In 'Exit' wird verhindert, dass ein Prozess einen kritischen Abschnitt verlässt, in welchem er sich gar nicht befindet:

```
IF r^.accRight.ownerOfAccessRight<>Process(REGISTER(4)) THEN
  HALT;
END(*IF*);
```

4.6.1.5 Unerwartete Unterbrechungen

Interrupts auf nicht initialisierten Vektoren führen meistens zu nicht-reproduzierbaren Systemzusammenbrüchen, deren Ursache praktisch nicht rekonstruiert werden kann. Sie treten auf, wenn in 'EnterInterruptState' eine falsche Vektoradresse angegeben wird oder wenn aus Versehen das Interrupt-Enable-Bit eines Gerätes gesetzt wird, ohne dass ein Z-Prozess auf dessen Unterbrechungen wartet.

Unerwartete Interrupts können leicht abgefangen werden, indem alle freien Vektoren auf einen vordefinierten Wert (z.B. auf 0) gesetzt werden. Der Interruptdeskriptor wird zu diesem Zweck um das Feld 'vectorId' erweitert, damit der Vektor bei der Rückwandlung eines Z-Prozesses wieder mit 0 initialisiert werden kann.

Beim Start des Laufzeitsystem werden alle Vektoren mit 0 initialisiert. Eine JUMP-Instruktion im Speicherplatz 0 sorgt dafür, dass im Falle eines unerwarteten Interrupts eine Assemblerroutine zur Behandlung dieser Unterbrechungen ausgeführt wird. Die Status-

```
TYPE
  InterruptDescriptor =
    RECORD
      ...
      vectorId: POINTER TO Vector;
    END;

WITH interruptId^ DO
  csAdr^:=stopCommand;
  vectorId^.PC:=PROC(0);
END(*WITH*);
```

worte der Vektoren werden ebenfalls durch das Laufzeitsystem initialisiert. Die Condition-Codes werden ausgenützt, um die Vektoradresse teilweise (Bit 2-5) an diese Routine zu übergeben.

Unerwartet Interrupts können keinem Prozess zugeordnet werden. Das Betriebssystem kann nicht entscheiden, welcher Prozess den Fehler verursacht hat. In der PDP-11 Version sind unerwartete Interrupts deshalb fatale Fehler. Der Prozessor wird angehalten, und das System muss wieder neu gestartet werden.

Es wäre ohne grossen Aufwand möglich, die aufgetretenen, nicht erwarteten Interrupts in eine Tabelle einzutragen und mit einer RTI-Instruktion mit dem unterbrochenen Prozess weiterzufahren. Ein Hilfsprozess könnte die Tabelle periodisch kontrollieren und die Einträge weiter verarbeiten.

4.6.2 Anpassungen an den Debugger

Die Anforderungen an die Anpassungen an den Debugger wurden bereits in der Einleitung dieses Unterkapitels (4.6) formuliert.

4.6.2.1 Retten des Kontextes

Der Modula-2/RT-11 Debugger kann anhand des Programmzählers und des dynamischen Links die Kette der noch nicht beendeten Prozeduren rekonstruieren und in symbolischer Form darstellen. Der Prozessdeskriptor wird deshalb um zwei Felder erweitert, in welche der PC und der DL beim Auslösen einer Exception gerettet werden:

```
TYPE
  ProcessDescriptor =
    RECORD
      ...
      ePC, eDL: SYSTEM.ADDRESS;
      ...
    END;
```

```
PROCEDURE Raise(code: ExceptionType);
  VAR
    ...
    DL: POINTER TO
          RECORD
            oldDL, oldPC: SYSTEM.ADDRESS;
          END;
BEGIN
  DL:=ADDRESS(REGISTER(2));
  ...
    (* save exception context for the debugger *)
    ePC:=DL^.oldPC; eDL:=DL^.oldDL;
  ...
END Raise;

RaiseAsynchronous:
  WITH context^ DO
    (* save exception context for the debugger *)
    ePC:=PC; eDL:=R2;
    (* change the context ... *)
    ...
  END(*WITH*);
```

Die Felder 'ePC', 'eDL' wie auch 'eCode', 'oldECode' und 'process' im Prozessdeskriptor müssen dem Debugger bekannt sein, damit alle Prozesse analysiert werden können. Der Debugger importiert nicht 'MEDispatching', sondern deklariert die Offsets dieser Felder als Konstanten, um sich nicht zu stark an MODEB zu binden (Vorsicht beim Aendern von 'ProcessDescriptor'!).

Der Modula-2/RT-11 Debugger startet automatisch mit dem Prozess, dessen Exceptionkontext an einer bestimmten Stelle im Dump-File gespeichert ist. Analog zum Modul 'PDP11' wird 'MEPDP11' um folgende Variablen an fixen Adressen ergänzt:

```
VAR
  exceptionCode [404B]: ExceptionType;
  exceptionPC [406B]: SYSTEM.ADDRESS;

  exceptionR0 [440B],
  exceptionR1 [442B],
  exceptionDL [444B], (* dynamic link *)
  exceptionR3 [446B],
  exceptionR4 [450B], (* process pointer *)
  exceptionR5 [452B],
  exceptionSP [454B]: SYSTEM.ADDRESS;
```

Der Exceptionkontext wird in 'Raise' auf die oben deklarierten Variablen kopiert:

```
exceptionCode:=eCode;
exceptionPC:=ePC;
exceptionDL:=eDL;
(* exceptionR0:=REGISTER(0);
   exceptionR1:=REGISTER(1);
   exceptionR3:=REGISTER(3);
   exceptionR4:=REGISTER(4);
   exceptionR5:=REGISTER(5);
   exceptionSP:=REGISTER(6); *)
```

Da der Debugger nur den Programmzähler und den dynamischen Link benötigt, wird darauf verzichtet, die anderen Register zu retten.

Bei der Auslösung einer sekundären Exception mit 'RaiseAsynchronous' infolge einer Exception in einem anderen Prozess wird der Exceptionkontext nicht in die Variablen 'exceptionCode', '-PC' und '-DL' kopiert, damit der Debugger per Default den primär betroffenen Prozess analysiert. Nur die beiden Exceptions 'TimeOut' und 'CtrlCError' werden in 'RaiseAsynchronous' als Spezialfälle behandelt, weil sie nicht als Folge einer anderen Exception ausgelöst werden.

```
WITH context^ DO
  (* save exception context for the debugger *)
  ePC:=PC; eDL:=R2;
  IF (e=CtrlCError) OR (e=TimeOut) THEN
    exceptionCode:=e;
    exceptionPC:=PC;
    exceptionDL:=R2;
  END(*IF*);
  (* change the context ... *)
  ...
END(*WITH*);
```

4.6.2.2 Reparieren des dynamischen Links

Es wäre wünschenswert, dass der Debugger die vollständige Kette der noch nicht beendeten Prozeduren mit ihren lokalen Daten auch dann darstellen kann, wenn eine Exception mit 'Raise(propagate)' über mehrere Exceptionbehandlungsbereiche zurückgegeben wird, bevor der Inhalt des Speichers auf das Dump-File geschrieben wird.

In der Aufräumphase wird der Stackbereich von 'GetContextAndCall' überschrieben, und der dynamische Link, welchen der Debugger benötigt, um seine Aufgabe zu lösen, wird unterbrochen. Am Ende von 'Call' muss deshalb der dynamische Link repariert werden (siehe Fig. 4.4). Das PC/DL Element, das beim Aufruf von 'Call' gerettet wurde, wird an die Stelle kopiert, an welcher die indirekt über 'Call' ausgeführte Prozedur ihrerseits die alten Werte von PC und DL gespeichert hatte. Der Debugger sieht dann den Aufruf von 'Call' und 'GetContextandCall' nicht mehr, aber die Anwenderprozeduren erscheinen alle in der Kette der noch nicht beendeten Prozeduren.

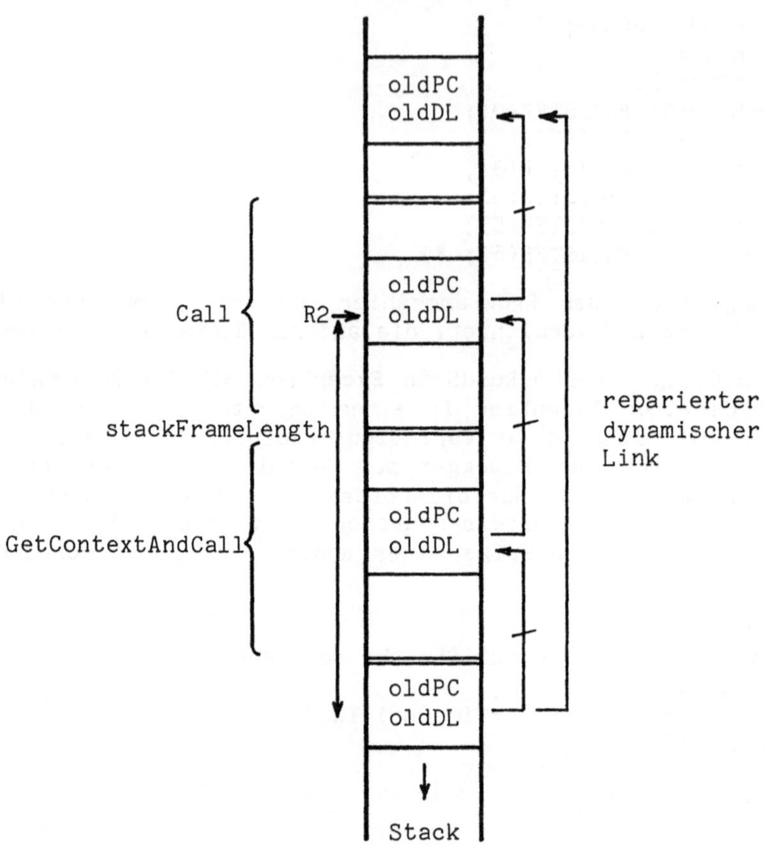

Fig. 4.4: Reparieren des dynamischen Links

```
PROCEDURE Call( ... );
  CONST
    stackFrameLength = ... ;
  VAR
    ...
    oldSPLimit, oldHeapPointer: POINTER TO
                                  RECORD
                                    DL, PC: SYSTEM.ADDRESS;
                                  END;
BEGIN
  ...
  IF result<>NormalReturn THEN
    (* repair the DL chain for the debugger *)
    oldSPLimit:=ADDRESS(REGISTER(2));
    oldHeapPointer:=ADDRESS(REGISTER(2))-stackFrameLength;
    oldHeapPointer^:=oldSPLimit^; (* copy saved DL/PC *)
  END(*IF*);
END Call;
```

Die Konstante 'stackFrameLength' bezeichnet den Stackbedarf der Prozeduren 'Call' und 'GetContextAndCall'. Er hängt vom Code ab, der durch den Compiler generiert wird. Bei Verwendung des Modula-2/RT-11 Compilers setzt sich 'stackFrameLength' wie folgt zusammen:

```
CONST
  stackFrameLength =
  (* 'Call': *)        4 (* saved PC/DL *)
                      +8 (* local variables *)
                      +4 (* 2 nested WITHs *)
                      +2 (* R5 is saved *)
  (* 'GetCntxt': *)   +2 (* parameter *)
                      +4 (* saved PC/DL *)
                     +.. (* local variables *)
                      +2 (* WITH *)
                      +2 (* R5 is saved *)
```

Für die Ausführung von 'CleanUp' steht der Stackbereich von 'GetContextAndCall' zur Verfügung. Durch Deklaration einer Hilfsvariablen 'useStackSpace' wird dieser Stackbereich so vergrössert, dass die lokalen Variablen der indirekt über 'Call' ausgeführten Prozedur in der Aufräumphase nicht überschrieben werden, damit sie mit dem Debugger analysiert werden können:

```
PROCEDURE GetContextAndCall( ... );
  VAR
    useStackSpace: ARRAY [1..39] OF CARDINAL;
BEGIN
  ...
END GetContextAndCall;
```

'useStackSpace' kann in einer speicherkritischen Anwendung natürlich weggelassen werden, wenn der Debugger nicht mehr benötigt wird.

4.6.2.3 Analyse des Modula-2 Hauptprozesses

Die Variable 'MainProcessR4' wird vom Modul 'PDP11' ins Modul 'MEPDP11' übernommen, aber als 'POINTER TO PROCESS' deklariert, damit im Debugger diese Variable angewählt werden kann, um den Modula-2 Hauptprozess zu analysieren. Sie wird vom Laufzeitsystem initialisiert.

4.7 Optimierungen

Bis jetzt erfolgte die Auswahl der Modula-2 Sprachkonstruktionen unabhängig vom Code, in welchen sie vom Modula-2/RT-11 Compiler übersetzt werden. Da die Effizienz und in zweiter Linie auch der Speicherbedarf wesentliche Eigenschaften eines Echtzeitbetriebssystems sind, werden einige Optimierungen diskutiert.

4.7.1 Prozessumschaltungen

Die Leistungsfähigkeit eines Betriebssystemkerns wird direkt durch den Aufwand beeinflusst, der für eine Prozessumschaltung benötigt wird. Die Prozeduren 'Assign' und 'Empty' werden deshalb genauer untersucht.

In 'Assign' liegt ein wesentlicher Teil des Aufwandes in der Schleifenorganisation und den Arrayzugriffen ('readyList'), obwohl die Schleife nie zu Ende geführt wird (die Ready-Liste darf nicht leer sein), resp. immer wieder auf dasselbe oder das benachbarte Arrayelement zugegriffen wird. Die 'FOR'-Anweisung wird deshalb durch einen 'LOOP' ersetzt, und es wird ein Zeiger eingeführt, um mit weniger Aufwand auf die Ready-Liste zugreifen zu können:

```
PROCEDURE Assign;
  VAR
    listPointer: RECORD CASE CARDINAL OF
                   1: p: POINTER TO List;
                  |2: c: CARDINAL;
                 END; END;
BEGIN (* -- NOT Empty(readyList), ... *)
  listPointer.p:=SYSTEM.ADR(readyList[runningProcess^.prio]);
  LOOP
    IF NOT Empty(listPointer.p^) THEN
      Remove(runningProcess,listPointer.p^);
      EXIT;
    END(*IF*);
    DEC(listPointer.c,SYSTEM.TSIZE(List));
  END(*LOOP*);
  ...
END Assign;
```

Die Analyse von 'Empty' zeigte, dass die Uebergabe eines Records als Eingabeparameter mit Hilfe einer TRAP-Routine realisiert wird, die den Parameter kopiert. Dies ist wesentlich aufwendiger, als die Uebergabe eines Ein/Ausgabeparameters, bei welcher nur die Parameteradresse kopiert wird. Die zu testende Liste wird deshalb als Ein/Ausgabeparameter übergeben, obwohl sie in 'Empty' nur gelesen wird:

```
PROCEDURE Empty(VAR l: List): BOOLEAN;
```

Anhand des vom Compiler generierten Codes wurde nach dieser Aenderung der Aufwand für den Prozduraufruf, für die Parameterübergabe und die Uebergabe des Funktionswertes mit dem Aufwand für den eigentlichen Test verglichen: Der Overhead betrug rund 75% des gesamten Aufwandes. Aus diesem Grund wurden die Aufrufe von 'Empty' innerhalb des Echtzeitbetriebssystemkerns durch Ausdrücke folgender Form ersetzt:

```
l.next^.el.next=l.next (* Empty(l) *)
```

4.7.2 Datenstrukturen

Die Grösse eines Prozessdeskriptors wird verkleinert, indem diejenigen Felder, die nie gleichzeitig benötigt werden, in einen Variant-Record zusammengefasst werden:

```
TYPE
  ProcessDescriptor =
    RECORD
      ...
      CASE CARDINAL OF (* conditional fields *)
        1: (* valid, if 'state=interruptRoutine' *)
           interruptId: POINTER TO InterruptDescriptor;
       |2: (* valid, if the process is an element of
           the clock queue *)
           low, high: CARDINAL;
       |3: (* may be valid, if the process is blocked *)
           synchInfo: SYSTEM.ADDRESS;
             (* used for parameter passing
             in synchronization operations *)
      END;
    END;
```

Im Exceptiondeskriptor wird das Feld 'returnContext' durch einen Zeiger ersetzt, um mindestens einen Teil des in 'GetContextAndCall' für die Anpassung an den Debugger reservierten Speicherbereichs ausnützen zu können:

```
TYPE
  ExceptionDescriptor =
    RECORD
      ...
      returnContextPointer: POINTER TO ContextType;
    END;
```

```
PROCEDURE GetContextAndCall(procedure: PROC);
  VAR
    returnContext: ContextType;
    useStackSpace: ARRAY [1..27] ;
BEGIN
  GetActualContext(returnContext);
  ...
  WITH runningProcess^ DO
    frameList^.returnContextPointer:=ADR(returnContext);
    ...
  END(*WITH*);
END GetContextAndCall;
```

In der Prozedur 'ErrorRoutine' wird nun ein Exceptionbereich wie folgt abgebrochen:

```
SetActualContext(returnContextPointer^);
```

4.8 Zeitmessungen

Auf einem PDP-11/45 Rechner wurden einige Zeitmessungen durchgeführt, um abzuklären, ob das Ziel, MODEB V2 für Steuerungen und Regelungen mit Abtastzeiten im Bereiche einiger Millisekunden einsetzen zu können, erreicht wurde oder nicht.

	[ms]
'Send/Receive' Paar ohne Prozessumschaltung	0.27
'Send/Receive' Paar mit Prozessumschaltung	0.62
Prozessumschaltung	0.35
Eröffnen/Abschliessen eines Exceptionbereichs ('Call')	0.46
Auslösung einer synchronen Exception ('Raise')	0.26
Behandlung eines Objektlistenkopfes	0.22
Starten/Abbrechen eines Sohnprozesses	0.78
Allozieren eines Speicherbereichs ('NEW')	0.105
Behandlung eines Interrupts	0.165

Fig. 4.5: Zeitmessungen

Die Messungen (Fig. 4.5) erfolgten mit Hilfe des Moduls 'MEClock', wobei die Auflösung von +/-20ms (50Hz) auf +/-0.005ms wurde verbessert, indem die Zeit zur 4000-fachen Ausführung einer bestimmten Anweisung gemessen und davon die Ausführungszeit der leeren Schleife subtrahiert wurde.

Der Aufwand für eine Prozessumschaltung wurde aus den ersten beiden Werten abgeleitet.

Die folgenden Messungen betreffen die Exceptionbehandlung und Objektverwaltung: Die erste zeigt den Aufwand, der benötigt wird, um einen leeren Bereich zu eröffnen und wieder abzuschliessen. Die folgenden zeigen den Mehraufwand, der für das Auslösen einer Exception, das Schaffen und Aufräumen eines Objektlistenkopfes, das Starten und Abbrechen eines Sohnprozesses oder für einen Aufruf von 'NEW' nötig ist. (In der Zeit zum Starten und Abbrechen eines Sohnprozesses ist der Aufwand für den Objektlistenkopf noch nicht enthalten; beim ersten 'StartProcess' in einem Bereich müssen beide Zeiten zusammengezählt werden.)

Die Behandlungsdauer eines Interrupts wurde aus der verlängerten Ausführungszeit einer Aufgabe bestimmt, die sich im Vergleich zur ungestörten Ausführung ergibt, wenn sie durch einige tausend Unterbrechungen verzögert wird. In der Unterbrechungsroutine selbst wurden nur die Zahl der Unterbrechungen gezählt und jeweils ein Byte in einen Datenpuffer kopiert, um den nächsten Interrupt zu erzeugen.

Mit Hilfe obiger Tabelle kann abgeschätzt werden, wie stark der Rechner durch die Ausführung von Betriebssystemoperationen (Overhead) belastet wird: Z.B. 1000 Unterbrechungen und 100 Send/Receive-Paare mit Prozessumschaltungen pro Sekunde ergeben eine Belastung von etwa 23%.

Die PDP-11 Version von MODEB V2 ist somit auf einem PDP-11/45 Rechner für Steuerungen und Regelungen mit Abtastzeiten im Bereiche einiger Millisekunden einsetzbar.

5. Kapitel

Multiprozessorversion

5.1 Uebersicht

Dieses Kapitel beschreibt die Uebertragung der allgemeinen Einzelprozessorversion (Kapitel 3) auf einen eng gekoppelten Multiprozessor.

In dieser Arbeit wird unter einem eng gekoppelten Multiprozessor oder einem Prozessorpool eine Menge gleichartiger Prozessoren verstanden, die einen gemeinsamen Arbeitsspeicher besitzen. Aus einer solchen Menge gekoppelter, sequentieller Z-Maschinen soll eine parallele K-Maschine realisiert werden.

Das Zusammenfassen mehrerer Prozessoren zu einem Prozessorpool verspricht eine höhere Leistungsfähigkeit und eine höhere Zuverlässigkeit ohne zusätzlichen Aufwand bei der Entwicklung von Anwendungsprogrammen. Die Prozessverwaltung verteilt die anfallenden Aufgaben automatisch auf die verfügbaren Prozessoren, und beim Ausfall eines Prozessors sollte die Funktionsfähigkeit der K-Maschine mindestens mit einer reduzierten Leistungsfähigkeit erhalten bleiben. In dieser Arbeit wird nur auf den ersten Punkt eingegangen; die Frage der automatischen Detektion und Behandlung eines Prozessorausfalls wird nicht untersucht.

Es wird nur eine einzelne K-Maschine (Prozessorpool) betrachtet. Mit Hilfe des TC8 Reports (1982) lassen sich die Ergebnisse leicht auf mehrere gekoppelte K-Maschinen (allgemeine Konfiguration eines Netzwerkknotens) übertragen.

Das Hauptproblem beim Uebergang von einem Einzelprozessor auf einen Multiprozessor liegt in der Parallelität. Der gegenseitige Ausschluss auf dem Z-Level kann nicht mehr gewährleistet werden, indem das Unterbrechungssystem abgeschaltet wird, und z.B. beim asynchronen Auslösen einer Exception muss berücksichtigt werden, dass der betroffene Prozess ev. auf einem anderen Prozessor ausgeführt wird. Zur Lösung dieser Probleme werden die im TC8 Report (1982) vorgeschlagenen Z-Level Synchronisationshilfsmittel für den gegenseitigen Ausschluss ("mutual exclusion") und die Notifikation ("cross stimulation") eingesetzt.

Operationen, welche in einem Einzelprozessorsystem unterbrechbar sind, können unverändert auf den Multiprozessor übertragen werden, weil bei eingeschaltetem Unterbrechungssystem bereits auf einem

Einzelprozessorsystem virtuelle Parallelität vorhanden ist. Es werden deshalb nur die Aenderungen gegenüber der Einzelprozessorversion beschrieben. Das 3. Kapitel wird als bekannt vorausgesetzt.

Um die Multiprozessorversion von den anderen Versionen zu unterscheiden, wird allen Modulnamen die Abkürzung "MU" (Multiprozessor) vorangestellt:

```
'Exceptions' --> 'MUExceptions'
'KLevel'     --> 'MUKLevel'
 ...              ...
```

Die vollständigen Module der Multiprozessorversion befinden sich im Anhang D.

Der Entwurf der Multiprozessorversion erfolgt implementationsunabhängig. Eine konkrete Implementation dürfte noch einen zusätzlichen Aufwand mit sich bringen, der mit dem Aufwand für die PDP-11 Version (Kapitel 4) vergleichbar wäre.

Nach der Diskussion der Synchronisation auf dem Z-Level (5.2) wird in derselben Reihenfolge vorgegangen, wie beim Entwurf der Einzelprozessorversion.

5.2 Synchronisation auf dem Z-Level

5.2.1 Gegenseitiger Ausschluss

5.2.1.1 Das Funktionspaar Lock/Unlock

Auf dem Z-Level wird der gegenseitige Ausschluss - z.B. beim Zugriff auf eine Prozesswarteliste - mit Hilfe von 'Lock' und 'Unlock' (TC8 Report, 1982) realisiert.

```
TYPE
  LockVariable = (unlocked, locked);

PROCEDURE Lock(VAR v: LockVariable);
PROCEDURE Unlock(VAR v: LockVariable);
```

Ein kritischer Abschnitt wird mit 'Lock(v)' eingeleitet und mit 'Unlock(v)' beendet. Die dazwischenliegende Anweisungsfolge wird dann nicht gleichzeitig mit anderen Anweisungsfolgen ausgeführt, welche mit derselben "Lock-Variablen" 'v' geschützt sind. Jede Variable des Typs 'LockVariable' muss mit 'unlocked' initialisiert werden.

Die Realisierung von 'Lock/Unlock' ist abhängig vom verwendeten Rechnertyp. Im folgenden wird ihr logischer Aufbau beschrieben. Die effektive Codierung dürfte aber kaum in Modula-2 erfolgen, sondern mit einigen Maschinen- oder Mikroinstruktionen.

Falls 'v' bei einem Aufruf von 'Lock(v)' den Wert 'unlocked' besitzt, wird 'v' auf 'locked' gesetzt, andernfalls wird der Test wiederholt, und der Prozess wird verzögert, bis 'v' von 'unlocked' auf 'locked' gesetzt werden kann. Ein Bus- oder Speicherarbiter muss garantieren, dass der Test und die Zuweisung in einem unteilbaren "read-modify-write" Speicherzugriff erfolgt, damit nicht zwei Prozesse gleichzeitig auf 'v' zugreifen könnten und beide den kritischen Abschnitt betreten könnten.

```
PROCEDURE Lock(VAR v: LockVariable);
BEGIN
  LOOP
    (* the following test and the assignment to 'v'
    must be executed in a mutual exclusive memory
    cycle controlled by a bus or memory arbiter *)
    IF v=unlocked THEN
      v:=locked;
      EXIT;
    END(*IF*);
  END(*LOOP*);
END Lock;
```

In der Prozedur 'Unlock' wird 'v' wieder auf 'unlocked' gesetzt.

```
PROCEDURE Unlock(VAR v: LockVariable);
BEGIN
  v:=unlocked;
END Unlock;
```

Die Verzögerung in 'Lock' erfolgt durch beschäftigtes Warten ("busy-wait"). Die durch 'Lock/Unlock' geschützten Anweisungsfolgen müssen deshalb möglichst kurz sein, um die Wartezeiten der einzelnen Prozessoren zu minimieren und die Verluste an Rechenzeit klein zu halten.

Das Unterbrechungssystem soll innerhalb von Abschnitten, die durch 'Lock/Unlock' geschützt werden, abgeschaltet werden, denn es ist normalerweise sinnvoller, die Ausführung einer Unterbrechungsroutine zu verzögern, als mehrere Prozessoren infolge eines Interrupts warten zu lassen.

Da 'Lock/Unlock'-Sequenzen auch verschachtelt und teilweise überlappend auftreten, kann das Unterbrechungssystem nicht einfach in 'Lock' aus- und in 'Unlock' wieder eingeschaltet werden. Lokal zu jedem Prozessor wird ein Zähler eingeführt, um in 'Unlock' feststellen zu können, ob das Unterbrechungssystem wieder eingeschaltet werden kann.

```
VAR (* local to each Z-machine *)
  lockCount: CARDINAL;
```

'lockCount' wird mit 0 initialisiert und zählt die Aufrufe von 'Unlock', die noch ausstehen. Beim Uebergang von 0 nach 1 wird das Unterbrechungssystem ausgeschaltet, und beim Uebergang von 1 nach 0 wieder eingeschaltet.

```
PROCEDURE Lock(VAR v: LockVariable);
BEGIN
  LOOP
    IF lockCount=0 THEN
      (* inhibit interrupts on this Z-machine *)
    END(*IF*);
    (* the following test and the assignment to 'v'
    must be executed in a mutual exclusive memory
    cycle controlled by a bus or memory arbiter *)
    IF v=unlocked THEN
      v:=locked;
      INC(lockCount);
      EXIT;
    END(*IF*);
    IF lockCount=0 THEN
      (* allow interrupts *)
    END(*IF*);
  END(*LOOP*);
END Lock;

PROCEDURE Unlock(VAR v: LockVariable);
BEGIN
  v:=unlocked;
  DEC(lockCount);
  IF lockCount=0 THEN
    (* allow interrupts *)
  END(*IF*);
END Unlock;
```

5.2.1.2 Konzept für den Einsatz von Lock/Unlock

Bei verschachtelten oder überlappenden 'Lock/Unlock'-Paaren besteht die Gefahr von Verklemmungen. Wenn zwei Prozesse 'p1' und 'p2' zwei kritische Abschnitte in der umgekehrten Richtung betreten möchten, könnte der Fall eintreten, dass 'p1' den Abschnitt 'a', 'p2' den Abschnitt 'b' betritt und sich 'p1' und 'p2' so gegenseitig am Weiterlaufen hindern.

```
p1: Lock(a);          p2: Lock(b);
    ...                   ...
    Lock(b);              Lock(a);
    ...                   ...
```

Verklemmungen dieser Art können vermieden werden, indem bei verschachtelten oder überlappenden 'Lock/Unlock'-Paaren immer dieselbe Reihenfolge eingehalten wird.

Die Prozeduren 'Lock/Unlock' werden in der Multiprozessorversion von MODEB eingesetzt, um gleichzeitige Zugriffe auf Datenstrukturen innerhalb des Kerns auszuschliessen, damit deren Konsistenz gewährleistet bleibt.

Diese Aufgabe könnte mit einer einzigen Lock-Variablen gelöst werden, aber dies hätte den Nachteil, dass sich die Z-Maschinen eines Pools oft unnötigerweise behindern würden, denn z.B. ein Zugriff auf einen Synchronisationsdeskriptor darf ohne weiteres gleichzeitig mit einem Zugriff auf die Ready-Liste stattfinden.

Es werden deshalb drei Klassen von Lock-Variablen eingeführt, um die gegenseitigen Behinderungen der Z-Maschinen auf das mit vertretbarem Aufwand erreichbare Minimum zu beschränken:

- Jeder Synchronisationsdeskriptor erhält ein Feld '<u>syLock</u>' vom Typ 'LockVariable', mit welchem die Konsistenz dieses Deskriptors garantiert wird.

- Jeder Prozessdeskriptor wird um ein Feld '<u>processLock</u>' erweitert, um die Zugriffsrechtlisten zu schützen und zu verhindern, dass in diesem Prozess gleichzeitig zwei Exceptions ausgelöst werden.

- Die Ready-Liste des Prozessorpools, in welcher sich alle lauffähigen, aber nicht laufenden K-Prozesse befinden, wird mit einer Lock-Variablen '<u>readyLock</u>' geschützt.

Mit folgenden Regeln werden Verklemmungen bei verschachtelten oder überlappenden Aufrufen von 'Lock/Unlock' verhindert:

- Es ist verboten, mehrere Synchronisationsdeskriptoren verschachtelt oder überlappend mit 'Lock(syLock)' zu schützen.

- Es ist verboten, mehrere Prozessdeskriptoren verschachtelt oder überlappend mit 'Lock(processLock)' zu schützen.

- Wenn sich mehrere Lock-Variablen gleichzeitig im Zustand 'locked' befinden müssen, so muss 'Lock' in der Reihenfolge 'syLock' - 'processLock' - 'readylock' aufgerufen werden.

Die Reihenfolge in der letzten Regel drängt sich aus zwei Gründen auf. In einer Synchronisationsoperation muss auf den Synchronisationsdeskriptor zugegriffen werden, bevor ein Zugriffsrecht neu zugeteilt oder ein wartender Prozess in die Ready-Liste eingefügt wird. Weiter ist es sinnvoll, die Ready-Liste erst zuletzt - und deshalb auch am kürzesten - zu schützen, da in einem Prozessorpool viele Synchronisationsdeskriptoren, viele Prozesse und nur eine einzige Ready-Liste vorhanden sind und somit die Konfliktwahrscheinlichkeit bei der Ready-Liste am grössten ist.

5.2.1.3 Gültigkeitstests

In gewissen Operationen besteht das Bedürfnis, die Prozedur 'Lock' nur auszuführen, wenn eine bestimmte Bedingung erfüllt ist.

In einer Synchronisationsoperation hat es keinen Sinn, den entsprechenden Deskriptor zu schützen, wenn er nicht mehr gültig ist. Andererseits muss der Gültigkeitstest (siehe 3.4.1) geschützt erfolgen, weil die Gültigkeit zwischen dem Test und dem Betreten des kritischen Abschnitts geändert werden könnte.

Eine ähnliche Aufgabe ergibt sich beim asynchronen Auslösen von Exceptions. Wenn der betroffene Prozess blockiert ist, so muss die Warteliste, in der er sich befindet, geschützt werden.

Zur Lösung dieser Aufgaben wird ein Funktionspaar eingeführt, um bedingt auf Lock-Variablen zugreifen zu können.

```
TYPE
  LockPointer = POINTER TO LockVariable;

PROCEDURE IndLockOrFalse(VAR vId: LockPointer): BOOLEAN;
PROCEDURE IndUnlock(VAR vId: LockPointer);
```

Mit 'Ind(irect)LockOrFalse' wird die mit dem Zeiger 'vId' bezeichnete Lock-Variable auf 'locked' gesetzt und man erhält 'TRUE' als Funktionswert. Wenn 'vId' den Wert 'NIL' besitzt, erhält man 'FALSE'. Die Ausführung von 'IndLockOrFalse' wird mit 'FALSE' abgebrochen, wenn 'vId' von einem anderen Prozess auf 'NIL' gesetzt wird, bevor die Lock-Operation beendet werden kann.

Mit der Prozedur 'IndUnlock' wird die mit 'vId' bezeichnete Lock-Variable freigegeben. Gleichzeitig wird 'vId' auf 'NIL' gesetzt, sodass der kritische Abschnitt nicht mehr über 'vId' betreten werden kann.

Dieses Funktionspaar kann zusammen mit 'Lock/Unlock' eingesetzt werden. Es müssen dieselben Regeln eingehalten werden.

'IndLockOrFalse' enthält im Vergleich zu 'Lock' zusätzlich einen Test, ob der Zeiger 'vId' verschieden von 'NIL' ist.

```
PROCEDURE IndUnlock(VAR vId: LockPointer);
  VAR
    id: LockPointer;
BEGIN
  id:=vId;
  (* the local copy 'id' would not be necessary,
  if the bus or memory arbiter could guarantee
  a mutual exclusive access to 'vId' and 'vId^' *)
  vId:=NIL;
  id^:=unlocked;
  ...
END IndUnlock;
```

```
PROCEDURE IndLockOrFalse(VAR vId: LockPointer): BOOLEAN;
  VAR
    id: LockPointer;
BEGIN
  LOOP
    ...
    id:=vId; (* make a local copy *)
    IF id<>NIL THEN
      (* the following test and the assignment to 'v'
      must be executed in a mutual exclusive memory
      cycle controlled by a bus or memory arbiter
      (the local copy 'id' would not be needed, if
      the arbiter could guarantee a mutual exclusive
      access to 'vId' and to 'vId^') *)
      IF id^=unlocked THEN
        id^:=locked;
        IF vId<>NIL THEN
          INC(lockCount);
          RETURN TRUE;
         ELSE
          id^:=unlocked;
          id:=NIL;
        END(*IF*);
      END(*IF*);
    END(*IF*);
    ...
    IF id=NIL THEN
      RETURN FALSE;
    END(*IF*);
  END(*LOOP*);
END IndLockOrFalse;
```

In der Prozedur 'IndUnlock' wird der Zeiger 'vId' auf 'NIL' gesetzt, und die Lock-Variable wird mit Hilfe einer Kopie von 'vId' freigegeben.

Die Hilfsvariablen 'id' sind normalerweise nötig, da einfache Bus- oder Speicherarbiter nicht in der Lage sind, unteilbare "multiple-read-modify-write" und "read-modify-multiple-write" Speicherzyklen durchzuführen.

5.2.2 Notifikation

Innerhalb eines Prozessorpools wird ein Mechanismus benötigt, mit welchem sich die Z-Maschinen des Pools bei Bedarf gegenseitig anstossen können.

Mit der Prozedur 'Notify' wird die Ausführung einer internen Operation auf einer oder mehreren Z-Maschinen des Pools verlangt.

```
TYPE
  NotifyMessage = (op1, op2, ... );

PROCEDURE Notify(mes: NotifyMessage);
```

Die Operationen 'opi' werden als interne Operationen bezeichnet, weil ihre Ausführung auf dem K-Level nicht sichtbar ist, sondern nur innerhalb der K-Maschine.

Notifikationen werden nur binär gespeichert. Eine erneute Notifikation wird erst wieder beachtet, nachdem die vorherige von der betreffenden internen Operation quittiert wurde.

In der Multiprozessorversion von MODEB wird der Notifikationsmechanismus zur Lösung zweier Aufgaben eingesetzt:

```
TYPE
  NotifyMessage = (redispatch, remanage);
```

Mit 'Notify(redispatch)' wird der Pool informiert, dass die Zuteilung der K-Prozesse an die vorhandenen Prozessoren überprüft werden muss, weil ein Prozess neu in die Ready-Liste eingefügt wurde und deshalb ev. eine Prozessverdrängung notwendig ist. In der internen Operation 'Redispatch' muss die betroffene Z-Maschine den K-Prozess, den sie gerade ausführt, in die Ready-Liste eintragen und zum Prozess mit der höchsten Priorität in der Ready-Liste umschalten, oder sie muss sich davon überzeugen, dass der gerade ausgeführte Prozess dieselbe oder eine höhere Priorität besitzt, als der Prozess höchster Priorität in der Ready-Liste.

Mit 'Notify(remanage)' wird der Pool informiert, dass in einem der laufenden K-Prozesse eine asynchrone Exception ausgelöst werden muss. In der internen Operation 'Remanage' muss getestet werden, ob im ausgeführten K-Prozess eine Exception hängig ist, und wenn ja, muss die Bearbeitung dieser Exception eingeleitet werden.

Der Notifikationsmechanismus eines eng gekoppelten Multiprozessors kann auf verschiedene Arten implementiert werden.

Die einfachste Lösung besteht darin, nach jeder Notifikation auf allen Prozessoren die verlangte interne Operation auszuführen. Diese Strategie kann mit Flags realisiert werden, die mit 'Notify' gesetzt, von allen Z-Maschinen des Pools periodisch getestet und während der Ausführung der internen Operationen wieder gelöscht werden.

Mit dem Ziel, den Overhead durch unnötigerweise ausgeführte interne Operationen zu vermeiden, schlägt Mühlemann (1980) eine intelligente Notifikationseinheit vor, welche die Notifikationen mit Hilfe von Informationen über die laufenden K-Prozesse (z.B. deren Prioritäten) verarbeitet und den Z-Maschinen des Pools gezielt Unterbrechungssignale liefert, wenn relevante Notifikationen vorliegen.

In dieser Arbeit wird keine bestimmte Realisierung des Notifikationsmechanismus vorausgesetzt. Die internen Operationen 'Redispatch' und 'Remanage' werden so entworfen, dass sie für verschiedene Strategien verwendbar sind.

5.3 Prozessverwaltung und Exceptionbehandlung

5.3.1 Datenstrukturen

In einem Multiprozessorsystem müssen die Prozesszustände 'ready' und 'running' explizit unterschieden werden, da sich gleichzeitig mehrere Prozesse im Zustand 'running' befinden können. Der Typ 'ProcessState' wird deshalb um die Konstante 'running' erweitert:

```
TYPE
  ProcessState =
    (undefined, ready, running, blocked, inactive);
```

Der Prozessdeskriptor wird um eine Lock-Variable erweitert, mit welcher exklusiv auf den Deskriptor zugegriffen werden kann, um eine Exception auszulösen oder um auf eine Zugriffsrechtliste zuzugreifen (vgl. 5.2.1.2).

```
TYPE
  ProcessDescriptor =
    RECORD
      ...
      processLock: LockVariable;
    END;
```

Der Zustand des Prozessorpools wird durch die Ready-Liste und die zugehörigen Lock-Variable beschrieben.

```
VAR (* global to all Z-machines of the pool *)
  readyList: ARRAY Priority OF List;
  readyLock: LockVariable;
```

Der Zustand einer Z-Maschine wird durch die Variable 'runningProcess' beschrieben. Jede Z-Maschine besitzt eine eigene, lokale Inkarnation dieser Variablen und kann nicht auf die Inkarnationen ihrer Partner zugreifen. 'runningProcess' hat den Wert 'NIL', wenn der Prozessor nicht mit der Ausführung eines K-Prozesses beschäftigt ist.

```
VAR (* local to each Z-machine of the pool *)
  runningProcess: Process;
```

5.3.2 Listenverwaltung

Die Listenverwaltungsoperationen können ohne Aenderung von der allgemeinen Version übernommen werden, aber ihre Ausführung muss mit 'Lock/Unlock' geschützt werden.

Die Konsistenz der Ready-Liste wird gewährleistet, indem alle Zugriffe mit Hilfe von 'readyLock' geschützt werden.

```
Lock(readyLock);
(* access to the ready list *)
Unlock(readyLock);
```

Die Prozesswartelisten werden mit Hilfe der Lock-Variablen 'syLock' der entsprechenden Synchronisationsdeskriptoren geschützt:

```
WITH ... DO
  Lock(syLock);
  (* access to a blocked list *)
  Unlock(syLock);
END(*WITH*);
```

Die Prozedur 'Withdraw' darf nur aufgerufen werden, wenn die Liste geschützt ist, in der sich der Prozess befindet. Im Zustand 'ready' befindet er sich in der Ready-Liste, im Zustand 'blocked' in einer Warteliste. Um diese Liste schützen zu können, wird der Prozessdeskriptor um einen Zeiger auf eine Lock-Variable erweitert.

```
TYPE
  ProcessDescriptor =
    RECORD
      ...
      blockLockId: LockPointer;
    END;
```

Bevor sich ein Prozess in eine Warteliste einträgt, wird die Adresse der zugehörigen Lock-Variablen ins Feld 'blockLockId' kopiert, sodass die Liste vor einem Aufruf der Prozedur 'Withdraw' geschützt werden kann.

5.3.3 Prozessumschaltung

In einem Multiprozessorsystem ist die Modula-2 Standardprozedur 'SYSTEM.TRANSFER' für eine Umschaltung von einem K-Prozess zu einem anderen nicht geeignet, da zwischen dem Retten des alten Kontextes und dem Installieren des neuen einige Operationen durchgeführt werden müssen, die keinem der beiden Prozesse zugeordnet werden können. Nach dem Eintragen eines Prozesses in eine Warteliste darf der Synchronisationsdeskriptor erst mit

'Unlock(syLock)' freigegeben werden, wenn sein Kontext vollständig gerettet ist, damit er von einem anderen Prozessor sofort wieder lauffähig gemacht werden könnte. Zu diesem Zeitpunkt ist aber noch nicht bekannt, welcher K-Prozess als nächster ausgeführt werden muss.

Das Problem kann auf zwei Arten gelöst werden: Die Prozessumschaltung kann mit zwei 'TRANSFER's indirekt über einen Hilfsprozess erfolgen, der die zusätzlichen Aktionen ausführt, oder - wie im TC8 Report (1982) vorgeschlagen - das Umschalten kann auf die zwei Operationen "SaveContext" und "RestoreContext" aufgeteilt werden.

In dieser Arbeit wird die zweite Methode verwendet, da bereits in der Exceptionbehandlung die vergleichbaren Operationen 'GetActualContext' und 'SetActualContext' eingesetzt werden. Das Feld 'process' im Prozessdeskriptor wird als 'ContextType' deklariert.

```
TYPE
  ProcessDescriptor =
    RECORD
      process: ContextType;
      ...
    END;
```

In der Prozedur 'Assign' wird der Kontext des laufenden Prozesses mit 'GetActualContext' gerettet, und mit 'SetActualContext' wird ein neuer K-Prozess installiert.

```
PROCEDURE Assign(VAR v: LockVariable);
BEGIN (* -- v=locked *)
  GetActualContext(runningProcess^.process);
  (* switch to the system stack of this Z-machine
  to completely free the context of the previously
  running K-process *)
  (* simulate a 'RETURN' on the saved context so that
  the process will continue after the call of 'Assign' *)
  runningProcess:=NIL;
  Unlock(v);
  LOOP
    Lock(readyLock);
    FOR pri:=maxPrio TO 1 BY -1 DO
      IF Empty(readyList[pri]) THEN
        Remove(runningProcess,readyList[pri]);
        EXIT;
      END(*IF*);
    END(*FOR*);
    Unlock(readyLock);
    (* wait for a notifikation to execute 'Redispatch' *)
  END(*LOOP*); (* -- readyLock=locked *)
  SetActualContext(runningProcess^.context,readyLock);
END Assign;
```

Nach dem Aufruf von 'GetActualContext' wird der Stack des Prozesses freigegeben, und es wird eine 'RETURN'-Anweisung simuliert, damit der Prozess, wenn er wieder laufend werden wird, nach dem Aufruf von 'Assign' fortfahren wird.

Den Prozeduren 'Assign' und 'SetActualContext' wird eine Lock-Variable als Parameter übergeben, um das Retten resp. das Installieren eines Kontextes zu schützen. 'Unlock' wird in 'SetActualContext' aufgerufen, sobald der neue Kontext soweit installiert ist, dass er bei einer allfälligen Unterbrechung mit 'GetActualContext' wieder gerettet werden könnte.

5.3.4 Dispatcheroperationen

Der Zustand eines K-Prozesses wird mit Hilfe der Dispatcheroperationen verändert. Da Zustandsänderungen sowohl synchron durch den Prozess selbst wie auch asynchron vorgenommen werden, müssen sie wie die gleichzeitig ausgeführten Listenoperationen mit 'Lock/Unlock' geschützt werden.

Die Uebergänge in den Zustand 'ready' und aus diesem Zustand in einen anderen werden mit 'readyLock' geschützt, der Uebergang nach 'blocked' und von 'blocked' weg durch das Feld 'syLock' im entsprechenden Synchronisationsdeskriptor.

In der Prozedur 'Ready' muss der Uebergang von 'blocked' nach 'ready' somit durch 'syLock' und durch 'readyLock' geschützt werden. Mit Hilfe des Feldes 'blockLockId' wird unterschieden, ob der Prozess soeben aus einer Warteliste entfernt wurde, oder ob er sich noch im Zustand 'undefined' befindet.

```
PROCEDURE Ready(p: Process);
BEGIN
  WITH p^ DO (* -- state<>running, state<>inactive,
                  blockLockId<>NIL --> blockLockId^=locked,
                  el.next=NIL *)
    Lock(readyLock);
    state:=ready;
    IF blockLockId<>NIL THEN
      IndUnlock(blockLockId);
    END(*IF*);
    Insert(p,readyList[prio]);
    (* -- state=ready, el.next<>NIL *)
    Notify(redispatch);
    Unlock(readyLock);
  END(*WITH*);
END Ready;
```

Mit 'Notify(redispatch)' wird der Prozessorpool informiert, dass sich ein neuer Prozess in der Ready-Liste befindet und ev. eine Prozessverdrängung notwendig ist. Abhängig von der verwendeten Notifikationsstrategie und den Prioritäten der lauffähigen Prozesse wird darauf eine, mehrere, alle oder keine der Z-Maschinen des Pools die interne Operation 'Redispatch' ausführen.

In der Prozedur 'Redispatch' wird die Notifikation quittiert, und der ausgeführte K-Prozess wird in den Zustand bereit gesetzt und in die Ready-Liste eingetragen. Mit einem Aufruf von 'Assign' wird zum Prozess höchster Priorität in der Ready-Liste umgeschaltet.

```
PROCEDURE Redispatch;
BEGIN
  IF runningProcess<>NIL THEN
    WITH runningProcess^ DO
      Lock(readyLock);
      reset notification to execute 'Redispatch';
      state:=ready;
      Insert(runningProcess,readyList[prio]);
      Assign(readyLock);
    END(*WITH*);
   ELSE
    reset notification to execute 'Redispatch';
  END(*IF*);
END Redispatch;
```

Falls der Prozessor nicht beschäftigt war ('runningProcess=NIL'), wird nur die Notifikation zurückgesetzt und mit der unterbrochenen Ausführung von 'Assign' fortgefahren.

Nach der Ausführung von 'Redispatch' auf einer bestimmten Z-Maschine ist die Priorität des laufenden K-Prozesses sicher mindestens so hoch, wie die Priorität des wichtigsten Prozesses in der Ready-Liste. Die Prozedur erfüllt somit ihre Aufgabe unabhängig von der verwendeten Notifikationsstrategie, aber sie ist nur für eine intelligente Strategie optimal. Bei der einfachsten Strategie würden nach jeder Ausführung von 'Ready' alle Prozessoren des Pools eine Prozessumschaltung durchführen. In diesem Fall könnte 'Redispatch' optimiert werden, indem in einer Variablen die Priorität des wichtigsten Prozesses in der Ready-Liste nachgeführt würde, damit mit einem Vergleich dieses Wertes und der Priorität des laufenden Prozesses entschieden werden könnte, ob eine Prozessverdrängung notwendig ist oder nicht.

In der Dispatcheroperation 'Inactivate' muss der Prozess je nach seinem Zustand aus einer Liste entfernt werden, oder der Prozessor muss mit einem Aufruf von 'Assign' freigegeben werden. Es ist nicht möglich, einen Prozess zu inaktivieren, der auf einem anderen Prozessor ausgeführt wird. Die Lock-Variable zum Schutz der Liste resp. für die Uebergabe an 'Assign' muss bereits vor dem Aufruf von 'Inactivate' auf 'locked' gesetzt werden.

Die Parameterliste der Dispatcheroperation 'Block' wird um einen Zeiger erweitert, der die Lock-Variable zum Schutz der Warteliste bezeichnet und ins Feld 'blockLockId' des Prozessdeskriptors kopiert wird, damit beim Auslösen einer asynchronen Exception die Warteliste geschützt werden kann. Die Freigabe der Lock-Variablen erfolgt in der Prozedur 'Assign' nach dem Retten des Kontextes des Prozesses.

```
PROCEDURE Inactivate(p: Process);
BEGIN
  WITH p^ DO (* -- state=running --> p=runningProcess,
                  state=running --> processLock=locked,
                  state=ready --> readyLock=locked,
                  state=blocked --> blockLockId^=locked *)
    Withdraw(p);
    state:=inactive;
    IF p=runningProcess THEN
      Assign(processLock);
      (* -- FALSE *)
    END(*IF*);
    (* -- state=inactive, el.next=NIL,
          previous state=running --> FALSE,
          previous state=ready --> readyLock=locked,
          previous state=blocked --> blockLockId^=locked *)
  END(*WITH*);
END Inactivate;

PROCEDURE Block(VAR blockedList: List; lockId: LockPointer);
BEGIN (* -- runningProcess^.el.next=NIL,
           lockId^=locked *)
  WITH runningProcess^ DO
    blockLockId:=lockId;
    state:=blocked;
  END(*WITH*);
  Insert(runningProcess,blockedList);
  Assign(lockId^);
END Block;
```

5.3.5 StartProcess und ChangePrio

Die Prozedur 'StartProcess' wird bis auf zwei Anpassungen von der allgemeinen Version übernommen.

Der Kontext des Prozesses kann nicht mehr mit 'SYSTEM.NEWPROCESS' initialisiert werden, sondern muss gemäss dem implementationsabhängigen Typ 'ContextType' zusammengestellt werden. Weiter müssen die neu eingeführten Felder im Prozessdeskriptors initialisiert werden.

Der Aufbau von 'ChangePrio' vereinfacht sich, da auf den Notifikationsmechanismus zurückgegriffen werden kann, um eine Neuzuteilung der lauffähigen Prozesse an die Prozessoren des Pools auszulösen. Da die Priorität eines Prozesses nur im Zusammenhang mit der Ready-Liste verwendet wird, kann der gegenseitige Ausschluss unabhängig vom Prozesszustand erreicht werden, indem die Ready-Liste geschützt wird.

```
PROCEDURE StartProcess(code: PROC; wspSize: CARDINAL;
                         pr: Priority; VAR pId: Process);
  VAR
    adr: SYSTEM.ADDRESS;
BEGIN
  ...
  WITH pId^ DO
    ALLOCATE(adr,wspSize); (* work space *)
    (* prepare the context 'process' of the new process *)
    ...
    processLock:=unlocked;
    blockLockId:=NIL;
    ...
  END(*WITH*);
  Ready(pId);
END StartProcess;

PROCEDURE ChangePrio(pId: Process; newPrio: Priority);
BEGIN
  WITH pId^ DO
    IF prio<>newPrio THEN
      Lock(readyLock);
      IF state=ready THEN Withdraw(p); END;
      prio:=newPrio;
      IF state=ready THEN Insert(p,readyList[prio]); END;
      IF (state=ready) OR (state=running) THEN
        Notify(redispatch);
      END(*IF*);
      Unlock(readyLock);
    END(*IF*);
  END(*WITH*);
END ChangePrio;
```

5.3.6 Exceptionbereichsbehandlung

Die Prozeduren 'Call', 'GetContextAndCall' und 'GetExceptionCode' können von der allgemeinen Version übernommen werden. Einzig das Abschliessen des aktuellen Exceptionbehandlungsbereichs in 'GetContextAndCall' wird man - wie sich bei der Exceptionbearbeitung ergeben wird - mit 'Lock/Unlock' schützen müssen.

5.3.7 Bearbeiten einer Exception

Die wesentlichen Probleme bei der Bearbeitung einer Exception in einem Multiprozessorsystem entstehen durch das parallele Arbeiten mehrerer Prozessoren. Im Extremfall werden in einem bestimmten Prozess gleichzeitig eine synchrone Exception und in verschiedenen Exceptionbehandlungsbereichen je mehrere asynchrone Exceptions ausgelöst.

Beim Auslösen einer asynchronen Exception muss zudem berücksichtigt werden, dass der betroffene Prozess unter Umständen auf einem anderen Prozessor ausgeführt wird und sich sein Zustand ändern kann. Befindet sich der Prozess im Zustand 'running', so wird den andern Z-Maschinen des Pools mit dem Notifikationsmechanismus mitgeteilt, dass in einem laufenden Prozess eine asynchrone Exception hängig ist.

In gewissen Fällen muss in 'RaiseAsynchronous' gewartet werden, bis der Prozess die Exception angenommen hat. Nach dem Abbrechen eines Sohnprozesses mit 'RaiseAsynchronous' muss sich dieser Prozess im Zustand 'inactive' befinden (siehe 3.3.7.2), und ein Zugriffsrecht darf erst entzogen werden, wenn der betroffene Prozess das Zugriffsrecht sicher nicht mehr benützt, d.h. wenn er sich nicht mehr im abzubrechenden Bereich befindet.

Der Einfachheit halber soll in 'RaiseAsynchronous' in jedem Fall gewartet werden, bis der betroffene Prozess die Exception angenommen hat, obwohl dies nicht immer notwendig wäre (z.B. bei 'SonProcessFailure').

Wie auf einem Einzelprozessor wird die Bearbeitung einer Exception in die Auslösephase und in die Zuordnungsphase aufgeteilt. In der Prozedur 'Raise' oder 'RaiseAsynchronous' wird im Prozessdeskriptor in den Feldern 'eCode' und 'frame' markiert, dass eine Exception hängig ist, und der Prozess wird dazu gebracht, die Prozedur 'ErrorRoutine' auszuführen, in welcher die Exception demjenigen Prozess zugeordnet wird, der den Bereich eröffnet hatte.

Das gleichzeitige Markieren mehrerer Exceptions im Deskriptor eines Prozesses wird mit Hilfe der Lock-Variablen 'processLock' ausgeschlossen.

In der internen Operation 'Remanage' muss eine Z-Maschine entscheiden, ob im K-Prozess, den sie ausführt, eine Exception hängig ist. Wenn ja, muss die Prozedur 'ErrorRoutine' ausgeführt werden.

```
PROCEDURE Remanage;
BEGIN
  reset notification to execute 'Remanage';
  IF (runningProcess<>NIL) AND
     (runningProcess^.eCode<>NormalReturn) THEN
    ErrorRoutine;
    (* -- FALSE *)
  END(*IF*);
END Remanage;
```

Anhand von 'eCode' kann jederzeit entschieden werden, ob in einem Prozess eine Exception hängig ist oder nicht. Die Bedingung 'eCode<>NormalReturn' ist nur gültig, während eine Exception hängig ist und nachdem der Prozess abgebrochen wurde.

5.3.7.1 Synchrone Exceptions

Die Prozedur 'Raise' muss mit einem 'Lock/Unlock' Paar erweitert werden, um das gleichzeitige Markieren asynchroner Exceptions auszuschliessen. Das Feld 'eCode' wird nur überschrieben, wenn keine asynchrone Exception hängig ist.

```
PROCEDURE Raise(code: ExceptionType);
BEGIN
  WITH runningProcess^ DO
    Lock(processLock);
    IF eCode=NormalReturn THEN
      IF code=propagate THEN
        (* -- oldECode<>NormalReturn *)
        eCode:=oldECode;
       ELSE
        eCode:=code;
      END(*IF*);
     ELSE
      (* there is an asynchronous exception *)
    END(*IF*);
    Unlock(processLock);
  END(*WITH*);
  ErrorRoutine;
END Raise;

PROCEDURE ErrorRoutine;
BEGIN
  WITH runningProcess^ DO (* -- eCode<>NormalReturn *)
    Lock(processLock);
    IF eCode<>Aborted THEN
      WITH frame^ DO
        IF frameLevel=0 THEN
          ...
        ELSIF ownerOfFrame=runningProcess THEN
          frame:=nextFrame;
          oldECode:=eCode;
          eCode:=NormalReturn;
          SetActualContext(returnContext,processLock);
          (* -- FALSE *)
         ELSE
          Unlock(processLock);
          RaiseAsynchronous(ownerOfFrame,frame,
                                        SonProcessFailure);
          Lock(processLock);
        END(*IF*);
      END(*WITH*);
    END(*IF*); (* -- processLock=locked *)
    Inactivate(runningProcess);
    (* -- FALSE *)
  END(*WITH*);
END ErrorRoutine;
```

Die Zuordnungsphase muss mit 'processLock' geschützt werden, um zu verhindern, dass gleichzeitig eine asynchrone Exception ausgelöst wird.

5.3.7.2 Asynchrone Exceptions

Das Auslösen einer asynchronen Exception wird in drei Phasen unterteilt:

a) In der Markierphase wird die Exception im Deskriptor des Prozesses eingetragen, falls der abzubrechende Bereich noch existiert und darin noch keine andere Exception hängig ist.

b) In der Fangphase wird der Prozess mit einer Kontextänderung oder dem Notifikationsmechanismus gezwungen, die Exception zu beachten und den Bereich abzubrechen. (Der Begriff "Fangphase" wurde gewählt, weil der Prozess seinen Zustand laufend ändern kann und somit "eingefangen" werden muss.)

c) In der Wartephase wird 'RaiseAsynchronous' verzögert, bis der Prozess sicher nicht mehr innerhalb des betroffenen Bereichs ausgeführt wird.

Für die Prozedur 'RaiseAsynchronous' ergibt sich folgende Grobstruktur:

```
PROCEDURE RaiseAsynchronous(p: Process; f: ExceptionPointer;
                                        e: ExceptionCode);
BEGIN
  WITH p^ DO
    IF 'f' not yet aborted THEN
      IF 'f' not marked for abort THEN
        mark 'f' for abort;
      END(*IF*);
      try to catch 'p' and force
        it to execute 'ErrorRoutine';
      wait until 'f' is aborted;
    END(*IF*); (* -- "'f' is aborted" *)
  END(*WITH*);
END RaiseAsynchronous;
```

a) Markierphase: Der Entscheid, ob der abzubrechende Bereich noch existiert und ob bereits eine Exception hängig ist, kann von der Einzelprozessorversion übernommen werden.

b) Fangphase: Die Art und Weise, wie ein Prozess abgebrochen oder eingefangen wird, hängt von seinem Zustand ab. Ein Prozess im Zustand 'undefined' wird immer inaktiviert, weil 'Aborted' die einzige Exception ist, die in diesem Zustand auftreten kann. Blockierte und bereite Prozesse können direkt inaktiviert, oder mit einer Kontextänderung dazu gebracht werden, die Prozedur

```
PROCEDURE RaiseAsynchronous(p: Process; f: ExceptionPointer;
                                              e: ExceptionCode);
  VAR
    currentLevel, levelToAbort: CARDINAL;
BEGIN (* -- p<>runningProcess *)
  WITH p^ DO
    Lock(processLock);
    IF state<>inactive THEN
      currentLevel:=frame^.frameLevel;
      levelToAbort:=f^.frameLevel;
      IF currentLevel>=levelToAbort THEN
        (* 'f' not yet aborted *)
        IF (currentLevel>levelToAbort) OR (eCode=NormalReturn)
         THEN (* 'f' not marked for abort *)
          frame:=f;
          eCode:=e;
        END(*IF*);
        Unlock(processLock);
      ...
```

'ErrorRoutine' auszuführen. Da laufende Prozesse nicht direkt beeinflusst werden können, werden in diesem Fall die anderen Z-Maschinen des Pools mit dem Notifikationsmechanismus informiert, dass in einem laufenden Prozess eine Exception hängig ist.

```
CASE state OF
  undefined: (* -- eCode=Aborted *)
    Inactivate(p);
 |ready:
    IF eCode=Aborted THEN
      Inactivate(p);
     ELSE
      change the context of 'p' to
        force it to execute 'ErrorRoutine';
    END(*IF*);
 |running:
    Notify(remanage);
    wait until 'f' is aborted;
 |blocked:
    IF eCode=Aborted THEN
      Inactivate(p);
     ELSE
      Withdraw(p);
      change the context of 'p' to
        force it to execute 'ErrorRoutine';
      Ready(p);
    END(*IF*);
END(*CASE*);
```

In diesem Lösungsansatz fehlt noch der gegenseitige Ausschluss mit 'Lock/Unlock', um Zustandsänderungen nach dem Zugriff auf 'state' zu verhindern. Wenn es sich um einen blockierten Prozess handelt, muss der entsprechende Synchronisationsdeskriptor geschützt werden, bei einem Prozess im Zustand 'ready' die Ready-Liste. Ein laufender Prozess bietet mehr Schwierigkeiten: Ein Uebergang von 'running' nach 'blocked' ist jederzeit möglich und kann mit den bisher verwendeten Lock-Variablen nicht verhindert werden, weil es nicht bekannt ist, in welche Warteliste sich der Prozess einträgt.

Obige 'CASE' Anweisung zeigt nur das Prinzip des Einfangen eines Prozesses. Sie kann nicht mit 'Lock/Unlock' zu einer korrekten Lösung ergänzt werden. Selbst wenn sie in einer Schleife wiederholt würde, wäre es theoretisch denkbar, dass der Prozess fortlaufend seinen Zustand ändern würde und man ihn nie "fangen" würde.

Im TC8 Report (1982) tritt dasselbe Problem bei der Deaktivierung eines Prozesses auf. Die dort vorgeschlagene Lösung basiert auf der Idee, im Deskriptor des Prozesses den Beginn der Deaktivierung zu markieren und zyklische Zustandsänderungen auszuschliessen, indem der Prozess bei gewissen Uebergängen selbst testet, ob eine Deaktivierung im Gange ist, und sich allenfalls selbst deaktiviert.

Diese Idee wird übernommen. Die Zuweisung eines Exceptioncodes an das Feld 'eCode' im Prozessdeskriptor in der Markierphase wird verwendet, um zyklische Zustandsänderungen ohne Beachtung der hängigen Exception auszuschliessen. Wie im TC8 Report wird bei jedem Uebergang von 'running' in einen anderen Zustand geprüft, ob eine asynchrone Exception hängig ist. Diese Tests müssen unteilbar mit der Zustandsänderung vorgenommen werden, um sicherzustellen, dass der Prozess entweder die Exception selbst feststellt oder gefangen werden kann.

In der Prozedur 'Block' darf der Test erst durchgeführt werden, nachdem 'blockLockId' gesetzt wurde. Andernfalls könnte zwischen dem Test und der Zuweisung eine Exception markiert und festgestellt werden, dass der Prozess sich nicht in einer Warteliste befindet.

```
PROCEDURE Block( ... ; lockId: LockPointer);
BEGIN (* -- ..., lockId^=locked *)
  WITH runningProcess^ DO
    blockLockId:=lockId;
    IF eCode<>NormalReturn THEN
      IndUnlock(blockLockId);
      ErrorRoutine;
      (* -- FALSE *)
    END(*IF*);
    ...
  END(*WITH*);
END Block;
```

In der Prozedur 'Redispatch' wird der Test durch 'readyLock' geschützt.

```
PROCEDURE Redispatch;
BEGIN
  IF runningProcess<>NIL THEN
    WITH runningProcess^ DO
      Lock(readyLock);
      IF eCode<>NormalReturn THEN
        Unlock(readyLock);
        ErrorRoutine;
        (* -- FALSE *)
      END(*IF*);
    ...
```

Ein analoger Test muss in 'GetContextAndCall' verhindern, dass ein Exceptionbehandlungsbereich normal abgeschlossen wird, obwohl eine Exception hängig ist:

```
PROCEDURE GetContextAndCall(procedure: PROC);
BEGIN
  WITH runningProcess^ DO
    ...
    procedure;
    Lock(processLock);
    IF eCode<>NormalReturn THEN
      Unlock(processLock);
      ErrorRoutine;
      (* -- FALSE *)
    END(*IF*);
    frame:=frame^.nextFrame; (*re-enable previous frame *)
    oldECode:=NormalReturn; (* no exception *)
    Unlock(processLock);
  END(*WITH*);
END GetContextAndCall;
```

Dank dieser Tests ändert ein Prozess seinen Zustand nur noch von 'blocked' über 'ready' nach 'running', oder in den Zustand 'inactive', nachdem in seinem Deskriptor eine Exception markiert wurde. Ein Prozess kann somit eingefangen werden, indem nacheinander getestet wird, ob er sich in den Zuständen 'undefined', 'blocked' oder 'ready' befindet. Findet man ihn nicht, so müssen die anderen Z-Maschinen mit 'Notify(remanage)' informiert werden. Wenn es gelingt, den Prozess im Zustand 'blocked' oder 'ready' zu fangen, muss berücksichtigt werden, dass die Bearbeitung der Exception bereits beendet sein könnte.

c) Wartephase: 'RaiseAsynchronous' muss solange verzögert werden, bis der Prozess die Ausführung des abzubrechenden Bereichs beendet hat.

Diese Verzögerung kann entweder in einer Warteschleife erfolgen, oder der Prozess kann sich in eine Warteliste eintragen und den Prozessor freigeben. Bei vergleichbarer Komplexität wäre die erste Methode sicher günstiger, wenn die mittlere Wartezeit kleiner ist, als der Zeitaufwand für die Freigabe des Prozessors und eine Prozessumschaltung.

```
IF state=undefined THEN (* -- eCode=Aborted *)
  Inactivate(p);
  RETURN;
ELSIF IndLockOrFalse(blockLockId) THEN
  (* -- state=blocked *)
  IF eCode=NormalReturn THEN
    (* exception already handled *)
    Unlock(blockLockId^);
  ELSIF eCode=Aborted THEN
    Inactivate(p)
    IndUnlock(blockLockId);
   ELSE
    Withdraw(p);
    (* change the context 'process' to
    force 'p' to execute 'ErrorRoutine' *)
    Ready(p);
  END(*IF*);
  RETURN;
END(*IF*);
Lock(readyLock);
IF state=ready THEN
  IF eCode=NormalReturn THEN
    (* exception already handled *)
  ELSIF eCode=Aborted THEN
    Inactivate(p);
   ELSE
    (* change the context 'process' to
    force 'p' to execute 'ErrorRoutine' *)
  END(*IF*);
  Unlock(readyLock);
  RETURN;
END(*IF*);
Unlock(readyLock);
Notify(remanage);
wait until 'f' is aborted;
```

Im TC8 Report (1982) wird vorgeschlagen, mit einer 'DEC'-Operation ('Receive') zu warten, bis eine Deaktivierung beendet ist. Die entsprechende 'INC'-Operation ('Send') wird je nach dem in 'Deactivate' oder durch den Prozess ausgeführt, der deaktiviert wird.

Die Uebertragung dieses Lösungsansatzes ist problematisch: Im TC8 Modell muss nur eine Identifikation eines Synchronisationselementes übergeben werden, da mehrere gleichzeitige Deaktivierungen nicht zugelassen sind, während hier mehrere Prozesse gleichzeitig in 'RaiseAsynchronous' warten könnten. Es müsste somit eine Liste mit wartenden Prozessen vorgesehen werden.

Es soll deshalb nach einer einfacheren Lösung gesucht werden, welche erlaubt, in 'RaiseAsynchronous' in einer Schleife zu warten.

Als erster Lösungsansatz könnte versucht werden, zu warten, bis das Feld 'eCode' wieder den Wert 'NormalReturn' erhält oder der Prozess abgebrochen wird. Diese Bedingung wäre jedoch zu einschränkend, weil sie nur eine beliebig kurze Zeit gültig sein muss, da der Prozess unmittelbar nach der Bearbeitung der Exception wieder eine asynchrone Exception erhalten könnte. Es wäre deshalb möglich, dass man in 'RaiseAsynchronous' den Abbruch des Bereichs verpassen würde und dass man unnötigerweise weiter warten würde.

Mit der Voraussetzung, dass der Prozess nicht eingefangen wurde, kann die Ausführung eines abzubrechenden Bereichs nur beendet werden, indem der Prozess die Prozedur 'ErrorRoutine' ausführt. Das Problem besteht somit darin, eindeutig festzustellen, ob diese Prozedur bereits einmal ausgeführt wurde oder nicht. Anhand von 'eCode' oder 'frame' ist dies nicht möglich, weil nicht bekannt ist, wie der Prozess weiterfahren wird und ob er weitere asynchrone Exceptions erhalten wird.

Zur Lösung dieses Problems wird der Prozessdeskriptor um einen Zähler erweitert, der bei jeder Ausführung der Prozedur 'ErrorRoutine' erhöht wird.

```
TYPE
  ProcessDescriptor =
     RECORD
       ...
       exceptionCount: CARDINAL;
     END;

PROCEDURE ErrorRoutine;
BEGIN
  WITH runningProcess^ DO (* -- eCode<>NormalReturn *)
    Lock(processLock);
    INC(exceptionCount);
    ...
  END(*WITH*);
END ErrorRoutine;
```

In der Markierphase wird das Feld 'exceptionCount' in eine lokale Variable kopiert, damit in der Wartephase eindeutig festgestellt werden kann, ob die Prozedur 'ErrorRoutine' schon ausgeführt wurde oder nicht.

Um unnötige Notifikationen zu vermeiden, wird bereits vor dem Aufruf von 'Notify' geprüft, ob die Exception schon bearbeitet wurde oder der Prozess inaktiviert wurde.

```
PROCEDURE RaiseAsynchronous( ... );
  VAR
    ...
    oldExceptionCount: CARDINAL;
BEGIN
  WITH p^ DO
    ...
      oldExceptionCount:=exceptionCount;
      Unlock(processLock);
      ...
      IF (oldExceptionCount<>exceptionCount) OR
           (state=inactive) THEN
        RETURN;
      END(*IF*);
      Notify(remanage);
      LOOP (* wait until 'f' is aborted *)
        IF (oldExceptionCount<>exceptionCount) OR
           (state=inactive) THEN
          RETURN;
        END(*IF*);
      END(*LOOP*);
      (* -- FALSE *)
    ...
  END(*WITH*);
END RaiseAsynchronous;
```

Die Wartezeit setzt sich aus vier Phasen zusammen: 1) Aus der Zeit, welche die Notifikationseinheit für die Generierung der Unterbrechungssignale benötigt, 2) aus der Verzögerung, bis 'Remanage' gestartet wird, und aus den Ausführungszeiten von 3) 'Remanage' und 4) den ersten zwei Anweisungen von 'ErrorRoutine'. Der erste Teil hängt vom verwendeten Notifikationsmechanismus ab und wird normalerweise maximal dem Zeitbedarf einiger Speicherzugriffen entsprechen. Die mittlere Verzögerung eines anstehenden Unterbrechungssignales wird durch die Länge der nicht-unterbrechbaren Instruktionen und Instruktionsfolgen bestimmt. Sie beträgt im Mittel einen Bruchteil der Ausführungszeit einer Kernfunktion (z.B. einer Synchronisationsoperation mit Prozessumschaltung), wenn angenommen wird, dass der Prozessor Kernfunktionen relativ selten ausführt und meistens nach jeder Instruktion unterbrochen werden kann.

Mit obenstehenden Annahmen muss in 'RaiseAsynchronous' mit einer Verzögerung gerechnet werden, die im Mittel deutlich kürzer ist, als die Ausführungszeit einer Synchronisationsoperation mit Prozessumschaltung. Die vorgeschlagene Lösung ist deshalb dem Vorschlag des TC8 Reports überlegen: Sie ist effizienter, einfacher und hat keinen Einfluss auf die unbeteiligten Prozessoren des Pools, da nicht auf die Ready-Liste zugegriffen werden muss.

5.3.8 Objektverwaltung

Die Bearbeitung der Objektlistenköpfe sowie der Prozess- und Synchronisationsdeskriptorlisten kann von der Einzelprozessorversion übernommen werden.

5.3.8.1 Zugriffsrechtlisten

Beim Lesen eines Zugriffsrechtelementes muss entweder der Synchronisationsdeskriptor mit 'syLock' oder die Liste, in der sich das Element befindet, mit 'processLock' geschützt werden.

Ein Zugriffsrechtelement darf nur verändert werden, wenn sowohl der Synchronisationsdeskriptor ('syLock') wie auch die Liste ('processLock'), in die das Element eingefügt wird oder in der es sich befindet, geschützt sind.

In einer Synchronisationsoperation wird zuerst der Synchronisationsdeskriptor geschützt und darauf ev. auch die Zugriffsrechtliste. Dieses Vorgehen entspricht der Reihenfolge, die in 5.2.1.2 gefordert wird, um Verklemmungen zu verhindern.

Bei der Rückgabe eines Zugriffsrechts in der Aufräumphase muss diese Reihenfolge ebenfalls eingehalten werden. Zu diesem Zweck wird der Typ 'AccessRightElement' um einen Zeiger auf die Lock-Variable des Synchronisationsdeskriptors, zu dem das Zugriffsrecht gehört, erweitert.

```
TYPE
  AccessRightElement =
    RECORD
      ...
      syDescLockId: LockPointer;
    END;
```

Die Prozeduren 'InsertAccessRight' und 'RemoveAccessRight' werden ohne Aenderung übernommen. Ihr Aufruf muss mit 'syLock' und 'processLock' geschützt werden.

5.3.8.2 Löschen von Synchronisationsdeskriptoren

Die Parameterliste von 'AbortWaitingProcesses' wird um eine Lock-Variable erweitert, damit die Prozesswarteliste geschützt werden kann.

Das Auslösen der Exception muss unteilbar mit dem Test, ob die Liste leer ist, erfolgen. Um die aufgestellten Regeln zur Vermeidung von Verklemmungen nicht zu verletzten, darf die Liste beim Aufruf von 'RaiseAsynchronous' nicht geschützt sein, weil in dieser Prozedur alle drei Klassen von Lock-Variablen verwendet werden. In 'AbortWaitingProcesses' wird deshalb auf einen Aufruf von 'RaiseAsynchronous' verzichtet, und die Exception kann problemlos direkt ausgelöst werden, da der betroffene Prozess blockiert ist.

```
PROCEDURE AbortWaitingProcesses(VAR blockedList: List;
                     VAR v: LockVariable; e: ExceptionType);
  VAR
    p: Process;
BEGIN
  Lock(v);
  WHILE NOT Empty(blockedList) DO
    Remove(p,blockedList);
    WITH p^ DO
      Lock(processLock);
      IF eCode=NormalReturn THEN
        eCode:=e;
       ELSE
        (* there is another asynchronous exception *)
      END(*IF*);
      Unlock(processLock);
      change the context 'process' to
        force 'p' to execute 'ErrorRoutine';
    END(*WITH*);
    Ready(p);
    Lock(v);
  END(*WHILE*);
  Unlock(v);
END AbortWaitingProcesses; (* -- Empty(blockedList) *)

PROCEDURE AbortOwnerProcess(VAR a: AccessRightElement;
                                     e: ExceptionType);
BEGIN
  WITH a DO
    IF IndLockOrFalse(syDescLockId) THEN
      IF ownerOfAccessRight<>NIL THEN
        WITH ownerOfAccessRight^ DO
          Lock(processLock);
          Unlock(syDescLockId^);
          RaiseAsynchronous(ownerOfAccessRight,
                              correspondingFrame,e);
          Lock(syDescLockId^);
          IF ownerOfAccessRight<>NIL THEN
            Lock(processLock);
            RemoveAccessRight(a);
            Unlock(processLock);
          END(*IF*);
        END(*WITH*);
      END(*IF*);
      IndUnlock(syDescLockId);
    END(*IF*);
  END(*WITH*);
END AbortOwnerProcess; (* -- a.ownerOfAccessRight=NIL *)
```

In der Prozedur 'AbortOwnerProcess' muss die Exception unteilbar mit dem Test 'ownerOfAccessRight<>NIL' erfolgen, denn der betroffene Prozess könnte das Zugriffsrecht zu einem beliebigen Zeitpunkt freiwillig zurückgegeben. Wie oben erwähnt, darf beim Aufruf von 'RaiseAsynchronous' kein Synchronisationsdeskriptor geschützt sein. Ein Verzicht auf 'RaiseAsynchronous' in 'AbortOwnerProcess' würde praktisch zu einer zweiten Version dieser Prozedur führen. 'RaiseAsynchronous' soll deshalb diesem Problem angepasst werden. Die Anweisung 'Lock(processLock)' am Anfang von 'RaiseAsynchronous' wird durch die Vorbedingung 'processLock=locked' ersetzt. (Als Folge dieser Aenderung muss in 'ErrorRoutine' vor 'RaiseAsynchronous' die Prozedur 'Lock' aufgerufen werden.)

Das Feld 'ownerOfAccessRight' muss vor dem Aufruf von 'RemoveAccessRight' erneut geprüft werden, weil der Prozess das Zugriffsrecht bereits während der Ausführung von 'RaiseAsynchronous' zurückgegeben haben könnte.

Zum Schluss wird das Zugriffsrecht mit 'IndUnlock' als ungültig markiert.

5.3.9 Aufräumphase

Die Aufräumphase kann bis auf die Bearbeitung der Zugriffsrechtlisten von der Einzelprozessorversion übernommen werden.

Die Parameterliste von 'ReturnAccessRights' wird um eine Lock-Variable erweitert, um das Feld 'processLock' zu übergeben, damit die Zugriffsrechtliste geschützt werden kann. Dies ist notwendig, weil in der Aufräumphase neben eigenen Objekten auch Objekte von Sohnprozessen gelöscht werden und weil ein Zugriffsrecht gleichzeitig von einem anderen Prozess in 'AbortOwnerProcess' entzogen werden kann.

Die Löschprozedur zur Rückgabe eines Zugriffsrechts soll nur aufgerufen werden, wenn sich das Zugriffsrecht noch in der Liste befindet. Der Test, ob die Zugriffsrechtliste leer ist oder nicht, und der Aufruf von 'RemoveAccessRight' in der Löschprozedur müssen deshalb unteilbar erfolgen, d.h. der entsprechende Synchronisationsdeskriptor und die Zugriffsrechtliste müssen schon vor dem Aufruf der Löschprozedur geschützt werden. Beide Lock-Variablen müssen in der Löschprozedur wieder freigegeben werden, damit dort weitere Operationen ausgeführt werden können, die ihrerseits 'Lock/Unlock' aufrufen.

Um Verklemmungen zu verhindern, muss zuerst der Synchronisationsdeskriptor und erst danach die Zugriffsrechtliste geschützt werden. Dies wird erreicht, indem in einem ersten Schritt nur die Liste geschützt wird, damit festgestellt werden kann, ob die Liste leer ist, und wenn nein, zu welchem Synchronisationsdeskriptor das erste Listenelement gehört. Die Liste muss darauf wieder freigegeben werden, und in einem zweiten Schritt kann nun zuerst der Synchronisationsdeskriptor und dann die Zugriffsrechtliste geschützt werden.

Trotz diesem ungewöhnlichen Vorgehen ist es nicht nötig, die Zugriffsrechtliste für jedes zu entfernende Element zweimal zu schützen. Vor dem Aufruf der Löschprozedur kann bereits festgestellt werden, ob in der Liste noch ein weiteres Element vorhanden ist und welcher Synchronisationsdeskriptor geschützt werden muss.

Weiter muss berücksichtigt werden, dass gleichzeitig ein anderer Prozess versuchen könnte, das Zugriffsrecht mit 'AbortOwnerProcess' zu entziehen. Es ist noch vorhanden, wenn der Synchronisationsdeskriptor mit 'IndLockOrFalse' geschützt werden kann, weil 'syDescLockId' in 'AbortOwnerProcess' unteilbar mit dem Entzug des Zugriffsrechts auf 'NIL' gesetzt wird.

```
PROCEDURE ReturnAccessRights(VAR aRL: AccessRightListElement;
                             VAR pLock: LockVariable);
  VAR
    syLockIdPoint: POINTER TO LockPointer;
    syLockFlag: BOOLEAN;
BEGIN
  syLockIdPoint:=NIL;
  REPEAT
    syLockFlag:=(syLockIdPoint<>NIL)
                  AND IndLockOrFalse(syLockIdPoint^);
    Lock(pLock);
    IF ADR(aRL)<>aRL.next THEN (* -- NOT Empty(aRL) *)
      WITH aRL^.next DO
        IF syLockFlag THEN
          (* -- syLockIdPoint=ADR(syDescLockId),
                syDescLockId^=locked *)
          IF accEl.next<>ADR(aRL) THEN
            (* prepare removing of a further element *)
            syLockIdPoint:=ADR(accEl.next^.syDescLockId);
           ELSE
            (* the list will be empty *)
            syLockIdPoint:=NIL;
          END(*IF*);
          deleteProc(object);
         ELSE
          (* -- (syLockIdPoint=NIL) OR (syLockIdPoint^=NIL) *)
          syLockIdPoint:=ADR(syDescLockId);
          Unlock(pLock);
        END(*IF*);
      END(*WITH*);
     ELSE (* -- Empty(aRL), NOT syLockFlag *)
      Unlock(pLock);
      syLockIdPoint:=NIL;
    END(*IF*);
  UNTIL syLockIdPoint=NIL;
END ReturnAccessRights; (* -- ADR(aRL)=aRL.next *)
```

5.3.10 Modulstruktur

Die Modulstruktur wird von der Einzelprozessorversion übernommen. Die neuen Prozeduren gehören zum Z-Level und werden ins Modul 'MUDispatching' integriert.

Die Prozedur 'ErrorRoutine' wird nun auch in den Modulen 'MUDispatching' und 'MUObjectManagement' aufgerufen. Das Definitionsmodul 'MUDispatching' wird deshalb um die Prozedurvariable 'errorRoutine' erweitert (vgl. 'raiseAsynchronous' 3.3.8.2).

5.3.11 Initialisierung

Beim Start des Systems müssen der Prozessorpooldeskriptor, die Deskriptoren der einzelnen Z-Maschinen und der Deskriptor des Modula-2 Hauptprozesses initialisiert werden.

Ein bestimmter Prozessor des Pools initialisiert die nur einmal vorhandenen Daten und übernimmt die Ausführung des Modula-2 Hauptprozesses.

```
IMPLEMENTATION MODULE MUDispatching;
  ...
VAR (* global to all Z-machines of the pool *)
  mainDescriptor: ProcessDescriptor;
  rootFrame: ExceptionDescriptor;

BEGIN
  (* processor pool descriptor: *)
    FOR pri:=1 TO maxPrio DO
      Init(readyList[pri]);
    END(*FOR*);
    readyLock:=unlocked;
    start the other Z-machines of the pool;
  (* Z-machine descriptor: *)
    lockCount:=0;
    runningProcess:=ADR(mainDescriptor);
```

```
  (* descriptor of the Modula-2 main process: *)
    WITH runningProcess^ DO
      prio:=1; state:=running;
      el.next:=NIL; el.back:=NIL;
      frame:=ADR(rootFrame); frameList:=frame;
      eCode:=NormalReturn; oldECode:=NormalReturn;
      processLock:=unlocked;
      blockLockId:=NIL;
      exceptionCount:=0;
      objects:=NIL; brother:=NIL;
    END(*WITH*);
    rootFrame.frameLevel:=0;
      (* the other fields are not valid *)
  (* this Z-machine will now execute the Modula-2 main
  process, starting with the bodies of the other modules *)
  ...
END MUDispatching;
```

Alle anderen Prozessoren initialisieren nur ihre eigenen Daten und warten anschliessend, bis Sohnprozesse gestartet werden.

```
BEGIN
  ...
  (* Z-machine descriptor: *)
    lockCount:=0;
    runningProcess:=NIL;
    Assign(readyLock);
      (* 'readyLock' is used as a dummy parameter *)
    (* -- FALSE *)
END MUDispatching.
```

Damit bei der Initialisierung direkt die Prozedur 'Assign' aufgerufen werden kann, diese um eine 'IF'-Anweisung erweitert werden.

```
PROCEDURE Assign(VAR v: LockVariable);
BEGIN (* -- runningProcess<>NIL --> v=locked *)
  IF runningProcess<>NIL THEN
    GetActualContext(runningProcess^.process);
    ...
    runningProcess:=NIL;
    Unlock(v);
  END(*IF*);
  ...
END Assign;
```

5.4 Anpassung von Synchronisationsoperationen

5.4.1 Kritische Abschnitte

Als Beispiel eines Synchronisationskonzeptes in einem Multiprozessorsystem werden die Anpassungen der Synchronisationsoperationen 'Enter' und 'Exit' besprochen.

5.4.1.1 Gültigkeit von Synchronisationsdeskriptoren

Damit die Gültigkeitstests mit Hilfe von 'IndLockOrFalse' (siehe 5.2.1.3) durchgeführt werden können, wird der Synchronisationsdeskriptor um eine Lock-Variable und einen Zeiger auf eine Lock-Variable erweitert. Das Feld 'valid' fällt weg.

```
TYPE
  RegionDescriptor =
    RECORD
      lockId: LockPointer;
      syLock: LockVariable;
      ...
    END;
```

In 'CreateRegion' wird 'lockId' zunächst auf 'NIL' gesetzt. Der Deskriptor darf erst nach dem Aufruf von 'InsertSynchDesc' als gültig markiert werden.

```
PROCEDURE CreateRegion( ... ; VAR r: Region);
BEGIN
  NEW(r);
  WITH r^ DO
    lockId:=NIL; (* critical region not yet valid *)
    syLock:=unlocked;
    ...
    InsertSynchDesc( ... );
    lockId:=ADR(syLock); (* region is valid now *)
  END(*WITH*);
END CreateRegion;
```

In den Synchronisationsoperationen wird mit 'IndLockOrFalse' unteilbar mit dem Schützen des Deskriptors festgestellt, ob der Deskriptor gültig ist.

```
PROCEDURE ...(VAR r: Region );
BEGIN
  WITH r^ DO
    IF IndLockOrFalse(lockId) THEN Raise(SynchFailure); END;
    ...
  END(*WITH*);
END ...;
```

In der Löschprozedur 'DeleteRegion' wird 'lockId' mit 'IndUnlock' auf 'NIL' gesetzt, und es wird sichergestellt, dass das Zugriffsrecht nicht mehr zugeteilt ist und dass keine Prozesse mehr warten.

```
PROCEDURE DeleteRegion(r: Region);
BEGIN
  WITH r^ DO
    IF IndLockOrFalse(lockId) THEN
      IndUnlock(lockId);
    END(*IF*); (* -- lockId=NIL ('r' is no more valid) *)
    AbortOwnerProcess(accRight,AccessFailure);
    AbortWaitingProcesses(blockedList,syLock,SynchFailure);
  END(*WITH*);
END DeleteRegion;
```

5.4.1.2 Verwaltung von Zugriffsrechten

Das Feld 'syDescLockId', um welches der Type 'AccessRightElement' erweitert wurde, muss bereits vor dem Aufruf von 'InsertSynchDesc' initialisiert werden.

Beim Betreten eines kritischen Abschnitts darf das Zugriffsrecht erst verändert werden, wenn sowohl der Synchronisationsdeskriptor und der Deskriptor des Prozesses geschützt sind, dem das Zugriffsrecht zugeteilt werden soll.

```
PROCEDURE Enter(r: Region);
BEGIN
  ...
    WITH accRight DO
      IF ownerOfAccessRight<>NIL THEN
        (* critical region ist free *)
        Lock(runningProcess^.processLock);
        ownerOfAccessRight:=runningProcess;
        InsertAccessRight(accRight);
        Unlock(runningProcess^.processLock);
        Unlock(syLock);
       ELSE
        (* critical region is occupied *)
        Block(blockedList,lockId);
      END(*IF*);
    END(*WITH*);
  ...
END Enter;
```

Auch bei der Rückgabe und Neuzuteilung eines Zugriffsrechts müssen die Deskriptoren der betroffenen Prozesse geschützt werden.

```
PROCEDURE Exit(r: Region);
  VAR
    p: Process;
BEGIN
  ...
    p:=accRight.ownerOfAccessRight;
    Lock(p^.processLock);
    RemoveAccessRight(accRight);
    Unlock(p^.processLock);
    IF NOT Empty(blockedList) THEN
      Remove(p,blockedList);
      Lock(p^.processLock);
      accRight.ownerOfAccessRight:=p;
      InsertAccessRight(accRight);
      Unlock(p^.processLock);
      Ready(p);
     ELSE
      Unlock(syLock);
    END(*IF*);
  ...
END Exit;
```

Beim Aufruf der Prozedur 'ExceptionExit', mit welchem ein Zugriffsrecht in der Aufräumphase automatisch zurückgegeben wird, sind der Synchronisationsdeskriptor und der Prozessdeskriptor bereits geschützt. Das Zugriffsrecht darf nur wieder neu zugeteilt werden, wenn der Synchronisationsdeskriptor noch gültig ist ('lockId<>NIL').

```
PROCEDURE ExceptionExit(r: Region);
  VAR
    p: Process;
BEGIN
  WITH r^ DO
    (* -- syLock=locked,
          accRight.ownerOfAccessRight^.processLock=locked *)
    p:=accRight.ownerOfAccessRight;
    RemoveAccessRight(accRight);
    Unlock(p^.processLock);
    IF (lockId<>NIL) AND NOT Empty(blockedList) THEN
      Remove(p,blockedList);
      Lock(p^.processLock);
      accRight.ownerOfAccessRight:=p;
      InsertAccessRight(accRight);
      Unlock(p^.processLock);
      Ready(p);
     ELSE
      Unlock(syLock);
    END(*IF*);
  END(*WITH*);
END ExceptionExit;
```

5.4.2 Richtlinien zur Anwendung des S- und Z-Levels

Die in 3.4.4 aufgestellten Richtlinien behalten ihre Gültigkeit auch in einem Multiprozessorsystem.

Zusätzlich müssen die Regeln beim Einsatz von 'Lock/Unlock' (siehe 5.2.1.2), das Beispiel eines Synchronisationskonzeptes (siehe 5.4.1) und die z.T. erweiterten Schnittstellen der S- und Z-Level Prozeduren (siehe Anhang D) beachtet werden.

6. Kapitel

Anwendung der Exceptionbehandlung

6.1 Uebersicht

In diesem Kapitel werden einige Anwendungsmöglichkeiten des vorgeschlagenen Mechanismus zur Behandlung von Exceptions diskutiert. Erste Erfahrungen ergaben sich bei der Erweiterung der PDP-11 Version zu einem vollen Betriebssystem mit Terminaldriver, Filesystem, Kommandointerpreter etc. (Maier 1984) sowie beim Einsatz von MODEB V2 in einer Studienarbeit (Emch und Weisenhorn 1984) und am Modell eines Energiesystems (siehe 6.4.4). Auf Synchronisationsprobleme wird nur im Zusammenhang der Exceptionbehandlung eingegangen.

In 6.2 werden einige <u>Beweisregeln</u> für den vorgeschlagenen Exceptionbehandlungsmechanismus entwickelt.

Im Unterkapitel 6.3 wird diskutiert, wie <u>Anwenderprogramme</u> in Exceptionbehandlungsbereiche aufgeteilt werden können, um z.B. die Programmstruktur zu vereinfachen, verschiedene Programmteile (Prozesse oder Overlays) voreinander zu schützen oder Prozessortraps abzufangen.

Im Unterkapitel 6.4 über <u>Systemprogramme</u> wird gezeigt, wie die Objektverwaltungsoperationen des S-Levels zur Realisierung eines Synchronisationskonzeptes zur fehlertoleranten Verwaltung von Puffern (Produzent/Konsument-Problem) und zur Behandlung asynchroner Exceptions (z.B. 'TimeOut', 'CtrlCError') eingesetzt werden können. Weiter wird beschrieben, wie die Sicherheit einer Anlage überwacht und eine Anlage im Fall einer Gefährdung in einen sicheren Zustand gefahren werden kann, ohne dass ein Programm vollständig verifiziert werden muss.

Den Abschluss des Kapitels bilden einige Bemerkungen zu Ausnahmesituationen, die mit dem vorgeschlagenen Mechanismus nicht behandelt werden können.

6.2 Beweisregeln

6.2.1 Programmverifikationstechnik

Für die Entwicklung von Beweisregeln für den vorgeschlagenen Exceptionbehandlungsmechanismus wird auf die von Floyd (1967) und Hoare (1969) eingeführte Programmverifikationstechnik zurückgegriffen. Sie basiert auf statischen Vorbedingungen ("pre-conditions") und Folgebedingungen ("post-conditions"), welche einer Anweisung, einer Anweisungsfolge oder einem ganzen Programm zugeordnet werden.

```
{P} s1; ... sn; {Q}
```

Es werden Regeln zur Verfügung gestellt, nach welchen eine Folgebedingung 'Q' aus der Vorbedingung 'P' und den Anweisungen 'S1' bis 'Sn' bewiesen werden kann. Normalerweise werden diese Regeln in folgender Form dargestellt:

```
H1, H2, ... Hm
--------------
      H
```

Die Bedeutung dieser Regel ist: Die Aussage 'H' ist wahr, falls die Aussagen 'H1', 'H2' bis 'Hm' wahr sind. Als Beispiel ist die Regel für die 'IF'-Anweisung angeführt.

```
 {P,e} s1 {Q}, {P,NOT e} s2 {Q}
--------------------------------
{P} IF e THEN s1 ELSE s2 END; {Q}
```

Um die untere Aussage zu beweisen, muss gezeigt werden, dass die Folgebedingung 'Q' sowohl aus 'P AND e' und der Ausführung von 's1' folgt, wie auch aus 'P AND NOT e' und der Ausführung von 's2'.

Die Zeichen "{" und "}" werden in PASCAL zum Einklammern von Kommentaren verwendet; in Modula-2 bezeichnen sie 'SET'-Konstanten. Aus diesem Grund wurden Verifikationsbedingungen in den Kapiteln 3-5 in der Form '(* -- ... *)' geschrieben. In diesem Kapitel werden Bedingungen mit "{" und "}" eingeklammert, da die Darstellung in jener Form unübersichtlich wäre und keine 'SET'-Konstanten verwendet werden.

Beim Entwurf sequentieller Programme oder Programmteile in einer strukturierten Programmiersprache lassen sich diese Regeln relativ leicht anwenden. Z.B. Alagic und Arbib (1978) geben eine detaillierte Einführung in diese Beweistechnik und ihre Anwendung beim Entwurf von PASCAL Programmen. Die dort diskutierten Regeln können ohne weiteres an Modula-2 angepasst werden.

Die Verifikation paralleler Programme ist wesentlich schwieriger. Es sind zwar einige theoretische Ansätze bekannt (z.B. Barringer 1982), aber ihr praktische Nutzen scheint noch gering zu sein.

Der vorgeschlagene Exceptionbehandlungsmechanismus ist über die Prozessverwaltung mit der parallelen Ausführung von Prozessen verknüpft. Mangels einer geeigneten Grundlage können die im folgenden entwickelten Beweisregeln nur zum Teil formal angegeben werden und bilden keinen vollständigen Satz.

6.2.2 Beweisregeln für explizit ausgelöste Exceptions

In einem ersten Schritt werden die Beweisregeln für synchrone, explizit mit der Prozedur 'Raise' ausgelöste Exceptions angegeben (Luckham 1980, Cocco 1982). Vorläufig werden Exceptions ausgeschlossen, die im Laufzeitsystem, durch die Hardware oder asynchron ausgelöst werden.

Da synchrone Exceptions in ihrer Wirkung mit Sprüngen vergleichbar sind, schlagen Cocco und Dulli (1982) vor, Exceptions in Verifikationsbedingungen auf eine ähnliche Art darzustellen, wie die Sprunganweisung 'GOTO' von Alagic und Arbib (1978) behandelt wird. Mit der Bedingung

```
{P; e: R}
```

wird ausgesagt, dass entweder 'P' erfüllt ist oder auf Grund der Abbruchbedingung 'R' die Exception 'e' ausgelöst wurde.

Die Grundregel für die Prozedur 'Raise' lautet somit:

```
{P} Raise(e); {FALSE; e: P}
```

Am Ende eines Exceptionbehandlungsbereichs werden Abbruchbedingungen der Form 'e: R' wieder in normale Folgebedingungen umgewandelt.

```
PROCEDURE Proc;
BEGIN {P}
  ...
    {R} Raise(e); {FALSE; e: R}
  ...
END Proc; {Q; e: R}

  ...
{P} Call(Proc,res); {res=NormalReturn --> Q, res=e --> R}
  ...
```

In diesem Beispiel müssen ausgehend von 'P' sowohl die normale Folgebedingung 'Q' wie auch die Abbruchbedingung 'R' bewiesen werden. Die Bedingung 'e: R' gilt auch am Ende von 'Proc', weil die Ausführung dieser Prozedur mit der Auslösung der Exception abgebrochen wird. Das Ausführungsresultat 'res' bestimmt, ob die normale Folgebedingung 'Q' oder die Abbruchbedingung 'R' gültig ist.

Im allgemeinen setzt sich ein Exceptionbehandlungsbereich aus beliebig verschachtelten Prozeduraufrufen zusammen. In jeder Prozedur können mehrere verschiedene Exceptions und mehrmals dieselbe Exception ausgelöst werden. Die zugehörigen Abbruchbedingungen addieren sich dabei zur Abbruchbedingung des ganzen Exceptionbehandlungsbereichs.

Die allgemeine Form einer Abbruchbedingung lautet:

TYPE
  ExceptionType = (e_1, e_2, ... , e_i, ... , e_n);

{...; e_1: R_1, e_2: R_2, ... , e_n: R_n}

Diese etwas aufwendige Schreibweise wird wie folgt abgekürzt:

{...; (e_x: R_x)}

Für die Verifikation muss die Abbruchbedingung jeder Prozedur bestimmt werden. Sie ist die logische Summe ('OR') der Abbruchbedingungen aller durch die Prozedur aufgerufenen Prozeduren.

Mit der Grundregel

{R} Raise(e_i); {FALSE; e_i: R}

und der Voraussetzung, dass nur explizit mit 'Raise' ausgelöste Exceptions auftreten können, kann die Abbruchbedingung einer Prozedur 'Proc', welche ihrerseits die Prozeduren 'p1' bis 'pi' aufruft, mit folgender Regel bewiesen werden:

{...}p1{...; (e_x: $R1_x$)}, ... , {...}pi{...; e_x: Ri_x)},
(e_x: $R1_x$) --> (e_x: R_x), ... , (e_x: Ri_x) --> (e_x: R_x)

{...} PROCEDURE Proc BEGIN
p1; ... pi;
END Proc; {...; (e_x: R_x)}

Diese Regel kann leicht auf Prozeduren mit Parametern erweitert werden (Luckham 1980).

Die Beweisregel für die Prozedur 'Call' zum Eröffnen und Abschliessen eines Exceptionbereichs lautet:

{P} Proc; {Q; (e_x: R_x)}

{P} Call(Proc,res); {res=NormalReturn --> Q, (res=e_x--> R_x)}

6.2.3 Implizit ausgelöste Exceptions

Die Voraussetzung, dass nur explizit mit der Prozedur 'Raise' ausgelöste Exceptions auftreten können soll nun fallengelassen werden. Asynchrone Exceptions sollen weiterhin ausgeschlossen sein.

Die Detektion von implizit ausgelösten Exceptions erfolgt im Laufzeitsystem (z.B. 'StackOverflow', 'IndexOutOfRange') oder durch die Hardware (z.B. 'TrapTo4').

Bei genauer Kenntnis des Laufzeitsystems und der Hardware können die implizit ausgelösten Exceptions wie explizit ausgelöste behandelt werden. Analog zur Grundregel der Prozedur 'Raise' muss zu jeder Anweisung (z.B. Prozeduraufruf, Zugriff auf ein Arrayelement, 'CASE'-Anweisung ohne 'ELSE'), welche eine Exception auslösen könnte, eine Ausnahmebedingung formuliert werden, die dann bei der Bestimmung der Abbruchbedingung des Bereichs mitberücksichtigt werden muss.

Dieses Vorgehen ist im allgemeinen aber aufwendig und kaum ergiebig. Dieselbe Exception könnte an sehr vielen Stellen innerhalb eines bestimmten Bereichs ausgelöst werden, und die Abbruchbedingung des Bereichs, d.h. die logische Summe der einzelnen Abbruchbedingungen, wäre wenig aussagekräftig.

In vielen Fällen ist diese Methode zudem sinnlos, weil es sich bei diesen Ausnahmesituationen meistens um Programmfehler handelt, die zur Laufzeit nicht behoben werden können. Während der Testphase wird man diese Exceptions deshalb mit 'Raise(propagate)' weitergeben, bis die Ausführung des Programmes abgebrochen wird, um die Fehler mit Hilfe des Debuggers analysieren und anschliessend korrigieren zu können.

Invarianten sind eine weitere Möglichkeit zur Behandlung impliziter Exceptions. Eine Invariante - d.h. eine Bedingung, die ihre Gültigkeit während der Ausführung eines bestimmten Exceptionbereichs immer behält - ist auch nach dem Abbruch des Bereichs erfüllt und kann als Vorbedingung für die Behandlung von Exceptions verwendet werden, für die keine spezifische Abbruchbedingung angegeben werden kann.

Eine Bedingung ist während der Ausführung eines bestimmten Programmteiles invariant, wenn sie zu Beginn erfüllt ist und nach jeder Veränderung einer Variable, welche zur Berechnung der Bedingung verwendet wird, gültig bleibt.

6.2.4 Objektverwaltung und asynchrone Exceptions

Die Mengen der existierenden, dynamischen Objekte (Sohnprozesse, Synchronisationsdeskriptoren und Zugriffsrechte) werden nur durch bestimmte Operationen (z.B. 'StartProcess', 'CreateRegion', 'Enter' und 'Exit') und durch das Abschliessen eines Exceptionbehandlungsbereichs verändert. In der Aufräumphase werden automatisch alle neu geschaffenen Objekte wieder gelöscht. Die Mengen der existierenden Objekte sind somit vor der Eröffnung und nach dem Abschliessen eines Exceptionbereichs identisch.

Asynchrone Exceptions können nur im Zusammenhang mit Operationen auftreten, in welchen dynamische Objekte geschaffen oder neu zugeteilt werden:

Die Exception '<u>SonProcessFailure</u>' ist möglich, sobald mindestens ein Sohnprozess gestartet wurde. Sie tritt auf, wenn in einem Sohnprozess eine Exception nicht lokal behandelt wird. Die Abbruchbedingung zu dieser Exception besteht einerseits aus einer Bedingung, welche dem Vaterprozess zugeordnet ist, und andererseits aus der Abbruchbedingung des Sohnprozesses. Da nicht bekannt ist, zu welchem Zeitpunkt der Sohnprozess die Exception 'SonProcessFailure' auslösen könnte, muss die Bedingung im Vaterprozess vom Aufruf der Prozedur 'StartProcess' bis zum Ende des Bereichs gültig sein. In der Abbruchbedingung eines Sohnprozesses darf dessen Exceptioncode verwendet werden, der mit 'GetExceptionCode' erhalten werden kann.

Die Exception '<u>AccessFailure</u>' kann zwischen dem Betreten ('Enter') und Verlassen ('Exit') eines kritischen Abschnitts, der in einem unabhängigen Exceptionbehandlungsbereich geschaffen wurde, auftreten. Die Abbruchbedingung ist ebenfalls zweiteilig. Sie besteht aus einer Bedingung, die zwischen den Aufrufen 'Enter' und 'Exit' invariant ist, und der Bedingung, die wahr wird, wenn der kritische Abschnitt gelöscht wird.

An asynchronen Exceptions sind immer zwei Prozesse beteiligt: Der auslösende Prozess und der betroffene Prozess. Die Abbruchbedingung einer asynchronen Exception ist deshalb im allgemeinen zweiteilig: Die Auslösebedingung und eine Invariante im betroffenen Prozess, die im Zeitintervall gültig sein muss, innerhalb dem die asynchrone Exception ausgelöst werden könnte.

6.3 Anwendungsprogramme

Die Gliederung eines Programmes in Exceptionbehandlungsbereiche muss gleichzeitig mit der Einteilung in Module und Prozeduren entworfen werden. In den folgenden Beispielen werden Hinweise gegeben, wie dabei vorgegangen werden kann.

6.3.1 Vereinfachen der Programmstruktur

Der Exceptionbehandlungsmechanismus kann neben den Anweisungen 'EXIT' und 'RETURN' von Modula-2 als einen weiteren, strukturierten Ersatz für die Sprunganweisung 'GOTO' angesehen werden. Während mit 'EXIT' eine 'LOOP'-Anweisung und mit 'RETURN' eine Prozedur an einer beliebigen Stelle verlassen werden kann, ist es mit Hilfe von 'Raise' möglich, einen Exceptionbehandlungsbereich abzubrechen, der aus mehreren, dynamisch verschachtelten Prozeduren besteht.

Der Einsatz des Exceptionbehandlungsmechanismus kann zu einer deutlichen Vereinfachung der Programmstruktur führen, falls eine relativ komplexe Aufgabe an mehreren Stellen in verschieden Prozeduren abgebrochen werden können muss.

Beispielsweise im Filesystem von MODEB V2 in der Prozedur 'AskFileAndLookup' (Maier 1984), mit welcher vom Terminal ein Filename eingelesen und das entsprechende File geöffnet wird, können an 14 Stellen in 4 verschiedenen Prozeduren Fehler, wie illegale Syntax, unbekannter Gerätenamen, unbekanntes File etc., auftreten. Es wird lokal ein Exceptionbereich eröffnet, der bei der Detektion eines Fehlers abgebrochen wird, damit eine Fehlermeldung ausgegeben und 'AskFileAndLookup' neu gestartet werden kann. Würde man auf die Exceptionbehandlung verzichten, so müssten 3 Prozeduren um einen Fehlerparameter erweitert und 6 zusätzliche 'IF'-Anweisungen eingeführt werden.

6.3.2 Unabhängige Exceptionbereiche

Mit unabhängigen Exceptionbereiche können bestimmte Programmteile vor Exceptions in anderen Programmteilen zu geschützt werden: Die Hilfsprozesse des Betriebssystems können von den Anwenderprozessen entkoppelt werden; Ausnahmesituationen können lokal behandelt werden; oder Programmteile, welche für die Sicherheit einer Anlage verantwortlich sind, können vor anderen, weniger kritischen, nicht verifizierten oder noch nicht getesteten Programmteilen geschützt werden.

Die Ausführung zweier Prozeduren 'ProcA' und 'ProcB' werden bezüglich Ausnahmesituationen voneinander entkoppelt, in dem sie durch zwei Prozesse 'A' und 'B' in je einem eigenen Exceptionbehandlungsbereich ausgeführt werden.

```
...
StartProcess(A, ... );
StartProcess(B, ... );
...
```

```
  PROCEDURE A;                      PROCEDURE B;
    VAR                               VAR
      res: ExceptionType;               res: ExceptionType;
  BEGIN                             BEGIN
    LOOP                              LOOP
      Call(ProcA,res);                  Call(ProcB,res);
      ...                               ...
    END(*LOOP*);                      END(*LOOP*);
  END A;                            END B;
```

Die Unabhängigkeit von Programmteilen kann gezeigt werden, ohne dass das gesamte Programm verifiziert werden muss. Exceptions in 'ProcA' haben keine direkte Auswirkungen auf die Ausführung von 'ProcB' und umgekehrt, solange weder in der Prozedur 'A' noch in 'B' eine Exception ausgelöst oder weitergegeben wird.

Diese Aussage muss eingeschränkt werden, wenn zwischen den Programmteilen eine Zusammenarbeit besteht. Es werden nun zwei Möglichkeiten zur Synchronisation unabhängiger Programmteile diskutiert.

6.3.2.1 Synchronisation mit kritischen Abschnitten

Zwei Prozesse in unabhängigen Exceptionbehandlungsbereichen können mit Hilfe von 'Enter/Exit' (siehe 2.4.2.3) auf gemeinsame Daten zugreifen, ohne dass Exceptions im einen Prozess Auswirkungen auf den Partner haben, denn die Objektverwaltung garantiert die Freigabe des kritischen Abschnitts, falls im einen Prozess eine Exception ausgelöst wird.

Auf die geschützten Daten darf nur vor dem Aufruf von 'CreateRegion' (Initialisierung) und zwischen 'Enter' und 'Exit' zugegriffen werden. Die Grundlage für einen Beweis bildet eine Bedingung 'D', in welcher nur die geschützten Daten verwendet werden. 'D' ist ein Teil der Folgebedingung von 'Enter', und es muss bewiesen werden, dass 'D' beim Verlassen des kritischen Abschnitts wieder erfüllt ist. Weiter muss gezeigt werden, dass 'D' eine Vorbedingung von 'CreateRegion' ist und dass die Hilfsprozedur 'CheckConsistency' ausgehend von einer Invarianten 'I', welche zwischen 'Enter' und 'Exit' immer erfüllt ist (z.B. 'TRUE'), die geschützten Daten wieder in Ordnung bringen kann.

```
 { ... } Enter(r); {D, ... }
         s1; ... sn;
{D, ... } Exit(r); { ... }

{D, ... } CreateRegion(CheckConsistency,r); {...}

      {I} CheckConsistency; {D}
```

Die Richtigkeit dieser Aussagen folgt unmittelbar aus den angegebenen Voraussetzungen und aus der Eigenschaft des Synchronisationskonzeptes, dass sich immer nur ein Prozess zwischen 'Enter' und 'Exit' befindet. Da nur vor 'CreateRegion', zwischen 'Enter' und 'Exit' und in 'CheckConsistency' auf die geschützten Daten zugegriffen wird und da in der Bedingung 'D' nur diese Daten verwendet werden, kann sich 'D' nach dem Aufruf von 'CreateRegion' nicht verändern, während sich kein Prozess im kritischen Abschnitt befindet. Die Invariante 'I' ist gültig, wenn sich ein Prozess im kritischen Abschnitt befindet, insbesondere auch dann, wenn ein Prozess aus dem Abschnitt hinausgeworfen wird, d.h. als Vorbedingung für 'CheckConsistency'.

6.3.2.2 Synchronisation mit Meldungen

Zwei Prozesse in unabhängigen Exceptionbereichen können mit 'Send/Receive' zusammenarbeiten. In beiden Prozessen muss eine gewisse Fehlertoleranz vorhanden sein, denn nach einer asynchronen Exception im einen Prozess kann im allgemeinen nicht mehr entschieden werden, ob diese Ausnahmesituation unmittelbar vor oder nach der Ausführung von 'Send' oder 'Receive' eingetreten ist. Meldungen können deshalb verloren gehen oder sich ev. vermehren.

Der Verlust einzelner Meldungen kann tolerierbar sein, wenn z.B. immer nur die neusten Daten relevant sind. Falls aber jede Meldung ein bestimmtes Objekt (z.B. einen Datenpuffer) bezeichnet, würden Objekte verloren gehen.

Probleme dieser Art lassen sich u.U. lösen, indem der gemeinsame Briefkasten innerhalb des Exceptionbehandlungsbereichs des einen Prozesses geschaffen wird. Nach jeder Ausnahmesituation in diesem Prozess wird der Briefkasten aufgehoben und kann erneut initialisiert werden, wobei alte Meldungen gelöscht werden. Währenddessen ist der Briefkasten kurzzeitig ungültig, und im Partnerprozess muss zusätzlich mit der Exception 'SynchFailure' gerechnet werden.

6.3.3 Laden von Overlays

Der Exceptionbehandlungsmechanismus wird im Programmlader der PDP-11 Version von MODEB verwendet, um die einzelnen Overlays voneinander zu trennen. Nach dem Laden einer Overlayschicht wird ein neuer Exceptionbehandlungsbereich eröffnet, innerhalb welchem die Schicht ausgeführt wird. Damit ist sichergestellt, dass alle dynamischen Objekte, insbesondere die Sohnprozesse, am Ende der Ausführung der Overlayschicht automatisch wieder gelöscht werden.

Die Schnittstelle des Programmladers besteht aus der Prozedur 'MELoader.Call'.

```
TYPE
  LoadResultType = (Execute, WrongFormat, ... );

PROCEDURE Call(f: File; VAR loadResult: LoadResultType;
                        VAR executionResult: ExceptionType);
```

Eine Overlayschicht wird durch das File bezeichnet, in welchem der ausführbare Code gespeichert ist. Allfällige Fehler beim Laden und Ausführen der Schicht erhält man in den beiden Ausgabeparametern. Der Einsatz dieser Prozedur wird durch die Speicherorganisation (siehe 4.2.1) eingeschränkt. 'MELoader.Call' darf nur vom Modula-2 Hauptprozess aufgerufen werden.

Der Programmlader erlaubt dem Anwender, seine Programme in verschiedene Overlayschichten aufzuteilen, die gleichzeitig oder nacheinander ausgeführt werden können. In jeder Schicht sind dynamische Objekte erlaubt, wobei der Exceptionbehandlungsmechanismus verhindert, dass diese Objekte länger existieren, als die Overlayschicht, der sie angehören.

6.3.4 Abfangen von Prozessortraps

Ein PDP-11 Rechner reagiert mit einem "Trap" auf den Vektor 4, wenn versucht wird, auf einen nicht existierenden Speicherplatz zuzugreifen. Im Laufzeitsystem von Modula-2 wird ein solcher Trap in die Exception 'TrapTo4' umgewandelt.

Der Exceptionbehandlungsmechanismus kann verwendet werden, um die aktuelle Konfiguration des Rechners festzustellen. Aus der Existenz eines Speicherplatzes an einer bestimmten Adresse kann geschlossen werden, dass das Gerät, dessen Register sich an dieser Adresse befindet, vorhanden ist.

Ein Beispiel eines solchen Gerätes ist das Anzeige- und Schalterregister mit der Adresse '177570B', welches einen Teil der Bedienungseinheit älterer PDP-11 Rechner bildet. Es erlaubt die einfache Ein- und Ausgabe je eines Wortes und wird deshalb oft in Testprogramms eingesetzt. Es ist natürlich wünschbar, dass diese

Programme auch ausführbar sind, wenn dieses Register nicht existiert.

Folgendes Programmfragment zeigt, wie festgestellt werden kann, ob dieses Register existiert oder nicht:

```
VAR
  display [177570B], switch [177570B]: BITSET;
  displaySwitchFlag: BOOLEAN;
  res: ExceptionType;

PROCEDURE CheckDisplaySwitchRegister;
BEGIN
  (* IF 'display' exists THEN *)
       display:={}; (* -- 'display' exists *)
  (*  ELSE (* -- 'display' does not exist *)
       Raise(TrapTo4);
     END(*IF*); *)
END CheckDisplaySwitchRegister;

  ...
  Call(CheckDisplaySwitchRegister,res);
  (* -- res=NormalReturn --> 'display' exists,
         res=TrapTo4      --> 'display' does not exist *)
  IF res=NormalReturn THEN
    displaySwitchFlag:=TRUE;
  ELSIF res=TrapTo4 THEN
    displaySwitchFlag:=FALSE;
   ELSE (* not expected *)
    Raise(propagate);
  END(*IF*);
  ...
```

Nach der Ausführung dieses Programmstückes kann anhand von 'displaySwitchFlag' entschieden werden, ob auf das Anzeige- und Schalterregister zugegriffen werden kann oder nicht.

Im Beweis wird für die implizit ausgelöste Exception (siehe 6.2.3) 'TrapTo4' eine Ersatzanweisung angegeben, sodass die Regeln für explizit ausgelöste Exceptions (siehe 6.2.2) angewendet werden können.

6.4 Systemprogrammierung

6.4.1 Fehlertolerante Pufferverwaltung

6.4.1.1 Problemstellung

Das Erfassen und Verarbeiten von Daten über einen längeren Zeitraum hinweg ist eine Standardaufgabe der Echtzeitprogrammierung. Sie wird oft mit zwei kooperierenden Prozessen, dem Produzent und dem Konsument, gelöst.

Zur Synchronisation dieser Prozesse könnten die Operationen 'Enter' und 'Exit' eingesetzt werden. Jedes einzelne Datenelement könnte vom Produzent innerhalb eines kritischen Abschnitts in einen Puffer eingefügt und vom Konsument wieder aus diesem entfernt werden. Dies wäre aber mit einen erheblichen Aufwand verbunden. Für jedes Datenelement müsste der kritische Abschnitt zweimal betreten werden, denn es wäre unzulässig, mehrere Datenelement gleichzeitig in den Puffer einzufügen, da sonst im Falle einer Exception mehrere Datenelemente verloren gehen könnten und da der andere Prozess zu lange warten müsste.

Zur Lösung dieser Aufgabe soll ein spezielles Synchronisationskonzept entwickelt werden, welches folgende, fehlertolerante Eigenschaften aufweist. Den beiden kooperierenden Prozessen soll eine Pufferverwaltung zur Verfügung gestellt werden, die im Falle von Exceptions im Produzent oder Konsument Datenverluste minimiert. Ein bereits teilweise gefüllter Puffer soll in jedem Fall an den Konsument weitergegeben werden; ein erst teilweise geleerter Puffer soll dem Konsument nocheinmal zur Bearbeitung übergeben werden.

Sowohl der Produzent wie der Konsument sollen ihre Arbeit nach einer Exception sofort wieder aufnehmen können. Es wird angenommen, dass die Daten kontinouierlich anfallen, d.h. dass der Produzent nicht verzögert werden darf, weil kein leerer Puffer vorhanden ist. In dieser Situation soll deshalb die Exception 'List-Overflow' ausgelöst werden, damit z.B. die Puffer neu initialisiert und die Datenerfassung wieder gestartet werden kann.

Dieses Synchronisationskonzept ist nicht für alle Produzent/Konsument-Aufgaben einsetzbar. Je nach Anwendung können sich völlig andere Anforderungen stellen. Für die Pufferverwaltung des Filesystems eines interaktiven Betriebssystems würde man fordern, dass im Falle einer Exception im Anwenderprozess oder im Ausgabeprozess auch im Partnerprozess eine Exception ausgelöst würde. Nur so wäre es möglich, einen versehentlich gestarteten, lange dauernden Auftrag wieder abzubrechen.

6.4.1.2 Anwenderschnittstelle

Den beiden Prozessen werden folgende Pufferverwaltungsprozeduren zur Verfügung gestellt:

```
TYPE
  BufferType = RECORD
                 in, out: [0..256];
                 buffer: ARRAY [0..255] OF CARDINAL;
               END;
  BufferPointer = POINTER TO BufferType;

(* producer: *)
PROCEDURE GetEmptyBuffer(VAR id: BufferPointer);
PROCEDURE PutFullBuffer(VAR id: BufferPointer);

(* consumer: *)
PROCEDURE GetFullBuffer(VAR id: BufferPointer);
PROCEDURE PutEmptyBuffer(VAR id: BufferPointer);
```

Die beiden Felder 'in' und 'out' beschreiben, wieviele Datenelemente sich im Puffer befinden. 'in=0' gilt für einen leeren Puffer, '(out=0) AND (in=256)' für einen vollen und '(out=256) AND (in=256)' für einen vollständig konsumierten Puffer. Allgemein sind die Elemente 'buffer[out]' bis 'buffer[in-1]' belegt.

In der Prozedur 'GetEmptyBuffer' wird dem Produzent ein Zugriffsrecht zugeteilt, mit welchem sichergestellt wird, dass der Puffer im Falle einer Exception in die Liste der vollen Puffer eingefügt wird. In der Prozedur 'GetFullBuffer' erhält der Konsument ebenfalls ein Zugriffsrecht, das dazu verwendet wird, den Puffer im Falle einer Exception wieder an der Spitze der Liste der vollen Puffer einzufügen.

Die Initialisierung der Pufferverwaltung erfolgt vor dem Start der beiden Prozesse mit Hilfe von 'CreateBufferPool'.

```
PROCEDURE CreateBufferPool(numberOfBuffers: CARDINAL);
```

Der Einfachheit halber wird angenommen, dass nur eine Pufferverwaltung benötigt wird. Es wäre natürlich ohne weiteres möglich, einen abstrakten Typ 'BufferPool' einzuführen und die Prozeduren um einen Parameter dieses Typs zu erweitern.

Für den Produzent und den Konsument ergibt sich mit obenstehenden Synchronisationsoperationen folgende Grobstruktur:

```
(* producer *)                  (* consumer *)
LOOP                            LOOP
  Call(Producer,pRes);            Call(Consumer,cRes);
  IF pRes=ListOverflow THEN       ...
    Raise(propagate);           END(*LOOP*);
  END(*IF*);
  ...
END(*LOOP*);
```

```
PROCEDURE Producer;              PROCEDURE Consumer;
  VAR                              VAR
    id: BufferPointer;               id: BufferPointer;
BEGIN                            BEGIN
  LOOP                             LOOP
    GetEmptyBuffer(id);              GetFullBuffer(id);
    WITH id^ DO                      WITH id^ DO
      produce data and fill            empty the buffer and
        the buffer (may                  consume the data may
        raise exceptions);               raise exceptions);
    END(*WITH*);                     END(*WITH*);
    PutFullBuffer(id);               PutEmptyBuffer(id);
  END(*LOOP*);                     END(*LOOP*);
END Producer;                    END Consumer;
```

6.4.1.3 Realisierung

Die Pufferverwaltung wird intern durch einen Synchronisationsdeskriptor dargestellt, welcher eine Warteliste für den Konsument, ein Liste mit leeren Puffern und eine Liste mit vollen Puffern enthält.

```
VAR
  descriptor: RECORD
                ...
                blockedList: List;
                emptyList, fullList: BufferList;
              END;
```

Jedem Puffer wird ein Listenelement und ein Zugriffsrecht zugeteilt.

```
TYPE
  BufferDescriptor = RECORD
                       buf: BufferType;
                       el: BufferListElement;
                       accRight: AccessRightElement;
                     END;
  BufferDescriptorPointer = POINTER TO BufferDescriptor;
```

Es wird angenommen, dass ein Zeiger auf einen Record auch auf das erste Feld des Records zeigt. Werte des Typs 'BufferPointer' werden bei Bedarf mit der Typtransferfunktion in den Typ 'BufferDescriptorPointer' umgewandelt.

Beim Initialisieren der Pufferverwaltung wird die gewünschte Anzahl Puffer alloziert und in 'emptyList' eingefügt.

In 'GetEmptyBuffer' wird ein Puffer aus 'emptyList' entfernt, die beiden Indices 'in' und 'out' werden initialisiert und das Zugriffsrecht wird dem laufenden Prozess zugeteilt. Falls kein leerer Puffer vorhanden ist, wird die Exception 'ListOverflow' ausgelöst.

```
PROCEDURE CreateBufferPool(numberOfBuffers: CARDINAL);
  VAR
    i: CARDINAL;
    p: BufferDescriptorPointer;
BEGIN
  WITH descriptor DO
    ...
    Init(blockedList);
    init 'emptyList' and 'fullList';
    FOR i:=1 TO numberOfBuffers DO
      NEW(p);
      WITH p^ DO
        accRight.ownerOfAccessRight:=NIL;
        object:=p;
      END(*WITH*);
      insert 'p' into 'emptyList';
    END(*FOR*);
    ...
  END(*WITH*);
END CreateBufferPool;

PROCEDURE GetEmptyBuffer(VAR id: BufferPointer);
  VAR
    descId: BufferDescriptorPointer;
BEGIN
  CreateObjectListHead;
  WITH descriptor DO
    IF 'emptyList' is empty THEN
      Raise(ListOverflow);
    END(*IF*);
    remove 'descId' from 'emptyList';
  END(*WITH*);
  WITH descId^ DO
    buf.in:=0; buf.out:=0;
    accRight.deleteProc:=
                DeleteProcedure(ReturnProducerBuffer);
    accRight.ownerOfAccessRight:=runningProcess;
    InsertAccessRight(accRight);
    id:=SYSTEM.ADR(buf);
  END(*WITH*);
END GetEmptyBuffer;

PROCEDURE PutFullBuffer(VAR id: BufferPointer);
  VAR
    descId: BufferDescriptorPointer;
    p: Process;
BEGIN
  descId:=BufferDescriptorPointer(id);
  WITH descId^ DO
    RemoveAccessRight(accRight);
    IF Empty(blockedList) THEN
      insert 'descId' into 'descriptor.fullList';
```

```
      ELSE
       (* consumer is waiting *)
       Remove(p,blockedList);
       accRight.deleteProc:=
                DeleteProcedure(ReturnConsumerBuffer);
       accRight.ownerOfAccessRight:=p;
       InsertAccessRight(accRight);
       p^.synchInfo:=id;
       Ready(p);
     END(*IF*);
     id:=NIL
   END(*WITH*);
 END PutFullBuffer;
```

Bei der Rückgabe eines vollen Puffers muss unterschieden werden, ob er in die Liste der vollen Puffer eingetragen werden darf oder ob der Konsument bereits wartet.

In 'GetFullBuffer' wird ein Puffer aus 'fullList' entfernt, oder der laufende Prozess wird verzögert, bis ein voller Puffer verfügbar wird.

```
 PROCEDURE GetFullBuffer(VAR id: BufferPointer);
   VAR
     descId: BufferDescriptorPointer;
 BEGIN
   CreateObjectListHead;
   WITH descriptor DO
     IF 'fullList' is empty THEN
       Block(blockedList);
       id:=runningProcess^.synchInfo;
      ELSE
       remove 'descId' from 'fullList';
       WITH descId^ DO
         accRight.deleteProc:=
                 DeleteProcedure(ReturnConsumerBuffer);
         accRight.ownerOfAccessRight:=runningProcess;
         InsertAccessRight(accRight);
         id:=SYSTEM.ADR(buf);
       END(*WITH*);
     END(*IF*);
   END(*WITH*);
 END GetFullBuffer;

 PROCEDURE PutEmptyBuffer(VAR id: BufferPointer);
   VAR
     descId: BufferDescriptorPointer;
 BEGIN
   descId:=BufferDescriptorPointer(id);
   RemoveAccessRight(descId^.accRight);
   insert 'descId' into 'descriptor.emptyList';
   id:=NIL;
 END PutEmptyBuffer;
```

In 'PutEmptyBuffer' wird der nun wieder leere Puffer in 'emptyList' eingefügt.

Die beiden Löschprozeduren zur automatischen Rückgabe eines Zugriffsrechts im Falle einer Exception sind praktisch identisch mit 'PutFullBuffer'. In 'ReturnProducerBuffer' wird der Puffer zurückgegeben und entweder dem wartenden Konsument zugeteilt oder in die Liste der vollen Puffer eingetragen. Die Prozedur 'ReturnConsumerBuffer' unterscheidet sich einzig dadurch, dass der Puffer an der Spitze von 'fullList' eingefügt wird, damit dieser halbkonsumierte Puffer gerade anschliessend weiterverarbeitet wird und die Reihenfolge der Daten erhalten bleibt.

Auf weitere Details der Realisierung wird hier nicht eingegangen. Die Pufferlisten könnten als doppelt verkettete Ringe realisiert werden, und die besprochenen Prozeduren müssen nach den Richtlinien zur Anwendung des S- und Z-Levels vervollständigt werden (siehe 3.4.4).

Die Komplexität der entworfenen Prozeduren ist nur unwesentlich grösser als diejenige von 'Enter/Exit'. Diese Lösung ist somit mindestens so effizient, wie eine Lösung, welche auf 'Enter/Exit' oder 'Send/Receive' aufbauen würde. Beim Versuch, die Pufferverwaltung ohne die Objektverwaltungsoperationen des S-Levels zu realisieren, dürften zudem Schwierigkeiten mit asynchronen Exceptions auftreten, die es nötig machen würden, gewisse Operationen unteilbar mit 'Enter' und 'Exit', resp. mit 'Send' und 'Receive' auszuführen.

6.4.2 Behandlung der Exception TimeOut

6.4.2.1 Problemstellung

In Echtzeitsystemen ist es oft nötig, die Ausführungszeit bestimmter Aktionen zu überwachen. Von einem "time-out" spricht man, wenn eine Operation nicht innerhalb der dafür festgesetzten Zeit beendet werden kann. Im folgenden wird davon ausgegangen, dass diese Situation normalerweise nicht auftritt, d.h. dass es sich um eine Exception handelt.

Diese Ausnahmesituation ist besonders wichtig im Zusammenhang wartender Synchronisationsoperationen wie 'Receive' und 'Enter'. Die Parameterlisten dieser Operationen könnten deshalb um einen Parameter erweitert werden, der die Verzögerung auf einen maximal zulässigen Wert beschränken würde. Da der Aufwand für diese Ueberwachung nicht vernachlässigbar ist, müssen die ursprünglichen Prozeduren für zeitkritische Anwendungen erhalten bleiben.

Eine allgemeine Behandlung der Exception 'TimeOut' darf sich somit nicht auf ein bestimmtes Synchronisationskonzept abstützen. Es sollte umgekehrt leicht möglich sein, irgendeine Operation um die Ueberwachung ihrer Ausführungszeit zu erweitern. Für die Realisierung stehen die Objektverwaltungsprozeduren des S-Levels und das im Kapitel 4 beschriebene Modul 'MEClock' zur Steuerung einer Uhr zur Verfügung; Aenderungen am Kern des Betriebssystems sind zu vermeiden.

Die Ueberwachung der Ausführungszeit einer Synchronisationsoperation entspricht einer zweiten Synchronisationsbedingung. Der Prozess wird solange verzögert, bis entweder die Meldung eintrifft, oder aber die maximal zulässige Zeit überschritten wird.

Da sich bis anhin ein Prozess nur in einer Prozesswarteliste befinden kann und der Kern nicht verändert werden soll, wird für diese Ueberwachung ein Hilfsprozess benötigt, der sich mit 'MEClock.Wait' verzögert und im Auftraggeber nach Ablauf der Zeit eine asynchrone Exception auslöst. Falls die normale Synchronisationsbedingung vorher erfüllt ist, muss der Auftrag an den Hilfsprozess annulliert werden.

6.4.2.2 Lösungsansatz

Für die Auslösung der Exception 'TimeOut' wird auf die Objektverwaltung zurückgegriffen. Es wird ein Zugriffsrecht zugeteilt, das entweder nach der zu überwachenden Operation wieder zurückgegeben wird, oder nach Ablauf der festgesetzten Zeit mit der asynchronen Exception 'TimeOut' entzogen wird.

```
TYPE
  WatchDog; (* hidden *)

PROCEDURE CreateWatchDog(VAR w: WatchDog);

PROCEDURE SetWatchDog(w: WatchDog; delay: CARDINAL);
```

Mit 'SetWatchDog' wird ein Ueberwachungsauftrag an einen internen Hilfsprozess übergeben. 'delay' bezeichnet die Zeit, nach welcher der Exceptionbehandlungsbereich, innerhalb welchem 'SetWatchDog' aufgerufen wurde, mit 'TimeOut' abgebrochen werden soll. Ein allfällig früher gegebener Auftrag wird automatisch gelöscht; 'SetWatchDog(w,0)' annulliert nur den vorherigen Auftrag. Am Ende des Exceptionbereichs, innerhalb welchem 'SetWatchDog' aufgerufen wurde, wird der Auftrag automatisch gelöscht.

Eine Variable vom Typ 'WatchDog' wird intern durch einen Synchronisationsdeskriptor repräsentiert, der am Ende des Bereichs, innerhalb welchem er geschaffen wurde, automatisch wieder gelöscht wird. Falls dann noch ein Auftrag hängig ist, wird im betreffenden Prozess die Exception 'AccessFailure' ausgelöst.

6.4.2.3 Realisierung

Ein Element des Typs 'WatchDog' wird intern durch ein Listenelement, eine Zeitangabe und ein Zugriffsrecht beschrieben.

```
TYPE
  WatchDogDescriptor =
    RECORD
      el: WatchDogListElement;
      t: TimeRecord;
      accRight: AccessRightElement;
    END;
  WatchDog = POINTER TO WatchDogDescriptor;
```

Diese Deskriptoren werden in 'SetWatchDog' nach der Zeitangabe 't' geordnet in eine Liste eingefügt.

```
VAR
  watchDogList: WatchDogListElement;
  watchDogProcess: Process;
```

Die Liste 'watchDogList' wird durch den Hilfsprozess 'watchDogProcess' abgearbeitet. Mit der Prozedur 'MEClock.Wait' verzögert er sich, bis die Zeit des ersten Elementes erreicht ist, und löst im entsprechenden Prozess mit 'AbortOwnerProcess' die Exception 'TimeOut' aus. ('AbortOwnerProcess' wurde zwar für das Aufräumen von Synchronisationsdeskriptoren entworfen, aber sie darf in Systemprogrammen auch sonst verwendet werden, um einem Prozess ein Zugriffsrecht zu entziehen.)

Zwei Fragen müssen noch genauer analysiert werden: Was soll der Hilfsprozess tun, wenn kein Auftrag vorhanden ist? Wie soll dem Hilfsprozess mitgeteilt werden, wenn ein Auftrag eintrifft, der an der Spitze der Liste eingefügt und als erster bearbeitet werden muss?

Der Hilfsprozess könnte die Liste mit den Aufträgen periodisch testen, wobei seine Periode gerade der zeitlichen Auflösung entsprechen würde, die in 'SetWatchDog' verwendet wird. Dieses Vorgehen wäre sinnvoll, wenn pro Periode durchschnittlich mehr als ein Auftrag eintreffen würde.

Im allgemeinen wird diese Annahme nicht gültig sein. Der Hilfsprozess soll deshalb vom Auftraggeber geweckt werden, wenn ein Auftrag an der Spitze der Liste eingefügt wird.

Mit Hilfe dieser Ueberlegungen können die einzelnen Prozeduren entworfen werden:

In einer Hilfsprozedur wird zu Beginn von 'SetWatchDog' das Zugriffsrecht zurückgenommen. 'ResetWatchDog' dient gleichzeitig als Löschprozedur zur automatischen Rückgabe eines Zugriffsrechts am Ende eines Exceptionbereichs.

In 'SetWatchDog' wird das Zugriffsrecht dem laufenden Prozess zugeteilt und die Zeitmarke 't' wird gesetzt. Dann wird geprüft, ob das Element an der Spitze der Liste eingefügt werden muss. Wenn ja, muss der Hilfsprozess geweckt werden; wenn nein, wird die Liste von hinten nach der Stelle abgesucht, an welcher der neue Auftrag eingefügt werden muss.

```
PROCEDURE ResetWatchDog(w: WatchDog);
BEGIN
  WITH w^ DO
    IF accRight.ownerOfAccessRight<>NIL THEN
      RemoveAccessRight(accRight);
      remove 'w' from 'watchDogList';
    END(*IF*);
  END(*WITH*);
END ResetWatchDog;

PROCEDURE SetWatchDog(w: WatchDog; delay: CARDINAL);
  VAR
    wEl: WatchDog;
BEGIN
  CreateObjectListHead;
  ResetWatchDog(w);
  IF delay=0 THEN RETURN; END(*IF*);
  WITH w^ DO
    accRight.ownerOfAccessRight:=runningProcess;
    InsertAccessRight(accRight);
    Ticks(t); INC(t.low,delay);
    IF t.low<delay THEN INC(t.high); END(*IF*);
    IF ('watchDogList' is empty) OR
       ('t' of first element of the list > 'w^.t') THEN
      insert 'w' at the head of 'watchDogList';
      IF watchDogProcess^.state=blocked THEN
        Withdraw(watchDogProcess); Ready(watchDogProcess);
      END(*IF*);
     ELSE
      wEl:=last element of 'watchDogList';
      WHILE wEl^.t>t DO
        wEl:=element before 'wEl';
      END(*WHILE*);
      insert 'w' behind 'wEl';
    END(*IF*);
  END(*WITH*);
END SetWatchDog;
```

Der Hilfsprozess 'WatchDogProcess' testet in einer Schleife, ob 'watchDogList' leer ist. Wenn ja, blockiert er sich in einer lokalen Warteliste. Wenn nein, kontrolliert er den ersten Auftrag und führt diesen entweder aus, oder verzögert sich mit der Prozedur 'Wait'.

Es muss beachtet werden, dass anschliessend an den Aufruf von 'Wait(t)' erneut geprüft werden muss, ob die Liste nicht leer ist und ob das erste Element fällig ist, da Aufträge jederzeit annulliert werden können und der Prozess zu beliebigen Zeitpunkten durch 'SetWatchDog' geweckt werden kann.

Auf weitere Details, wie Initialisierung, Behandlung der Synchronisationsdeskriptoren, Gültigkeitstests etc., wird an dieser Stelle nicht eingegangen (siehe 3.4.4).

```
PROCEDURE WatchDogProcess;
  VAR
    now: TimeRecord;
    auxiliaryList: List;
BEGIN
  Init(auxiliaryList);
  LOOP
    IF 'watchDogList' is empty THEN
      Block(auxiliaryList);
     ELSE
      WITH first element of 'watchDogList' DO
        Ticks(now);
        IF now>=t THEN
          remove first element from 'watchDogList';
          AbortOwnerProcess(accRight,TimeOut);
         ELSE
          Wait(t);
        END(*IF*);
      END(*WITH*);
    END(*IF*);
  END(*LOOP*);
END WatchDogProcess;
```

Dieses Konzept zur Behandlung der Exception 'TimeOut' steht dem Anwender der PDP-11 Version von MODEB V2 (Maier 1984) in Form eines Bibliotheksmoduls zur Verfügung.

6.4.3 Behandlung von <ctrl/c>

In einem interaktiven System ist es normalerweise möglich, das gerade laufende Programm durch Eingabe eines Spezialzeichens (z.B. <ctrl/c>) abzubrechen.

In einem interaktiven Echtzeitsystem bestehen differenziertere Anforderungen. Unter Umständen soll nur ein Teil des Programmes abgebrochen werden können, während andere Programmteile - z.B. zur Gewährleistung des Betriebes einer Anlage - ihre Aufgabe weiter erfüllen müssen.

Dieses Bedürfnis kann befriedigt werden, wenn dem Anwender die Möglichkeit gegeben wird, einen bestimmten Exceptionbehandlungsbereich mit einem Spezialzeichen abzubrechen. Die Schnittstelle des Terminaldrivers der PDP-11 Version von MODEB V2 (Maier 1984) wurde zu diesem Zweck um eine Prozedur erweitert:

```
PROCEDURE EnableCtrlCToAbort;
```

Nach einem Aufruf dieser Prozedur in einem bestimmten Bereich kann dieser mit zwei <ctrl/c> abgebrochen werden (Konvention von RT-11). Es kann nur ein einziger Bereich markiert werden; ein zweiter Aufruf der Prozedur hebt den ersten auf.

Für die Realisierung dieser Prozedur wurden die Daten des Terminalinputprozesses mit einem Zugriffsrecht ergänzt.

```
VAR
  inputData: RECORD
               ch, lastIn: CHAR;
               ...
               accRight: AccessRightElement;
             END;
```

In 'EnableCtrlCToAbort' wird das Zugriffsrecht - falls nötig - freigemacht und dem laufenden Prozess zugeteilt.

```
PROCEDURE EnableCtrlCToAbort;
BEGIN
  CreateObjectListHead;
  WITH inputData DO
    IF accRight.ownerOfAccessRight<>NIL THEN
      RemoveAccessRight(accRight);
    END(*IF*);
    accRight.ownerOfAccessRight:=runningProcess;
    InsertAccessRight(accRight);
  END(*WITH*);
END EnableCtrlCToAbort;
```

Das Zugriffsrecht wird durch den Terminalinputprozess mit Hilfe von 'AbortOwnerProcess' entzogen, falls zweimal hintereinander <ctrl/c> eingegeben wird.

```
WITH inputData DO
  ...
  IF (ch=ctrlC) AND (lastIn=ctrlC) THEN
    AbortOwnerProcess(accRight,CtrlCError);
    ...
```

In der Löschprozedur zur Rückgabe des Zugriffsrechts am Ende eines Exceptionbereichs muss das Zugriffsrecht - genau wie zu Beginn von 'EnableCtrlCToAbort' - mit 'RemoveAccessRight' freigegeben werden.

6.4.4 Ueberwachung der Sicherheit

Sicherheitsüberlegungen spielen in Echtzeitsystemen eine wichtige Rolle. Rechner können nur eingesetzt werden, wenn gezeigt werden kann, dass die Sicherheit einer Anlage mit sehr hoher Wahrscheinlichkeit gewährleistet ist. Es ist zwar meistens ein zusätzlicher Schutz vorhanden, aber dessen Ansprechen führt normalerweise zu Kosten, die höher sind, als diejenigen, welche sich bei einer kontrollierten Abschaltung der Anlage durch den Rechner ergeben.

Der vorgeschlagene Exceptionbehandlungsmechanismus erlaubt, Sicherheitsüberlegungen von der normalen Steuerung einer Anlage zu trennen (siehe auch 6.3.2):

Bei der Initialisierung eines Programmes oder eines Programmteiles, welches für die Sicherheit einer Anlage zuständig ist, kann der Objektverwaltung mit 'InsertSynchDesc' eine Prozedur übergeben werden, die bei einem Programmabbruch infolge einer Exception automatisch ausgeführt wird. In dieser Prozedur kann dann der Zustand der Anlage kontrolliert werden, und wenn nötig kann die Anlage in einen sicheren Zustand gefahren werden.

Zusätzlich kann der Zustand der Anlage mit einem oder mehreren Hilfsprozessen periodisch überprüft werden. Wenn eine Gefährdung der Anlage festgestellt wird, kann eine Exception ausgelöst werden, worauf die Anlage wie oben beschrieben in einen sicheren Zustand gebracht wird.

Diese Methode verlangt keine vollständige Verifikation. Sie ist anwendbar, wenn man sich von der Korrektheit der erwähnten Prozedur und der Hilfsprozesse überzeugt hat. Zusätzlich muss bewiesen werden, dass die Ueberwachungsprozesse wirklich ausgeführt werden, d.h. dass nicht die gesamte Rechenleistung von Prozessen höherer Priorität beansprucht wird (keine ewigen Schleifen).

Dieses Vorgehen hat sich bei der Steuerung und Regelung eines Modells eines elektrischen Energiesystems bewährt, das aus drei Generatoren (je 5kVA Nennleistung), mehreren Leitungsnachbildungen und Sammelschienen besteht.

Es wurde ein Modul realisiert, in welchem ein Hilfsprozess periodisch die Drehzahlen der drei Maschinengruppen überprüft und das Programm abbricht, wenn ein Grenzwert überschritten wird. Weiter wird in einer Prozedur, die bei der Initialisierung mit 'InsertSynchDesc' der Objektverwaltung übergeben wird, bei einem Programmabbruch kontrolliert, ob sich die Anlage in einem sicheren Zustand befindet. Wenn nicht, werden die Turbinenventile geschlossen und - falls möglich - Lasten zugeschaltet, um die Energiezufuhr ins System zu stoppen, resp. um zusätzlich Energie abzuführen.

Dank diesem Modul kann an der Anlage experimentiert werden, und es können Programme im Betrieb getestet werden, ohne dass sie vorher verifiziert werden müssen. Die Sicherheit der Anlage ist auch im Falle von Exceptions weitgehend gewährleistet. Die Drehzahlüberwachung spricht z.B. an, wenn im Inselbetrieb die Leistungs-Frequenzregelung ausfällt und die Frequenz des nun ungeregelten, instabilen Systems unkontrolliert zunimmt.

6.5 Nicht behandelbare Exceptions

Der vorgeschlagene Exceptionbehandlungsmechanismus beschränkt sich auf 'ESCAPE'-Exceptions und schliesst eine Rückkehr an die Stelle, wo die Ausnahmesituation detektiert wurde, aus.

Aus diesem Grund kann z.B. die Exception "page-fault" in einem System mit virtuellem Speicher nicht behandelt werden. Dies ist jedoch keine Einschränkung, denn diese Exception wird sinnvollerweise nicht auf der Stufe der höheren Programmiersprache behandelt, sondern im Laufzeitsystem oder im Mikroprogramm.

Beim bisherigen Einsatz der PDP-11 Version von MODEB V2 bestand kein Bedürfnis nach 'NOTIFY'-Exceptions.

Weiter wird die Behandlung von Exceptions nicht unterstützt, die nicht einem bestimmten Prozess zugeordnet werden können, sondern die Einsatzfähigkeit des Prozessors betreffen, wie z.B. "power failure" und "memory parity error".

Situationen dieser Art können in Unterbrechungsroutinen hoher Priorität bearbeitet werden. Z.B. bei einem Spannungsausfall müssen die Prozessorregister gerettet werden, damit beim Wiederkehren der Spannung mit dem unterbrochenen Prozess weitergefahren, resp. das System ganz oder teilweise neu gestartet werden kann.

Diese beiden Klassen von Exceptions müssen - wie obige Ueberlegungen zeigen - offensichtlich gesondert behandelt werden. Ein spezieller Mechanismus für diese Exceptions würde sich aber umgekehrt nicht für Ausnahmesituationen eignen, die bisher betrachtet wurden.

7. Kapitel

Schlussbemerkungen

Die Entwicklung der Methode zur Exceptionbehandlung und Synchronisation, die in dieser Arbeit vorgeschlagen wird, basiert im wesentlichen auf den folgenden Schritten:

- Die bekannten Grundlagen der Exceptionbehandlung in sequentiellen, blockstrukturierten Programmiersprachen wurden auf parallele Programme verallgemeinert.

- Die Verwaltung dynamisch geschaffener Objekte wurde an die Exceptionbehandlung gekoppelt. Analog zum Gültigkeitsbereich von Variablen innerhalb der Blockstruktur wird die Existenz von Prozessen, Synchronisationsdeskriptoren und Zugriffsrechten auf denjenigen Exceptionbehandlungsbereich beschränkt, innerhalb welchem sie geschaffen resp. zugeteilt wurden.

- Das TC8 Echtzeitbetriebssystemmodell (TC8 Report 1982) wurde um ein allgemeines Modell der Synchronisation ergänzt. Es wurde eine Systemschnittstelle, der S-Level, definiert, mit welcher beliebige, anwendungsspezifische Synchronisationsoperationen direkt in den Echtzeitbetriebssystemkern integriert werden können.

Sowohl für die allgemeine Beschreibung der Algorithmen wie für die tatsächlich implementierte PDP-11 Version wurde fast ausschliesslich Modula-2 eingesetzt. Die einfache und klare, ballastfreie Syntax dieser Programmiersprache hat sich für beide Aufgaben sehr gut bewährt, und es kann bestätigt werden, dass sich Modula-2 bestens für die Implementierung ganzer Systeme eignet, wie dies bei der Entwicklung von Modula-2 als primäres Entwurfsziel formuliert wurde (Wirth 1980). Notwendige Voraussetzungen für den praktischen Einsatz von Modula-2 waren das Modulkonzept, die separate Uebersetzung, der leistungsfähige und zuverlässige Compiler, der Linker und der Debugger, der sich auf die Bedürfnisse der Analyse paralleler Programme erweitern liess.

Mit der PDP-11 Version von MODEB V2 wurde ein praktisch verwendbares Werkzeug geschaffen, das bei der Lösung von Problemen der Steuerungs- und Regelungstechnik eingesetzt werden kann. Wie schon in Maier (1982) wurde gezeigt, dass sich eine höhere Programmiersprache durchaus für die Implementation eines Echtzeitbetriebssystems eignet. Die Zeitmessungen (4.8) weisen auf eine Effizienz hin, die normalerweise nur in Systemen erreicht wird, die in

Assembler codiert sind. Eine weitere, wesentliche Reduktion des Overheads im Betriebssystemkern liesse sich nur durch Mikroprogrammierung der wichtigsten Operationen erreichen.

Der Entwurf von MODEB V2 wurde soweit wie möglich unabhängig von einem bestimmten Rechner durchgeführt. Die Einzelprozessorversion und die Multiprozessorversion bilden eine Grundlage, mit der MODEB V2 ohne grossen Aufwand auf andere Rechner übertragen werden kann.

Mit mehreren Beispielen (3.4 und 6.4) wurde gezeigt, das MODEB V2 leicht um Synchronisationskonzepte mit anwendungsspezifischen Eigenschaften erweitert werden kann. Der Overhead im Betriebssystem steigt dabei nicht an. Der Aufwand zur Ausführung einer einfachen Synchronisationsoperation (z.B. einer Semaphoroperation) und einer komplexeren Synchronisationsoperation (z.B. einer Pufferverwaltungsoperation) unterscheiden sich nur unwesentlich.

Die Diskussion fehlertoleranter Synchronisationskonzepte (6.3.2.1 und 6.4.1) weist darauf hin, wie wichtig es ist, Ausnahmesituationen bereits bei der Spezifikation von Synchronisationsoperationen zu berücksichtigen, damit der Anwender durch die Objektverwaltung möglichst weitgehend von Konsistenzproblemen, die sich in Ausnahmesituationen mit dynamischen Objekten ergeben, entlastet werden kann.

Auf Grund der beschriebenen Anwendungsmöglichkeiten (Kapitel 6) deckt die vorgeschlagene Methode die Bedürfnisse der Echtzeitprogrammierung ab. Die Einschränkung, dass Prozesse und Synchronisationsdeskriptoren nicht explizit gelöscht werden können, hat sich bisher nicht störend ausgewirkt. Eine umfassende Beurteilung der Methode wird jedoch erst möglich sein, wenn Erfahrungen an grösseren Projekten verfügbar sind.

Weiter sind folgende Probleme, die sich im Zusammenhang dieser Arbeit stellen, noch ungelöst und könnten Gegenstand weiterer Untersuchungen sein:

- Die Modula-2 Syntax schränkt die vorgeschlagenen Konzepte ein. Exceptionbereiche können nur dynamisch, nicht aber statisch ineinander verschachtelt werden (2.3.4.1), und bei der Eröffnung neuer Bereiche wie auch beim Starten von Prozessen können keine Parameter übergeben werden (2.2). Beide Probleme lassen sich während der Codegenerierung lösen. Man könnte deshalb versuchen, die Prozessverwaltung und die Exceptionbehandlung in die Syntax von Modula-2 (oder einer anderen blockstrukturierten Programmiersprache) zu integrieren.

- Für die Exceptionbehandlung konnten einige Beweisregeln angegeben werden, aber ihr Einsatz ist nur von bedingtem Nutzen, solange keine allgemeinen Beweisregeln für parallele Programme zur Verfügung stehen.

- Rechnernetzwerke gewinnen in Echtzeitsystemen zunehmend an Bedeutung. Es könnte deshalb untersucht werden, wie die Exceptionbehandlung bei der Spezifikation und der Realisierung von Netzwerksynchronisationsoperationen nutzbringend eingesetzt werden kann.

Anhang A

Literaturverzeichnis

Ada (1983)
Reference Manual for the Ada Programming Language, ANSI/MIL-STD 1815A, January 1983.

Alagic S., Arbib M.A. (1978)
The Design of Well-Structured and Correct Programs, Springer Verlag, New York Heidelberg Berlin, 1978.

Barringer H., Mearns I. (1982)
Axioms and Proof Rules for Ada Tasks, IEE Proceedings, 129, Part E, 2(1982), p. 38-48.

Cocco N., Dulli S. (1982)
A Mechanism for Exception Handling and its Verification Rules, Comput. Lang., 7, (1982), p. 89-102.

Dijkstra E.W. (1968a)
Co-operating Sequential Processes, Department of Mathematics, Technological University, Eindhoven, The Netherlands; nachgedruckt in F. Genuys (ed.), Programming Languages, Academic Press, 1968, p. 43-112.

Dijkstra E.W. (1968b)
The Structure of the "THE"-Multiprogramming System, Comm. of the ACM, 11, 5(1968), p. 341-346.

Emch G., Weisenhorn J. (1984)
Anwendung eines Mechanismus zur Behandlung von Ausnahmesituationen in der Echtzeitprogrammierung, Studienarbeit AIE 8509, Institut für Automatik und Industrielle Elektronik, ETH-Zentrum, Zürich.

Floyd R.W. (1967)
Assigning Meanings to Programs, Proc. Sym. in Apllied Math., Vol. 19, Mathematical Aspects of Computer Science (J.T. Schwartz, ed.), Amer. Math. Soc. 19-32.

Geissmann L. (1981)
A User Guide to the Modula-2 System, Institut für Informatik, ETH Zürich, March 1981.

Goodenough J.B. (1975)
Exception Handling: Issues and a Proposed Notation, Comm. of the ACM, 18, 12(1975), p. 683-696.

Hoare C.A.R. (1969)
An Axiomatic Basis for Computer Programming, Comm. of the ACM, 12, p. 576-580, 583.

Liskov B.H., Snyder A. (1979)
Exception Handling in CLU, IEEE Trans. on Software Engineering, SE-5, 6(1979), p. 546-558.

Luckham D.C., Polak W. (1980)
Ada Exception Handling: An Axiomatic Approach, ACM Trans. on Programming Languages and Systems, 2, 2(1980), p. 225-233.

Maier G. (1981)
Abstract Model of a Hierarchically Structured Computer System, Working Paper II-19-1, Technical Committee No. 8 on Real Time Operating Systems, European Workshop on Industrial Computer Systems EWICS.

Maier G. (1982)
A Real Time Operating System Kernel Written in the Higher Level Programming Language Modula-2, Software for Computer Control SOCOCO 1982, Proceedings of the Third IFAC/IFIP Symposium, Spain, Madrid, October 5-8, 1982 (Oxford, England: Pergamon 1983), p. 61-67.

Maier G. (1983)
Notes to the Modula-2 Debugger for Structered Data, Institut für Automatik und Industrielle Elektronik, ETH Zürich, 1983.

Maier G. (1984)
Modula-2 Echtzeitbetriebssystem MODEB V2: Bedienungsanleitung und Installierung, Report 84-03, Fachgruppe für Automatik, ETH-Zentrum, Zürich.

Mühlemann K. (1978)
Methoden, Anwendungen und Entwicklungstendenzen der heutigen Prozesssynchronisation, Bericht Nr. 14 des Instituts für Elektronik, ETH Zürich, 1978.

Mühlemann K. (1980)
Ein Beitrag zur Synchronisation in Mehrprozessorsystemen und Computernetzwerken, ETH Dissertation Nr. 6520, Zürich, 1980.

Nägeli H.H. (1981)
Programmieren mit PORTAL: Eine Einführung, Landis & Gyr AG, Zug, 1981.

Sammer W., Schwärzel H. (1982)
CHILL: Eine moderne Programmiersprache für Systemtechnik, Springer-Verlag, Berlin Heidelberg New York, 1982.

Smedema C.H., Medema P., Boasson M. (1983)
The Programming Languages PASCAL, MODULA, CHILL, Ada, Prentice-Hall International, London, 1983.

TC8 Report (1982)
Up to Date Report, Technical Committee No. 8 on Real Time Operating Systems, European Workshop on Industrial Computer Systems EWICS.

Wirth N. (1980)
Modula-2, Bericht Nr. 36 des Instituts für Informatik, ETH Zürich, 1980.

Wirth N. (1982)
Programming in Modula-2, Springer Verlag, Berlin Heidelberg New York, 1982.

Young S.J. (1982)
Real Time Languages: Design and Development, Ellis Horwood Series in Computers and their Applications.

Anhang B: MODEB V2 Einzelprozessorversion

Line number:	Module:
1001 - 1169	DISPAT.DEF
1301 - 1446	DISPAT.MOD
2001 - 2047	EXCEPT.DEF
2301 - 2529	EXCEPT.MOD
3001 - 3052	OBJECT.DEF
3301 - 3416	OBJECT.MOD
4001 - 4040	KLEVEL.DEF
4301 - 4395	KLEVEL.MOD
5001 - 5035	SEMAPH.DEF
5301 - 5393	SEMAPH.MOD
6001 - 6042	MESSAG.DEF
6301 - 6455	MESSAG.MOD
7001 - 7038	REGION.DEF
7301 - 7441	REGION.MOD

(1398 lines)

```
(* MODEB V2: single processor version   5-Sep-84 File: DISPAT.DEF *)
(*    G. Maier                                                      *)
(*    Institut fuer Automatik und Industrielle Elektronik           *)
(*    Eidgenoessische Technische Hochschule                         *)
(*    CH-8092 Zuerich (Switzerland)                                 *)
DEFINITION MODULE Dispatching;

(*-----------------------------------------------*)
(*                                               *)
(*  Data structures, list management (Z-level),  *)
(*  and dispatcher operations (S-level)          *)
(*                                               *)
(*-----------------------------------------------*)

FROM SYSTEM IMPORT
  ADDRESS, PROCESS, WORD;

EXPORT QUALIFIED
  Process, ExceptionPointer, ObjectListPointer,
  maxPrio, Priority, ProcessState, ListElement, ExceptionType,
  ProcessDescriptor, ContextType, ExceptionDescriptor,
  DeleteProcedure, SynchDescPointer, SynchDescElement,
  AccessRightPointer, AccessRightListElement, AccessRightElement,
  ObjectListHead,
  List, Init, Insert, Remove, Empty, Withdraw,
  Ready, Block, Inactivate,
  runningProcess, readyList,
  raiseAsynchronous;


(* forward declarations and auxiliary types *)
(* ---------------------------------------- *)

TYPE
  Process = POINTER TO ProcessDescriptor;
  ExceptionPointer = POINTER TO ExceptionDescriptor;
  ObjectListPointer = POINTER TO ObjectListHead;

CONST
  maxPrio = 5;
TYPE
  Priority = [1..maxPrio];
  ProcessState = (undefined, readyRunning, blocked, inactive);
  ListElement =  RECORD next, back: Process; END;
  ExceptionType = (CoroutineEnds, ProgramHalt, TrapTo4,
                   StackOverflow, IndexOutOfRange, (* ... *)
                   NormalReturn, UserSignal, propagate,
                   SonProcessFailure, Aborted,
                   SynchFailure, AccessFailure,
                   ListOverflow (* ... *));


(* process descriptor *)
(* ------------------ *)

  ProcessDescriptor =
    RECORD
      process: PROCESS;
```

```
        prio: Priority;
        state: ProcessState;
        el: ListElement;
          (* -- (el.next=NIL) = "not an element of a list" *)
        frame,                          (* currently valid frame *)
        frameList: ExceptionPointer;  (* list with all known frames *)
        eCode, oldECode: ExceptionType;
        objects: ObjectListPointer;
          (* -- (objects=NIL) =
                 "no own objects in the current frame" *)
        brother: Process;
        synchInfo: ADDRESS;
          (* used for parameter passing
          in synchronization operations *)
      END;


(* exception frame descriptor *)
(* -------------------------- *)
  ContextType = WORD (* depends from implementation *);

  ExceptionDescriptor =
    RECORD
      frameLevel: CARDINAL;
      (* the following fields are only valid, if 'frameLevel>0' *)
      nextFrame: ExceptionPointer;
      ownerOfFrame: Process;
      oldObjects: ObjectListPointer;
      returnContext: ContextType;
    END;


(* object management types *)
(* ----------------------- *)

TYPE
  (* synchronization descriptor management *)
  DeleteProcedure = PROCEDURE(ADDRESS);
  SynchDescPointer = POINTER TO SynchDescElement;
  SynchDescElement =
    RECORD
      link: SynchDescPointer;
      object: ADDRESS;
      deleteProc: DeleteProcedure;
    END;

  (* access right management *)
  AccessRightPointer = POINTER TO AccessRightElement;
  AccessRightListElement =
    RECORD
      next, back: AccessRightPointer;
    END;
  AccessRightElement =
    RECORD
      accEl: AccessRightListElement;
      object: ADDRESS;
      deleteProc: DeleteProcedure;
      ownerOfAccessRight: Process;
```

```
        (* -- (ownerOfAccessRight=NIL) = "access right is free" *)
      correspondingFrame: ExceptionPointer;
    END;

  (* object list head *)
  ObjectListHead =
    RECORD
      processList: Process;
      synchDescList: SynchDescPointer;
        dummy: AccessRightPointer;
        (* needed because of a compiler error *)
      accessRightList: AccessRightListElement;
    END;


(* list management (Z-level) *)
(* ------------------------ *)

TYPE
  List = ListElement ;

PROCEDURE Init(VAR l: List);
PROCEDURE Insert(id: Process; VAR l: List);
PROCEDURE Remove(VAR id: Process; VAR l: List);
PROCEDURE Empty(l: List): BOOLEAN;
PROCEDURE Withdraw(id: Process);


(* dispatcher operations (S-level) *)
(* ------------------------------- *)

PROCEDURE Block(VAR l: List);
PROCEDURE Ready(id: Process);
PROCEDURE Inactivate(id: Process);


(* processor descriptor *)
(* -------------------- *)
VAR
  runningProcess: Process;
  readyList: ARRAY Priority OF List;


(* auxiliary procedure variable *)
(* ---------------------------- *)
VAR
  raiseAsynchronous: PROCEDURE(Process, ExceptionPointer,
                                               ExceptionType);
    (* procedure variable to avoid multiple declarations
    of 'RaiseAsynchronous' or to export this procedure
    through a user interface *)

END Dispatching.
```

```
(* MODEB V2: single processor version   27-Jul-84 File: DISPAT.MOD *)
(*    G. Maier                                                      *)
(*    Institut fuer Automatik und Industrielle Elektronik           *)
(*    Eidgenoessische Technische Hochschule                         *)
(*    CH-8092 Zuerich (Switzerland)                                 *)
IMPLEMENTATION MODULE Dispatching;

(*-----------------------------------------------------------------*)
(*                                                                  *)
(*  List management (Z-level) and dispatcher operations (S-level)  *)
(*                                                                  *)
(*-----------------------------------------------------------------*)

FROM SYSTEM IMPORT
  ADR, ADDRESS, TRANSFER;


(* list management operations (Z-level) *)
(* ------------------------------------ *)

PROCEDURE Init(VAR head: List);
  VAR
    elOffset: ADDRESS;
BEGIN
  elOffset:=ADR(runningProcess^.el)-ADDRESS(runningProcess);
  WITH head DO
    next:=ADR(head)-elOffset;
    back:=next;
  END(*WITH*);
END Init; (* -- Empty(head) *)

PROCEDURE Insert(p: Process; VAR head: List);
BEGIN (* -- p^.el.next=NIL *)
  WITH p^ DO
    el.next:=head.next; el.back:=el.next^.el.back;
    head.next:=p;       el.next^.el.back:=p;
  END(*WITH*);
END Insert; (* -- p^.el.next<>NIL, NOT Empty(head) *)

PROCEDURE Remove(VAR p: Process; VAR head: List);
BEGIN (* -- NOT Empty(head) *)
  p:=head.back;
  WITH p^ DO
    el.back^.el.next:=el.next; head.back:=el.back;
    el.back:=NIL; el.next:=NIL;
  END(*WITH*);
END Remove; (* -- p^.el.next=NIL *)

PROCEDURE Withdraw(p: Process);
BEGIN
  WITH p^ DO
    IF el.next<>NIL THEN
      el.back^.el.next:=el.next; el.next^.el.back:=el.back;
      el.back:=NIL; el.next:=NIL;
    END(*IF*);
  END(*WITH*);
END Withdraw; (* -- p^.el.next=NIL *)
```

```
PROCEDURE Empty(head: List): BOOLEAN;
BEGIN
  RETURN head.next^.el.next=head.next;
END Empty;


(* dispatcher operations (S-level) *)
(* ------------------------------ *)

PROCEDURE Ready(p: Process);
  VAR
    oldProcess: Process;
BEGIN (* -- p<>runningProcess, p^.state<>inactive,
            p^.el.next=NIL *)
  WITH p^ DO
    state:=readyRunning;
    IF prio>runningProcess^.prio THEN
      oldProcess:=runningProcess;
      Insert(runningProcess,readyList[runningProcess^.prio]);
      runningProcess:=p;
      TRANSFER(oldProcess^.process,runningProcess^.process);
     ELSE
      Insert(p,readyList[prio]);
    END(*IF*);
  END(*WITH*);
END Ready;

PROCEDURE Inactivate(p: Process);
BEGIN (* -- p^.state<>inactive *)
  WITH p^ DO
    Withdraw(p);
    state:=inactive;
    IF p=runningProcess THEN
      Assign;
    END(*IF*);
  END(*WITH*);
END Inactivate; (* -- p^.state=inactive, p^.el.next=NIL *)

PROCEDURE Block(VAR blockedList: List);
BEGIN (* -- runningProcess^.el.next=NIL *)
  runningProcess^.state:=blocked;
  Insert(runningProcess,blockedList);
  Assign;
END Block;

PROCEDURE Assign;
   VAR
    oldProcess: Process;
    priority: Priority;
BEGIN (* -- NOT Empty(readyList),
           "'runningProcess' is not an element of 'readyList'" *)
  oldProcess:=runningProcess;
  LOOP
    FOR priority:=oldProcess^.prio TO 1 BY -1 DO
      IF NOT Empty(readyList[priority]) THEN
        Remove(runningProcess,readyList[priority]);
        EXIT;
      END(*IF*);
```

```
      END(*FOR*);
      (* -- FALSE *)
    END(*LOOP*);
    (* -- oldProcess<>runningProcess *)
    TRANSFER(oldProcess^.process,runningProcess^.process);
  END Assign;


  VAR
    pri: Priority;
    mainDescriptor: ProcessDescriptor;
    rootFrame: ExceptionDescriptor;

  BEGIN (* body *)
    (* descriptor of the Modula-2 main process *)
    WITH mainDescriptor DO
      prio:=1; state:=readyRunning;
      el.next:=NIL; el.back:=NIL;
      frame:=ADR(rootFrame); frameList:=frame;
      eCode:=NormalReturn; oldECode:=NormalReturn;
      objects:=NIL; brother:=NIL;
    END(*WITH*);
    rootFrame.frameLevel:=0; (* the other fields are not valid *)

    (* processor descriptor *)
    runningProcess:=ADR(mainDescriptor);
    FOR pri:=1 TO maxPrio DO
      Init(readyList[pri]);
    END(*FOR*);
  END Dispatching.
```

```
(* MODEB V2: single processor version   27-Jul-84 File: EXCEPT.DEF *)
(*    G. Maier                                                     *)
(*    Institut fuer Automatik und Industrielle Elektronik          *)
(*    Eidgenoessische Technische Hochschule                        *)
(*    CH-8092 Zuerich (Switzerland)                                *)
DEFINITION MODULE Exceptions;

(*--------------------------------*)
(*                                *)
(*  Exception handling (K-level)  *)
(*                                *)
(*--------------------------------*)

IMPORT Dispatching;
FROM Dispatching IMPORT
  Process;
EXPORT QUALIFIED
  ExceptionType,
  Call, Raise, GetExceptionCode;


TYPE
  ExceptionType = Dispatching.ExceptionType;
    (* characterizes an exception *)

PROCEDURE Call(p: PROC; VAR result: ExceptionType);
  (* opens a new exception handling frame and calls the
  procedure 'p'. Any exception, which is not handled by
  a local frame, during the execution of 'p' (or in a
  son process created within 'p') will abort the execution
  of the frame. The kind of exception is assigned to
  'result'. The value 'NormalReturn' signals that no
  exception occured. *)

PROCEDURE Raise(eCode: ExceptionType);
  (* aborts the execution of the currently valid frame
  of the calling process with the exception 'eCode'. *)

PROCEDURE GetExceptionCode(pId: Process;
                              VAR eCode: ExceptionType);
  (* If a frame was aborted with 'result=SonProcessFailure',
  'GetExceptionCode' may be used to determine the exception
  in the son process which caused the abort of the frame.
  The exception 'Aborted' is assigned to 'eCode', if the
  specified process 'pId' was not responsible for the abort. *)

END Exceptions.
```

```
(* MODEB V2: single processor version   2-Aug-84 File: EXCEPT.MOD *)
(*    G. Maier                                                      *)
(*    Institut fuer Automatik und Industrielle Elektronik           *)
(*    Eidgenoessische Technische Hochschule                         *)
(*    CH-8092 Zuerich (Switzerland)                                 *)
IMPLEMENTATION MODULE Exceptions;

(*------------------------------*)
(*                              *)
(*  Exception handling (K-level) *)
(*                              *)
(*------------------------------*)

FROM SYSTEM IMPORT
  ADR, LISTEN;
FROM Dispatching IMPORT
  Process, ExceptionPointer, ExceptionType,
  ExceptionDescriptor, ProcessDescriptor,
  ProcessState, ObjectListPointer, AccessRightListElement,
  ContextType, Withdraw, Ready, Inactivate,
  runningProcess, raiseAsynchronous;
FROM Storage IMPORT (* implementation dependant *)
  ALLOCATE;


(* exception frame handling *)
(* ------------------------ *)

PROCEDURE Call(procedure: PROC; VAR result: ExceptionType);
  VAR
    newFrame: ExceptionPointer;
BEGIN
  WITH runningProcess^ DO
    NEW(newFrame);
    WITH newFrame^ DO
      frameLevel:=frame^.frameLevel+1;
      nextFrame:=frame;
      ownerOfFrame:=runningProcess;
      oldObjects:=objects; (* save old object list head *)
    END(*WITH*);
    frameList:=newFrame;
    objects:=NIL; (* no object list head *)
    GetContextAndCall(procedure);
    CleanUp; (* delete all locally created objects *)
    result:=oldECode; (* excecution result *)
  END(*WITH*);
END Call;


PROCEDURE GetExceptionCode(pId: Process; VAR result: ExceptionType);
BEGIN
  result:=pId^.eCode;
END GetExceptionCode;


PROCEDURE GetContextAndCall(procedure: PROC);
BEGIN
  WITH runningProcess^ DO
```

```
    GetActualContext(frameList^.returnContext);
    (* simulate a 'RETURN' on 'frameList^.returnContext' *)
    frame:=frameList; (* enable new exception frame *)
    procedure;
    frame:=frame^.nextFrame; (* re-enable previous frame *)
    oldECode:=NormalReturn; (* no exception *)
  END(*WITH*);
END GetContextAndCall;

PROCEDURE GetActualContext(VAR x: ContextType);
BEGIN
  (* implementation dependant *)
END GetActualContext;

PROCEDURE SetActualContext(VAR x: ContextType);
BEGIN
  (* implementation dependant *)
END SetActualContext;


PROCEDURE CleanUp;
  VAR
    p: Process;
BEGIN
  (* -- runningProcess^.frame<>runningProcess.frameList,
  runningProcess^.frameList^.ownerOfFrame=runningProcess *)
  p:=runningProcess;
  LOOP
    (* -- (p=runningProcess) OR (p^.state=inactive) *)
    WITH p^ DO
      IF objects=NIL THEN
        IF frameList^.ownerOfFrame=p THEN
          (* remove an exception frame descriptor *)
          WITH frameList^ DO
            objects:=oldObjects;
            frameList:=nextFrame;
          END(*WITH*);
          IF runningProcess^.frameList=runningProcess^.frame THEN
            EXIT;
          END(*IF*);
         ELSE
          (* move back to the owner of the frame *)
          p:=frameList^.ownerOfFrame;
        END(*IF*);
       ELSE (* -- objects<>NIL *)
        WITH objects^ DO
          IF processList=NIL THEN
            ReturnAccessRights(accessRightList);
            (* remove synchronization descriptors *)
            WHILE synchDescList<>NIL DO
              WITH synchDescList^ DO
                deleteProc(object);
                synchDescList:=link;
              END(*WITH*);
            END(*WHILE*);
            (* remove object list head *)
            objects:=NIL;
           ELSE (* -- processList<>NIL *)
```

```
            (* abort a son process *)
            RaiseAsynchronous(processList,frameList,Aborted);
            (* -- processList<>NIL, processList^.state=inactive *)
            IF (processList^.objects=NIL) AND
               (processList^.frameList^.ownerOfFrame<>processList)
             THEN
              (* remove a son process *)
              processList:=processList^.brother;
             ELSE
              (* move 'p' to the leaves of the tree *)
              p:=processList;
            END(*IF*);
          END(*IF*);
        END(*WITH*);
      END(*IF*);
    END(*WITH*);
  END(*LOOP*);
END CleanUp; (* -- runningProcess^.frameList=runningProcess^.frame *)

MODULE NotInterruptible[7];
  IMPORT Process, ProcessState, ExceptionType, Inactivate,
    AccessRightListElement, ADR, LISTEN,
    runningProcess, Withdraw, Ready, ErrorRoutine, ExceptionPointer;
  EXPORT ReturnAccessRights, Raise, RaiseAsynchronous;

PROCEDURE ReturnAccessRights(VAR aRL: AccessRightListElement);
BEGIN
  WHILE ADR(aRL)<>aRL.next DO
    (* -- NOT Empty(aRL) *)
    WITH aRL.next^ DO
      deleteProc(object);
    END(*WITH*);
    LISTEN; (* allow interrupts *)
  END(*WHILE*);
END ReturnAccessRights; (* -- ADR(aRL)=aRL.next *)


(* handling of an exception *)
(* ------------------------ *)

PROCEDURE Raise(code: ExceptionType);
BEGIN
  WITH runningProcess^ DO
    IF code=propagate THEN
      (* -- oldECode<>NormalReturn *)
      eCode:=oldECode;
     ELSE
      eCode:=code;
    END(*IF*);
  END(*WITH*);
  ErrorRoutine;
  (* -- FALSE *)
END Raise;


PROCEDURE RaiseAsynchronous(p: Process; f: ExceptionPointer;
                                            e: ExceptionType);
  VAR
```

```
      currentLevel, levelToAbort: CARDINAL;
  BEGIN (* -- p<>runningProcess *)
    WITH p^ DO
      IF state<>inactive THEN
        IF e=Aborted THEN Inactivate(p); END(*IF*);
        currentLevel:=frame^.frameLevel;
        levelToAbort:=f^.frameLevel;
        IF (currentLevel>levelToAbort) OR
           (currentLevel=levelToAbort) AND (eCode=NormalReturn)
         THEN
          (* raise asynchronous exception *)
          frame:=f; (* frame to be aborted *)
          eCode:=e; (* exception code *)
          (* change the context of 'p' to force 'p' to switch off
          all interrupts and to execute the 'ErrorRoutine' (depends
          on the internal structure of 'SYSTEM.PROCESS') *)
          IF state=blocked THEN
            Withdraw(p); Ready(p);
          END(*IF*);
        END(*IF*);
      END(*IF*);
    END(*WITH*);
    (* -- (e=Aborted) --> (p^.state=inactive) *)
  END RaiseAsynchronous;

  END NotInterruptible;


  PROCEDURE ErrorRoutine;
  BEGIN (* -- eCode<>NormalReturn *)
    WITH runningProcess^ DO
      WITH frame^ DO
        IF frameLevel=0 THEN
          (* no more exception frame to abort --> fatal error,
          appropriate action depends from implementation *)
          (* -- FALSE *)
        ELSIF ownerOfFrame=runningProcess THEN
          frame:=nextFrame;
          oldECode:=eCode;
          eCode:=NormalReturn;
          SetActualContext(returnContext);
          (* -- FALSE *)
         ELSE
          RaiseAsynchronous(ownerOfFrame,frame,SonProcessFailure);
          Inactivate(runningProcess);
          (* -- FALSE *)
        END(*IF*);
      END(*WITH*);
    END(*WITH*);
  END ErrorRoutine;

  BEGIN (* body *)
    raiseAsynchronous:=RaiseAsynchronous;
      (* init the procedure variable exported by 'Dispatching' *)
  END Exceptions.
```

```
(* MODEB V2: single processor version   5-Sep-84 File: OBJECT.DEF *)
(*    G. Maier                                                     *)
(*    Institut fuer Automatik und Industrielle Elektronik          *)
(*    Eidgenoessische Technische Hochschule                        *)
(*    CH-8092 Zuerich (Switzerland)                                *)
DEFINITION MODULE ObjectManagement;

(*------------------------------------------*)
(*                                          *)
(*  Object management procedures (S-level)  *)
(*                                          *)
(*------------------------------------------*)

FROM SYSTEM IMPORT
  ADDRESS;
FROM Dispatching IMPORT
  List, DeleteProcedure, AccessRightElement, ExceptionType;

EXPORT QUALIFIED
  CreateObjectListHead, InsertSynchDesc,
  InsertAccessRight, RemoveAccessRight,
  AbortWaitingProcesses, AbortOwnerProcess;


PROCEDURE CreateObjectListHead;
  (* allocates an object list head to the running process
  (if there is not already one). *)

PROCEDURE InsertSynchDesc(obj: ADDRESS; p: DeleteProcedure);
  (* inserts the synchronization descriptor identified by
  'obj' into the object list. When the currently valid frame
  is terminated, 'p(obj)' is called to delete the descriptor. *)

PROCEDURE InsertAccessRight(VAR a: AccessRightElement);
  (* inserts the access right element 'a' into the object
  list of the process 'a.ownerOfAccessRight'. *)

PROCEDURE RemoveAccessRight(VAR a: AccessRightElement);
  (* removes the access right element 'a' from the object
  list and assigns 'NIL' to 'a.ownerOfAccessRight'. *)

PROCEDURE AbortWaitingProcesses(VAR blockedList: List;
                                    e: ExceptionType);
  (* raises the exception 'e' in all processes waiting in the
  process list 'blockedList'. *)

PROCEDURE AbortOwnerProcess(VAR a: AccessRightElement;
                                e: ExceptionType);
  (* raises the exception 'e' in the process identified by
  'a.ownerOfAccessRight' (if not equal to 'NIL'). *)

END ObjectManagement.
```

```
(* MODEB V2: single processor version   5-Sep-84 File: OBJECT.MOD *)
(*    G. Maier                                                     *)
(*    Institut fuer Automatik und Industrielle Elektronik          *)
(*    Eidgenoessische Technische Hochschule                        *)
(*    CH-8092 Zuerich (Switzerland)                                *)
IMPLEMENTATION MODULE ObjectManagement;

(*----------------------------------------*)
(*                                        *)
(*  Object management procedures (S-level) *)
(*                                        *)
(*----------------------------------------*)

FROM SYSTEM IMPORT
  ADR, ADDRESS, LISTEN;
FROM Dispatching IMPORT
  runningProcess, raiseAsynchronous, Empty, Remove, Process,
  List, ExceptionType, DeleteProcedure,
  AccessRightElement, AccessRightPointer, SynchDescPointer,
  SynchDescElement, ObjectListPointer, ObjectListHead;
FROM Storage IMPORT (* implementation dependant *)
  ALLOCATE;


PROCEDURE CreateObjectListHead;
  VAR
    newObj: ObjectListPointer;
BEGIN
  WITH runningProcess^ DO
    IF objects=NIL THEN
      NEW(newObj); (* new object list head *)
      WITH newObj^ DO
        processList:=NIL;
        synchDescList:=NIL;
        accessRightList.next:=ADR(accessRightList);
        accessRightList.back:=ADR(accessRightList);
      END(*WITH*);
      objects:=newObj;
    END(*IF*);
  END(*WITH*); (* -- runningProcess^.objects<>NIL *)
END CreateObjectListHead;


PROCEDURE InsertSynchDesc(obj: ADDRESS; p: DeleteProcedure);
  VAR
    newEl: SynchDescPointer;
BEGIN
  CreateObjectListHead;
    (* ensures that an object list head exists *)
  NEW(newEl);
  WITH newEl^ DO
    object:=obj; deleteProc:=p;
    WITH runningProcess^.objects^ DO
      link:=synchDescList;
      synchDescList:=newEl;
    END(*WITH*);
  END(*WITH*);
END InsertSynchDesc;
```

```


PROCEDURE InsertAccessRight(VAR a: AccessRightElement);
BEGIN (* -- a.ownerOfAccessRight<>NIL,
            a.ownerOfAccessRight^.objects<>NIL *)
  WITH a DO
    WITH ownerOfAccessRight^ DO
      correspondingFrame:=frame;
      WITH objects^ DO
        accEl.next:=accessRightList.next;
        accEl.back:=accessRightList.next^.accEl.back;
        accessRightList.next:=ADR(a);
        accEl.next^.accEl.back:=ADR(a);
      END(*WITH*);
    END(*WITH*);
  END(*WITH*);
END InsertAccessRight;

PROCEDURE RemoveAccessRight(VAR a: AccessRightElement);
BEGIN (* -- a.ownerOfAccessRight<>NIL *)
  WITH a DO
    accEl.back^.accEl.next:=accEl.next;
    accEl.next^.accEl.back:=accEl.back;
    ownerOfAccessRight:=NIL;
  END(*WITH*);
END RemoveAccessRight; (* -- a.ownerOfAccessRight=NIL *)

MODULE NotInterruptible[7];
  IMPORT Process, Empty, Remove, raiseAsynchronous, List,
    ExceptionType, RemoveAccessRight, LISTEN, AccessRightElement;
  EXPORT AbortWaitingProcesses, AbortOwnerProcess;

PROCEDURE AbortWaitingProcesses(VAR blockedList: List;
                                    e: ExceptionType);
  VAR
    p: Process;
BEGIN
  WHILE NOT Empty(blockedList) DO
    Remove(p,blockedList);
    raiseAsynchronous(p,p^.frame,e);
    LISTEN; (* allow interrupts *)
  END(*WHILE*);
END AbortWaitingProcesses; (* -- Empty(blockedList) *)

PROCEDURE AbortOwnerProcess(VAR a: AccessRightElement;
                                e: ExceptionType);
  VAR
    p: Process;
BEGIN
  p:=a.ownerOfAccessRight;
  IF p<>NIL THEN
    RemoveAccessRight(a);
    raiseAsynchronous(p,a.correspondingFrame,e);
  END(*IF*);
END AbortOwnerProcess; (* -- a.ownerOfAccessRight=NIL *)
END NotInterruptible;

END ObjectManagement.
```

```
(* MODEB V2: single processor version   30-Jul-84 File: KLEVEL.DEF *)
(*    G. Maier                                                      *)
(*    Institut fuer Automatik und Industrielle Elektronik           *)
(*    Eidgenoessische Technische Hochschule                         *)
(*    CH-8092 Zuerich (Switzerland)                                 *)
DEFINITION MODULE KLevel;

(*--------------------------------*)
(*                                *)
(*  Process management (K-level) *)
(*                                *)
(*--------------------------------*)

IMPORT Dispatching;

EXPORT QUALIFIED
  maxPrio, Priority, Process, StartProcess, ChangePrio;


CONST
  maxPrio = Dispatching.maxPrio(* 5 *);

TYPE
  Priority = Dispatching.Priority(* [1..maxPrio] *);
  Process = Dispatching.Process; (* used to identify processes *)


PROCEDURE StartProcess(code: PROC; wspSize: CARDINAL;
                       prio: Priority; VAR pId: Process);
  (* creates and starts a new process (on the K-level).
  Its code is determined by the procedure parameter 'code'
  and it gets a work space of 'wspSize' bytes and the priority
  'prio'. The identification of the created processe is assigned
  to 'pId'. *)

PROCEDURE ChangePrio(pId: Process; newPrio: Priority);
  (* changes the priority of the process identified by 'pId'
  to the new value 'newPrio'. *)

END KLevel.
```

```
(* MODEB V2: single processor version   5-Sep-84 File: KLEVEL.MOD *)
(*    G. Maier                                                     *)
(*    Institut fuer Automatik und Industrielle Elektronik          *)
(*    Eidgenoessische Technische Hochschule                        *)
(*    CH-8092 Zuerich (Switzerland)                                *)
IMPLEMENTATION MODULE KLevel;

(*--------------------------------*)
(*                                *)
(*  Process management (K-level)  *)
(*                                *)
(*--------------------------------*)

FROM SYSTEM IMPORT
  ADDRESS, TSIZE, NEWPROCESS, TRANSFER;
FROM Dispatching IMPORT
  Process, ProcessDescriptor, ProcessState,
  ExceptionType, Ready, Insert, Empty, Remove, Withdraw,
  ObjectListHead, runningProcess, readyList;
FROM ObjectManagement IMPORT
  CreateObjectListHead;
FROM Storage IMPORT (* implementation dependant *)
  ALLOCATE;


PROCEDURE StartProcess(code: PROC; wspSize: CARDINAL;
                       pr: Priority; VAR pId: Process);
  VAR
    adr: ADDRESS;
BEGIN
  CreateObjectListHead;
  NEW(pId); DEC(wspSize,TSIZE(ProcessDescriptor));
  WITH pId^ DO
    ALLOCATE(adr,wspSize); (* workspace *)
    NEWPROCESS(code,adr,wspSize,process);
    prio:=pr;
    state:=undefined;
    el.next:=NIL; el.back:=NIL;
    frame:=runningProcess^.frame;
    frameList:=frame;
    eCode:=NormalReturn;
    oldECode:=NormalReturn;
    objects:=NIL;
    WITH runningProcess^.objects^ DO
      brother:=processList;
      processList:=pId;
    END(*WITH*);
  END(*WITH*);
  (* -- pId^.state=undefined, pId^.el.next=NIL *)
  CallReady(pId);
END StartProcess;

MODULE NotInterruptible[7];

  IMPORT Process, Ready, readyRunning, runningProcess,
    Insert, Remove, Empty, TRANSFER, Priority, readyList, Withdraw;
  EXPORT CallReady, ChangePrio;

```

```
PROCEDURE CallReady(p: Process);
BEGIN
  Ready(p);
END CallReady;


PROCEDURE ChangePrio(pId: Process; newPrio: Priority);
  VAR
    oldProcess: Process;
    oldPrio, priority: Priority;
BEGIN
  WITH pId^ DO
    IF prio<>newPrio THEN
      oldPrio:=prio;
      prio:=newPrio;
      IF pId=runningProcess THEN
        FOR priority:=oldPrio TO newPrio+1 BY -1 DO
          IF NOT Empty(readyList[priority]) THEN
            oldProcess:=pId;
            Insert(pId,readyList[newPrio]);
            Remove(runningProcess,readyList[priority]);
            TRANSFER(oldProcess^.process,runningProcess^.process);
            RETURN;
          END(*IF*);
        END(*FOR*);
      ELSIF state=readyRunning THEN
        (* -- pId<>runningProcess *)
        Withdraw(pId); (* remove it from ready-list *)
        Ready(pId);
      END(*IF*);
    END(*IF*);
  END(*WITH*);
END ChangePrio;

END NotInterruptible;

END KLevel.
```

```
(* MODEB V2: single processor version   27-Jul-84 File: SEMAPH.DEF *)
(*    G. Maier                                                      *)
(*    Institut fuer Automatik und Industrielle Elektronik           *)
(*    Eidgenoessische Technische Hochschule                         *)
(*    CH-8092 Zuerich (Switzerland)                                 *)
DEFINITION MODULE Semaphors;

(*-------------------------------*)
(*                               *)
(*  Semaphor operations (K-level) *)
(*                               *)
(*-------------------------------*)

EXPORT QUALIFIED
  Semaphor, CreateSemaphor, V, P;


TYPE
  Semaphor; (* hidden *)

PROCEDURE CreateSemaphor(initVal: CARDINAL; VAR s: Semaphor);
  (* initiates a new semaphor with an initial number of 'initVal'
  permits to pass and assigns its identification to 's'. *)


PROCEDURE V(s: Semaphor);
  (* lets a waiting process pass or puts a permit to pass
  into the semaphor 's'. *)

PROCEDURE P(s: Semaphor);
  (* takes a permit to pass out of the semaphor 's', if one
  is available. Otherwise the calling process is delayed,
  until a permit to pass is available. *)

END Semaphors.
```

```
(* MODEB V2: single processor version   5-Sep-84 File: SEMAPH.MOD *)
(*    G. Maier                                                     *)
(*    Institut fuer Automatik und Industrielle Elektronik          *)
(*    Eidgenoessische Technische Hochschule                        *)
(*    CH-8092 Zuerich (Switzerland)                                *)
IMPLEMENTATION MODULE Semaphors;

(*--------------------------------*)
(*                                *)
(*  Semaphor operations (K-level) *)
(*                                *)
(*--------------------------------*)

FROM Dispatching IMPORT
  Process, runningProcess, DeleteProcedure,
  List, Init, Empty, Remove, Block, Ready;
FROM ObjectManagement IMPORT
  InsertSynchDesc, AbortWaitingProcesses;
FROM Exceptions IMPORT
  ExceptionType, Raise;
FROM Storage IMPORT (* implementation dependant *)
  ALLOCATE;


TYPE
  SemaphorDescriptor = RECORD
                         valid: BOOLEAN;
                         blockedList: List;
                           (* waiting processes *)
                         count: CARDINAL;
                           (* number of permits to pass *)
                       END;
  Semaphor = POINTER TO SemaphorDescriptor;


PROCEDURE CreateSemaphor(initVal: CARDINAL; VAR s: Semaphor);
BEGIN
  NEW(s);
  WITH s^ DO
    (* init descriptor *)
    valid:=FALSE;
    Init(blockedList);
    count:=initVal;
    (* object management and validation *)
    InsertSynchDesc(s,DeleteProcedure(DeleteSemaphor));
    valid:=TRUE;
  END(*WITH*);
END CreateSemaphor;


MODULE NotInterruptible[7];
  IMPORT Semaphor, Process, ExceptionType, Raise,
    Empty, Remove, Ready, Block;
  EXPORT V, P;

PROCEDURE V(s: Semaphor);
  VAR
    pId: Process;
```

```
BEGIN
  WITH s^ DO
    IF NOT valid THEN Raise(SynchFailure); END(*IF*);
    IF NOT Empty(blockedList) THEN
      Remove(pId,blockedList);
      Ready(pId);
     ELSE
      INC(count);
    END(*IF*);
  END(*WITH*);
END V;

PROCEDURE P(s: Semaphor);
BEGIN
  WITH s^ DO
    IF NOT valid THEN Raise(SynchFailure); END(*IF*);
    IF count>0 THEN
      DEC(count);
     ELSE
      Block(blockedList);
    END(*IF*);
  END(*WITH*);
END P;

END NotInterruptible;

PROCEDURE DeleteSemaphor(s: Semaphor);
BEGIN
  WITH s^ DO
    valid:=FALSE;
    AbortWaitingProcesses(blockedList,SynchFailure);
  END(*WITH*);
END DeleteSemaphor;

END Semaphors.
```

```
(* MODEB V2: single processor version   30-Jul-84 File: MESSAG.DEF *)
(*     G. Maier                                                     *)
(*     Institut fuer Automatik und Industrielle Elektronik          *)
(*     Eidgenoessische Technische Hochschule                        *)
(*     CH-8092 Zuerich (Switzerland)                                *)
DEFINITION MODULE Messages;

(*-----------------------------------*)
(*                                   *)
(*  Message synchronization (K-level) *)
(*                                   *)
(*-----------------------------------*)

FROM SYSTEM IMPORT
  WORD;

EXPORT QUALIFIED
  MailBoxFullMode, MailBox,
  CreateMailBox, Send, Receive;


TYPE
  MailBoxFullMode = (wait, overWriteOldest, raiseListOverflow);
  MailBox; (* hidden *)

PROCEDURE CreateMailBox(size: CARDINAL; mode: MailBoxFullMode;
                        VAR mb: MailBox);
  (* initiates a new mail box and assigns its identification to 'mb'.
  'size' and 'mode' determine the length of its information list
  and the reaction on the attempt to insert a message into an already
  full information list. *)


PROCEDURE Send(mb: MailBox; x: WORD);
  (* puts the message 'x' into the mailbox 'mb'. *)

PROCEDURE Receive(mb: MailBox; VAR x: WORD);
  (* gets a message out of the mail box 'mb' and assigns
  it to 'x'. If there is no message available, the calling process
  is delayed, until another process sends a message. *)

END Messages.
```

```
(* MODEB V2: single processor version   2-Aug-84 File: MESSAG.MOD *)
(*    G. Maier                                                      *)
(*    Institut fuer Automatik und Industrielle Elektronik           *)
(*    Eidgenoessische Technische Hochschule                         *)
(*    CH-8092 Zuerich (Switzerland)                                 *)
IMPLEMENTATION MODULE Messages;

(*-----------------------------------*)
(*                                   *)
(*  Message synchronization (K-level) *)
(*                                   *)
(*-----------------------------------*)

FROM SYSTEM IMPORT
  WORD, ADR, ADDRESS, TSIZE;
FROM Dispatching IMPORT
  Init, List, runningProcess, ProcessDescriptor,
  Process, Block, Ready, Empty, Remove, DeleteProcedure;
FROM ObjectManagement IMPORT
  InsertSynchDesc, AbortWaitingProcesses;
FROM Exceptions IMPORT
  ExceptionType, Raise;
FROM Storage IMPORT (* implementation dependant *)
  ALLOCATE;

TYPE
  MailBoxDescriptor = RECORD
                        valid: BOOLEAN;
                        receiverList: List;
                        infoCount: CARDINAL;
                        in, out, low, high: ADDRESS;
                        CASE fullMode: MailBoxFullMode OF
                          wait: senderList: List;|
                          overWriteOldest, raiseListOverflow:
                        END;
                      END;
  MailBox = POINTER TO MailBoxDescriptor;


PROCEDURE CreateMailBox(size: CARDINAL;
                     mode: MailBoxFullMode; VAR mb: MailBox);
BEGIN (* -- size>0 *)
  IF mode=wait THEN
    NEW(mb,wait); Init(mb^.senderList);
   ELSE
    NEW(mb,overWriteOldest);
  END(*IF*);
  WITH mb^ DO
    (* init descriptor *)
    valid:=FALSE; (* descriptor not valid *)
    Init(receiverList); (* list for waiting processes *)
    infoCount:=0; (* information list is empty *)
    fullMode:=mode; (* copy mailbox-full-mode *)
    (* create an information list of the specified size *)
    ALLOCATE(low,size*TSIZE(WORD));
    high:=low+size*TSIZE(WORD);
    in:=low; out:=low;
    (* object management and validation *)
```

```
      InsertSynchDesc(mb,DeleteProcedure(DeleteMailBox));
      valid:=TRUE; (* 'mb' is valid now *)
    END(*WITH*);
  END CreateMailBox;

  PROCEDURE DeleteMailBox(mb: MailBox);
  BEGIN
    WITH mb^ DO
      valid:=FALSE; (* 'mb' is no more valid now *)
      AbortWaitingProcesses(receiverList,SynchFailure);
      IF fullMode=wait THEN
        AbortWaitingProcesses(senderList,SynchFailure);
      END(*IF*);
    END(*WITH*);
  END DeleteMailBox;


  MODULE NotInterruptible[7];
    IMPORT
      MailBoxFullMode, MailBoxDescriptor, MailBox,
      WORD, ADR, TSIZE, ExceptionType, Raise,
      Process, ProcessDescriptor, runningProcess,
      Block, Ready, Empty, Remove;
    EXPORT
      Send, Receive;

  PROCEDURE Send(mb: MailBox; info: WORD);
    VAR
      p: Process;
  BEGIN
    WITH mb^ DO
      IF NOT valid THEN Raise(SynchFailure); END(*IF*);
      IF NOT Empty(receiverList) THEN
        (* wake up a waiting receiver process *)
        Remove(p,receiverList);
        p^.synchInfo^:=info;
        Ready(p);

      ELSIF (in=out) AND (infoCount>0) THEN
        (* information list full *)
        IF fullMode=wait THEN
          runningProcess^.synchInfo:=ADR(info);
          Block(senderList);
        ELSIF fullMode=overWriteOldest THEN
          in^:=info;
          INC(in,TSIZE(WORD));
          IF in=high THEN in:=low; END(*IF*);
          out:=in;
         ELSE (* -- fullMode=raiseListOverflow *)
          Raise(ListOverflow);
        END(*IF*);

       ELSE
        (* insert the message (list not full) *)
        in^:=info;
        INC(in,TSIZE(WORD));
        IF in=high THEN in:=low; END(*IF*);
        INC(infoCount);
```

```
      END(*IF*);
    END(*WITH*);
END Send;


PROCEDURE Receive(mb: MailBox; VAR info: WORD);
  VAR
    p: Process;
BEGIN
  WITH mb^ DO
    IF NOT valid THEN Raise(SynchFailure); END(*IF*);
    IF infoCount=0 THEN
      (* go to wait *)
      runningProcess^.synchInfo:=ADR(info);
      Block(receiverList);

    ELSIF (fullMode=wait) AND NOT Empty(senderList) THEN
      (* remove a message and wake up a sender *)
      info:=out^; (* get my info *)
      Remove(p,senderList);
      in^:=p^.synchInfo^;
      INC(in,TSIZE(WORD));
      IF in=high THEN in:=low; END(*IF*);
      out:=in;
      Ready(p);

    ELSE
      (* remove a message *)
      info:=out^;
      INC(out,TSIZE(WORD));
      IF out=high THEN out:=low; END(*IF*);
      DEC(infoCount);
    END(*IF*);
  END(*WITH*);
END Receive;

END NotInterruptible;

END Messages.
```

```
(* MODEB V2: single processor version   30-Jul-84 File: REGION.DEF *)
(*    G. Maier                                                      *)
(*    Institut fuer Automatik und Industrielle Elektronik           *)
(*    Eidgenoessische Technische Hochschule                         *)
(*    CH-8092 Zuerich (Switzerland)                                 *)
DEFINITION MODULE Regions;

(*-----------------------------*)
(*                             *)
(*  Critical regions (K-level) *)
(*                             *)
(*-----------------------------*)

EXPORT QUALIFIED
  Region, CreateRegion, Enter, Exit;


TYPE
  Region; (* hidden *)

PROCEDURE CreateRegion(checkConsistency: PROC; VAR r: Region);
  (* initiates a new region descriptor and assigns its
  identification to 'r'.
  The procedure 'checkConsistency' is automatically executed
  before a process enters the critical region, if the access
  right to the region has previously been automatically
  returned because of an exception. *)


PROCEDURE Enter(r: Region);
  (* gets the access right to the critical region protected by 'r'.
  The calling processes is delayed, until the region is free. *)

PROCEDURE Exit(r: Region);
  (* returns the access right to the critical region protected
  by 'r' to allow other processes to enter the region. *)

END Regions.
```

```
(* MODEB V2: single processor version   5-Sep-84 File: REGION.MOD *)
(*    G. Maier                                                     *)
(*    Institut fuer Automatik und Industrielle Elektronik          *)
(*    Eidgenoessische Technische Hochschule                        *)
(*    CH-8092 Zuerich (Switzerland)                                *)
IMPLEMENTATION MODULE Regions;

(*----------------------------*)
(*                            *)
(*  Critical regions (K-level) *)
(*                            *)
(*----------------------------*)

FROM Dispatching IMPORT
  Init, Empty, Remove, List, Ready, Block,
  runningProcess, ProcessDescriptor,
  AccessRightElement, DeleteProcedure;
FROM ObjectManagement IMPORT
  CreateObjectListHead, InsertSynchDesc,
  InsertAccessRight, RemoveAccessRight,
  AbortWaitingProcesses, AbortOwnerProcess;
FROM Exceptions IMPORT
  ExceptionType, Raise;
FROM Storage IMPORT (* implementation dependant *)
  ALLOCATE;


TYPE
  RegionDescriptor = RECORD
                       valid, consistent: BOOLEAN;
                       blockedList: List;
                       accRight: AccessRightElement;
                       checkConsistency: PROC;
                     END;
  Region = POINTER TO RegionDescriptor;


PROCEDURE CreateRegion(checkProc: PROC; VAR r: Region);
BEGIN
  NEW(r);
  WITH r^ DO
    (* init descriptor *)
    valid:=FALSE; (* critical region not yet valid *)
    consistent:=TRUE;
    Init(blockedList); (* no waiting process *)
    checkConsistency:=checkProc;
    (* object management *)
    WITH accRight DO
      ownerOfAccessRight:=NIL; (* critical region is free *)
      object:=r;
      deleteProc:=DeleteProcedure(ExceptionExit);
    END(*WITH*);
    InsertSynchDesc(r,DeleteProcedure(DeleteRegion));
    valid:=TRUE; (* region is now valid *)
  END(*WITH*);
END CreateRegion;
```

```
PROCEDURE Enter(r: Region);
BEGIN
  CreateObjectListHead;
  GetAccessRight(r);
  WITH r^ DO
    IF NOT consistent THEN
      checkConsistency;
      consistent:=TRUE;
    END(*IF*);
  END(*WITH*);
END Enter;


PROCEDURE DeleteRegion(r: Region);
BEGIN
  WITH r^ DO
    valid:=FALSE; (* 'r' is no more valid now *)
    AbortOwnerProcess(accRight,AccessFailure);
    AbortWaitingProcesses(blockedList,SynchFailure);
  END(*WITH*);
END DeleteRegion;


MODULE NotInterruptible[7];
  IMPORT
    Region, ExceptionType, Raise,
    AccessRightElement, RemoveAccessRight, InsertAccessRight,
    runningProcess, Block, Ready, List, Empty, Remove;
  EXPORT
    GetAccessRight, Exit;


PROCEDURE GetAccessRight(r: Region);
BEGIN
  WITH r^ DO
    IF NOT valid THEN Raise(SynchFailure); END(*IF*);
    WITH accRight DO
      IF ownerOfAccessRight=NIL THEN
        (* critical region is free *)
        ownerOfAccessRight:=runningProcess;
        InsertAccessRight(accRight);
       ELSE
        (* critical region is occupied *)
        Block(blockedList);
      END(*IF*);
    END(*WITH*);
  END(*WITH*);
END GetAccessRight;


PROCEDURE Exit(r: Region);
BEGIN (* -- accRight.ownerOfAccessRight<>NIL *)
  WITH r^ DO
    IF NOT valid THEN Raise(SynchFailure); END(*IF*);
    RemoveAccessRight(accRight);
    IF NOT Empty(blockedList) THEN
      Remove(accRight.ownerOfAccessRight,blockedList);
      InsertAccessRight(accRight);
```

```
      Ready(accRight.ownerOfAccessRight);
    END(*IF*);
    (* -- (accRight.ownerOfAccessRight<>NIL) OR Empty(blockedList) *)
  END(*WITH*);
END Exit;

END NotInterruptible;


PROCEDURE ExceptionExit(r: Region);
BEGIN
  WITH r^ DO (* -- accRight.ownerOfAccessRight<>NIL *)
    RemoveAccessRight(accRight);
    consistent:=FALSE;
    IF valid AND NOT Empty(blockedList) THEN
      Remove(accRight.ownerOfAccessRight,blockedList);
      InsertAccessRight(accRight);
      Ready(accRight.ownerOfAccessRight);
    END(*IF*);
    (* -- NOT valid OR
          (accRight.ownerOfAccessRight<>NIL) OR Empty(blockedList) *)
  END(*WITH*);
END ExceptionExit;

END Regions.
```

```
RK1:B.LST cross references  (  6441 lines)

      M: MODULE head                         T: TYPE declaration
      I: IMPORT list                         C: constant declaration
      X: EXPORT list                         V: VAR declaration or
      P: PROCEDURE head                         actual parameter list
      E: END of a MODULE or a PROCEDURE      F: (tag) field declaration

a                         3034 V  3038 V  3047 V  3361 V  3364    3370    3371
                          3377 V  3379    3403 V  3408    3410    3411
Aborted                   1048 C  2418    2479
AbortOwnerProcess         3022 X  3047 P  3389 X  3403 P  3413 E  7321 I  7376
AbortWaitingProcesse      3022 X  3042 P  3389 X  3391 P  3401 E  5318 I  5389
                          6320 I  6368    6370    7321 I  7377
accEl                     1113 F  3368    3369    3369    3371    3371    3380
                          3380    3380    3381    3381    3381
AccessFailure             1049 C  7376
AccessRightElement        1023 X  1106    1111 T  3017 I  3034    3038    3047
                          3319 I  3361    3377    3388 I  3403    7317 I  7332
                          7385 I
accessRightList           1128 F  2406    3335    3335    3336    3336    3368
                          3369    3370
AccessRightListEleme      1023 X  1107 T  1113    1128    2319 I  2438 I  2442
AccessRightPointer        1023 X  1106 T  1109    1126    3319 I
accRight                  7332 F  7348    7376    7395    7399    7413    7415
                          7416    7417    7429    7432    7433    7434
ADDRESS                   1016 I  1070    1096    1101    1114    1315 I  1323
                          1325    3015 I  3029    3315 I  3344    4315 I  4329
                          6315 I  6331
adr                       4329 V  4334    4335
ADR                       1315 I  1325    1327    1435    1442    2315 I  2438 I
                          2444    3315 I  3335    3336    3370    3371    6315 I
                          6379 I  6400    6430
ALLOCATE                  2323 I  3322 I  4323 I  4334    5322 I  6324 I  6355
                          7325 I
aRL                       2442 V  2444    2444    2446
Assign                    1392    1401    1404 P  1422 E
back                      1044 F  1109 F  1328    1335    1335    1336    1342
                          1344    1344    1344    1345    1353    1353    1353
                          1354    1434    3336    3369    3369    3371    3380
                          3381    3381    4338
Block                     1026 X  1148 P  1397 P  1402 E  5316 I  5353 I  5378
                          6318 I  6381 I  6401    6431    7315 I  7386 I  7402
blocked                   1043 C  1399    2491
blockedList               1397 V  1400    3042 V  3391 V  3396    3397    5328 F
                          5342    5362    5363    5378    5389    7331 F  7345
                          7377    7402    7414    7415    7431    7432
BOOLEAN                   1141    1359    5327    6328    7330
brother                   1069 F  1437    2424    4345
Call                      2019 X  2026 P  2329 P  2347 E
CallReady                 4350    4357 X  4359 P  4362 E
CARDINAL                  1082    2475    4028    4326    5021    5330    5336
                          6026    6330    6340
ChangePrio                4017 X  4036 P  4357 X  4365 P  4391 E
checkConsistency          7021 V  7333 F  7346    7365
checkProc                 7338 V  7346
CleanUp                   2344    2379 P  2434 E
```

	7338						
procedure	2329 V	2343	2356 V	2362			
process	1058 F	1379	1379	1421	1421	4335	4380
	4380						
Process	1019 X	1035 T	1044	1069	1085	1116	1124
	1139	1140	1142	1149	1150	1156	1163
	1332	1340	1349	1368	1370	1386	1406
	2016 I	2039	2317 I	2350	2381	2437 I	2472
	3317 I	3387 I	3394	3406	4017 X	4025 T	4025
	4029	4036	4317 I	4327	4355 I	4359	4365
	4367	5315 I	5352 I	5358	6318 I	6380 I	6387
	6424						
PROCESS	1016 I	1058					
ProcessDescriptor	1021 X	1035	1056 T	1427	2318 I	4317 I	4332
	6317 I	6380 I	7316 I				
processList	1124 F	2405	2418	2420	2421	2421	2424
	2424	2427	3333	4345	4346		
ProcessState	1020 X	1043 T	1060	2319 I	2437 I	4317 I	
ProgramHalt	1045 C						
propagate	1047 C	2460					
r	7021 V	7030 V	7034 V	7338 V	7340	7341	7350
	7353	7359 V	7362	7363	7372 V	7374	7391 V
	7393	7409 V	7411	7426 V	7428		
Raise	2019 X	2035 P	2440 X	2457 P	2469 E	5320 I	5352 I
	5361	5374	6322 I	6379 I	6390	6408	6427
	7323 I	7384 I	7394	7412			
raiseAsynchronous	1028 X	1163 V	2321 I	2527	3317 I	3387 I	3398
	3411						
RaiseAsynchronous	2418	2440 X	2472 P	2498 E	2518	2527	
raiseListOverflow	6023 C	6334					
Ready	1026 X	1149 P	1368 P	1384 E	2320 I	2439 I	2492
	4318 I	4355 I	4361	4387	5316 I	5353 I	5364
	6318 I	6381 I	6395	6441	7315 I	7386 I	7417
	7434						
readyList	1027 X	1157 V	1377	1381	1413	1414	1444
	4319 I	4356 I	4376	4378	4379		
readyRunning	1043 C	1374	1433	4355 I	4384		
Receive	6019 X	6037 P	6383 X	6422 P	6451 E		
receiverList	6329 F	6351	6368	6391	6393	6431	
Region	7015 X	7019 T	7021	7030	7034	7335 T	7338
	7359	7372	7384 I	7391	7409	7426	
RegionDescriptor	7329 T	7335					
Regions	7006 M	7038 E	7306 M	7441 E			
Remove	1025 X	1140 P	1340 P	1347 E	1414	3317 I	3387 I
	3397	4318 I	4356 I	4379	5316 I	5353 I	5363
	6318 I	6381 I	6393	6436	7315 I	7386 I	7415
	7432						
RemoveAccessRight	3021 X	3038 P	3377 P	3384 E	3388 I	3410	7320 I
	7385 I	7413	7429				
result	2026 V	2329 V	2345	2350 V	2352		
ReturnAccessRights	2406	2440 X	2442 P	2451 E			
returnContext	1087 F	2359	2515				
rootFrame	1428 V	1435	1439				
runningProcess	1027 X	1156 V	1325	1325	1375	1376	1377
	1377	1378	1379	1391	1399	1400	1410
	1414	1421	1442	2321 I	2333	2338	2358
	2385	2396	2396	2439 I	2459	2505	2511
	2519	3317 I	3329	3353	4319 I	4339	4344

Identifier							
	4355 I	4374	4379	4380	5315 I	6317 I	6380 I
	6400	6430	7316 I	7386 I	7398		
s	5021 V	5026 V	5030 V	5336 V	5338	5339	5345
	5356 V	5360	5371 V	5373	5385 V	5387	
Semaphor	5015 X	5019 T	5021	5026	5030	5333 T	5336
	5352 I	5356	5371	5385			
SemaphorDescriptor	5326 T	5333					
Semaphors	5006 M	5035 E	5306 M	5393 E			
Send	6019 X	6034 P	6383 X	6385 P	6419 E		
senderList	6333 F	6344	6370	6401	6433	6436	
SetActualContext	2373 P	2376 E	2515				
size	6026 V	6340 V	6355	6356			
SonProcessFailure	1048 C	2518					
StackOverflow	1046 C						
StartProcess	4017 X	4028 P	4326 P	4351 E			
state	1060 F	1374	1390	1399	1433	2478	2491
	4337	4384					
Storage	2322 I	3321 I	4322 I	5321 I	6323 I	7324 I	
SynchDescElement	1022 X	1097	1098 T	3320 I			
synchDescList	1125 F	2408	2409	2411	3334	3354	3355
SynchDescPointer	1022 X	1097 T	1100	1125	3319 I	3346	
SynchFailure	1049 C	5361	5374	5389	6368	6370	6390
	6427	7377	7394	7412			
synchInfo	1070 F	6394	6400	6430	6437		
SYSTEM	1015 I	1314 I	2314 I	3014 I	3314 I	4314 I	6014 I
	6314 I						
TRANSFER	1315 I	1379	1421	4315 I	4356 I	4380	
TrapTo4	1045 C						
TRUE	5346	6360	7344	7354	7366		
TSIZE	4315 I	4332	6315 I	6355	6356	6379 I	6404
	6414	6438	6446				
undefined	1043 C	4337					
UserSignal	1047 C						
V	5015 X	5026 P	5354 X	5356 P	5369 E		
valid	5327 F	5341	5346	5361	5374	5388	6328 F
	6350	6360	6367	6390	6427	7330 F	7343
	7354	7375	7394	7412	7431		
wait	6023 C	6333	6343	6344	6369	6399	6433
Withdraw	1025 X	1142 P	1349 P	1357 E	1389	2320 I	2439 I
	2492	4318 I	4356 I	4386			
WORD	1016 I	1078	6015 I	6034	6037	6315 I	6355
	6356	6379 I	6385	6404	6414	6422	6438
	6446						
wspSize	4028 V	4326 V	4332	4334	4335		
x	2368 V	2373 V	6034 V	6037 V			

Total 1645 references

Anhang C: MODEB V2 PDP-11 Version

Line number:	Module:
1001 - 1049	MESYST.DEF
1301 - 1309	MESYST.MOD
2001 - 2151	MEPDP1.DEF
2301 - 2721	MEPDP1.MOD
3001 - 3206	MEDISP.DEF
3301 - 3473	MEDISP.MOD
4001 - 4058	MEEXCE.DEF
4301 - 4688	MEEXCE.MOD
5001 - 5058	MEOBJE.DEF
5301 - 5440	MEOBJE.MOD
6001 - 6080	MEKLEV.DEF
6301 - 6461	MEKLEV.MOD
7001 - 7042	MECLOC.DEF
7301 - 7443	MECLOC.MOD
8001 - 8038	MEREGI.DEF
8301 - 8456	MEREGI.MOD

(2273 lines)

```
(* MODEB V2: PDP-11 version      27-Jul-84 File: MESYST.DEF *)
(*    G. Maier                                              *)
(*    Institut fuer Automatik und Industrielle Elektronik   *)
(*    Eidgenoessische Technische Hochschule                 *)
(*    CH-8092 Zuerich (Switzerland)                         *)
DEFINITION MODULE MESystemTypes;
  (* original version: Ch. Jacobi 5.12.79, 24.4.80 *)

(*---------------*)
(*               *)
(*  Basic types  *)
(*               *)
(*---------------*)

EXPORT QUALIFIED
  ExceptionType, LoadResultType;


TYPE
  ExceptionType  = (CoroutineEnds, ProgramHalt, TrapTo4, TrapTo10,
                    StackOverflow, IndexOutOfRange, IllegalPointer,
                    BadSPvalue, FunctionReturnError,
                    StorageError, InputOutputError, NormalReturn,
                    FloatingError, LoadError, UserSignal,
                    propagate,

                    (* MODEB V2: *)
                    SonProcessFailure, Aborted,
                    SynchFailure, AccessFailure, TimeOut,
                    ListOverflow, ZLevelError, CtrlCError,
                    except1, except2, except3, except4, except5);

              (* The real normal return is not NormalReturn
                 but CoroutineEnds!!; NormalReturn is the
                 return from main coroutine.
                 'propagate' is not an error *)


  LoadResultType = (Execute, WrongFormat, WrongLoadKey,
                     FileError, FileNotFound, NotMainProcess,
                     NotEnoughMemory, NotCalledNow);

 (* The purpose of this module is mainly to avoid the imports
    from many different modules in the definition modules
    of MODEB V2. This makes them as independent as
    possible. 'ExceptionType' depends from the assembly part.
    Further, this module eliminates circular references *)

END MESystemTypes.
```

```
(* MODEB V2: PDP-11 version      27-Jul-84 File: MESYST.MOD *)
(*    G. Maier                                              *)
(*    Institut fuer Automatik und Industrielle Elektronik   *)
(*    Eidgenoessische Technische Hochschule                 *)
(*    CH-8092 Zuerich (Switzerland)                         *)

IMPLEMENTATION MODULE MESystemTypes;
  (* original version: Christian Jacobi 26-Oct-82 *)
END MESystemTypes.
```

```
(* MODEB V2: PDP-11 version      5-Sep-84 File: MEPDP1.DEF *)
(*    G. Maier                                               *)
(*    Institut fuer Automatik und Industrielle Elektronik   *)
(*    Eidgenoessische Technische Hochschule                 *)
(*    CH-8092 Zuerich (Switzerland)                         *)
DEFINITION MODULE MEPDP11;

(*----------------------------------*)
(*                                  *)
(*  Interface to the run time system *)
(*                                  *)
(*----------------------------------*)

(* This is an adapted version of the standard module 'PDP11'
(by Christian Jaccobi 5.3.81). The first part includes all
fixed locations used in the MODEB V2 kernel. The second part
includes the additional fixed locations used in the MODEB V2
file system and loader. *)

FROM SYSTEM IMPORT
  ADDRESS, PROCESS, WORD;
FROM MESystemTypes IMPORT
  ExceptionType;

EXPORT QUALIFIED
  (* MODEB V2 kernel *)
  Vector, StructureOfPROCESS, ContextType,
  pcOffset, dlOffset, spLimOffset,
  processDescSize, minStackSize,
  RaiseProcType, Raise, exceptionCode, exceptionPC,
  exceptionR0, exceptionR1, exceptionDL,
  exceptionR3, exceptionR4, exceptionR5, exceptionSP,
  ExitToRT11, NewProcess, MainProcessR4, MainSPLimitPtr,
  GetActualContext, SetActualContext,
  intProcessIdAdr, runningProcessAdr, dummyProcessAdr,
  transferAdr, waitIntAdr, intEntryAdr,
  interruptedProcessIdent, runningProcess, dummyProcess,
  Transfer, WaitInterrupt, InterruptEntry,

  (* MODEB V2 file system and loader *)
  ... ;


(* 1. Fixed locations for the kernel *)
(* -------------------------------- *)

(* some types used in the run time system, from 'PDP11' *)
TYPE
  NewProcType  = PROCEDURE(PROC,ADDRESS,CARDINAL,VAR PROCESS);

  Vector = RECORD
             PC: PROC;
             Priority: CARDINAL;
           END;

  StructureOfPROCESS = POINTER TO (* structure of SYSTEM.PROCESS *)
    RECORD
      R1, R0, R5, R3: ADDRESS;
```

```
      CASE CARDINAL OF
        1: R4: ADDRESS;
       |2: point: POINTER TO PROCESS;
      END;
      R2, PC, PS: ADDRESS;
    END;

  ContextType = RECORD (* used in 'Get/SetActualContext' *)
                  R0, R1, R2, R3, R4, R5,
                  SP, PC, Priority, FPPStatus: ADDRESS
                END;

CONST
  pcOffset = 2;                         (* R2+pcOffset points to    *)
                                        (* returnaddress field of   *)
                                        (* current procedure mark   *)
  dlOffset = 0;                         (* R2+dlOffset points to    *)
                                        (* dynamic link field of    *)
                                        (* current procedure mark   *)
  spLimOffset = 2;                      (* R4+spLimOffset points    *)
                                        (* to stack limit field of *)
                                        (* current process descr.   *)

  processDescSize = 34;
    (* size of the space allocated for the process descriptor *)

  minStackSize = 100;
    (* used for the stack test *)


(* low level exception handling *)
TYPE
  RaiseProcType = PROCEDURE(ExceptionType);
VAR
  Raise [400B]: RaiseProcType;

  exceptionCode [404B]: ExceptionType;
  exceptionPC [406B]: ADDRESS;

  exceptionR0 [440B],
  exceptionR1 [442B],
  exceptionDL [444B],  (* dynamic link *)
  exceptionR3 [446B],
  exceptionR4 [450B],  (* process pointer *)
  exceptionR5 [452B],
  exceptionSP [454B]: ADDRESS;

  ExitToRT11 [424B]: PROC; (* used to go back to RT-11 *)


(* from 'PDP11' *)
VAR
  NewProcess  [420B]: NewProcType;  (* is SYSTEM.NEWPROCESS     *)
  MainProcessR4[422B]: POINTER TO PROCESS;
                                     (* allows detection if      *)
                                     (* process is main process *)
  MainSPLimitPtr:      ADDRESS;      (* Pointer to limit field   *)
                                     (* for main process stack   *)
```

```

  GetActualContext[426B]: PROCEDURE(VAR ContextType);
  SetActualContext[430B]: PROCEDURE(VAR ContextType);
                                  (* initialized by assembly *)
                                  (* part (FPU optional)     *)


(* variables and procedures for the MODEB kernel *)
CONST
  intProcessIdAdr              = 460B;
  runningProcessAdr            = 462B;
  dummyProcessAdr              = 472B;
  transferAdr                  = 474B;
  waitIntAdr                   = 476B;
  intEntryAdr                  = 500B;

VAR
  interruptedProcessIdent [intProcessIdAdr]: ADDRESS;
  runningProcess [runningProcessAdr]: ADDRESS;
  interruptedProcessList [runningProcessAdr]:
                            ARRAY [4..7] OF ADDRESS;
  dummyProcess [dummyProcessAdr]: ADDRESS;

  Transfer [transferAdr]: PROC;
  WaitInterrupt [waitIntAdr]: PROC;
  InterruptEntry [intEntryAdr]: PROC;



(* 2. Fixed locations for the file system and loader *)
(* ------------------------------------------------- *)

  ...

END MEPDP11.
```

```
(* MODEB V2: PDP-11 version      5-Sep-84 File: MEPDP1.MOD *)
(*    G. Maier                                               *)
(*    Institut fuer Automatik und Industrielle Elektronik    *)
(*    Eidgenoessische Technische Hochschule                  *)
(*    CH-8092 Zuerich (Switzerland)                          *)
IMPLEMENTATION MODULE MEPDP11;
FROM SYSTEM IMPORT
  REGISTER, ADDRESS;
BEGIN
  MainSPLimitPtr:=ADDRESS(REGISTER(4)+spLimOffset)
END MEPDP11.

(* The following extraction out of the Modula-2
   run-time-system shows the adaptions to MODEB V2:

          .TITLE MODULA 2 RUNTIME SYSTEM
;         version 30.8.81
;
;  Runtime System for MODULA 2
;  for - stand alone programs
;      - RT11 underlied programs
;      - MODEB V2 Modula-2 real time operating system (25.7.84)
;        (by: Georg Maier, Hybrid-Rechenzentrum AIE, ETH Zurich)
;  All PDP-11
;  LSI-11/03 LSI-11/04 and PDP-11/40
;  no memory management assumed
;
;  AUTHOR: Christian Jacobi
;          Institut fur Informatik
;          ETH Zurich
;

...

;##################################################
;
.SBTTL  COMMUNICATION TO MODULA 2 PROGRAMS (MODEB)
;
;##################################################
;
;
        DESCSIZE = 34.    ; MEPDP11.processDescSize
        MINSTACK = 100.   ; MEPDP11.minStackSize

; ERROR CODES (MESystemTypes.ExceptionType):
        ENDMSG  =  0.     ; CoroutineEnds
        HLTMSG  =  1.     ; ProgramHalt
        T4MSG   =  2.     ; TrapTo4
        T10MSG  =  3.     ; TrapTo10
        OVLMSG  =  4.     ; StackOverflow
        INDMSG  =  5.     ; IndexOutOfRange
;       ILLPTR  =  6.     ; IllegalPointer
        SPMSG   =  7.     ; BadSPvalue
        FUNMSG  =  8.     ; FunctionReturnError
;       STOERR  =  9.     ; StorageError
;       IOERR   = 10.     ; InputOutputError
;       NORMEND = 11.     ; NormalReturn
        REALMSG = 12.     ; REAL Error Overflow on +-+/ or ROUND
```

```
;         LOADERR = 13.     ; LoadError
;         USERSIG = 15.     ; UserSignal
;         PROPAGA = 16.     ; propagate
;         SONFAIL = 17.     ; SonProcessFailure
;         ABORTED = 18.     ; Aborted
;         SYNFAIL = 19.     ; SynchFailure
;         ACCFAIL = 20.     ; AccessFailure
;         TIMEOUT = 21.     ; TimeOut
;         LISTERR = 22.     ; ListOverflow
          ZLEVERR = 23.     ; ZLevelError
;         CTRLCER = 24.     ; CtrlCError
;
;
          .ASECT
          .=400
RAISE:    .WORD FATAL     ; MEPDP11.Raise
          .WORD 0
ERRCD:    .WORD 0         ; MEPDP11.exceptionCode
ERRPC:    .WORD 0         ; MEPDP11.exceptionPC
;
          .=420
NEWPV:    .WORD .NEWN     ; SYSTEM.NEWPROCESS = MEPDP11.NewProcess
MAINR4:   .WORD 0         ; MEPDP11.MainProcessR4
          .WORD BOOTADR   ; MEPDP11.ExitToRT11
          .WORD GCONTEX   ; MEPDP11.GetActualContext
          .WORD SCONTEX   ; MEPDP11.SetActualContext
;
          .=440
SR0:      .WORD 0         ; MEPDP11.exceptionR0
SR1:      .WORD 0         ; MEPDP11.exceptionR1
SR2:      .WORD 0         ; MEPDP11.exceptionDL = Local Base Pointer
SR3:      .WORD 0         ; MEPDP11.exceptionR3
SR4:      .WORD 0         ; MEPDP11.exceptionR4 = Process pointer
SR5:      .WORD 0         ; MEPDP11.exceptionR5
SR6:      .WORD 0         ; MEPDP11.exceptionSP
;
          .=460
INTERRU:.WORD RUNNING     ; MEPDP11.interruptedProcessIdent
RUNNING:                  ; MEPDP11.runningProcess
INTLIST:.WORD 0,0,0,0     ; MEPDP11.interruptedProcessList
DUMMY:    .WORD DMYIDENT  ; MEPDP11.dummyProcess
TRANSV:   .WORD TRANSFER  ; MEPDP11.Transfer
WAITIV:   .WORD WAITINT   ; MEPDP11.WaitInterrupt
INTERV:   .WORD IOT1      ; MEPDP1.InterruptEntry
;
          .=506
          .WORD 0         ; MEPDP11.OnInitialStartZero
ENTRY:    .BLKW 1         ; MEPDP11.InitialStart.Entry
LUA:      .BLKW 1         ; MEPDP11.InitialStart.StackBottom
FUA:      .BLKW 1         ; MEPDP11.InitialStart.StackLimit
LODINF:   .WORD 0         ; MEPDP11.LoaderInfo
```

```
;###################################################
;
.SBTTL  ERROR HANDLER
;
;###################################################
;
;  EMPTY ROUTINES FOR DEFAULT INITIALISATION
;  .....................................
;
  FATAL:: ; standard Modula-2 procedure call mechanism assumed
          ; FATAL is of type PROCEDURE(ExceptionType)
          RESET                 ; disable all interrupts
          MOVB    2(SP),R0      ; exception code
          MOV     (SP),R1       ; exception PC
  1$:     HALT                  ; R0: exceptio code
                                ; R1: exception PC
                                ; R2: exception DL
          JMP     @#BOOTADR     ; re-boot
;
;---------------------------------------------------
;
;  SOFTWARE INTERRUPT
;  .................
;
        .MACRO  ERROR ENO, EPC; R0 must not be used for parameters
          MOV   EPC,R0          ; EPC is saved in R0, because the
                                ;  next instruction could destroy EPC
          MOVB  ENO,-(SP)       ; exception code
          MOV   R0,-(SP)        ; exception PC
          JMP   @RAISE          ; call 'MEPDP11.raise'
                                ;  (will never return)
        .ENDM  ERROR
        .MACRO  ERRR0 ENO       ; PC is in register 0
          MOVB  ENO,-(SP)       ; exception code
          MOV   R0,-(SP)        ; exception PC
          JMP   @RAISE          ; call 'MEPDP11.raise'
                                ;  (will never return)
        .ENDM  ERRR0
;
;------------------------------------------------------
;
;  TRAP ROUTINE FOR 4 AND 10
;  .......................
;
;  on occurance of any real TRAP an exception is raised
;  (a bad SP value will raise a fatal exception)
;
TRP244:   MOV #REALMSG,R1
          BR JTH
TRAP4:    MOV #T4MSG,R1
          BR JTH
TRAP10:   MOV #T10MSG,R1
JTH:     ; test SP
         BIT #1,SP
         BNE ILLSP
         CMP SP,#160000
```

```
        BHIS ILLSP
        CMP SP,#STACK
        BLOS ILLSP
        MOV (SP),R0         ; exception PC
        ERRR0  R1           ; software interrupt

ILLSP:  MOV #STACK,SP       ; give a new stack
        MOV #SPMSG,-(SP)    ; exception code
        MOV 2(SP),-(SP)     ; excpetion PC
        JMP FATAL           ; raise a fatal exception
;
;----------------------------------------------------------
;
;  UNEXPECTED INTERRUPT
;  ....................
;
ILLINTERRUPT::                          ; entered through location 0
          MOV    @#PSW,R1               ; condition codes:
                                        ;   bit 5-2 of vector
          BIC    #177760,R1
          ASL    R1
          ASL    R1                     ; R1: bit 5-0 of vector
    1$:   HALT
          JMP  @#BOOTADR

...

;-------------------------------------------------------
;
;  TRAP ROUTINE TO TEST STACK OVERFLOW
;  .................................
;
STOVFL: MOV (SP)+,R0            ; move of return address
        MOV R2,(SP)             ; dynamic link
        MOV SP,R2
        MOV SP,R3
        SUB (R0)+,R3            ; new, untested sp
        BCS 1$
        MOV 2(R4),R1            ; limit
        ADD #MINSTACK,R1        ; reserve
        CMP R3,R1
        BLOS 1$
        MOV R3,SP
        JMP (R0)
1$:     ERRR0 #OVLMSG

...
```

```
;#####################################################
;
.SBTTL  NUCLEUS
;
;#####################################################
;
        PRIO7 = 340                 ; PRIORITY 7
        JSRR2 = 004237              ; INSTRUCTION FOR  JSR R2,@#X
;
;----------------------------------------------------
;
;  TRANSFER ROUTINE
;  ................
;
  TRANSFER:                  ; standard Modula-2 call
          MOV  R2,-(SP)
          MOV  SP,R2
          BPT
          ;MOV R2,SP    SP is not changed
          MOV  (SP)+,R2
          RTS  PC
;
.TRANSN: MOV R2,-(SP)   ; SAVE REGISTERS
        MOV R4,-(SP)
        SUB #10,SP
        MOV SP,(R4)     ; save context of running process
        MOV @RUNNING,SP ; fetch 'MEPDP11.runningProcess'
        MOV (SP)+,R1    ; GET REGISTERS
        MOV (SP)+,R0
        MOV (SP)+,R5
        MOV (SP)+,R3
        MOV (SP)+,R4
        MOV (SP)+,R2
        RTI

;----------------------------------------------------
;
;  IOTRANSFER ROUTINE
;  ..................
;
  WAITINT:                   ; standard Modula-2 call
        MOV  R2,-(SP)
        MOV  SP,R2
        IOT
        ;MOV R2,SP      SP is not changed
        MOV  (SP)+,R2
        RTS  PC
;
.IOTN:  MOV R2,-(SP)    ; SAVE REGISTERS
        MOV R4,-(SP)    ; SAVE INTERRUPTING
        SUB #10,SP
        MOV SP,(R4)     ; save context of running process
        CMP INTERRU,#RUNNING ; is it a K-process ?
        BEQ 1$          ; yes --> branch
        SUB #2,INTERRU  ; shift 'MEPDP11.interruptedProcessIdent'
        MOV @INTERRU,R4 ; get the identification of the
                        ;  interrupted process
        MOV (R4),SP     ; and fetch it
```

```
          MOV (SP)+,R1
          MOV (SP)+,R0
          MOV (SP)+,R5
          MOV (SP)+,R3
          MOV (SP)+,R4
          MOV (SP)+,R2
          RTI
;
     1$:    ERROR  #ZLEVERR, 14(SP)  ; not a Z-process
;
;
IOT1:     ; interrupt entry routine
          ; R2 is already saved on the stack of of the interrupted process
          ; and points to the identification of the interrupting process
          MOV R4,-(SP)
          MOV R3,-(SP)
          MOV R5,-(SP)
          MOV R0,-(SP)
          MOV R1,-(SP)
          MOV SP,(R4)         ; save context of the interrupted process
          MOV R4,@INTERRU     ; store its identification in the list
                              ;  of interrupted processes
          ADD #2,INTERRU      ; shift 'MEPDP11.interruptedProcessIdent'
          MOV @(R2)+,SP       ; fetch the interrupting process
                              ;  (there is no double-indirect
                              ;  addressing mode without '+')
          ADD #10,SP
          MOV (SP)+,R4
          MOV (SP)+,R2
          RTI

;---------------------------------------------------
;
;   ROUTINE NEWPROCESS
;   ..................
;
;         NEW(P: PROC; A: ADDRESS; N: CARDINAL; VAR NEWP: PROCESS);
;         STANDARD MODULA PARAMETER TRANSMISSION
;
;
.NEWN:    MOV 6(SP),R0               ; AREA
          MOV 4(SP),R1               ; SIZE
          ADD R1,R0                  ; HIGH OF PD
          SUB #DESCSIZE-4,R0         ; additional space for
                                     ;  the process descriptor
          MOV 6(SP),-(R0)            ; 'SPLimit'
          CLR -(R0)                  ; 'process'
          MOV R0,R1                  ; IS PROCESS-BASE (R4)
          SUB #18.,R0                ; SIZE OF DISPLAY-2
          MOV #BACK,-(R0)
          CLR -(R0)                  ; PRIORITY
          MOV 10(SP),-(R0)           ; ENTRYPOINT
          CLR -(R0)                  ; FOR R2
          MOV R1,-(R0)               ; FOR R4
          SUB #10,R0                 ; TOP OF STACK
          MOV  R0,@2(SP)             ; PROCESS VARIABLE
          RTS PC
;
```

```
;        A PROCESS HAS FINISHED
;        SOFTWARE TRAP
BACK:    CLR     RO               ; exception PC
         ERRRO   #ENDMSG
;
;
;    Dummy Process for MODEB
;    -----------------------
;
DMYIDENT: ; descriptor of the dummy process
          2$              ; 'process'/'context'
1$:       BR    .         ; 'SPLimit': used as code of the process
          .WORD 0         ; 'prio': 0
          .WORD 1         ; 'state': 'readyRunning'
          NIL = ^0177601
          .WORD NIL, NIL ; 'el' (list element)
          ; the rest of the process descriptor is never used

          ; context of the dummy process (does never change)
          .IF DF FPP
            .BLKW 4       ; aerea to save ACO, AC1
            .WORD FPPS    ; FPP status
          .ENDC
2$:       .WORD 1         ; R1
          .WORD 0         ; R0
          .WORD 5         ; R5
          .WORD 3         ; R3
          .WORD DMYIDENT  ; R4: points to the process descriptor
          .WORD 0         ; R2: dynamic link
          .WORD 1$        ; PC: points to the code
          .WORD 0         ; PS
;

...
```

```
;##################################################
;
.SBTTL  INITIALIZATION
;
;##################################################
;
;
INITRUN:
        MOV  #PRIO7,@#PSW
        RESET                  ; freezes the state of RT-11

        ; init all vectors
        MOV  #400,R0           ; R0 is used as pointer
        MOV  #360,R1
3$:     DEC  R1
        MOV  R1,-(R0)          ; priority: (adr MOD 100B)DIV 4+340B
        CLR  -(R0)             ; PC:        0
        CMP  R1,#340
        BGT  4$
        MOV  #360,R1
4$:     TST  R0
        BNE  3$
        MOV  #137,(R0)+       ; JMP  @#ILLINTERRUPT
        MOV  #ILLINTERRU,(R0);   (no affect on condition codes)

        ; init system vectors
        MOV  #TRAP4,@#4       ; standard Trap-4 routine
        MOV  #TRAP10,@#10     ; Trap 10
        MOV  #.TRANSN,@#14    ; BPT
        MOV  #.IOTN,@#20      ; IOT
        MOV  #.TRAP,@#34      ; init TRAP
        MOV  #TRP244,@#244    ; Floating error

        MOV  #^O160000,SP     ; MODEB uses the whole memory
        MOV  #0,@#PSW         ; back to priority 0
;
;
;       NEWPROCESS AND TRANSFER
        SUB  #DESCSIZE-4,SP   ; space for the process descriptor
        MOV  @#FUA,-(SP)      ; MEPDP11.Initialstart.StackLimit
        CLR  -(SP)            ; 'process'
        MOV  SP,R4            ; PROCESS DESCRIPTOR POINTER
        MOV  SP,@#MAINR4      ; MEPDP11.MainProcessR4
        MOV  SP,@#RUNNING     ; MEDispatching.runningProcess
        SUB  #18.,SP          ; DYKSTRA DISPLAY'S SPACE
        MOV  #BACK,-(SP)      ; END OF COROUTINE
        MOV  @#ENTRY,R1       ; MEPDP11.InitialStart.Entry
        CLR  R2               ; give a dynamic link of 0
        JMP  (R1)             ; --> MODULA PROGRAM
;
;
STACK:  .BLKW 40              ; may to grow over initialization
;

...

        .END INITRUN        *)
```

```
(* MODEB V2: PDP-11 version      6-Sep-84 File: MEDISP.DEF *)
(*    G. Maier                                               *)
(*    Institut fuer Automatik und Industrielle Elektronik    *)
(*    Eidgenoessische Technische Hochschule                  *)
(*    CH-8092 Zuerich (Switzerland)                          *)
DEFINITION MODULE MEDispatching;

(*-----------------------------------------------*)
(*                                               *)
(*  Data structures, list management (Z-level), *)
(*  and dispatcher operations (S-level)          *)
(*                                               *)
(*-----------------------------------------------*)

FROM SYSTEM IMPORT
  ADDRESS, PROCESS;
FROM MESystemTypes IMPORT
  ExceptionType;
FROM MEPDP11 IMPORT
  Vector, StructureOfPROCESS, ContextType, runningProcessAdr;

EXPORT QUALIFIED
  Process, ExceptionPointer, ObjectListPointer,
  maxPrio, Priority, ProcessState, ListElement,
  InterruptDescriptor, ProcessDescriptor, ExceptionDescriptor,
  DeleteProcedure, SynchDescPointer, SynchDescElement,
  AccessRightPointer, AccessRightListElement, AccessRightElement,
  ObjectListHead,
  List, Init, Insert, Remove, Empty, Withdraw,
  Ready, Block, Inactivate, ConvertToInterrupt,
  runningProcess, readyList,
  raiseAsynchronous,
  clockList, lowTicks, highTicks, ticksSinceLastProcessSwitch;


(* forward declarations and auxiliary types *)
(* ---------------------------------------- *)

TYPE
  Process = POINTER TO ProcessDescriptor;
  ExceptionPointer = POINTER TO ExceptionDescriptor;
  ObjectListPointer = POINTER TO ObjectListHead;

CONST
  maxPrio = 5;
TYPE
  Priority = [1..maxPrio];
  ProcessState =
    (undefined, readyRunning, blocked, interruptRoutine, inactive);
  ListElement =  RECORD next, back: Process; END;


(* process descriptor *)
(* ------------------ *)

TYPE
  InterruptDescriptor =
    RECORD
```

```
      jsrR2: ADDRESS;
      intEntry: PROC;
      pId: Process;
      csAdr: POINTER TO BITSET;
      stopCommand: BITSET;
      vectorId: POINTER TO Vector;
    END;

  ProcessDescriptor =
    (* Attention: If this RECORD is changed, the constants
                  'MEPDP11.spLimOffset' and 'MEPDP11.processDescSize'
                  must be adapted as well. *)
    RECORD
      CASE CARDINAL OF
        1: process: PROCESS;
       |2: context: StructureOfPROCESS;
      END;
      SPLimit: ADDRESS;
      prio: Priority;
      state: ProcessState;
      el: ListElement;
        (* -- (el.next=NIL) = "not an element of a list" *)
      heapPointer: ADDRESS;
      heapSize: CARDINAL;
      frame,                          (* currently valid frame *)
      frameList: ExceptionPointer;  (* list with all known frames *)
      ePC, eDL: ADDRESS;
      eCode, oldECode: ExceptionType;
      objects: ObjectListPointer;
        (* -- (objects=NIL) =
                "no own objects in the current frame" *)
      brother: Process;
      CASE CARDINAL OF (* conditional fields *)
        1: (* valid, if 'state=interruptRoutine' *)
           interruptId: POINTER TO InterruptDescriptor;
       |2: (* valid, if the process is an element of the
           clock-queue *)
           low, high: CARDINAL;
       |3: (* may be valid, if the process is blocked *)
           synchInfo: ADDRESS;
             (* used for parameter passing
             in synchronization operations *)
      END;
    END;


(* exception frame descriptor *)
(* -------------------------- *)

  ExceptionDescriptor =
    RECORD
      frameLevel: CARDINAL;
      (* the following fields are only valid, if 'frameLevel>0' *)
      nextFrame: ExceptionPointer;
      ownerOfFrame: Process;
      oldObjects: ObjectListPointer;
      returnContextPointer: POINTER TO ContextType;
    END;
```

```
(* object management types *)
(* ---------------------- *)

TYPE
  (* synchronization descriptor management *)
  DeleteProcedure = PROCEDURE(ADDRESS);
  SynchDescPointer = POINTER TO SynchDescElement;
  SynchDescElement =
    RECORD
      link: SynchDescPointer;
      object: ADDRESS;
      deleteProc: DeleteProcedure;
    END;

  (* access right management *)
  AccessRightPointer = POINTER TO AccessRightElement;
  AccessRightListElement =
    RECORD
      next, back: AccessRightPointer;
    END;
  AccessRightElement =
    RECORD
      accEl: AccessRightListElement;
      object: ADDRESS;
      deleteProc: DeleteProcedure;
      ownerOfAccessRight: Process;
        (* -- (ownerOfAccessRight=NIL) = "access right is free" *)
      correspondingFrame: ExceptionPointer;
    END;

  (* object list head *)
  ObjectListHead =
    RECORD
      processList: Process;
      synchDescList: SynchDescPointer;
         dummy: AccessRightPointer;
         (* needed because of a compiler error *)
      accessRightList: AccessRightListElement;
    END;


(* list management (Z-level) *)
(* ------------------------ *)

TYPE
  List = ListElement ;

PROCEDURE Init(VAR l: List);
PROCEDURE Insert(id: Process; VAR l: List);
PROCEDURE Remove(VAR id: Process; VAR l: List);
PROCEDURE Empty(VAR l: List): BOOLEAN;
  (* in-line code: 'l.next^.el.next=l.next' *)
PROCEDURE Withdraw(id: Process);


(* dispatcher operations (S-level) *)
```

```
(* ------------------------------- *)

PROCEDURE Block(VAR l: List);
PROCEDURE Ready(id: Process);
PROCEDURE Inactivate(id: Process);
PROCEDURE ConvertToInterrupt;


(* processor descriptor *)
(* -------------------- *)
VAR
  runningProcess [runningProcessAdr]: Process;
  readyList: ARRAY [0..maxPrio] OF List;


(* auxiliary procedure variable *)
(* ---------------------------- *)
VAR
  raiseAsynchronous: PROCEDURE(Process, ExceptionPointer,
                                          ExceptionType);
    (* procedure variable to avoid multiple declarations
    of 'RaiseAsynchronous' or export of this procedure
    through a user interface *)

(* clock descriptor *)
(* ---------------- *)
VAR
  clockList: List;
  lowTicks, highTicks: CARDINAL;
  ticksSinceLastProcessSwitch: CARDINAL;

END MEDispatching.
```

```
(* MODEB V2: PDP-11 version      6-Sep-84 File: MEDISP.MOD *)
(*    G. Maier                                                *)
(*    Institut fuer Automatik und Industrielle Elektronik    *)
(*    Eidgenoessische Technische Hochschule                  *)
(*    CH-8092 Zuerich (Switzerland)                           *)
IMPLEMENTATION MODULE MEDispatching; (* $S- *) (* $T- *)

(*---------------------------------*)
(*                                 *)
(*  List management (Z-level) and  *)
(*  dispatcher operations (S-level) *)
(*                                 *)
(*---------------------------------*)

FROM SYSTEM IMPORT ADR, ADDRESS, TSIZE, REGISTER;
FROM MESystemTypes IMPORT ExceptionType;
FROM MEPDP11 IMPORT
  Raise, runningProcessAdr,
  interruptedProcessIdent, dummyProcess, Transfer;


(* list management operations (Z-level) *)
(* ----------------------------------- *)

PROCEDURE Init(VAR head: List);
BEGIN
  WITH head DO
    next:=ADR(head)-elOffset;
    back:=next;
  END(*WITH*);
END Init; (* -- Empty(head) *)

PROCEDURE Insert(p: Process; VAR head: List);
BEGIN (* -- p^.el.next=NIL *)
  WITH p^ DO
    el.next:=head.next; el.back:=el.next^.el.back;
    head.next:=p;       el.next^.el.back:=p;
  END(*WITH*);
END Insert; (* -- p^.el.next<>NIL, NOT Empty(head) *)

PROCEDURE Remove(VAR p: Process; VAR head: List);
BEGIN (* -- NOT Empty(head) *)
  p:=head.back;
  WITH p^ DO
    el.back^.el.next:=el.next; head.back:=el.back;
    el.back:=NIL; el.next:=NIL;
  END(*WITH*);
END Remove; (* -- p^.el.next=NIL *)

PROCEDURE Withdraw(p: Process);
BEGIN
  WITH p^ DO
    IF el.next<>NIL THEN
      el.back^.el.next:=el.next; el.next^.el.back:=el.back;
      el.back:=NIL; el.next:=NIL;
    END(*IF*);
  END(*WITH*);
END Withdraw; (* -- p^.el.next=NIL *)
```

```
PROCEDURE Empty(VAR head: List): BOOLEAN;
BEGIN
  WITH head DO
    RETURN next^.el.next=next;
  END(*WITH*);
END Empty;


(* dispatcher operations (S-level) *)
(* ------------------------------- *)

PROCEDURE Ready(p: Process);
BEGIN (* -- p<>runningProcess, p^.state<>inactive,
            p^.el.next=NIL *)
  WITH p^ DO
    state:=readyRunning;
    IF prio>runningProcess^.prio THEN
      Insert(runningProcess,readyList[runningProcess^.prio]);
      runningProcess:=p;
      ticksSinceLastProcessSwitch:=0;
      IF interruptedProcessIdent=runningProcessAdr THEN
        Transfer;
      END(*IF*);
     ELSE
      Insert(p,readyList[prio]);
    END(*IF*);
  END(*WITH*);
END Ready;

PROCEDURE Inactivate(p: Process);
BEGIN (* -- p^.state<>inactive *)
  WITH p^ DO
    IF (state=readyRunning) OR (state=blocked) THEN
      Withdraw(p);
    ELSIF state=interruptRoutine THEN
      WITH interruptId^ DO
        csAdr^:=stopCommand; (* disable interrupt *)
        vectorId^.PC:=PROC(0);
      END(*WITH*);
    END(*IF*);
    state:=inactive;
    IF p=runningProcess THEN
      Assign;
    END(*IF*);
  END(*WITH*);
END Inactivate; (* -- p^.state=inactive, p^.el.next=NIL *)

PROCEDURE Block(VAR blockedList: List);
BEGIN (* -- runningProcess^.el.next=NIL *)
  IF runningProcess<>Process(REGISTER(4)) THEN
    Raise(ZLevelError);
  END(*IF*);
  runningProcess^.state:=blocked;
  Insert(runningProcess,blockedList);
  Assign;
END Block;
```

```
PROCEDURE ConvertToInterrupt;
BEGIN (* -- interruptedProcessIdent=runningProcessAdr *)
  runningProcess^.state:=interruptRoutine;
  INC(interruptedProcessIdent,2);
  Assign;
END ConvertToInterrupt;

PROCEDURE Assign;
  VAR
    listPointer: RECORD CASE CARDINAL OF
                   1: p: POINTER TO List;
                  |2: c: CARDINAL;
                 END; END;
BEGIN (* -- NOT Empty(readyList), runningProcess<>dummyProcess,
         "'runningProcess' is not an element of 'readyList'" *)
  listPointer.p:=ADR(readyList[runningProcess^.prio]);
  LOOP
    IF listPointer.p^.next^.el.next<>listPointer.p^.next THEN
      (* -- NOT Empty(listPointer.p^) *)
      Remove(runningProcess,listPointer.p^);
      EXIT;
    END(*IF*);
    DEC(listPointer.c,TSIZE(List));
  END(*LOOP*);
  ticksSinceLastProcessSwitch:=0;
  IF interruptedProcessIdent=runningProcessAdr THEN
    Transfer;
  END(*IF*);
END Assign;

VAR
  pri: [0..maxPrio];
  rootFrame: ExceptionDescriptor;
  elOffset: ADDRESS;

BEGIN (* body *)
  (* runningProcess:=Process(MEPDP11.MainProcessR4);
    not necessary: already done by the run time system *)
  elOffset:=ADR(runningProcess^.el)-ADDRESS(runningProcess);
  (* descriptor of the Modula-2 main process *)
    WITH runningProcess^ DO
      prio:=1; state:=readyRunning;
      el.next:=NIL; el.back:=NIL;
      heapPointer:=0; heapSize:=0;
      frame:=ADR(rootFrame); frameList:=frame;
      eCode:=NormalReturn; oldECode:=NormalReturn;
      objects:=NIL; brother:=NIL;
    END(*WITH*);
    rootFrame.frameLevel:=0; (* the other fields are not valid *)
  (* processor descriptor *)
    FOR pri:=0 TO maxPrio DO
      Init(readyList[pri]);
    END(*FOR*);
    Insert(Process(dummyProcess),readyList[0]);
    Init(clockList); lowTicks:=0; highTicks:=0;
    (* ticksSinceLastProcessSwitch:=0; not necessary *)
END MEDispatching.
```

```
(* MODEB V2: PDP-11 version      30-Jul-84 File: MEEXCE.DEF *)
(*    G. Maier                                               *)
(*    Institut fuer Automatik und Industrielle Elektronik    *)
(*    Eidgenoessische Technische Hochschule                  *)
(*    CH-8092 Zuerich (Switzerland)                          *)
DEFINITION MODULE MEExceptions;

(*-----------------------------------*)
(*                                   *)
(*  Exception handling (K-level)     *)
(*  and dynamic storage management   *)
(*                                   *)
(*-----------------------------------*)

IMPORT MESystemTypes;
FROM SYSTEM IMPORT ADDRESS, WORD;

EXPORT QUALIFIED
  Process, ExceptionType,
  Call, Raise, GetExceptionCode,
  ALLOCATE, NewHeap;


TYPE
  Process; (* hidden, used to identify processes *)
  ExceptionType = MESystemTypes.ExceptionType;
    (* characterizes an exception *)

PROCEDURE Call(p: PROC; VAR result: ExceptionType);
  (* opens a new exception handling frame and calls the
  procedure 'p'. Any exception, which is not handled by
  a local frame, during the execution of 'p' (or in a
  son process created within 'p') will abort the execution
  of the frame. The kind of exception is assigned to
  'result'. The value 'NormalReturn' signals that no
  exception occured. *)

PROCEDURE Raise(eCode: ExceptionType);
  (* aborts the execution of the currently valid frame
  of the calling process with the exception 'eCode'. *)

PROCEDURE GetExceptionCode(pId: Process;
                           VAR eCode: ExceptionType);
  (* If a frame was aborted with 'result=SonProcessFailure',
  'GetExceptionCode' may be used to determine the exception
  in the son process which caused the abort of the frame.
  The exception 'Aborted' is assigned to 'eCode', if the
  specified process 'pId' was not responsible for the abort. *)


PROCEDURE ALLOCATE(VAR adr: ADDRESS; size: CARDINAL);
  (* dynamically allocates a piece of memory from the heap
  of the calling process. *)

PROCEDURE NewHeap(VAR x: ARRAY OF WORD);
  (* establishes a new heap to the calling process. *)

END MEExceptions.
```

```
(* MODEB V2: PDP-11 version      6-Sep-84 File: MEEXCE.MOD *)
(*    G. Maier                                              *)
(*    Institut fuer Automatik und Industrielle Elektronik   *)
(*    Eidgenoessische Technische Hochschule                 *)
(*    CH-8092 Zuerich (Switzerland)                         *)
IMPLEMENTATION MODULE MEExceptions; (* $S- *) (* $T- *)

(*-------------------------------*)
(*                               *)
(*  Exception handling (K-level) *)
(*  and dynamic heap management  *)
(*                               *)
(*-------------------------------*)

IMPORT MEPDP11, MEDispatching;
FROM SYSTEM IMPORT
  ADR, LISTEN, SIZE, WORD, ADDRESS, REGISTER;
FROM MESystemTypes IMPORT
  ExceptionType;
FROM MEPDP11 IMPORT
  minStackSize, RaiseProcType,
  exceptionCode, exceptionPC, exceptionR0, exceptionR1,
  exceptionDL, exceptionR3, exceptionR4, exceptionR5, exceptionSP,
  WaitInterrupt, InitialStart, StructureOfPROCESS,
  GetActualContext, SetActualContext, ContextType, MainProcessR4;
FROM MEDispatching IMPORT
  ExceptionPointer, ObjectListHead, ObjectListPointer,
  SynchDescPointer, SynchDescElement,
  AccessRightListElement, AccessRightPointer, AccessRightElement,
  ProcessState, Withdraw,
  InterruptDescriptor, ProcessDescriptor, ExceptionDescriptor,
  runningProcess, Ready, Inactivate;

(* declaration of the hidden type *)
TYPE
  Process = MEDispatching.Process;


(* exception frame handling *)
(* ------------------------ *)

PROCEDURE Call(procedure: PROC; VAR result: ExceptionType);
  CONST
    stackFrameLength =
    (* 'Call': *)       4 (* saved PC/DL *)
                       +8 (* local variables *)
                       +4 (* 2 nested WITH statements *)
                       +2 (* R5 is saved *)
    (* 'GetCntxt': *)  +2 (* parameter *)
                       +4 (* saved PC/DL *)
                      +78 (* local variables *)
                       +2 (* WITH statement *)
                       +2 (* R5 is saved *);
  VAR
    newFrame: ExceptionPointer;
    oldHeapSize: CARDINAL;
    oldSPLimit, oldHeapPointer: POINTER TO
      RECORD DL, PC: ADDRESS; END;
```

```
      (* used to save SP-limit/heap pointer and
      to repair the dynamic link for the debugger *)
BEGIN
  IF runningProcess<>Process(REGISTER(4)) THEN
    Raise(ZLevelError);
  END(*IF*);
  WITH runningProcess^ DO
    oldECode:=NormalReturn; (* inhibit 'Raise(propagate)' *)

    (* save old heap-data *)
    oldSPLimit:=SPLimit;
    oldHeapPointer:=heapPointer;
    oldHeapSize:=heapSize;

    (* allocate and initialize a new frame descriptor *)
    NEW(newFrame);
    WITH newFrame^ DO
      frameLevel:=frame^.frameLevel+1;
      nextFrame:=frame;
      ownerOfFrame:=runningProcess;
      oldObjects:=objects; (* save old object list head *)
    END(*WITH*);
    frameList:=newFrame;
    objects:=NIL; (* no object list head *)

    GetContextAndCall(procedure);

    CleanUp; (* delete all locally created objects *)
    result:=oldECode; (* excecution result *)

    (* restore old heap-data *)
    SPLimit:=oldSPLimit;
    heapPointer:=oldHeapPointer;
    heapSize:=oldHeapSize;
  END(*WITH*);
  IF result<>NormalReturn THEN
    (* repair the DL for the debugger *)
    oldSPLimit:=ADDRESS(REGISTER(2));
    oldHeapPointer:=ADDRESS(REGISTER(2)-stackFrameLength);
    oldHeapPointer^:=oldSPLimit^;
  END(*IF*);
END Call;


PROCEDURE GetExceptionCode(pId: Process; VAR result: ExceptionType);
BEGIN
  result:=pId^.eCode;
END GetExceptionCode;


PROCEDURE GetContextAndCall(procedure: PROC); (* $S+ *)
  VAR
    returnContext: ContextType;
    useStackSpace: ARRAY [1..29] OF CARDINAL;
BEGIN
  GetActualContext(returnContext);
  WITH returnContext DO (* simulate 'RETURN' *)
    SP:=R2;                       (* MOV   R2,SP    *)
```

```
    R2:=ADDRESS(SP^); INC(SP,2);  (* MOV   (SP)+,R2 *)
    PC:=ADDRESS(SP^); INC(SP,2);  (* RTS   PC       *)
  END(*WITH*);
  WITH runningProcess^ DO
    frameList^.returnContextPointer:=ADR(returnContext);
    frame:=frameList; (* enable new exception frame *)
    procedure;
    IF runningProcess<>Process(REGISTER(4)) THEN
      Raise(ZLevelError);
    END(*IF*);
    frame:=frame^.nextFrame; (* re-enable previous frame *)
    oldECode:=NormalReturn; (* no exception *)
  END(*WITH*);
END GetContextAndCall; (* $S= *)


PROCEDURE CleanUp;
  VAR
    p: Process;
BEGIN
  (* -- runningProcess^.frame<>runningProcess.frameList,
  runningProcess^.frameList^.ownerOfFrame=runningProcess *)
  p:=runningProcess;
  LOOP
    (* -- (p=runningProcess) OR (p^.state=inactive) *)
    WITH p^ DO
      IF objects=NIL THEN
        IF frameList^.ownerOfFrame=p THEN
          (* remove an exception frame descriptor *)
          WITH frameList^ DO
            objects:=oldObjects;
            frameList:=nextFrame;
          END(*WITH*);
          IF runningProcess^.frameList=runningProcess^.frame THEN
            EXIT;
          END(*IF*);
         ELSE
          (* move back to the owner of the frame *)
          p:=frameList^.ownerOfFrame;
        END(*IF*);
       ELSE (* -- objects<>NIL *)
        WITH objects^ DO
          IF processList=NIL THEN
            ReturnAccessRights(accessRightList);
            (* remove synchronization descriptors *)
            WHILE synchDescList<>NIL DO
              WITH synchDescList^ DO
                deleteProc(object);
                synchDescList:=link;
              END(*WITH*);
            END(*WHILE*);
            (* remove object list head *)
            objects:=NIL;
           ELSE (* -- processList<>NIL *)
            (* abort a son process *)
            RaiseAsynchronous(processList,frameList,Aborted);
            (* -- processList<>NIL, processList^.state=inactive *)
            IF (processList^.objects=NIL) AND
```

```
               (processList^.frameList^.ownerOfFrame<>processList)
             THEN
              (* remove a son process *)
              processList:=processList^.brother;
             ELSE
              (* move 'p' to the leaves of the tree *)
              p:=processList;
            END(*IF*);
          END(*IF*);
        END(*WITH*);
      END(*IF*);
    END(*WITH*);
  END(*LOOP*);
END CleanUp; (* -- runningProcess^.frameList=runningProcess^.frame *)

MODULE NotInterruptible[7];
  IMPORT Process, ProcessState, ExceptionType, Inactivate,
    AccessRightListElement, ADR, LISTEN,
    runningProcess, Withdraw, Ready, ErrorRoutine, ExceptionPointer,
    REGISTER, ADDRESS, exceptionCode, exceptionPC, exceptionDL,
    WaitInterrupt;
  EXPORT ReturnAccessRights, Raise, RaiseAsynchronous;

PROCEDURE ReturnAccessRights(VAR aRL: AccessRightListElement);
BEGIN
  WHILE ADR(aRL)<>aRL.next DO
    (* -- NOT Empty(aRL) *)
    WITH aRL.next^ DO
      deleteProc(object);
    END(*WITH*);
    LISTEN; (* allow interrupts *)
  END(*WHILE*);
END ReturnAccessRights; (* -- ADR(aRL)=aRL.next *)


(* handling of an exception *)
(* ------------------------ *)

PROCEDURE Raise(code: ExceptionType); (* $T- *) (* $S- *)
  VAR
    myself: Process;
    DL: POINTER TO
          RECORD
            oldDL, oldPC: ADDRESS;
          END;
BEGIN
  DL:=ADDRESS(REGISTER(2));
  myself:=Process(REGISTER(4));
  WITH myself^ DO
    IF code=NormalReturn THEN Raise(IndexOutOfRange);
    ELSIF code=propagate THEN
      IF oldECode=NormalReturn THEN Raise(IndexOutOfRange); END;
      eCode:=oldECode;
     ELSE (* -- code<>NormalReturn, code<>propagate *)
      eCode:=code;
      (* save exception context for the debugger *)
      ePC:=DL^.oldPC; eDL:=DL^.oldDL;
      exceptionCode:=eCode;
```

```
      exceptionPC:=ePC;
      exceptionDL:=eDL;
      (* exceptionR0:=REGISTER(0);
         exceptionR1:=REGISTER(1);
         exceptionR3:=REGISTER(3);
         exceptionR4:=REGISTER(4);
         exceptionR5:=REGISTER(5);
         exceptionSP:=REGISTER(6); *)
    END(*IF*);

    IF state=interruptRoutine THEN
      WITH interruptId^ DO
        csAdr^:=stopCommand; (* disable interrupt *)
        vectorId^.PC:=PROC(0);
      END(*WITH*);
      Ready(myself);
      WaitInterrupt;
    END(*IF*);
    (* -- myself=runningProcess *)
  END(*WITH*);
  ErrorRoutine;
  (* -- FALSE *)
END Raise;


PROCEDURE RaiseAsynchronous(p: Process; f: ExceptionPointer;
                                                     e: ExceptionType);
  VAR
    currentLevel, levelToAbort: CARDINAL;
BEGIN (* -- p<>runningProcess *)
  WITH p^ DO
    IF state<>inactive THEN
      IF e=Aborted THEN Inactivate(p); END(*IF*);
      currentLevel:=frame^.frameLevel;
      levelToAbort:=f^.frameLevel;
      IF (currentLevel>levelToAbort) OR
         (currentLevel=levelToAbort) AND (eCode=NormalReturn)
       THEN
        (* raise asynchronous exception *)
        frame:=f; (* frame to be aborted *)
        eCode:=e; (* exception code *)
        WITH context^ DO
          (* save exception context for the debugger *)
          ePC:=PC; eDL:=R2;
          IF (e=CtrlCError) OR (e=TimeOut) THEN
            exceptionCode:=e;
            exceptionPC:=PC;
            exceptionDL:=R2;
          END(*IF*);
          (* change the context to force 'p'
             to enter 'ErrorRoutine' *)
          PC:=ADDRESS(ErrorRoutine);
          PS:=340B; (* no interrupts allowed *)
        END(*WITH*);
        IF state=blocked THEN
          Withdraw(p); Ready(p);
        ELSIF state=interruptRoutine THEN
          WITH interruptId^ DO
```

```
            csAdr^:=stopCommand; (* disable interrupt *)
            vectorId^.PC:=PROC(0);
          END(*WITH*);
          Ready(p);
        END(*IF*);
      END(*IF*);
    END(*IF*);
  END(*WITH*);
  (* -- (e=Aborted) --> (p^.state=inactive) *)
END RaiseAsynchronous;

END NotInterruptible;


PROCEDURE ErrorRoutine;
BEGIN (* -- eCode<>NormalReturn *)
      (* -- runningProcess=Process(REGISTER(4)) *)
  WITH runningProcess^ DO
    WITH frame^ DO
      IF frameLevel=0 THEN
        (* no more exception frame to abort --> fatal error *)
        FatalRaise(eCode);
        (* -- FALSE *)
      ELSIF ownerOfFrame=runningProcess THEN
        frame:=nextFrame;
        oldECode:=eCode;
        eCode:=NormalReturn;
        SetActualContext(returnContextPointer^);
        (* -- FALSE *)
      ELSE
        RaiseAsynchronous(ownerOfFrame,frame,SonProcessFailure);
        Inactivate(runningProcess);
        (* -- FALSE *)
      END(*IF*);
    END(*WITH*);
  END(*WITH*);
END ErrorRoutine; (* $S= *) (* $T= *)


(* heap management *)
(* --------------- *)

PROCEDURE ALLOCATE(VAR adr: ADDRESS; size: CARDINAL);
  VAR
    myself: Process;
BEGIN (* -- size>0 *)
  IF ODD(size) THEN INC(size); END(*IF*); (* -- NOT ODD(size) *)
  myself:=Process(REGISTER(4));
  WITH myself^ DO (* -- NOT ODD(SPLimit),
                        (heapSize>0) --> NOT ODD(heapPointer) *)
    IF heapSize>=size THEN
      adr:=heapPointer;
      INC(heapPointer,size);
      DEC(heapSize,size);
      (* -- (heapSize>0) --> NOT ODD(heapPointer) *)
    ELSIF (REGISTER(6)-SPLimit>=minStackSize+size)
          AND (size<CARDINAL(-minStackSize)) THEN
      adr:=SPLimit;
```

```
        INC(SPLimit,size); (* -- NOT ODD(SPLimit) *)
        IF (REGISTER(4)=CARDINAL(MainProcessR4))
           AND NOT ODD(InitialStart.StackLimit) THEN
          INC(InitialStart.StackLimit);
            (* inhibit further overlays
            ('MEPDP11.InitialStart.StackLimit' is used
            in 'MELoader' instead of 'Loader.FirstFree') *)
        END(*IF*);
       ELSE
        Raise(StorageError);
      END(*IF*);
      (* -- NOT ODD(SPLimit), (heapSize>0) --> NOT ODD(heapPointer) *)
    END(*WITH*);
  END ALLOCATE;


  PROCEDURE NewHeap(VAR x: ARRAY OF WORD);
    VAR
      myself: Process;
  BEGIN
    myself:=Process(REGISTER(4));
    WITH myself^ DO
      heapPointer:=ADR(x);
      heapSize:=SIZE(x); (* -- heapSize>0 *)
      IF ODD(heapPointer) THEN
        INC(heapPointer);
        DEC(heapSize); (* -- heapSize>=0 *)
      END(*IF*);
      (* -- (heapSize>0) --> NOT ODD(heapPointer) *)
    END(*WITH*);
  END NewHeap;


  VAR
    FatalRaise: RaiseProcType;

  BEGIN (* body *)
    FatalRaise:=MEPDP11.Raise; MEPDP11.Raise:=Raise;
    MEDispatching.raiseAsynchronous:=RaiseAsynchronous;
  END MEExceptions.
```

```
(* MODEB V2: PDP-11 version      6-Sep-84 File: MEOBJE.DEF *)
(*    G. Maier                                               *)
(*    Institut fuer Automatik und Industrielle Elektronik    *)
(*    Eidgenoessische Technische Hochschule                  *)
(*    CH-8092 Zuerich (Switzerland)                          *)
DEFINITION MODULE MEObjectManagement;

(*-----------------------------------------*)
(*                                         *)
(*  Object management procedures (S-level) *)
(*                                         *)
(*-----------------------------------------*)

FROM SYSTEM IMPORT ADDRESS;
FROM MESystemTypes IMPORT
  ExceptionType;
FROM MEDispatching IMPORT
  List, DeleteProcedure, AccessRightElement;

EXPORT QUALIFIED
  GetKey,
  CreateObjectListHead, InsertSynchDesc,
  InsertAccessRight, RemoveAccessRight,
  AbortWaitingProcesses, AbortOwnerProcess;


PROCEDURE GetKey(VAR key: CARDINAL);
  (* returns a unique key (used to mark different types of
  synchronization descriptors). *)

PROCEDURE CreateObjectListHead;
  (* allocates an object list head to the running process
  (if there is not already one). *)

PROCEDURE InsertSynchDesc(obj: ADDRESS; p: DeleteProcedure);
  (* inserts the synchronization descriptor identified by
  'obj' into the object list. When the currently valid frame
  is terminated, 'p(obj)' is called to delete the descriptor. *)

PROCEDURE InsertAccessRight(VAR a: AccessRightElement);
  (* inserts the access right element 'a' into the object
  list of the process 'a.ownerOfAccessRight'. *)

PROCEDURE RemoveAccessRight(VAR a: AccessRightElement);
  (* removes the access right element 'a' from the object
  list and assigns 'NIL' to 'a.ownerOfAccessRight'. *)

PROCEDURE AbortWaitingProcesses(VAR blockedList: List;
                                    e: ExceptionType);
  (* raises the exception 'e' in all processes waiting in the
  process list 'blockedList'. *)

PROCEDURE AbortOwnerProcess(VAR a: AccessRightElement;
                                e: ExceptionType);
  (* raises the exception 'e' in the process identified by
  'a.ownerOfAccessRight' (if not equal to 'NIL'). *)

END MEObjectManagement.
```

```
(* MODEB V2: PDP-11 version      6-Sep-84 File: MEOBJE.MOD *)
(*    G. Maier                                              *)
(*    Institut fuer Automatik und Industrielle Elektronik   *)
(*    Eidgenoessische Technische Hochschule                 *)
(*    CH-8092 Zuerich (Switzerland)                         *)
IMPLEMENTATION MODULE MEObjectManagement; (* $T- *) (* $S- *)

(*------------------------------------------*)
(*                                          *)
(*  Object management procedures (S-level)  *)
(*                                          *)
(*------------------------------------------*)

FROM SYSTEM IMPORT
  REGISTER, ADR, ADDRESS, LISTEN;
FROM MEPDP11 IMPORT
  firstDescriptorKey;
FROM MEDispatching IMPORT
  runningProcess, raiseAsynchronous, Empty, Remove, Process,
  List, DeleteProcedure,
  AccessRightElement, AccessRightPointer, SynchDescPointer,
  SynchDescElement, ObjectListPointer, ObjectListHead;
FROM MEExceptions IMPORT
  ExceptionType, Raise, ALLOCATE, NewHeap;


VAR
  lastUsedKey: CARDINAL;

PROCEDURE GetKey(VAR k: CARDINAL);
  (* returns a key 'k' (<>0) to mark the validity of the
  synchronization descriptors of a specific type *)
BEGIN
  INC(lastUsedKey,2); k:=lastUsedKey;
END GetKey;


PROCEDURE CreateObjectListHead;
  VAR
    newObj: ObjectListPointer;
BEGIN
  IF runningProcess<>Process(REGISTER(4)) THEN
    Raise(ZLevelError);
  END(*IF*);
  WITH runningProcess^ DO
    IF objects=NIL THEN
      NEW(newObj); (* new object list head *)
      WITH newObj^ DO
        processList:=NIL;
        synchDescList:=NIL;
        accessRightList.next:=ADR(accessRightList);
        accessRightList.back:=ADR(accessRightList);
      END(*WITH*);
      objects:=newObj;
    END(*IF*);
  END(*WITH*); (* -- runningProcess^.objects<>NIL *)
END CreateObjectListHead;

```

```
PROCEDURE InsertSynchDesc(obj: ADDRESS; p: DeleteProcedure);
  VAR
    newEl: SynchDescPointer;
BEGIN
  CreateObjectListHead;
    (* ensures that an object list head exists *)
  NEW(newEl);
  WITH newEl^ DO
    object:=obj; deleteProc:=p;
    WITH runningProcess^.objects^ DO
      link:=synchDescList;
      synchDescList:=newEl;
    END(*WITH*);
  END(*WITH*);
END InsertSynchDesc;


PROCEDURE InsertAccessRight(VAR a: AccessRightElement);
BEGIN (* -- a.ownerOfAccessRight<>NIL,
            a.ownerOfAccessRight^.objects<>NIL *)
  WITH a DO
    WITH ownerOfAccessRight^ DO
      correspondingFrame:=frame;
      WITH objects^ DO
        accEl.next:=accessRightList.next;
        accEl.back:=accessRightList.next^.accEl.back;
        accessRightList.next:=ADR(a);
        accEl.next^.accEl.back:=ADR(a);
      END(*WITH*);
    END(*WITH*);
  END(*WITH*);
END InsertAccessRight;


PROCEDURE RemoveAccessRight(VAR a: AccessRightElement);
BEGIN (* -- a.ownerOfAccessRight<>NIL *)
  WITH a DO
    accEl.back^.accEl.next:=accEl.next;
    accEl.next^.accEl.back:=accEl.back;
    ownerOfAccessRight:=NIL;
  END(*WITH*);
END RemoveAccessRight; (* -- a.ownerOfAccessRight=NIL *)


MODULE NotInterruptible[7];
  IMPORT Process, raiseAsynchronous, List,
    ExceptionType, RemoveAccessRight, LISTEN, AccessRightElement;
  EXPORT AbortWaitingProcesses, AbortOwnerProcess;

PROCEDURE AbortWaitingProcesses(VAR blockedList: List;
                                e: ExceptionType);
BEGIN
  WHILE blockedList.next^.el.next<>blockedList.next DO
    (* -- NOT Empty(blockedList) *)
    raiseAsynchronous(blockedList.next,blockedList.next^.frame,e);
    LISTEN; (* allow interrupts *)
  END(*WHILE*);
```

```
END AbortWaitingProcesses; (* -- Empty(blockedList) *)

PROCEDURE AbortOwnerProcess(VAR a: AccessRightElement;
                                                   e: ExceptionType);
  VAR
    p: Process;
BEGIN
  p:=a.ownerOfAccessRight;
  IF p<>NIL THEN
    RemoveAccessRight(a);
    raiseAsynchronous(p,a.correspondingFrame,e);
  END(*IF*);
  (* -- a.ownerOfAccessRight=NIL *)
END AbortOwnerProcess; (* -- a.ownerOfAccessRight=NIL *)

END NotInterruptible;

VAR
  space: ObjectListHead;

BEGIN (* body *)
  lastUsedKey:=firstDescriptorKey;
  NewHeap(space); CreateObjectListHead;
END MEObjectManagement.
```

```
(* MODEB V2: PDP-11 version      6-Sep-84 File: MEKLEV.DEF *)
(*    G. Maier                                              *)
(*    Institut fuer Automatik und Industrielle Elektronik   *)
(*    Eidgenoessische Technische Hochschule                 *)
(*    CH-8092 Zuerich (Switzerland)                         *)
DEFINITION MODULE MEKLevel;

(*-----------------------------------*)
(*                                   *)
(*  Process management (K-level) and *)
(*  interrupt handling (K/Z-level)   *)
(*                                   *)
(*-----------------------------------*)

FROM SYSTEM IMPORT
  ADDRESS;
FROM MEPDP11 IMPORT
  waitIntAdr;
IMPORT MEDispatching, MEExceptions;

EXPORT QUALIFIED
  maxPrio, Priority, Process, StartProcess, ChangePrio,
  busPrio4, busPrio5, busPrio6, busPrio7,
  EnterInterruptState, WaitInterrupt;



(* process management *)
(* ------------------ *)

CONST
  maxPrio = MEDispatching.maxPrio; (* 5 *)

TYPE
  Priority = [1..maxPrio];
  Process = MEExceptions.Process;

PROCEDURE StartProcess(code: PROC; wspSize: CARDINAL;
                       prio: Priority; VAR pId: Process);
  (* creates and starts a new process (on the K-level).
  Its code is determined by the procedure parameter 'code'
  and it gets a work space of 'wspSize' bytes and the priority
  'prio'. The identification of the created processe is assigned
  to 'pId'. *)

PROCEDURE ChangePrio(pId: Process; newPrio: Priority);
  (* changes the priority of the process identified by 'pId'
  to the new value 'newPrio'. *)



(* interrupt handling *)
(* ------------------ *)

CONST
  busPrio4 = 200B; busPrio5 = 240B; (* processor priority for *)
  busPrio6 = 300B; busPrio7 = 340B; (* interrupt routines *)
```

```
PROCEDURE EnterInterruptState(vecAdr, busPrio, csAdr: ADDRESS;
                                        stopCmd: BITSET);
  (* converts the state of the calling K-level process to
  an interrupt routine (Z-level process) which is no more
  scheduled by the MODEB kernel, but by the interrupt mechanism,
  if 'WaitInterrupt' is called to wait for the next interrupt
  on the vector specified by 'vecAdr'. The processor priority
  'busPrio' must be high enough to inhibit interrupts on the
  same vector while the interrupt routine is running.
  In case of an exception, the Z-level process is automatically
  converted back to a K-level process. Therefore the object
  management must be able to inhibit further interrupts by
  executing the statement 'csAdr^:=stopCmd'.

  Attention: Refer to the "MODEB User Guide" for restrictions
             using this interrupt handling facility! *)

VAR
  WaitInterrupt[waitIntAdr]: PROC;
    (* identical to 'MEPDP11.WaitInterrupt' *)

END MEKLevel.
```

```
(* MODEB V2: PDP-11 version       3-Aug-84 File: MEKLEV.MOD *)
(*    G. Maier                                                *)
(*    Institut fuer Automatik und Industrielle Elektronik    *)
(*    Eidgenoessische Technische Hochschule                   *)
(*    CH-8092 Zuerich (Switzerland)                           *)
IMPLEMENTATION MODULE MEKLevel; (* $S- *) (* $T- *)

(*-----------------------------------*)
(*                                   *)
(*  Process management (K-level) and *)
(*  interrupt handling (K/Z-level)   *)
(*                                   *)
(*-----------------------------------*)

IMPORT MEDispatching;
FROM SYSTEM IMPORT
  ADDRESS, WORD, PROCESS, ADR, TSIZE, REGISTER, NEWPROCESS;
FROM MEPDP11 IMPORT
  processDescSize, minStackSize,
  StructureOfPROCESS, InterruptEntry,
  Transfer, runningProcessAdr, interruptedProcessIdent;
FROM MEDispatching IMPORT
  ProcessDescriptor, ProcessState,
  InterruptDescriptor, List, Insert, Remove, Withdraw,
  Ready, ConvertToInterrupt, runningProcess, readyList,
  ObjectListPointer, ObjectListHead, ticksSinceLastProcessSwitch;
FROM MEExceptions IMPORT
  ExceptionType, Raise, ALLOCATE;
FROM MEObjectManagement IMPORT
  CreateObjectListHead;


PROCEDURE StartProcess(code: PROC; wspSize: CARDINAL;
                            pr: Priority; VAR id: Process);
  CONST
    minWspSize = processDescSize
                +24(* Dykstra display, saved PC/DL *)
                +minStackSize;
  VAR
    adr: ADDRESS;
    pId: MEDispatching.Process;
    newContext: RECORD CASE CARDINAL OF
                   1: p: PROCESS;
                  |2: struc: StructureOfPROCESS;
                END; END;
BEGIN
  CreateObjectListHead;
  IF ODD(wspSize) THEN DEC(wspSize) END(*IF*);
  IF (pr<1) OR (pr>maxPrio) OR (wspSize<minWspSize) THEN
    Raise(IndexOutOfRange);
  END(*IF*);
  ALLOCATE(adr,wspSize); (* process descriptor and work space *)
  NEWPROCESS(code,adr,wspSize,newContext.p);
  pId:=newContext.struc^.R4;
  id:=Process(pId);
  WITH pId^ DO
    process:=newContext.p;
    prio:=pr;
```

```
    state:=undefined;
    el.next:=NIL; el.back:=NIL;
    heapPointer:=0; heapSize:=0;
    frame:=runningProcess^.frame;
    frameList:=frame;
    eCode:=NormalReturn;
    oldECode:=NormalReturn;
    objects:=NIL;
    WITH runningProcess^.objects^ DO
      brother:=processList;
      processList:=pId;
    END(*WITH*);
  END(*WITH*);
  (* -- pId^.state=undefined, pId^.el.next=NIL *)
  CallReady(pId);
END StartProcess;

MODULE NotInterruptible[7];

  IMPORT MEDispatching, ALLOCATE, ADDRESS, REGISTER, WORD,
    runningProcess, ProcessDescriptor, InterruptDescriptor,
    interruptedProcessIdent, runningProcessAdr, Transfer,
    readyList, Priority, maxPrio, Insert, Remove,
    Withdraw, ticksSinceLastProcessSwitch,
    ProcessState, Process, ADR,
    List, InterruptEntry, ConvertToInterrupt, Ready,
    WaitInterrupt, Raise, ExceptionType;
  EXPORT CallReady, ChangePrio, EnterInterruptState;

PROCEDURE CallReady(p: MEDispatching.Process);
BEGIN
  Ready(p);
END CallReady;


PROCEDURE ChangePrio(id: Process; newPrio: Priority);
  VAR
    oldPrio, priority: Priority;
    pId: MEDispatching.Process;
    listPointer: POINTER TO List;
BEGIN
  IF (newPrio<1) OR (newPrio>maxPrio) THEN
    Raise(IndexOutOfRange);
  END(*IF*);
  pId:=MEDispatching.Process(id);
  WITH pId^ DO
    IF prio<>newPrio THEN
      oldPrio:=prio;
      prio:=newPrio;
      IF pId=runningProcess THEN
        FOR priority:=oldPrio TO newPrio+1 BY -1 DO
          listPointer:=ADR(readyList[priority]);
          IF listPointer^.next^.el.next<>listPointer^.next THEN
            (* -- NOT Empty(readyList[priority]) *)
            Insert(pId,readyList[newPrio]);
            Remove(runningProcess,listPointer^);
            ticksSinceLastProcessSwitch:=0;
            IF interruptedProcessIdent=runningProcessAdr THEN
```

```
                Transfer;
              END(*IF*);
            END(*IF*);
          END(*FOR*);
        ELSIF state=readyRunning THEN
          (* -- pId<>runningProcess *)
          Withdraw(pId); (* remove it from ready-list *)
          Ready(pId);
        END(*IF*);
      END(*IF*);
    END(*WITH*);
  END ChangePrio;


  PROCEDURE EnterInterruptState(vecAdr, busPrio, csA: ADDRESS;
                                              stopCmd: BITSET);
    VAR
      psPoint: POINTER TO ADDRESS;
      dummy: WORD;
  BEGIN
    IF runningProcess<>MEDispatching.Process(REGISTER(4)) THEN
      Raise(ZLevelError);
    ELSIF (BITSET(vecAdr)*{1,0}<>{}) OR (vecAdr>=400B) THEN
      Raise(IndexOutOfRange);
    END(*IF*);
    dummy:=csA^; (* would raise 'TrapTo4', if 'csA' is illegal *)
    psPoint:=ADDRESS(REGISTER(6)); (* points to the saved status *)
    psPoint^:=busPrio; (* new status word *)
    WITH runningProcess^ DO
      NEW(interruptId);
      WITH interruptId^ DO
        jsrR2:=004237B;            (* JSR  R2,@InterruptEntry *)
        intEntry:=InterruptEntry;
        pId:=runningProcess;
        csAdr:=csA; stopCommand:=stopCmd;
        vectorId:=vecAdr;
        vectorId^.PC:=PROC(interruptId);
      END(*WITH*);
    END(*WITH*);
    ConvertToInterrupt;
  END EnterInterruptState;

  END NotInterruptible;

  END MEKLevel.
```

```
(* MODEB V2: PDP-11 version      6-Sep-84 File: MECLOC.DEF *)
(*    G. Maier                                              *)
(*    Institut fuer Automatik und Industrielle Elektronik   *)
(*    Eidgenoessische Technische Hochschule                 *)
(*    CH-8092 Zuerich (Switzerland)                         *)
DEFINITION MODULE MEClock;

(* ------------------ *)
(*                    *)
(*  Clock operations  *)
(*                    *)
(* ------------------ *)

EXPORT QUALIFIED
  TimeRecord, ticksPerSecond, timeShareIntervall,
  Ticks, Wait, Delay;


TYPE
  TimeRecord = (* used to represent the time (32 bit CARDINAL) *)
    RECORD
      low, high: CARDINAL;
    END;

VAR
  ticksPerSecond: CARDINAL;     (* normally: 50 Hz *)
  timeShareIntervall: CARDINAL;
    (* default: 5, set by the command interpreter *)


PROCEDURE Ticks(VAR t: TimeRecord);
  (* returns the system time in ticks since MODEB start *)

PROCEDURE Wait(VAR finalTime: TimeRecord);
  (* delays the calling process until the specified time
  has been reached. *)

PROCEDURE Delay(ticks: CARDINAL);
  (* delays the calling process by 'ticks' clock ticks
  (uses 'Wait') *)

END MEClock.
```

```
(* MODEB V2: PDP-11 version      6-Sep-84 File: MECLOC.MOD *)
(*    G. Maier                                              *)
(*    Institut fuer Automatik und Industrielle Elektronik   *)
(*    Eidgenoessische Technische Hochschule                 *)
(*    CH-8092 Zuerich (Switzerland)                         *)
IMPLEMENTATION MODULE MEClock; (* $S- *) (* $T- *)

(* ----------------- *)
(*                   *)
(*  Clock operations *)
(*                   *)
(* ----------------- *)

IMPORT MEKLevel;
FROM SYSTEM IMPORT
  ADR, REGISTER;
FROM MEDispatching IMPORT
  Process, ProcessDescriptor,
  List, Empty, Remove, Insert, Withdraw,
  clockList, lowTicks, highTicks, ticksSinceLastProcessSwitch,
  Ready, Block, readyList, runningProcess;
FROM MEExceptions IMPORT
  NewHeap;
FROM MEKLevel IMPORT
  StartProcess, EnterInterruptState, WaitInterrupt, busPrio7;


CONST
  perSecond = 50;
  wspSize = 210; (* bytes *)
  clockVec = 100B;
  clockStatusAdr = 177546B;

VAR
  listHead: Process;
    (* points to the conceptual process descriptor
    which contains the head of the clock list *)
  clock: MEKLevel.Process;
  heapSpace: ARRAY [0..wspSize-1] OF CHAR;


MODULE NotInterruptible[7];
  IMPORT
    TimeRecord, REGISTER, listHead,
    Process, clockList, lowTicks, highTicks, Block;
  EXPORT Ticks, Wait;

  PROCEDURE Ticks(VAR t: TimeRecord);
  BEGIN
    t.low:=lowTicks; t.high:=highTicks;
  END Ticks;

  PROCEDURE Wait(VAR f: TimeRecord);
    VAR
      p: Process;
  BEGIN
    IF (f.low>lowTicks) AND (f.high=highTicks) OR (f.high>highTicks)
     THEN (* specified time has not yet been reached *)
```

```
        p:=Process(REGISTER(4));
        WITH p^ DO
          low:=f.low; high:=f.high;
        END(*WITH*);
        p:=listHead;
        LOOP (* search the appropriate entry in the clock list *)
          p:=p^.el.back; (* go backwards *)
          IF p=listHead THEN
            EXIT (* insert 'p' at the head of the list *)
          END(*IF*);
          WITH p^ DO
            IF (low<=f.low) AND (high=f.high) OR (high<f.high) THEN
              EXIT; (* go to insert the running process behind 'p' *)
            END(*IF*);
            (* skip elements with a higher time *)
          END(*WITH*);
        END(*LOOP*);
        Block(p^.el); (* insert the running process behind 'p' *)
      END(*IF*);
    END Wait;

END NotInterruptible;


PROCEDURE Delay(ticks: CARDINAL);
  VAR
    t: TimeRecord;
BEGIN
  Ticks(t);
  INC(t.low,ticks); IF t.low<ticks THEN INC(t.nigh); END;
  Wait(t);
END Delay;


PROCEDURE ClockProcess;
  VAR
    p: Process;
    cs[clockStatusAdr]: BITSET;
    listPointer: POINTER TO List;
BEGIN
  EnterInterruptState(clockVec,busPrio7,clockStatusAdr,{});
  cs:={6}; (* interrupt enable *)
  LOOP
    WaitInterrupt;
    INC(lowTicks);
    IF lowTicks=0 THEN INC(highTicks); END(*IF*);
    INC(ticksSinceLastProcessSwitch);

    (* any processe to be removed from the clock list ? *)
    LOOP
      WITH clockList.next^ DO
        IF el.next=clockList.next THEN
          (* -- Empty(clockList) *)
          EXIT;
        ELSIF (low=lowTicks) AND (high=highTicks) THEN
          (* remove first element of the clock list *)
          p:=clockList.next; Withdraw(p);
          Ready(p);
```

```
         ELSE
          (* -- final time of first element not yet reached *)
          EXIT;
        END(*IF*);
      END(*WITH*);
    END(*LOOP*);

    (* time sharing *)
    IF ticksSinceLastProcessSwitch>timeShareIntervall THEN
      listPointer:=ADR(readyList[runningProcess^.prio]);
      IF listPointer^.next^.el.next<>listPointer^.next THEN
        (* -- NOT Empty(listPointer^) *)
        Insert(runningProcess,listPointer^);
        Remove(runningProcess,listPointer^);
        ticksSinceLastProcessSwitch:=0;
      END(*IF*);
    END(*IF*);
  END(*LOOP*);
END ClockProcess;

BEGIN (* body *)
  ticksPerSecond:=perSecond;
  listHead:=clockList.next^.el.back;
    (* points to the conceptual head of the clock list *)
  NewHeap(heapSpace);
  StartProcess(ClockProcess,wspSize,2,clock);
END MEClock.
```

```
(* MODEB V2: PDP-11 version      30-Jul-84 File: MEREGI.DEF *)
(*    G. Maier                                              *)
(*    Institut fuer Automatik und Industrielle Elektronik   *)
(*    Eidgenoessische Technische Hochschule                 *)
(*    CH-8092 Zuerich (Switzerland)                         *)
DEFINITION MODULE MERegions;

(*-----------------------------*)
(*                             *)
(*  Critical regions (K-level) *)
(*                             *)
(*-----------------------------*)

EXPORT QUALIFIED
  Region, CreateRegion, Enter, Exit;


TYPE
  Region; (* hidden *)

PROCEDURE CreateRegion(checkConsistency: PROC; VAR r: Region);
  (* initiates a new region descriptor and assigns its
  identification to 'r'.
  The procedure 'checkConsistency' is automatically executed
  before a process enters the critical region, if the access
  right to the region has previously been automatically
  returned because of an exception. *)


PROCEDURE Enter(r: Region);
  (* gets the access right to the critical region protected by 'r'.
  The calling processes is delayed, until the region is free. *)

PROCEDURE Exit(r: Region);
  (* returns the access right to the critical region protected
  by 'r' to allow other processes to enter the region. *)

END MERegions.
```

```
(* MODEB V2: PDP-11 version      6-Sep-84 File: MEREGI.MOD *)
(*    G. Maier                                              *)
(*    Institut fuer Automatik und Industrielle Elektronik   *)
(*    Eidgenoessische Technische Hochschule                 *)
(*    CH-8092 Zuerich (Switzerland)                         *)
IMPLEMENTATION MODULE MERegions; (* $T- *) (* $S- *)

(*------------------------------*)
(*                              *)
(*  Critical regions (K-level)  *)
(*                              *)
(*------------------------------*)

FROM SYSTEM IMPORT
  REGISTER;
FROM MEDispatching IMPORT
  Init, Empty, Remove, List, Ready, Block,
  Process, ProcessDescriptor,
  AccessRightElement, DeleteProcedure;
FROM MEObjectManagement IMPORT
  CreateObjectListHead, InsertSynchDesc,
  InsertAccessRight, RemoveAccessRight,
  GetKey, AbortWaitingProcesses, AbortOwnerProcess;
FROM MEExceptions IMPORT
  ExceptionType, Raise, ALLOCATE;


TYPE
  RegionDescriptor = RECORD
                       key: CARDINAL;
                       consistent: BOOLEAN;
                       blockedList: List;
                       accRight: AccessRightElement;
                       checkConsistency: PROC;
                     END;
  Region = POINTER TO RegionDescriptor;

VAR
  regionKey: CARDINAL;


PROCEDURE CreateRegion(checkProc: PROC; VAR r: Region);
BEGIN
  NEW(r);
  WITH r^ DO
    (* init descriptor *)
    key:=0; (* region not yet valid *)
    consistent:=TRUE;
    Init(blockedList); (* no waiting process *)
    checkConsistency:=checkProc;
    (* object management *)
    WITH accRight DO
      ownerOfAccessRight:=NIL; (* region is free *)
      object:=r;
      deleteProc:=DeleteProcedure(ExceptionExit);
    END(*WITH*);
    InsertSynchDesc(r,DeleteProcedure(DeleteRegion));
    key:=regionKey; (* region is now valid *)
```

```
    END(*WITH*);
  END CreateRegion;


  PROCEDURE Enter(r: Region);
  BEGIN
    IF r^.accRight.ownerOfAccessRight=Process(REGISTER(4)) THEN
      HALT;
    END(*IF*);
    CreateObjectListHead;
    GetAccessRight(r);
    WITH r^ DO
      IF NOT consistent THEN
        checkConsistency;
        consistent:=TRUE;
      END(*IF*);
    END(*WITH*);
  END Enter;


  PROCEDURE DeleteRegion(r: Region);
  BEGIN
    WITH r^ DO
      key:=0; (* region is no more valid now *)
      AbortOwnerProcess(accRight,AccessFailure);
      AbortWaitingProcesses(blockedList,SynchFailure);
    END(*WITH*);
  END DeleteRegion;


  MODULE NotInterruptible[7];
    IMPORT
      Region, regionKey, ExceptionType, Raise, REGISTER, Process,
      AccessRightElement, RemoveAccessRight, InsertAccessRight,
      Block, Ready, List, Empty, Remove;
    EXPORT
      GetAccessRight, Exit;


  PROCEDURE GetAccessRight(r: Region);
  BEGIN
    WITH r^ DO
      IF key<>regionKey THEN Raise(SynchFailure); END(*IF*);
      WITH accRight DO
        IF ownerOfAccessRight=NIL THEN
          (* critical region is free *)
          ownerOfAccessRight:=Process(REGISTER(4));
          InsertAccessRight(accRight);
         ELSE
          (* critical region is occupied *)
          Block(blockedList);
        END(*IF*);
      END(*WITH*);
    END(*WITH*);
  END GetAccessRight;


  PROCEDURE Exit(r: Region);
```

```
BEGIN (* -- accRight.ownerOfAccessRight<>NIL *)
  WITH r^ DO
    IF key<>regionKey THEN Raise(SynchFailure); END(*IF*);
    IF accRight.ownerOfAccessRight<>Process(REGISTER(4)) THEN
      HALT
    END(*IF*);
    RemoveAccessRight(accRight);
    IF blockedList.next^.el.next<>blockedList.next THEN
      (* -- NOT Empty(blockedList) *)
      Remove(accRight.ownerOfAccessRight,blockedList);
      InsertAccessRight(accRight);
      Ready(accRight.ownerOfAccessRight);
    END(*IF*);
    (* -- (accRight.ownerOfAccessRight<>NIL) OR Empty(blockedList) *)
  END(*WITH*);
END Exit;

END NotInterruptible;


PROCEDURE ExceptionExit(r: Region);
BEGIN
  WITH r^ DO (* -- accRight.ownerOfAccessRight<>NIL *)
    RemoveAccessRight(accRight);
    consistent:=FALSE;
    IF (key=regionKey) AND
       (blockedList.next^.el.next<>blockedList.next) THEN
      (* -- NOT Empty(blockedList) *)
      Remove(accRight.ownerOfAccessRight,blockedList);
      InsertAccessRight(accRight);
      Ready(accRight.ownerOfAccessRight);
    END(*IF*);
    (* -- (key<>regionKey) OR
          (accRight.ownerOfAccessRight<>NIL) OR Empty(blockedList) *)
  END(*WITH*);
END ExceptionExit;

BEGIN
  GetKey(regionKey);
END MERegions.
```

RK1:C.LST cross references (7456 lines)

```
      M: MODULE head                      T: TYPE declaration
      I: IMPORT list                      C: constant declaration
      X: EXPORT list                      V: VAR declaration or
      P: PROCEDURE head                      actual parameter list
      E: END of a MODULE or a PROCEDURE   F: (tag) field declaration

a                         5040 V  5044 V  5053 V  5377 V  5380    5386    5387
                          5394 V  5396    5419 V  5424    5426    5427
Aborted                   1028 C  4472    4565
AbortOwnerProcess         5024 X  5053 P  5407 X  5419 P  5430 E  8323 I  8383
AbortWaitingProcesse      5024 X  5048 P  5407 X  5409 P  5417 E  8323 I  8384
accEl                     3141 F  5384    5385    5385    5387    5387    5397
                          5397    5397    5398    5398    5398
AccessFailure             1029 C  8383
AccessRightElement        3027 X  3134    3139 T  4329 I  5018 I  5040    5044
                          5053    5321 I  5377    5394    5406 I  5419    8319 I
                          8333    8392 I
accessRightList           3156 F  4460    5351    5351    5352    5352    5384
                          5385    5386
AccessRightListEleme      3027 X  3135 T  3141    3156    4329 I  4492 I  4498
AccessRightPointer        3027 X  3134 T  3137    3154    4329 I  5321 I
accRight                  8333 F  8352    8365    8383    8402    8406    8420
                          8423    8426    8427    8428    8440    8445    8446
                          8447
ADDRESS                   2021 I  2049    2058    2060    2063    2068    2096
                          2104    2115    2134    2135    2137    2138    2308 I
                          2310    3016 I  3059    3076    3081    3085    3098
                          3124    3129    3142    3315 I  3450    3455    4016 I
                          4051    4317 I  4358    4396    4397    4417    4418
                          4494 I  4518    4521    4584    4633    5014 I  5035
                          5315 I  5360    6016 I  6059    6317 I  6340    6378 I
                          6431    6434    6443
adr                       4051 V  4633 V  4642    4648    6340 V  6352    6353
ADR                       3315 I  3328    3432    3455    3461    4317 I  4421
                          4492 I  4500    4671    5315 I  5351    5352    5386
                          5387    6317 I  6383 I  6410    7316 I  7426
ALLOCATE                  4021 X  4051 P  4633 P  4662 E  5324 I  6328 I  6352
                          6378 I  8325 I
aRL                       4498 V  4500    4500    4502
Assign                    3402    3414    3421    3424 P  3445 E
back                      3050 F  3137 F  3329    3336    3336    3337    3343
                          3345    3345    3345    3346    3354    3354    3354
                          3355    3459    5352    5385    5385    5387    5397
                          5398    5398    6360    7365    7439
BadSPvalue                1022 C
BITSET                    3062    3063    6060    6432    6439    7396
Block                     3030 X  3177 P  3407 P  3415 E  7321 I  7345 I  7376
                          8317 I  8393 I  8409
blocked                   3049 C  3392    3412    4587
blockedList               3407 V  3413    5048 V  5409 V  5412    5412    5414
                          5414    8332 F  8349    8384    8409    8424    8424
                          8426    8443    8443    8445
BOOLEAN                   3169    3360    8331
brother                   3090 F  3463    4478    6368
busPrio                   6059 V  6431 V  6444
```

busPrio4	6023 X	6056 C					
busPrio5	6023 X	6056 C					
busPrio6	6023 X	6057 C					
busPrio7	6023 X	6057 C	7325 I	7399			
c	3428 F	3439					
Call	4020 X	4029 P	4342 P	4400 E			
CallReady	6373	6386 X	6388 P	6391 E			
CARDINAL	2049	2053	2059 F	3072 F	3082	3091 F	3096
	3110	3203	3204	3426 F	3428	4051	4356
	4412	4561	4633	4647	4650	5027	5328
	5330	6038	6333	6342 F	7022	7026	7027
	7038	7383	8330	8339			
ChangePrio	6022 X	6046 P	6386 X	6394 P	6428 E		
CHAR	7339						
checkConsistency	8021 V	8334 F	8350	8372			
checkProc	8342 V	8350					
CleanUp	4386	4433 P	4488 E				
clock	7338 V	7442					
clockList	3033 X	3202 V	3471	7320 I	7345 I	7409	7410
	7415	7439					
ClockProcess	7393 P	7435 E	7442				
clockStatusAdr	7332 C	7396	7399				
clockVec	7331 C	7399					
code	4513 V	4524	4525	4529	6038 V	6333 V	6353
consistent	8331 F	8348	8371	8373	8441		
context	3074 F	4574					
ContextType	2027 X	2066 T	2118	2119	3020 I	3115	4325 I
	4411						
ConvertToInterrupt	3030 X	3180 P	3417 P	3422 E	6325 I	6384 I	6456
CoroutineEnds	1020 C						
correspondingFrame	3146 F	5382	5427				
CreateObjectListHead	5022 X	5031 P	5338 P	5357 E	5364	5439	6330 I
	6347	8321 I	8368				
CreateRegion	8015 X	8021 P	8342 P	8360 E			
cs	7396 V	7400					
csA	6431 V	6442	6451				
csAdr	3062 F	3396	4545	4591	6059 V	6451	
CtrlCError	1030 C	4577					
currentLevel	4561 V	4566	4568	4569			
DEC	3439	4644	4675	6348			
Delay	7016 X	7038 P	7383 P	7390 E			
deleteProc	3130 F	3143 F	4464	4503	5368	8355	
DeleteProcedure	3026 X	3124 T	3130	3143	5018 I	5035	5320 I
	5360	8319 I	8355	8357			
DeleteRegion	8357	8379 P	8386 E				
DL	4358 F	4516 V	4521	4531	4531		
dlOffset	2028 X	2075 C					
dummy	3154 F	6435 V	6442				
dummyProcess	2037 X	2138 V	3319 I	3470			
dummyProcessAdr	2035 X	2128 C	2138				
e	4559 V	4565	4573	4577	4577	4578	5049 V
	5054 V	5410 V	5414	5420 V	5427		
eCode	3086 F	3462	4038 V	4043 V	4405	4527	4529
	4532	4569	4573	4612	4616	4617	6364
eDL	3085 F	4531	4534	4576			
el	3079 F	3336	3336	3336	3336	3337	3337
	3345	3345	3345	3345	3346	3346	3353
	3354	3354	3354	3354	3354	3354	3355

HALT	8366	8421					
head	3325 V	3327	3328	3333 V	3336	3337	3341 V
	3343	3345	3360 V	3362			
heapPointer	3081 F	3460	4370	4391	4642	4643	4671
	4673	4674	6361				
heapSize	3082 F	3460	4371	4392	4641	4644	4672
	4675	6361					
heapSpace	7339 V	7441					
high	3096 F	7022 F	7350	7357	7357	7361	7361
	7370	7370	7370	7370	7388	7413	
highTicks	3033 X	3203 V	3471	7320 I	7345 I	7350	7357
	7357	7404	7413				
id	3167 V	3168 V	3171 V	3178 V	3179 V	6334 V	6355
	6394 V	6403					
IllegalPointer	1021 C						
Inactivate	3030 X	3179 P	3389 P	3405 E	4332 I	4491 I	4565
	4622						
inactive	3049 C	3400	4564				
INC	3420	4417	4418	4637	4643	4649	4652
	4674	5334	7388	7388	7403	7404	7405
IndexOutOfRange	1021 C	4524	4526	6350	6401	6440	
Init	3029 X	3166 P	3325 P	3331 E	3468	3471	8317 I
	8349						
InitialStart	4324 I	4651	4652				
InputOutputError	1023 C						
Insert	3029 X	3167 P	3333 P	3339 E	3377	3384	3413
	3470	6324 I	6381 I	6413	7319 I	7429	
InsertAccessRight	5023 X	5040 P	5377 P	5391 E	8322 I	8392 I	8406
	8427	8446					
InsertSynchDesc	5022 X	5035 P	5360 P	5374 E	8321 I	8357	
intEntry	3060 F	6449					
intEntryAdr	2036 X	2131 C	2142				
InterruptDescriptor	3025 X	3057 T	3093	4331 I	6324 I	6379 I	
interruptedProcessId	2037 X	2134 V	3319 I	3380	3420	3442	6321 I
	6380 I	6416					
interruptedProcessLi	2136 V						
InterruptEntry	2038 X	2142 V	6320 I	6384 I	6449		
interruptId	3093 F	3395	4544	4590	6446	6447	6453
interruptRoutine	3049 C	3394	3419	4543	4589		
intProcessIdAdr	2035 X	2126 C	2134				
jsrR2	3059 F	6448					
k	5330 V	5334					
key	5027 V	8330 F	8347	8358	8382	8401	8419
	8442						
l	3166 V	3167 V	3168 V	3169 V	3177 V		
lastUsedKey	5328 V	5334	5334	5438			
levelToAbort	4561 V	4567	4568	4569			
link	3128 F	4465	5370				
List	3029 X	3164 T	3166	3167	3168	3169	3177
	3187	3202	3325	3333	3341	3360	3407
	3427	3439	5018 I	5048	5320 I	5405 I	5409
	6324 I	6384 I	6398	7319 I	7397	8317 I	8332
	8393 I						
ListElement	3024 X	3050 T	3079	3164			
LISTEN	4317 I	4492 I	4505	5315 I	5406 I	5415	
listHead	7335 V	7344 I	7363	7366	7439		
ListOverflow	1030 C						
listPointer	3426 V	3432	3434	3434	3436	3439	6398 V

```
returnContext            4411 V  4414    4415    4421
returnContextPointer     3115 F  4421    4618
rootFrame                3449 V  3461    3465
runningProcess           2037 X  2135 V  3031 X  3186 V  3376    3377    3377
                         3378    3401    3409    3412    3413    3419    3432
                         3436    3455    3455    3457    4332 I  4362    4365
                         4378    4420    4424    4439    4450    4450    4493 I
                         4608    4614    4622    5319 I  5342    5345    5369
                         6325 I  6362    6367    6379 I  6408    6414    6437
                         6445    6450    7321 I  7426    7429    7430
runningProcessAdr        2035 X  2127 C  2135    2136    3020 I  3186    3318 I
                         3380    3442    6321 I  6380 I  6416
SetActualContext         2034 X  2119 V  4325 I  4618
size                     4051 V  4633 V  4637    4637    4641    4643    4644
                         4646    4647    4649
SIZE                     4317 I  4672
SonProcessFailure        1028 C  4621
SP                       2068 F  4416    4417    4417    4418    4418
space                    5435 V  5439
SPLimit                  3076 F  4369    4390    4646    4648    4649
spLimOffset              2028 X  2078 C  2310
stackFrameLength         4344 C  4397
StackLimit               4651    4652
StackOverflow            1021 C
StartProcess             6022 X  6038 P  6333 P  6374 E  7325 I  7442
state                    3078 F  3375    3392    3392    3394    3400    3412
                         3419    3458    4543    4564    4587    4589    6359
                         6421
stopCmd                  6060 V  6432 V  6451
stopCommand              3063 F  3396    4545    4591    6451
StorageError             1023 C  4658
struc                    6344 F  6354
StructureOfPROCESS       2027 X  2056 T  3020 I  3074    4324 I  6320 I  6344
SynchDescElement         3026 X  3125    3126 T  4328 I  5322 I
synchDescList            3153 F  4462    4463    4465    5350    5370    5371
SynchDescPointer         3026 X  3125 T  3128    3153    4328 I  5321 I  5362
SynchFailure             1029 C  8384    8401    8419
synchInfo                3098 F
SYSTEM                   2020 I  2307 I  3015 I  3315 I  4016 I  4316 I  5014 I
                         5314 I  6015 I  6316 I  7315 I  8314 I
t                        7031 V  7348 V  7350    7350    7385 V  7387    7388
                         7388    7388    7389
ticks                    7038 V  7383 V  7388    7388
Ticks                    7016 X  7031 P  7346 X  7348 P  7351 E  7387
ticksPerSecond           7015 X  7026 V  7438
ticksSinceLastProces     3033 X  3204 V  3379    3441    6326 I  6382 I  6415
                         7320 I  7405    7425    7431
TimeOut                  1029 C  4577
TimeRecord               7015 X  7020 T  7031    7034    7344 I  7348    7353
                         7385
timeShareIntervall       7015 X  7027 V  7425
Transfer                 2038 X  2140 V  3319 I  3381    3443    6321 I  6380 I
                         6417
transferAdr              2036 X  2129 C  2140
TrapTo10                 1020 C
TrapTo4                  1020 C
TRUE                     8348    8373
TSIZE                    3315 I  3439    6317 I
```

undefined	3049 C	6359					
UserSignal	1024 C						
useStackSpace	4412 V						
vecAdr	6059 V	6431 V	6439	6439	6452		
Vector	2027 X	2051 T	3020 I	3064			
vectorId	3064 F	3397	4546	4592	6452	6453	
Wait	7016 X	7034 P	7346 X	7353 P	7378 E	7389	
waitIntAdr	2036 X	2130 C	2141	6018 I	6077		
WaitInterrupt	2038 X	2141 V	4324 I	4495 I	4549	6024 X	6077 V
	6385 I	7325 I	7402				
Withdraw	3029 X	3171 P	3350 P	3358 E	3393	4330 I	4493 I
	4588	6324 I	6382 I	6423	7319 I	7415	
WORD	2021 I	4016 I	4055	4317 I	4665	6317 I	6378 I
	6435						
WrongFormat	1039 C						
WrongLoadKey	1039 C						
wspSize	6038 V	6333 V	6348	6348	6349	6352	6353
	7330 C	7339	7442				
x	4055 V	4665 V	4671	4672			
ZLevelError	1030 C	3410	4363	4425	5343	6438	

Total 2223 references

Anhang D: MODEB V2 Multiprozessorversion

Line number:	Module:
1001 - 1209	MUDISP.DEF
1301 - 1663	MUDISP.MOD
2001 - 2047	MUEXCE.DEF
2301 - 2609	MUEXCE.MOD
3001 - 3053	MUOBJE.DEF
3301 - 3440	MUOBJE.MOD
4001 - 4040	MUKLEV.DEF
4301 - 4374	MUKLEV.MOD
5001 - 5038	MUREGI.DEF
5301 - 5454	MUREGI.MOD

(1427 lines)

```
(* MODEB V2: multi processor version  5-Sep-84 File: MUDISP.DEF *)
(*    G. Maier                                                  *)
(*    Institut fuer Automatik und Industrielle Elektronik       *)
(*    Eidgenoessische Technische Hochschule                     *)
(*    CH-8092 Zuerich (Switzerland)                             *)
DEFINITION MODULE MUDispatching;

(*-------------------------------------------------------------*)
(*                                                             *)
(*  Data structures, basic synchronization (Z-level),          *)
(*  context manipulation (Z-level), list management (Z-level), *)
(*  and dispatcher operations (S-level)                        *)
(*                                                             *)
(*-------------------------------------------------------------*)

FROM SYSTEM IMPORT
  ADDRESS, WORD;

EXPORT QUALIFIED
  Process, ExceptionPointer, ObjectListPointer,
  maxPrio, Priority, ProcessState, ListElement, ExceptionType,
  LockVariable, LockPointer, ContextType,
  ProcessDescriptor, ExceptionDescriptor,
  DeleteProcedure, SynchDescPointer, SynchDescElement,
  AccessRightPointer, AccessRightListElement, AccessRightElement,
  ObjectListHead,
  Lock, Unlock, IndLockOrFalse, IndUnlock,
  NotifyMessage, Notify,
  GetActualContext, SetActualContext,
  List, Init, Insert, Remove, Empty, Withdraw,
  Ready, Block, Inactivate,
  readyList, readyLock, runningProcess,
  raiseAsynchronous, errorRoutine;


(* forward declarations and auxiliary types *)
(* ---------------------------------------- *)

TYPE
  Process = POINTER TO ProcessDescriptor;
  ExceptionPointer = POINTER TO ExceptionDescriptor;
  ObjectListPointer = POINTER TO ObjectListHead;

CONST
  maxPrio = 5;
TYPE
  Priority = [1..maxPrio];
  ProcessState = (undefined, ready, running, blocked, inactive);
  ListElement =  RECORD next, back: Process; END;
  ExceptionType = (CoroutineEnds, ProgramHalt, TrapTo4,
                   StackOverflow, IndexOutOfRange, (* ... *)
                   NormalReturn, UserSignal, propagate,
                   SonProcessFailure, Aborted,
                   SynchFailure, AccessFailure,
                   ListOverflow (* ... *));
  LockVariable = (unlocked, locked);
  LockPointer = POINTER TO LockVariable;
  ContextType = WORD (* depends from implementation *);
```

```


(* process descriptor *)
(* ------------------ *)

  ProcessDescriptor =
    RECORD
      process: ContextType;
      prio: Priority;
      state: ProcessState;
      el: ListElement;
        (* -- (el.next=NIL) = "not an element of a list" *)
      frame,                           (* currently valid frame *)
      frameList: ExceptionPointer;  (* list with all known frames *)
      eCode, oldECode: ExceptionType;
      processLock: LockVariable;
      blockLockId: LockPointer;
      exceptionCount: CARDINAL;
      objects: ObjectListPointer;
        (* -- (objects=NIL) =
               "no own objects in the current frame" *)
      brother: Process;
      synchInfo: ADDRESS;
        (* used for parameter passing
        in synchronization operations *)
    END;


(* exception frame descriptor *)
(* -------------------------- *)
  ExceptionDescriptor =
    RECORD
      frameLevel: CARDINAL;
      (* the following fields are only valid, if 'frameLevel>0' *)
      nextFrame: ExceptionPointer;
      ownerOfFrame: Process;
      oldObjects: ObjectListPointer;
      returnContext: ContextType;
    END;


(* object management types *)
(* ----------------------- *)

TYPE
  (* synchronization descriptor management *)
  DeleteProcedure = PROCEDURE(ADDRESS);
  SynchDescPointer = POINTER TO SynchDescElement;
  SynchDescElement =
    RECORD
      link: SynchDescPointer;
      object: ADDRESS;
      deleteProc: DeleteProcedure;
    END;

  (* access right management *)
  AccessRightPointer = POINTER TO AccessRightElement;
  AccessRightListElement =
```

```
    RECORD
      next, back: AccessRightPointer;
    END;
  AccessRightElement =
    RECORD
      accEl: AccessRightListElement;
      syDescLockId: LockPointer;
      object: ADDRESS;
      deleteProc: DeleteProcedure;
      ownerOfAccessRight: Process;
        (* -- (ownerOfAccessRight=NIL) = "access right is free" *)
      correspondingFrame: ExceptionPointer;
    END;

  (* object list head *)
  ObjectListHead =
    RECORD
      processList: Process;
      synchDescList: SynchDescPointer;
        dummy: AccessRightPointer;
        (* needed because of a compiler error *)
      accessRightList: AccessRightListElement;
    END;


(* basic synchronization (Z-level) *)
(* ------------------------------- *)

(* mutual exclusion *)
  PROCEDURE Lock(VAR v: LockVariable);
  PROCEDURE Unlock(VAR v: LockVariable);
  PROCEDURE IndLockOrFalse(VAR vId: LockPointer): BOOLEAN;
  PROCEDURE IndUnlock(VAR vId: LockPointer);

(* cross stimulation (notification) *)
  TYPE
    NotifyMessage = (redispatch, remanage);
  PROCEDURE Notify(mes: NotifyMessage);


(* context manipulation (Z-level) *)
(* ------------------------------ *)
PROCEDURE GetActualContext(VAR x: ContextType);
PROCEDURE SetActualContext(VAR x: ContextType; VAR v: LockVariable);


(* list management (Z-level) *)
(* ------------------------- *)

TYPE
  List = ListElement ;

PROCEDURE Init(VAR l: List);
PROCEDURE Insert(id: Process; VAR l: List);
PROCEDURE Remove(VAR id: Process; VAR l: List);
PROCEDURE Empty(l: List): BOOLEAN;
PROCEDURE Withdraw(id: Process);
```

```
(* dispatcher operations (S-level) *)
(* ------------------------------- *)

PROCEDURE Block(VAR l: List; lockId: LockPointer);
PROCEDURE Ready(id: Process);
PROCEDURE Inactivate(id: Process);


(* processor pool descriptor *)
(* ------------------------ *)
VAR (* global to all Z-machines of the pool *)
  readyList: ARRAY Priority OF List;
  readyLock: LockVariable;


(* processor descriptor *)
(* ------------------- *)
VAR (* local to each Z-machine of the pool *)
  runningProcess: Process;


(* auxiliary procedure variables *)
(* ---------------------------- *)
VAR
  raiseAsynchronous: PROCEDURE(Process, ExceptionPointer,
                                                   ExceptionType);
    (* procedure variable to avoid multiple declarations
    of 'RaiseAsynchronous' or to export this procedure
    through a user interface *)
  errorRoutine: PROC;
    (* necessary in the implementation of this module
    to handle asynchronous exceptions *)

END MUDispatching.
```

```
(* MODEB V2: multi processor version  5-Sep-84 File: MUDISP.MOD *)
(*    G. Maier                                                  *)
(*    Institut fuer Automatik und Industrielle Elektronik       *)
(*    Eidgenoessische Technische Hochschule                     *)
(*    CH-8092 Zuerich (Switzerland)                             *)
IMPLEMENTATION MODULE MUDispatching;

(*----------------------------------*)
(*                                  *)
(*  Basic synchronization (Z-level), *)
(*  context manipulation (Z-level),  *)
(*  list management (Z-level), and   *)
(*  dispatcher operations (S-level)  *)
(*                                  *)
(*----------------------------------*)

FROM SYSTEM IMPORT
  ADR, ADDRESS;


(* basic synchronization (Z-level) *)
(* ------------------------------ *)

VAR (* local to each Z-machine *)
  lockCount: CARDINAL;
    (* counts the number of locked lock-variables *)

PROCEDURE Lock(VAR v: LockVariable);
  (* implementation dependant *)
BEGIN
  LOOP
    IF lockCount=0 THEN
      (* inhibit interrupts on this Z-machine *)
    END(*IF*);
    (* the following test and the assignment to 'v'
    must be executed in a mutual exclusive memory
    cycle controlled by a bus or memory arbiter *)
    IF v=unlocked THEN
      v:=locked;
      INC(lockCount);
      EXIT;
    END(*IF*);
    IF lockCount=0 THEN
      (* allow interrupts *)
    END(*IF*);
  END(*LOOP*);
END Lock;

PROCEDURE Unlock(VAR v: LockVariable);
  (* implementation dependant *)
BEGIN
  v:=unlocked;
  DEC(lockCount);
  IF lockCount=0 THEN
    (* allow interrupts *)
  END(*IF*);
END Unlock;
```

```
PROCEDURE IndLockOrFalse(VAR vId: LockPointer): BOOLEAN;
  (* implementation dependant *)
  VAR
    id: LockPointer;
BEGIN
  LOOP
    IF lockCount=0 THEN
      (* inhibit interrupts on this Z-machine *)
    END(*IF*);
    id:=vId; (* make a local copy *)
    IF id<>NIL THEN
      (* the following test and the assignment to 'id^'
      must be executed in a mutual exclusive memory
      cycle controlled by a bus or memory arbiter
      (the local copy 'id' would not be needed, if
      the bus arbiter could guarantee a mutual
      exclusive access to 'vId' and to 'vId^') *)
      IF id^=unlocked THEN
        id^:=locked;
        IF vId<>NIL THEN
          INC(lockCount);
          RETURN TRUE;
        ELSE
          id^:=unlocked;
          id:=NIL;
        END(*IF*);
      END(*IF*);
    END(*IF*);
    IF lockCount=0 THEN
      (* allow interrupts *)
    END(*IF*);
    IF id=NIL THEN
      RETURN FALSE;
    END(*IF*);
  END(*LOOP*);
END IndLockOrFalse;

PROCEDURE IndUnlock(VAR vId: LockPointer);
  VAR
    id: LockPointer;
BEGIN
  id:=vId;
  (* the local copy 'id' would not be necessary,
  if the bus or memory arbiter could guarantee
  a mutual exclusive access to 'vId' and 'vId^' *)
  vId:=NIL;
  id^:=unlocked;
  DEC(lockCount);
  IF lockCount=0 THEN
    (* allow interrupts *)
  END(*IF*);
END IndUnlock;


PROCEDURE Notify(mes: NotifyMessage);
  (* implementation dependant *)
BEGIN
  CASE mes OF
```

```
      redispatch:
       (* notify the other Z-machines of the pool
       that another process has been inserted to
       the ready list. According to some strategy,
       one or more Z-machines are forced to executed
       the operation 'Redispatch'. *)
     |remanage:
       (* notify the other Z-machines of the pool
       that an asynchronous exception has been raised
       in a process running on another Z-machine.
       According to some strategy, the Z-machines are
       forced to execute the operation 'Remanage'. *)
    END(*CASE*);
END Notify;

PROCEDURE Redispatch;
  (* implementation dependant *)
BEGIN
  IF runningProcess<>NIL THEN
    WITH runningProcess^ DO
      Lock(readyLock);
      IF eCode<>NormalReturn THEN
        Unlock(readyLock);
        errorRoutine;
        (* -- FALSE *)
      END(*IF*);
      (* reset notification to execute 'Redispatch' *)
      state:=ready;
      Insert(runningProcess,readyList[prio]);
      Assign(readyLock);
    END(*WITH*);
   ELSE
    (* reset notification to execute 'Redispatch' *)
  END(*IF*);
END Redispatch;

PROCEDURE Remanage;
  (* implementation dependant *)
BEGIN
  (* reset notification to execute 'Remanage' *)
  IF (runningProcess<>NIL) AND
     (runningProcess^.eCode<>NormalReturn) THEN
    errorRoutine;
    (* -- FALSE *)
  END(*IF*);
END Remanage;


(* context manipulation (Z-level) *)
(* ----------------------------- *)

PROCEDURE GetActualContext(VAR x: ContextType);
  (* implementation dependant *)
BEGIN
  (* save the context of the currently running K-process
  (identified by 'runningProcess' into the variable 'x' *)
END GetActualContext;
```

```
PROCEDURE SetActualContext(VAR x: ContextType; VAR v: LockVariable);
  (* implementation dependant *)
BEGIN (* -- v=locked *)
  (* restore the context previously saved in 'x' in
  the processors registers and execute 'Unlock(v)'
  as soon as the new process is established properly,
  i.e. a 'GetActualContext' executed by an interrupt
  routine could save the context again *)
END SetActualContext; (* -- FALSE *)


(* list management (Z-level) *)
(* ------------------------- *)

PROCEDURE Init(VAR head: List);
  VAR
    elOffset: ADDRESS;
BEGIN
  elOffset:=ADR(runningProcess^.el)-ADDRESS(runningProcess);
  WITH head DO
    next:=ADR(head)-elOffset;
    back:=next;
  END(*WITH*);
END Init; (* -- Empty(head) *)

PROCEDURE Insert(p: Process; VAR head: List);
BEGIN (* -- p^.el.next=NIL *)
  WITH p^ DO
    el.next:=head.next; el.back:=el.next^.el.back;
    head.next:=p;       el.next^.el.back:=p;
  END(*WITH*);
END Insert; (* -- p^.el.next<>NIL, NOT Empty(head) *)

PROCEDURE Remove(VAR p: Process; VAR head: List);
BEGIN (* -- NOT Empty(head) *)
  p:=head.back;
  WITH p^ DO
    el.back^.el.next:=el.next; head.back:=el.back;
    el.back:=NIL; el.next:=NIL;
  END(*WITH*);
END Remove; (* -- p^.el.next=NIL *)

PROCEDURE Withdraw(p: Process);
BEGIN
  WITH p^ DO
    IF el.next<>NIL THEN
      el.back^.el.next:=el.next; el.next^.el.back:=el.back;
      el.back:=NIL; el.next:=NIL;
    END(*IF*);
  END(*WITH*);
END Withdraw; (* -- p^.el.next=NIL *)

PROCEDURE Empty(head: List): BOOLEAN;
BEGIN
  RETURN head.next^.el.next=head.next;
END Empty;
```

```
(* dispatcher operations (S-level) *)
(* ------------------------------- *)

PROCEDURE Ready(p: Process);
BEGIN
  WITH p^ DO (* --  state<>running, state<>inactive,
                    blockLockId<>NIL --> blockLockId^=locked,
                    el.next=NIL *)
    Lock(readyLock);
    state:=ready;
    IF blockLockId<>NIL THEN
      IndUnlock(blockLockId);
    END(*IF*);
    Insert(p,readyList[prio]);
    (* -- state=ready, el.next<>NIL *)
    Notify(redispatch);
    Unlock(readyLock);
  END(*WITH*);
END Ready;

PROCEDURE Inactivate(p: Process);
BEGIN
  WITH p^ DO (* -- state=running --> p=runningProcess,
                    state=running --> processLock=locked,
                    state=ready --> readyLock=locked,
                    state=blocked --> blockLockId^=locked *)
    Withdraw(p);
    state:=inactive;
    IF p=runningProcess THEN
      Assign(processLock);
      (* -- FALSE *)
    END(*IF*);
    (* -- state=inactive, el.next=NIL,
          previous state=running --> FALSE,
          previous state=ready --> readyLock=locked,
          previous state=blocked --> blockLockId^=locked *)
  END(*WITH*);
END Inactivate;

PROCEDURE Block(VAR blockedList: List; lockId: LockPointer);
BEGIN (* -- runningProcess^.el.next=NIL,
             lockId^=locked *)
  WITH runningProcess^ DO
    blockLockId:=lockId;
    IF eCode<>NormalReturn THEN
      blockLockId:=NIL;
      Unlock(lockId^);
      errorRoutine;
      (* -- FALSE *)
    END(*IF*);
    state:=blocked;
  END(*WITH*);
  Insert(runningProcess,blockedList);
  Assign(lockId^);
END Block;


VAR (* each Z-machine of the pool has its own, local copy *)
```

```
  pri: Priority;

PROCEDURE Assign(VAR v: LockVariable);
BEGIN (* -- runningProcess<>NIL --> v=locked *)
  IF runningProcess<>NIL THEN
    GetActualContext(runningProcess^.process);
    (* switch to the system stack of this Z-machine
    to completely free the context of the previously
    running K-process *)
    (* simulate a 'RETURN' on the saved context so that
    the process will continue after the call of 'Assign' *)
    runningProcess:=NIL;
    Unlock(v);
  END(*IF*);
  LOOP
    Lock(readyLock);
    FOR pri:=maxPrio TO 1 BY -1 DO
      IF NOT Empty(readyList[pri]) THEN
        Remove(runningProcess,readyList[pri]);
        EXIT;
      END(*IF*);
    END(*FOR*);
    Unlock(readyLock);
    (* wait for a notification to execute 'Redispatch' *)
  END(*LOOP*); (* -- readyLock=locked *)
  SetActualContext(runningProcess^.process,readyLock);
END Assign;


VAR (* global to all Z-machines of the pool *)
  mainDescriptor: ProcessDescriptor;
  rootFrame: ExceptionDescriptor;

BEGIN (* body *)

  (* initialization for the leading Z-machine of the pool *)
  (* ------------------------------------------------- *)
    (* processor pool descriptor: *)
      FOR pri:=1 TO maxPrio DO
        Init(readyList[pri]);
      END(*FOR*);
      readyLock:=unlocked;
      (* start the other Z-machines of the pool *)
    (* Z-machine descriptor: *)
      lockCount:=0;
      runningProcess:=ADR(mainDescriptor);
    (* descriptor of the Modula-2 main process: *)
      WITH runningProcess^ DO
        prio:=1; state:=running;
        el.next:=NIL; el.back:=NIL;
        frame:=ADR(rootFrame); frameList:=frame;
        eCode:=NormalReturn; oldECode:=NormalReturn;
        processLock:=unlocked;
        blockLockId:=NIL;
        exceptionCount:=0;
        objects:=NIL; brother:=NIL;
      END(*WITH*);
      rootFrame.frameLevel:=0; (* the other fields are not valid *)
```

```
    (* this Z-machine will now execute the Modula-2 main process,
    starting with the bodies of the other modules *)
  (* initialization for all other Z-machines *)
  (* ------------------------------------------ *)
    (* Z-machine descriptor: *)
      lockCount:=0;
      runningProcess:=NIL;
      Assign(readyLock); (* 'readyLock' is used as dummy parameter *)
      (* -- FALSE *)
    (* these Z-machines will wait until the Modula-2
    main process will start some son processes *)
END MUDispatching.
```

```
(* MODEB V2: multi processor version  27-Jul-84 File: MUEXCE.DEF *)
(*    G. Maier                                                    *)
(*    Institut fuer Automatik und Industrielle Elektronik         *)
(*    Eidgenoessische Technische Hochschule                       *)
(*    CH-8092 Zuerich (Switzerland)                               *)
DEFINITION MODULE MUExceptions;

(*--------------------------------*)
(*                                *)
(*  Exception handling (K-level)  *)
(*                                *)
(*--------------------------------*)

IMPORT MUDispatching;
FROM MUDispatching IMPORT
  Process;
EXPORT QUALIFIED
  ExceptionType,
  Call, Raise, GetExceptionCode;


TYPE
  ExceptionType = MUDispatching.ExceptionType;
    (* characterizes an exception *)

PROCEDURE Call(p: PROC; VAR result: ExceptionType);
  (* opens a new exception handling frame and calls the
  procedure 'p'. Any exception, which is not handled by
  a local frame, during the execution of 'p' (or in a
  son process created within 'p') will abort the execution
  of the frame. The kind of exception is assigned to
  'result'. The value 'NormalReturn' signals that no
  exception occured. *)

PROCEDURE Raise(eCode: ExceptionType);
  (* aborts the execution of the currently valid frame
  of the calling process with the exception 'eCode'. *)

PROCEDURE GetExceptionCode(pId: Process;
                                   VAR eCode: ExceptionType);
  (* If a frame was aborted with 'result=SonProcessFailure',
  'GetExceptionCode' may be used to determine the exception
  in the son process which caused the abort of the frame.
  The exception 'Aborted' is assigned to 'eCode', if the
  specified process 'pId' was not responsible for the abort. *)

END MUExceptions.
```

```
(* MODEB V2: multi processor version  5-Sep-84 File: MUEXCE.MOD *)
(*    G. Maier                                                   *)
(*    Institut fuer Automatik und Industrielle Elektronik        *)
(*    Eidgenoessische Technische Hochschule                      *)
(*    CH-8092 Zuerich (Switzerland)                              *)
IMPLEMENTATION MODULE MUExceptions;

(*------------------------------*)
(*                              *)
(*  Exception handling (K-level)  *)
(*                              *)
(*------------------------------*)

FROM SYSTEM IMPORT
  ADR;
FROM MUDispatching IMPORT
  Process, ExceptionPointer, ExceptionType,
  ExceptionDescriptor, ProcessDescriptor,
  ProcessState, AccessRightListElement,
  Lock, Unlock, IndLockOrFalse, IndUnlock, LockVariable, LockPointer,
  Notify, NotifyMessage,
  GetActualContext, SetActualContext,
  Withdraw, Ready, Inactivate,
  readyLock, runningProcess, raiseAsynchronous, errorRoutine;
FROM Storage IMPORT (* implementation dependant *)
  ALLOCATE;


(* exception frame handling *)
(* ----------------------- *)

PROCEDURE Call(procedure: PROC; VAR result: ExceptionType);
  VAR
    newFrame: ExceptionPointer;
BEGIN
  WITH runningProcess^ DO
    NEW(newFrame);
    WITH newFrame^ DO
      frameLevel:=frame^.frameLevel+1;
      nextFrame:=frame;
      ownerOfFrame:=runningProcess;
      oldObjects:=objects; (* save old object list head *)
    END(*WITH*);
    frameList:=newFrame;
    objects:=NIL; (* no object list head *)
    GetContextAndCall(procedure);
    CleanUp; (* delete all locally created objects *)
    result:=oldECode; (* excecution result *)
  END(*WITH*);
END Call;


PROCEDURE GetExceptionCode(pId: Process; VAR result: ExceptionType);
BEGIN
  result:=pId^.eCode;
END GetExceptionCode;
```

```
PROCEDURE GetContextAndCall(procedure: PROC);
BEGIN
  WITH runningProcess^ DO
    GetActualContext(frameList^.returnContext);
    (* simulate a 'RETURN' on 'frameList^.returnContext' *)
    frame:=frameList; (* enable new exception frame *)
    procedure;
    Lock(processLock);
    IF eCode<>NormalReturn THEN
      Unlock(processLock);
      ErrorRoutine;
      (* -- FALSE *)
    END(*IF*);
    frame:=frame^.nextFrame; (* re-enable previous frame *)
    oldECode:=NormalReturn; (* no exception *)
    Unlock(processLock);
  END(*WITH*);
END GetContextAndCall;


PROCEDURE CleanUp;
  VAR
    p: Process;
BEGIN
  (* -- runningProcess^.frame<>runningProcess.frameList,
  runningProcess^.frameList^.ownerOfFrame=runningProcess *)
  p:=runningProcess;
  LOOP
    (* -- (p=runningProcess) OR (p^.state=inactive) *)
    WITH p^ DO
      IF objects=NIL THEN
        IF frameList^.ownerOfFrame=p THEN
          (* remove an exception frame descriptor *)
          WITH frameList^ DO
            objects:=oldObjects;
            frameList:=nextFrame;
          END(*WITH*);
          IF runningProcess^.frameList=runningProcess^.frame THEN
            EXIT;
          END(*IF*);
         ELSE
          (* move back to the owner of the frame *)
          p:=frameList^.ownerOfFrame;
        END(*IF*);
       ELSE (* -- objects<>NIL *)
        WITH objects^ DO
          IF processList=NIL THEN
            ReturnAccessRights(accessRightList,
                                            processList^.processLock);
            (* remove synchronization descriptors *)
            WHILE synchDescList<>NIL DO
              WITH synchDescList^ DO
                deleteProc(object);
                synchDescList:=link;
              END(*WITH*);
            END(*WHILE*);
            (* remove object list head *)
            objects:=NIL;
```

```
            ELSE (* -- processList<>NIL *)
             (* abort a son process *)
             Lock(processList^.processLock);
             RaiseAsynchronous(processList,frameList,Aborted);
             (* -- processList<>NIL, processList^.state=inactive *)
             IF (processList^.objects=NIL) AND
                (processList^.frameList^.ownerOfFrame<>processList)
              THEN
               (* remove a son process *)
               processList:=processList^.brother;
              ELSE
               (* move 'p' to the leaves of the tree *)
               p:=processList;
             END(*IF*);
            END(*IF*);
          END(*WITH*);
        END(*IF*);
      END(*WITH*);
    END(*LOOP*);
  END CleanUp; (* -- runningProcess^.frameList=runningProcess^.frame *)

  PROCEDURE ReturnAccessRights(VAR aRL: AccessRightListElement;
                               VAR pLock: LockVariable);
    VAR
      syLockIdPoint: POINTER TO LockPointer;
      syLockFlag: BOOLEAN;
  BEGIN
    syLockIdPoint:=NIL;
    REPEAT
      syLockFlag:=(syLockIdPoint<>NIL)
                  AND IndLockOrFalse(syLockIdPoint^);
      Lock(pLock);
      IF ADR(aRL)<>aRL.next THEN (* -- NOT Empty(aRL) *)
        WITH aRL.next^ DO
          IF syLockFlag THEN
            (* -- syLockIdPoint=ADR(syDescLockId),
                  syDescLockId^=locked *)
            IF accEl.next<>ADR(aRL) THEN
              (* prepare removing of a second element *)
              syLockIdPoint:=ADR(accEl.next^.syDescLockId);
             ELSE
              (* the list will be empty *)
              syLockIdPoint:=NIL;
            END(*IF*);
            deleteProc(object);
           ELSE
            (* -- (syLockIdPoint=NIL) OR (syLockIdPointId^=NIL) *)
            syLockIdPoint:=ADR(syDescLockId);
            Unlock(pLock);
          END(*IF*);
        END(*WITH*);
       ELSE (* -- Empty(aRL), NOT syLockFlag *)
        Unlock(pLock);
        syLockIdPoint:=NIL;
      END(*IF*);
    UNTIL syLockIdPoint=NIL;
  END ReturnAccessRights; (* -- ADR(aRL)=aRL.next *)
```

```
(* handling of an exception *)
(* ------------------------ *)

PROCEDURE Raise(code: ExceptionType);
BEGIN
  WITH runningProcess^ DO
    Lock(processLock);
    IF eCode=NormalReturn THEN
      IF code=propagate THEN
        (* -- oldECode<>NormalReturn *)
        eCode:=oldECode;
       ELSE
        eCode:=code;
      END(*IF*);
     ELSE
      (* there is an asynchronous exception *)
    END(*IF*);
    Unlock(processLock);
  END(*WITH*);
  ErrorRoutine;
  (* -- FALSE *)
END Raise;


PROCEDURE RaiseAsynchronous(p: Process; f: ExceptionPointer;
                                                      e: ExceptionType);
  VAR
    currentLevel, levelToAbort: CARDINAL;
    oldExceptionCount: CARDINAL;
BEGIN (* -- p<>runningProcess, p^.processLock=locked *)
  WITH p^ DO
    IF state<>inactive THEN

      (* mark phase *)
      currentLevel:=frame^.frameLevel;
      levelToAbort:=f^.frameLevel;
      IF currentLevel>=levelToAbort THEN
        (* 'f' not yet aborted *)
        IF (currentLevel>levelToAbort) OR (eCode=NormalReturn) THEN
          frame:=f; (* frame to be aborted *)
          eCode:=e; (* exception code *)
          oldExceptionCount:=exceptionCount;
        END(*IF*);
        Unlock(processLock);

        (* catch phase *)
        IF state=undefined THEN (* -- eCode=Aborted *)
          Inactivate(p);
          RETURN;
        ELSIF IndLockOrFalse(blockLockId) THEN
          (* -- state=blocked *)
          IF eCode=NormalReturn THEN
            (* exception already handled *)
            Unlock(blockLockId^);
          ELSIF eCode=Aborted THEN
            Inactivate(p);
            IndUnlock(blockLockId);
```

```
           ELSE
            Withdraw(p);
            (* change the context 'process' to
            force 'p' to execute 'ErrorRoutine' *)
            Ready(p);
          END(*IF*);
          RETURN;
        END(*IF*);
        Lock(readyLock);
        IF state=ready THEN
          IF eCode=NormalReturn THEN
            (* exception already handled *)
          ELSIF eCode=Aborted THEN
            Inactivate(p);
           ELSE
            (* change the context 'process' to
            force 'p' to execute 'ErrorRoutine' *)
          END(*IF*);
          Unlock(readyLock);
          RETURN;
        END(*IF*);

        (* wait phase *)
        IF (oldExceptionCount<>exceptionCount) OR (state=inactive)
         THEN RETURN;
        END(*IF*);
        Notify(remanage);
        LOOP (* wait until 'f' is aborted *)
          IF (oldExceptionCount<>exceptionCount) OR (state=inactive)
           THEN RETURN;
          END(*IF*);
        END(*LOOP*);
        (* -- FALSE *)
      END(*IF*);
    END(*IF*);
    Unlock(processLock);
  END(*WITH*);
  (* -- (e=Aborted) --> (p^.state=inactive) *)
END RaiseAsynchronous;


PROCEDURE ErrorRoutine;
BEGIN
  WITH runningProcess^ DO (* -- eCode<>NormalReturn *)
    Lock(processLock);
    INC(exceptionCount);
      (* mark the execution of 'ErrorRoutine' *)
    IF eCode<>Aborted THEN
      WITH frame^ DO
        IF frameLevel=0 THEN
          (* no more exception frame to abort --> fatal error,
          appropriate action depends from implementation *)
          (* -- FALSE *)
        ELSIF ownerOfFrame=runningProcess THEN
          frame:=nextFrame;
          oldECode:=eCode;
          eCode:=NormalReturn;
          SetActualContext(returnContext,processLock);
```

```
          (* -- FALSE *)
         ELSE
          Unlock(processLock);
          Lock(ownerOfFrame^.processLock);
          RaiseAsynchronous(ownerOfFrame,frame,SonProcessFailure);
          Lock(processLock);
        END(*IF*);
      END(*WITH*);
    END(*IF*); (* -- processLock=locked *)
    Inactivate(runningProcess);
    (* -- FALSE *)
  END(*WITH*);
END ErrorRoutine;

BEGIN (* body *)
  (* init the procedure variable exported by 'MUDispatching' *)
  raiseAsynchronous:=RaiseAsynchronous;
  errorRoutine:=ErrorRoutine;
END MUExceptions.
```

```
(* MODEB V2: multi processor version  5-Sep-84 File: MUOBJE.DEF *)
(*    G. Maier                                                   *)
(*    Institut fuer Automatik und Industrielle Elektronik        *)
(*    Eidgenoessische Technische Hochschule                      *)
(*    CH-8092 Zuerich (Switzerland)                              *)
DEFINITION MODULE MUObjectManagement;

(*-------------------------------------------*)
(*                                           *)
(*  Object management procedures (S-level)  *)
(*                                           *)
(*-------------------------------------------*)

FROM SYSTEM IMPORT
  ADDRESS;
FROM MUDispatching IMPORT
  ExceptionType, LockVariable,
  List, DeleteProcedure, AccessRightElement;

EXPORT QUALIFIED
  CreateObjectListHead, InsertSynchDesc,
  InsertAccessRight, RemoveAccessRight,
  AbortWaitingProcesses, AbortOwnerProcess;


PROCEDURE CreateObjectListHead;
  (* allocates an object list head to the running process
  (if there is not already one). *)

PROCEDURE InsertSynchDesc(obj: ADDRESS; p: DeleteProcedure);
  (* inserts the synchronization descriptor identified by
  'obj' into the object list. When the currently valid frame
  is terminated, 'p(obj)' is called to delete the descriptor. *)

PROCEDURE InsertAccessRight(VAR a: AccessRightElement);
  (* inserts the access right element 'a' into the object
  list of the process 'a.ownerOfAccessRight'. *)

PROCEDURE RemoveAccessRight(VAR a: AccessRightElement);
  (* removes the access right element 'a' from the object
  list and assigns 'NIL' to 'a.ownerOfAccessRight'. *)

PROCEDURE AbortWaitingProcesses(VAR blockedList: List;
                                VAR v: LockVariable; e: ExceptionType);
  (* raises the exception 'e' in all processes waiting in the
  process list 'blockedList' which is protected by 'v'. *)

PROCEDURE AbortOwnerProcess(VAR a: AccessRightElement;
                                                  e: ExceptionType);
  (* raises the exception 'e' in the process identified by
  'a.ownerOfAccessRight' (if not equal to 'NIL'). *)

END MUObjectManagement.
```

```
(* MODEB V2: multi processor version  5-Sep-84 File: MUOBJE.MOD *)
(*    G. Maier                                                   *)
(*    Institut fuer Automatik und Industrielle Elektronik        *)
(*    Eidgenoessische Technische Hochschule                      *)
(*    CH-8092 Zuerich (Switzerland)                              *)
IMPLEMENTATION MODULE MUObjectManagement;

(*--------------------------------------------*)
(*                                            *)
(*  Object management procedures (S-level)   *)
(*                                            *)
(*--------------------------------------------*)

FROM SYSTEM IMPORT
  ADR, ADDRESS;
FROM MUDispatching IMPORT
  Lock, Unlock, IndLockOrFalse, IndUnlock, LockVariable, LockPointer,
  Ready, runningProcess, raiseAsynchronous, Empty, Remove, Process,
  List, ExceptionType, DeleteProcedure,
  AccessRightElement, SynchDescPointer,
  SynchDescElement, ObjectListPointer, ObjectListHead;
FROM Storage IMPORT (* implementation dependant *)
  ALLOCATE;


PROCEDURE CreateObjectListHead;
  VAR
    newObj: ObjectListPointer;
BEGIN
  WITH runningProcess^ DO
    IF objects=NIL THEN
      NEW(newObj); (* new object list head *)
      WITH newObj^ DO
        processList:=NIL;
        synchDescList:=NIL;
        accessRightList.next:=ADR(accessRightList);
        accessRightList.back:=ADR(accessRightList);
      END(*WITH*);
      objects:=newObj;
    END(*IF*);
  END(*WITH*); (* -- runningProcess^.objects<>NIL *)
END CreateObjectListHead;


PROCEDURE InsertSynchDesc(obj: ADDRESS; p: DeleteProcedure);
  VAR
    newEl: SynchDescPointer;
BEGIN
  CreateObjectListHead;
    (* ensures that an object list head exists *)
  NEW(newEl);
  WITH newEl^ DO
    object:=obj; deleteProc:=p;
    WITH runningProcess^.objects^ DO
      link:=synchDescList;
      synchDescList:=newEl;
    END(*WITH*);
  END(*WITH*);
```

```
END InsertSynchDesc;


PROCEDURE InsertAccessRight(VAR a: AccessRightElement);
BEGIN
  WITH a DO (* -- ownerOfAccessRight<>NIL,
                  syDescLockId^=locked *)
    WITH ownerOfAccessRight^ DO (* -- processLock=locked *)
      correspondingFrame:=frame;
      WITH objects^ DO
        accEl.next:=accessRightList.next;
        accEl.back:=accessRightList.next^.accEl.back;
        accessRightList.next:=ADR(a);
        accEl.next^.accEl.back:=ADR(a);
      END(*WITH*);
    END(*WITH*);
  END(*WITH*);
END InsertAccessRight;


PROCEDURE RemoveAccessRight(VAR a: AccessRightElement);
BEGIN
  WITH a DO (* -- syDescLockId^=locked,
                  ownerOfAccessRight<>NIL,
                  ownerOfAccessRight^.processLock=locked *)
    accEl.back^.accEl.next:=accEl.next;
    accEl.next^.accEl.back:=accEl.back;
    ownerOfAccessRight:=NIL;
  END(*WITH*);
END RemoveAccessRight; (* -- a.ownerOfAccessRight=NIL *)


PROCEDURE AbortWaitingProcesses(VAR blockedList: List;
                          VAR v: LockVariable; e: ExceptionType);
  VAR
    p: Process;
BEGIN
  Lock(v);
  WHILE NOT Empty(blockedList) DO
    Remove(p,blockedList);
    WITH p^ DO
      Lock(processLock);
      IF eCode=NormalReturn THEN
        eCode:=e;
       ELSE
        (* there is another asynchronous exception *)
      END(*IF*);
      Unlock(processLock);
      (* change the context 'process' to
      force 'p' to execute 'MUDispatching.errorRoutine' *)
    END(*WITH*);
    Ready(p);
    Lock(v);
  END(*WHILE*);
  Unlock(v);
END AbortWaitingProcesses; (* -- Empty(blockedList) *)

PROCEDURE AbortOwnerProcess(VAR a: AccessRightElement;
```

```
                                           e: ExceptionType);
BEGIN
  WITH a DO
    IF IndLockOrFalse(syDescLockId) THEN
      IF ownerOfAccessRight<>NIL THEN
        WITH ownerOfAccessRight^ DO
          Lock(processLock);
          Unlock(syDescLockId^);
          raiseAsynchronous(ownerOfAccessRight,
                                correspondingFrame,e);
          Lock(syDescLockId^);
          IF ownerOfAccessRight<>NIL THEN
            Lock(processLock);
            RemoveAccessRight(a);
            Unlock(processLock);
          END(*IF*);
        END(*WITH*);
      END(*IF*);
      IndUnlock(syDescLockId);
    END(*IF*);
  END(*WITH*);
END AbortOwnerProcess; (* -- a.ownerOfAccessRight=NIL *)

END MUObjectManagement.
```

```
(* MODEB V2: multi processor version  30-Jul-84 File: MUKLEV.DEF *)
(*    G. Maier                                                   *)
(*    Institut fuer Automatik und Industrielle Elektronik        *)
(*    Eidgenoessische Technische Hochschule                      *)
(*    CH-8092 Zuerich (Switzerland)                              *)
DEFINITION MODULE MUKLevel;

(*--------------------------------*)
(*                                *)
(*  Process management (K-level)  *)
(*                                *)
(*--------------------------------*)

IMPORT MUDispatching;

EXPORT QUALIFIED
  maxPrio, Priority, Process, StartProcess, ChangePrio;


CONST
  maxPrio = MUDispatching.maxPrio(* 5 *);

TYPE
  Priority = MUDispatching.Priority(* [1..maxPrio] *);
  Process = MUDispatching.Process; (* used to identify processes *)


PROCEDURE StartProcess(code: PROC; wspSize: CARDINAL;
                          prio: Priority; VAR pId: Process);
  (* creates and starts a new process (on the K-level).
  Its code is determined by the procedure parameter 'code'
  and it gets a work space of 'wspSize' bytes and the priority
  'prio'. The identification of the created processe is assigned
  to 'pId'. *)

PROCEDURE ChangePrio(pId: Process; newPrio: Priority);
  (* changes the priority of the process identified by 'pId'
  to the new value 'newPrio'. *)

END MUKLevel.
```

```
(* MODEB V2: multi processor version  2-Aug-84 File: MUKLEV.MOD *)
(*    G. Maier                                                  *)
(*    Institut fuer Automatik und Industrielle Elektronik       *)
(*    Eidgenoessische Technische Hochschule                     *)
(*    CH-8092 Zuerich (Switzerland)                             *)
IMPLEMENTATION MODULE MUKLevel;

(*--------------------------------*)
(*                                *)
(*  Process management (K-level)  *)
(*                                *)
(*--------------------------------*)

FROM SYSTEM IMPORT
  ADDRESS, TSIZE;
FROM MUDispatching IMPORT
  Process, ProcessDescriptor, ProcessState,
  ExceptionType, Ready, Insert, Withdraw,
  Lock, Unlock, LockVariable, readyLock, Notify, NotifyMessage,
  ObjectListHead, runningProcess, readyList;
FROM MUObjectManagement IMPORT
  CreateObjectListHead;
FROM Storage IMPORT (* implementation dependant *)
  ALLOCATE;


PROCEDURE StartProcess(code: PROC; wspSize: CARDINAL;
                                pr: Priority; VAR pId: Process);
  VAR
    adr: ADDRESS;
BEGIN
  CreateObjectListHead;
  NEW(pId); DEC(wspSize,TSIZE(ProcessDescriptor));
  WITH pId^ DO
    ALLOCATE(adr,wspSize); (* workspace *)
    (* prepare the context 'process' of the new process *)
    prio:=pr;
    state:=undefined;
    el.next:=NIL; el.back:=NIL;
    frame:=runningProcess^.frame;
    frameList:=frame;
    eCode:=NormalReturn;
    oldECode:=NormalReturn;
    processLock:=unlocked;
    blockLockId:=NIL;
    exceptionCount:=0;
    objects:=NIL;
    WITH runningProcess^.objects^ DO
      brother:=processList;
      processList:=pId;
    END(*WITH*);
  END(*WITH*);
  (* -- pId^.state=undefined, pId^.el.next=NIL *)
  Ready(pId);
END StartProcess;


PROCEDURE ChangePrio(pId: Process; newPrio: Priority);
```

```
BEGIN
  WITH pId^ DO
    IF prio<>newPrio THEN
      Lock(readyLock);
      IF state=ready THEN Withdraw(pId); END(*IF*);
      prio:=newPrio;
      IF state=ready THEN Insert(pId,readyList[prio]); END(*IF*);
      IF (state=ready) OR (state=running) THEN
        Notify(redispatch);
      END(*IF*);
      Unlock(readyLock);
    END(*IF*);
  END(*WITH*);
END ChangePrio;

END MUKLevel.
```

```
(* MODEB V2: multi processor version  30-Jul-84 File: MUREGI.DEF *)
(*    G. Maier                                                   *)
(*    Institut fuer Automatik und Industrielle Elektronik        *)
(*    Eidgenoessische Technische Hochschule                      *)
(*    CH-8092 Zuerich (Switzerland)                              *)
DEFINITION MODULE MURegions;

(*-----------------------------*)
(*                             *)
(*  Critical regions (K-level) *)
(*                             *)
(*-----------------------------*)

EXPORT QUALIFIED
  Region, CreateRegion, Enter, Exit;


TYPE
  Region; (* hidden *)

PROCEDURE CreateRegion(checkConsistency: PROC; VAR r: Region);
  (* initiates a new region descriptor and assigns its
  identification to 'r'.
  The procedure 'checkConsistency' is automatically executed
  before a process enters the critical region, if the access
  right to the region has previously been automatically
  returned because of an exception. *)


PROCEDURE Enter(r: Region);
  (* gets the access right to the critical region protected by 'r'.
  The calling processes is delayed, until the region is free. *)

PROCEDURE Exit(r: Region);
  (* returns the access right to the critical region protected
  by 'r' to allow other processes to enter the region. *)

END MURegions.
```

```
(* MODEB V2: multi processor version  5-Sep-84 File: MUREGI.MOD *)
(*    G. Maier                                                   *)
(*    Institut fuer Automatik und Industrielle Elektronik        *)
(*    Eidgenoessische Technische Hochschule                      *)
(*    CH-8092 Zuerich (Switzerland)                              *)
IMPLEMENTATION MODULE MURegions;

(*-----------------------------*)
(*                             *)
(*  Critical regions (K-level) *)
(*                             *)
(*-----------------------------*)

FROM SYSTEM IMPORT
  ADR;
FROM MUDispatching IMPORT
  LockVariable, LockPointer, Lock, Unlock, IndLockOrFalse, IndUnlock,
  Init, Empty, Remove, List, Ready, Block,
  runningProcess, ProcessDescriptor, Process,
  AccessRightElement, DeleteProcedure;
FROM MUObjectManagement IMPORT
  CreateObjectListHead, InsertSynchDesc,
  InsertAccessRight, RemoveAccessRight,
  AbortWaitingProcesses, AbortOwnerProcess;
FROM MUExceptions IMPORT
  ExceptionType, Raise;
FROM Storage IMPORT (* implementation dependant *)
  ALLOCATE;


TYPE
  RegionDescriptor = RECORD
                       lockId: LockPointer;
                       syLock: LockVariable;
                       consistent: BOOLEAN;
                       blockedList: List;
                       accRight: AccessRightElement;
                       checkConsistency: PROC;
                     END;
  Region = POINTER TO RegionDescriptor;


PROCEDURE CreateRegion(checkProc: PROC; VAR r: Region);
BEGIN
  NEW(r);
  WITH r^ DO
    (* init descriptor *)
    lockId:=NIL; (* critical region not yet valid *)
    syLock:=unlocked;
    consistent:=TRUE;
    Init(blockedList); (* no waiting process *)
    checkConsistency:=checkProc;
    (* object management *)
    WITH accRight DO
      ownerOfAccessRight:=NIL; (* critical region is free *)
      syDescLockId:=ADR(syLock);
      object:=r;
      deleteProc:=DeleteProcedure(ExceptionExit);
```

```
    END(*WITH*);
    InsertSynchDesc(r,DeleteProcedure(DeleteRegion));
    lockId:=ADR(syLock); (* region is now valid *)
  END(*WITH*);
END CreateRegion;


PROCEDURE Enter(r: Region);
BEGIN
  CreateObjectListHead;
  WITH r^ DO
    IF NOT IndLockOrFalse(lockId) THEN Raise(SynchFailure); END;
    WITH accRight DO
      IF ownerOfAccessRight=NIL THEN
        (* critical region is free *)
        Lock(runningProcess^.processLock);
        ownerOfAccessRight:=runningProcess;
        InsertAccessRight(accRight);
        Unlock(runningProcess^.processLock);
        Unlock(syLock);
       ELSE
        (* critical region is occupied *)
        Block(blockedList,lockId);
      END(*IF*);
    END(*WITH*);
    IF NOT consistent THEN
      checkConsistency;
      consistent:=TRUE;
    END(*IF*);
  END(*WITH*);
END Enter;


PROCEDURE Exit(r: Region);
  VAR
    p: Process;
BEGIN (* -- accRight.ownerOfAccessRight<>NIL *)
  WITH r^ DO
    IF NOT IndLockOrFalse(lockId) THEN Raise(SynchFailure); END;
    p:=accRight.ownerOfAccessRight;
    Lock(p^.processLock);
    RemoveAccessRight(accRight);
    Unlock(p^.processLock);
    IF NOT Empty(blockedList) THEN
      Remove(p,blockedList);
      Lock(p^.processLock);
      accRight.ownerOfAccessRight:=p;
      InsertAccessRight(accRight);
      Unlock(p^.processLock);
      Ready(p);
     ELSE
      Unlock(syLock);
    END(*IF*);
    (* -- (accRight.ownerOfAccessRight<>NIL) OR Empty(blockedList) *)
  END(*WITH*);
END Exit;
```

```
PROCEDURE ExceptionExit(r: Region);
  VAR
    p: Process;
BEGIN
  WITH r^ DO (* -- syLock=locked,
                   accRight.ownerOfAccessRight^.processLock=locked *)
    p:=accRight.ownerOfAccessRight;
    RemoveAccessRight(accRight);
    Unlock(p^.processLock);
    consistent:=FALSE;
    IF (lockId<>NIL) AND NOT Empty(blockedList) THEN
      Remove(p,blockedList);
      Lock(p^.processLock);
      accRight.ownerOfAccessRight:=p;
      InsertAccessRight(accRight);
      Unlock(p^.processLock);
      Ready(p);
     ELSE
      Unlock(syLock);
    END(*IF*);
    (* -- (lockId=NIL) OR
          (accRight.ownerOfAccessRight<>NIL) OR Empty(blockedList) *)
  END(*WITH*);
END ExceptionExit;


PROCEDURE DeleteRegion(r: Region);
BEGIN
  WITH r^ DO
    IF IndLockOrFalse(lockId) THEN
      IndUnlock(lockId);
    END(*IF*); (* -- lockId=NIL ('r' is no more valid) *)
    AbortOwnerProcess(accRight,AccessFailure);
    AbortWaitingProcesses(blockedList,syLock,SynchFailure);
  END(*WITH*);
END DeleteRegion;

END MURegions.
```

```
RK1:D.LST cross references  (  4454 lines)

      M: MODULE head                        T: TYPE declaration
      I: IMPORT list                        C: constant declaration
      X: EXPORT list                        V: VAR declaration or
      P: PROCEDURE head                        actual parameter list
      E: END of a MODULE or a PROCEDURE     F: (tag) field declaration

a                       3035 V  3039 V  3048 V  3362 V  3364    3371    3372
                        3379 V  3381    3416 V  3419    3430
Aborted                 1053 C  2420    2530    2545    2580
AbortOwnerProcess       3023 X  3048 P  3416 P  3438 E  5324 I  5449
AbortWaitingProcesse    3023 X  3043 P  3391 P  3414 E  5324 I  5450
accEl                   1122 F  2454    2456    3369    3370    3370    3372
                        3372    3384    3384    3384    3385    3385    3385
AccessFailure           1054 C  5449
AccessRightElement      1025 X  1115    1120 T  3018 I  3035    3039    3048
                        3320 I  3362    3379    3416    5320 I  5337
accessRightList         1138 F  2406    3336    3336    3337    3337    3369
                        3370    3371
AccessRightListEleme    1025 X  1116 T  1122    1138    2319 I  2438
AccessRightPointer      1025 X  1115 T  1118    1136
accRight                5337 F  5354    5371    5376    5398    5400    5405
                        5406    5423    5424    5430    5431    5449
ADDRESS                 1017 I  1081    1105    1110    1124    1318 I  1491
                        1493    3015 I  3030    3315 I  3345    4315 I  4330
adr                     4330 V  4335
ADR                     1318 I  1493    1495    1636    1641    2315 I  2449
                        2454    2456    2464    3315 I  3336    3337    3371
                        3372    5315 I  5356    5361
ALLOCATE                2326 I  3323 I  4324 I  4335    5328 I
aRL                     2438 V  2449    2449    2450    2454
Assign                  1446    1562    1586    1593 P  1617 E  1658
back                    1049 F  1118 F  1496    1503    1503    1504    1510
                        1512    1512    1512    1513    1521    1521    1521
                        1522    1640    3337    3370    3370    3372    3384
                        3385    3385    4339
Block                   1031 X  1179 P  1572 P  1587 E  5318 I  5381
blocked                 1048 C  1583
blockedList             1572 V  1585    3043 V  3391 V  3397    3398    5336 F
                        5351    5381    5402    5403    5427    5428    5450
blockLockId             1075 F  1543    1544    1576    1578    1644    2525
                        2529    2532    4345
BOOLEAN                 1148    1172    1359    1527    2442    5335
brother                 1080 F  1646    2426    4349
Call                    2019 X  2026 P  2332 P  2350 E
CARDINAL                1076    1091    1325    2503    2504    4028    4327
ChangePrio              4017 X  4036 P  4358 P  4372 E
checkConsistency        5021 V  5338 F  5352    5385
checkProc               5343 V  5352
CleanUp                 2347    2379 P  2436 E
code                    2479 V  2484    2488    4028 V  4327 V
consistent              5335 F  5350    5384    5386    5426
ContextType             1022 X  1058 T  1066    1096    1159    1160    1468
                        1475
CoroutineEnds           1050 C
correspondingFrame      1128 F  3367    3426
```

CreateObjectListHead	3021 X	3026 P	3326 P	3342 E	3349	4322 I	4332
	5322 I	5368					
CreateRegion	5015 X	5021 P	5343 P	5363 E			
currentLevel	2503 V	2510	2512	2514			
DEC	1353	1406	4333				
deleteProc	1111 F	1125 F	2411	2461	3353	5358	
DeleteProcedure	1024 X	1105 T	1111	1125	3018 I	3030	3319 I
	3345	5320 I	5358	5360			
DeleteRegion	5360	5443 P	5452 E				
dummy	1136 F						
e	2501 V	2516	3044 V	3049 V	3392 V	3402	3417 V
	3426						
eCode	1073 F	1438	1458	1577	1642	2035 V	2040 V
	2355	2367	2483	2486	2488	2514	2516
	2527	2530	2543	2545	2580	2588	2589
	3401	3402	4342				
el	1069 F	1493	1503	1503	1503	1503	1504
	1504	1512	1512	1512	1512	1513	1513
	1520	1521	1521	1521	1521	1521	1521
	1522	1522	1529	1640	1640	4339	4339
elOffset	1491 V	1493	1495				
Empty	1030 X	1172 P	1527 P	1530 E	1608	3318 I	3397
	5318 I	5402	5427				
Enter	5015 X	5030 P	5366 P	5389 E			
errorRoutine	1033 X	1205 V	1440	1459	1580	2324 I	2608
ErrorRoutine	2369	2495	2574 P	2603 E	2608		
exceptionCount	1076 F	1645	2517	2556	2561	2578	4346
ExceptionDescriptor	1023 X	1041	1089 T	1622	2318 I		
ExceptionExit	5358	5417 P	5440 E				
ExceptionPointer	1020 X	1041 T	1072	1093	1128	1200	2317 I
	2334	2500					
ExceptionType	1021 X	1050 T	1073	1201	2018 X	2023 T	2023
	2026	2035	2040	2317 I	2332	2353	2479
	2501	3017 I	3044	3049	3319 I	3392	3417
	4318 I	5326 I					
Exit	5015 X	5034 P	5392 P	5414 E			
f	2500 V	2511	2515				
FALSE	1391	5426					
frame	1071 F	1641	1641	2339	2340	2364	2372
	2372	2396	2510	2515	2581	2587	2595
	3367	4340	4340	4341			
frameLevel	1091 F	1648	2339	2339	2510	2511	2582
frameList	1072 F	1641	2344	2362	2364	2390	2392
	2394	2396	2401	2420	2423	4341	
GetActualContext	1029 X	1159 P	1468 P	1473 E	1596	2322 I	2362
GetContextAndCall	2346	2359 P	2376 E				
GetExceptionCode	2019 X	2039 P	2353 P	2356 E			
head	1489 V	1494	1495	1500 V	1503	1504	1508 V
	1510	1512	1527 V	1529	1529		
id	1170 V	1171 V	1173 V	1180 V	1181 V	1362 V	1368
	1369	1376	1377	1382	1383	1390	1398 V
	1400	1405					
Inactivate	1031 X	1181 P	1553 P	1570 E	2323 I	2523	2531
	2546	2600					
inactive	1048 C	1560	2507	2556	2561		
INC	1340	1379	2578				
IndexOutOfRange	1051 C						
IndLockOrFalse	1027 X	1148 P	1359 P	1394 E	2320 I	2447	2525

```
                     3317 I  3420    5317 I  5370    5397    5446
IndUnlock            1027 X  1149 P  1396 P  1410 E  1544    2320 I  2532
                     3317 I  3435    5317 I  5447
Init                 1030 X  1169 P  1489 P  1498 E  1630    5318 I  5351
Insert               1030 X  1170 P  1445    1500 P  1506 E  1546    1585
                     4318 I  4365
InsertAccessRight    3022 X  3035 P  3362 P  3376 E  5323 I  5376    5406
                     5431
InsertSynchDesc      3021 X  3030 P  3345 P  3359 E  5322 I  5360
l                    1169 V  1170 V  1171 V  1172 V  1179 V
levelToAbort         2503 V  2511    2512    2514
link                 1109 F  2412    3355
List                 1030 X  1167 T  1169    1170    1171    1172    1179
                     1187    1489    1500    1508    1527    1572    3018 I
                     3043    3319 I  3391    5318 I  5336
ListElement          1021 X  1049 T  1069    1167
ListOverflow         1055 C
Lock                 1027 X  1146 P  1328 P  1347 E  1437    1541    1606
                     2320 I  2366    2419    2448    2482    2541    2577
                     2594    2596    3317 I  3396    3400    3411    3423
                     3427    3429    4319 I  4362    5317 I  5374    5399
                     5404    5429
lockCount            1325 V  1332    1340    1343    1353    1354    1365
                     1379    1387    1406    1407    1635    1656
locked               1056 C  1339    1377
lockId               1179 V  1572 V  1576    1579    1586    5333 F  5348
                     5361    5370    5381    5397    5427    5446    5447
LockPointer          1022 X  1057 T  1075    1123    1148    1149    1179
                     1359    1362    1396    1398    1572    2320 I  2441
                     3317 I  5317 I  5333
LockVariable         1022 X  1056 T  1057    1074    1146    1147    1160
                     1188    1328    1349    1475    1593    2320 I  2439
                     3017 I  3044    3317 I  3392    4319 I  5317 I  5334
mainDescriptor       1621 V  1636
maxPrio              1021 X  1045 C  1047    1607    1629    4017 X  4021 C
                     4021
mes                  1154 V  1413 V  1416
MUDispatching        1006 M  1209 E  1306 M  1663 E  2014 I  2015 I  2023
                     2316 I  3016 I  3316 I  4014 I  4021    4024    4025
                     4316 I  5316 I
MUExceptions         2006 M  2047 E  2306 M  2609 E  5325 I
MUKLevel             4006 M  4040 E  4306 M  4374 E
MUObjectManagement   3006 M  3053 E  3306 M  3440 E  4321 I  5321 I
MURegions            5006 M  5038 E  5306 M  5454 E
NEW                  2337    3332    3351    4333    5345
newEl                3347 V  3351    3352    3356
newFrame             2334 V  2337    2338    2344
newObj               3328 V  3332    3333    3339
newPrio              4036 V  4358 V  4361    4364
next                 1049 F  1118 F  1495    1496    1503    1503    1503
                     1504    1504    1512    1512    1513    1520    1521
                     1521    1521    1522    1529    1529    1529    1640
                     2449    2450    2454    2456    3336    3369    3369
                     3370    3371    3372    3384    3384    3385    4339
nextFrame            1093 F  2340    2372    2394    2587
NIL                  1369    1378    1383    1390    1404    1435    1457
                     1513    1513    1520    1522    1522    1543    1578
                     1595    1602    1640    1640    1644    1646    1646
```

Total 1570 references

Anhang E

Stichwortverzeichnis
====================

Band 62: Ein inhaltsadressierbares Speichersystem zur Unterstützung zeitkritischer Prozesse der Informationswiedergewinnung in Datenbanksystemen. Michael Malms. XII, 228 Seiten. 1983.

Band 63: H. Bender, Korrekte Zugriffe zu Verteilten Daten. VIII, 203 Seiten. 1983.

Band 64: F. Hoßfeld, Parallele Algorithmen. VIII, 232 Seiten. 1983.

Band 65: Geometrisches Modellieren. Proceedings, 1982. Herausgegeben von H. Nowacki und R. Gnatz. VII, 399 Seiten. 1983.

Band 66: Applications and Theory of Petri Nets. Proceedings, 1982. Edited by G. Rozenberg. VI, 315 pages. 1983.

Band 67: Data Networks with Satellites. GI/NTG Working Conference, Cologne, September 1982. Edited by J. Majus and O. Spaniol. VI, 251 pages. 1983.

Band 68: B. Kutzler, F. Lichtenberger, Bibliography on Abstract Data Types. V, 194 Seiten. 1983.

Band 69: Betrieb von DN-Systemen in der Zukunft. GI-Fachgespräch, Tübingen, März 1983. Herausgegeben von M. A. Graef. VIII, 343 Seiten. 1983.

Band 70: W. E. Fischer, Datenbanksystem für CAD-Arbeitsplätze. VII, 222 Seiten. 1983.

Band 71: First European Simulation Congress ESC 83. Proceedings, 1983. Edited by W. Ameling. XII, 653 pages. 1983.

Band 72: Sprachen für Datenbanken. GI-Jahrestagung, Hamburg, Oktober 1983. Herausgegeben von J. W. Schmidt. VII, 237 Seiten. 1983.

Band 73: GI-13. Jahrestagung, Hamburg, Oktober 1983. Proceedings. Herausgegeben von J. Kupka. VIII, 502 Seiten. 1983.

Band 74: Requirements Engineering. Arbeitstagung der GI, 1983. Herausgegeben von G. Hommel und D. Krönig. VIII, 247 Seiten. 1983.

Band 75: K. R. Dittrich, Ein universelles Konzept zum flexiblen Informationsschutz in und mit Rechensystemen. VIII, 246 pages. 1983.

Band 76: GWAI-83. German Workshop on Artifical Intelligence. September 1983. Herausgegeben von B. Neumann. VI, 240 Seiten. 1983.

Band 77: Programmiersprachen und Programmentwicklung. 8. Fachtagung der GI, Zürich, März 1984. Herausgegeben von U. Ammann. VIII, 239 Seiten. 1984.

Band 78: Architektur und Betrieb von Rechensystemen. 8. GI-NTG-Fachtagung, Karlsruhe, März 1984. Herausgegeben von H. Wettstein. IX, 391 Seiten. 1984.

Band 79: Programmierumgebungen: Entwicklungswerkzeuge und Programmiersprachen. Herausgegeben von W. Sammer und W. Remmele. VIII, 236 Seiten. 1984.

Band 80: Neue Informationstechnologien und Verwaltung. Proceedings, 1983. Herausgegeben von R. Traunmüller, H. Fiedler, K. Grimmer und H. Reinermann. XI, 402 Seiten. 1984.

Band 81: Koordinaten von Informationen. Proceedings, 1983. Herausgegeben von R. Kuhlen. VI, 366 Seiten. 1984.

Band 82: A. Bode, Mikroarchitekturen und Mikroprogrammierung: Formale Beschreibung und Optimierung, 6, 1-277 Seiten. 1984.

Band 83: Software-Fehlertoleranz und -Zuverlässigkeit. Herausgegeben von F. Belli, S. Pfleger und M. Seifert. VII, 297 Seiten. 1984.

Band 84: Fehlertolerierende Rechensysteme. 2. GI/NTG/GMR-Fachtagung, Bonn 1984. Herausgegeben von K.-E. Großpietsch und M. Dal Cin. X, 433 Seiten. 1984.

Band 85: Simulationstechnik. Proceedings, 1984. Herausgegeben von F. Breitenecker und W. Kleinert. XII, 676 Seiten. 1984.

Band 86: Prozeßrechner 1984. 4. GI/GMR/KfK-Fachtagung, Karlsruhe, September 1984. Herausgegeben von H. Trauboth und A. Jaeschke. XII, 710 Seiten. 1984.

Band 87: Musterkennung 1984. Proceedings, 1984. Herausgegeben von W. Kropatsch. IX, 351 Seiten. 1984.

Band 88: GI-14. Jahrestagung. Braunschweig. Oktober 1984. Proceedings. Herausgegeben von H.-D. Ehrich. IX, 451 Seiten. 1984.

Band 89: Fachgespräche auf der 14. GI-Jahrestagung. Braunschweig, Oktober 1984. Herausgegeben von H.-D. Ehrich. V, 267 Seiten. 1984.

Band 90: Informatik als Herausforderung an Schule und Ausbildung. GI-Fachtagung, Berlin, Oktober 1984. Herausgegeben von W. Arlt und K. Haefner. X, 416 Seiten. 1984.

Band 91: H. Stoyan, Maschinen-unabhängige Code-Erzeugung als semantikerhaltende beweisbare Programmtransformation. IV, 365 Seiten. 1984.

Band 92: offene Multifunktionale Büroarbeitsplätze. Proceedings, 1984. Herausgegeben von F. Krückeberg, S. Schindler und O. Spaniol. VI, 335 Seiten. 1985.

Band 93: Künstliche Intelligenz. Frühjahrsschule Dassel, März 1984. Herausgegeben von C. Habel. VII, 320 Seiten. 1985.

Band 94: Datenbank-Systeme für Büro, Technik und Wirtschaft. Proceedings, 1985. Herausgegeben von A. Blaser und P. Pistor. X, 3 519 Seiten. 1985.

Band 95: Kommunikation in Verteilten Systemen I. GI-NTG-Fachtagung, Karlsruhe, März 1985. Herausgegeben von D. Heger, G. Krüger, O. Spaniol und W. Zorn. IX, 691 Seiten. 1985.

Band 96: Organisation und Betrieb der Informationsverarbeitung. Proceedings, 1985. Herausgegeben von W. Dirlewanger. XI, 261 Seiten. 1985.

Band 97: H. Willmer, Systematische Software- Qualitätssicherung anhand von Qualitäts- und Produktmodellen. VII, 162 Seiten .1985.

Band 98: Öffentliche Verwaltung und Informationstechnik. Neue Möglichkeiten, neue Probleme, neue Perspektiven. Proceedings, 1984. Herausgegeben von H. Reinermann, H. Fiedler, K. Grimmer, K. Lenk und R. Traunmüller. X, 396 Seiten. 1985.

Band 99: K. Küspert, Fehlererkennung und Fehlerbehandlung in Speicherungsstrukturen von Datenbanksystemen. IX, 294 Seiten. 1985.

Band 100: W. Lamersdorf, Semantische Repräsentation komplexer Objektstrukturen. IX, 187 Seiten. 1985.

Band 101: J. Koch, Relationale Anfragen. VIII, 147 Seiten. 1985.

Band 102: H.-J. Appelrath, Von Datenbanken zu Expertensystemen. VI, 159 Seiten. 1985.

Band 103: GWAI-84. 8th German Workshop on Artifical Intelligence. Wingst/Stade, October 1984. Edited by J. Laubsch. VIII, 282 Seiten. 1985.

Band 104: G. Sagerer, Darstellung und Nutzung von Expertenwissen für ein Bildanalysesystem. XIII, 270 Seiten. 1985.

Band 105: G. E. Maier, Exceptionbehandlung und Synchronisation. IV, 359 Seiten. 1985.